21 世纪全国高等院校物流专业创新型应用人才培养规划教材

配送管理

主 编 傅莉萍 姜斌远

内 容 简 介

本书立足于现代企业配送管理的最新理论和实践成果，以配送活动涉及的主要环节为主线，就配送产生发展、配送理论、配送中心、配送中心作业管理、行业配送、配送中心实用技术、电子商务配送、配送运输、配送成本管理、配送中心管理信息系统、配送绩效管理等，系统地阐述了物流配送管理的基础理论和管理的技术与操作规程，体现了理论与实际运用的高等教育的特征，使学习者能够清晰地把握配送管理的各项内容。

本书吸收了国内外企业配送管理理论和技术的最新成果，可作为普通高等院校物流管理、工商管理、工业工程及相关专业的教材，也可作为企业管理人员及从事配送工作专业人员的参考用书。

图书在版编目(CIP)数据

配送管理/傅莉萍，姜斌远主编．—北京：北京大学出版社，2014.9
(21世纪全国高等院校物流专业创新型应用人才培养规划教材)
ISBN 978-7-301-24848-5

Ⅰ.①配⋯ Ⅱ.①傅⋯②姜⋯ Ⅲ.①物流配送中心—运营管理—高等学校—教材 Ⅳ.①F253

中国版本图书馆CIP数据核字(2014)第221394号

书　　　　名：	配送管理
著作责任者：	傅莉萍　姜斌远　主编
策 划 编 辑：	李　虎　刘　丽
责 任 编 辑：	刘　丽
标 准 书 号：	ISBN 978-7-301-24848-5
出 版 发 行：	北京大学出版社
地　　　　址：	北京市海淀区成府路205号　100871
网　　　　址：	http://www.pup.cn　新浪官方微博:@北京大学出版社
电 子 信 箱：	pup_6@163.com
电　　　　话：	邮购部62752015　发行部62750672　编辑部62750667　出版部62754962
印 刷 者：	北京虎彩文化传播有限公司
经 销 者：	新华书店
	787毫米×1092毫米　16开本　24印张　555千字
	2014年9月第1版　2020年1月第4次印刷
定　　　　价：	48.00元

未经许可，不得以任何方式复制或抄袭本书之部分或全部内容。
版权所有，侵权必究
举报电话：010-62752024　电子信箱：fd@pup.pku.edu.cn

21世纪全国高等院校物流专业创新型应用人才培养规划教材

编写指导委员会

(按姓名拼音顺序)

主 任 委 员	齐二石			
副主任委员	白世贞	董千里	黄福华	李向文
	刘元洪	王道平	王海刚	王汉新
	王槐林	魏国辰	肖生苓	徐 琪
委 员	曹翠珍	柴庆春	陈 虎	丁小龙
	杜彦华	冯爱兰	甘卫华	高举红
	郝 海	阚功俭	孔继利	李传荣
	李学工	李晓龙	李於洪	林丽华
	刘永胜	柳雨霁	马建华	孟祥茹
	乔志强	汪传雷	王 侃	吴 健
	于 英	张 浩	张 潜	张旭辉
	赵丽君	赵 宁	周晓晔	周兴建

丛 书 总 序

物流业是商品经济和社会生产力发展到较高水平的产物，它是融合运输业、仓储业、货代业和信息业等的复合型服务产业，是国民经济的重要组成部分，涉及领域广，吸纳就业人数多，促进生产、拉动消费作用大，在促进产业结构调整、转变经济发展方式和增强国民经济竞争力等方面发挥着非常重要的作用。

随着我国经济的高速发展，物流专业在我国的发展很快，社会对物流专业人才需求逐年递增，尤其是对有一定理论基础、实践能力强的物流技术及管理人才的需求更加迫切。同时随着我国教学改革的不断深入以及毕业生就业市场的不断变化，以就业市场为导向，培养具备职业化特征的创新型应用人才已成为大多数高等院校物流专业的教学目标，从而对物流专业的课程体系以及教材建设都提出了新的要求。

为适应我国当前物流专业教育教学改革和教材建设的迫切需要，北京大学出版社联合全国多所高校教师共同合作编写出版了本套《21世纪全国高等院校物流专业创新型应用人才培养规划教材》。其宗旨是：立足现代物流业发展和相关从业人员的现实需要，强调理论与实践的有机结合，从"创新"和"应用"两个层面切入进行编写，力求涵盖现代物流专业研究和应用的主要领域，希望以此推进物流专业的理论发展和学科体系建设，并有助于提高我国物流业从业人员的专业素养和理论功底。

本系列教材按照物流专业规范、培养方案以及课程教学大纲的要求，合理定位，由长期在教学第一线从事教学工作的教师编写而成。教材立足于物流学科发展的需要，深入分析了物流专业学生现状及存在的问题，尝试探索了物流专业学生综合素质培养的途径，着重体现了"新思维、新理念、新能力"三个方面的特色。

1. 新思维

(1) 编写体例新颖。借鉴优秀教材特别是国外精品教材的写作思路、写作方法，图文并茂、清新活泼。

(2) 教学内容更新。充分展示了最新最近的知识以及教学改革成果，并且将未来的发展趋势和前沿资料以阅读材料的方式介绍给学生。

(3) 知识体系实用有效。着眼于学生就业所需的专业知识和操作技能，着重讲解应用型人才培养所需的内容和关键点，与就业市场结合，与时俱进，让学生学而有用，学而能用。

2. 新理念

(1) 以学生为本。站在学生的角度思考问题，考虑学生学习的动力，强调锻炼学生的思维能力以及运用知识解决问题的能力。

(2) 注重拓展学生的知识面。让学生能在学习到必要知识点的同时也对其他相关知识有所了解。

(3) 注重融入人文知识。将人文知识融入理论讲解，提高学生的人文素养。

3. 新能力

(1) 理论讲解简单实用。理论讲解简单化，注重讲解理论的来源、出处以及用处，不做过多的推导与介绍。

(2) 案例式教学。有机融入了最新的实例以及操作性较强的案例，并对案例进行有效的分析，着重培养学生的职业意识和职业能力。

(3) 重视实践环节。强化实际操作训练，加深学生对理论知识的理解。习题设计多样化，题型丰富，具备启发性，全方位考查学生对知识的掌握程度。

我们要感谢参加本系列教材编写和审稿的各位老师，他们为本系列教材的出版付出了大量卓有成效的辛勤劳动。由于编写时间紧、相互协调难度大等原因，本系列教材肯定还存在不足之处。我们相信，在各位老师的关心和帮助下，本系列教材一定能不断地改进和完善，并在我国物流专业的教学改革和课程体系建设中起到应有的促进作用。

齐二石
2009 年 10 月

齐二石 本系列教材编写指导委员会主任，博士、教授、博士生导师。天津大学管理学院院长，国务院学位委员会学科评议组成员，第五届国家 863/CIMS 主题专家，科技部信息化科技工程总体专家，中国机械工程学会工业工程分会理事长，教育部管理科学与工程教学指导委员会主任委员，是最早将物流概念引入中国和研究物流的专家之一。

前　言

在现代物流活动中，配送是一种特殊的综合活动形式，是商流和物流紧密结合的产物，它具有特殊的位置，几乎包含所有的物流功能要素，是物流的一个缩影或在小范围内的物流活动的综合体现。无论在哪种经济体制下，配送都是必然存在的经济活动，也是商品生产与流通乃至整个社会再生产过程不可缺少的重要环节。配送活动及其管理的好坏，直接关系到生产流通成本的大小、生产流通速度的快慢及效率的高低，也直接关系到供应链、价值链和服务链的战略目标。

配送管理是物流专业的核心课之一，教学重点不仅要求学习者掌握配送管理的基本理论、方法和模型，而且还要重点培养学习者的实践动手能力，其在物流人才培养体系中发挥着重要的作用。本书以我国的物流市场需求为导向，定位为培养具有创新思维的应用型人才，重点培养学生分析和解决实际物流配送管理问题的能力，提高学生综合应用配送管理的理念、方法和模型的能力。

本书力求将物流配送管理的知识体系进行整合与优化，达到知识点"全面而精准"的效果，从"理论—方法—操作"等纬度系统地对知识体系进行设计。从配送活动涉及的主要环节为主线，突出"订货作业、进货作业、分拣作业、流通加工、配送作业"的技能培养，同时涵盖行业配送、冷链配送、电子商务配送、配送运输、配送成本管理、配送中心管理信息系统、配送中心实用技术、配送绩效管理等知识模块，在介绍各章知识点时，增加难点例释，增强了知识的可读性。本书重视技术工具的熟练使用，培养学生的实践动手能力，对各章的教学要点和技能要点设计了丰富的复习思考题，在每章后面设计了对应的知识技能应用解决工作中实际问题的项目练习，以提供给学习者练习和训练使用，便于初学者把握学习的精髓；提供了大量不同类型物流配送管理案例、丰富的知识资料，以供读者阅读。本书主要具有以下特色。

（1）强化了实践性与应用性。本书不仅在各章前后分别安排引导案例、案例分析，还在理论讲解过程中穿插了大量阅读或分析案例供学习者研读；正文中提供大量的例题供学习者练习和巩固；每章后附有填空题、判断题、选择题、简答题、项目练习题，以及结合实际考查学生观察与思考能力的案例分析题，以便学生进行实训或实验操作。

（2）增加了趣味性。为了便于学生对知识的掌握及扩展，本书不仅在每章前后附有学习目标、本章要点，还通过资料卡、小知识、小贴士、提醒您、难点例释等形式引入了大量背景资料、常用知识，以丰富学生的知识范围；并在讲解过程中，通过知识拓展的方式来加深或扩展知识，以便于学生对所学知识的掌握与应用。

（3）确保了准确性、系统性和统一性。本书取材翔实，概念定义确切，推理逻辑严密，数据可靠准确；体系清晰，结构严谨，层次分明，条理清楚，规范统一；全书名词、术语前后统一，数字、符号、图、表、公式书写统一，文字与图、表、公式配合统一。

为了便于教师安排教学进度，本书给出了专业必修课与相关专业选修课的课时建议，见下表。

章　节	必修课		选修课	
	理论课时	实验课时	理论课时	实验课时
第1章　配送管理概述	2		2	
第2章　配送中心规划与设计	4	2	2	2
第3章　配送中心作业管理	4	2	4	2
第4章　行业配送	4	2	2	2
第5章　配送中心实用技术	4	2	2	2
第6章　电子商务配送	4		2	
第7章　配送运输	4	2	4	2
第8章　配送成本管理	4	2	2	
第9章　配送中心管理信息系统	2	2	2	
第10章　配送绩效管理	2		2	
合　计	34	14	24	10
	48		34	

本书由傅莉萍和姜斌远主编，张红坚参编，全书由傅莉萍统稿。第3、4、6、7、8、9章由傅莉萍编写，第5章由张红坚编写，第1、2、10章由姜斌远编写。本书的出版获得广东培正学院教材建设立项资助，在此表示感谢！本书在编写过程中参阅了国内外许多同行的学术研究成果，参考和引用了所列参考文献中的某些内容，作者尽可能详尽地在参考文献中列出，谨向这些文献的编著者、专家、学者致以诚挚感谢！对可能由于工作疏忽或转载原因没有列出的，在此也表示万分歉意。

本书编写过程中，由于时间紧迫，编写水平有限，加之物流科学、配送技术日新月异，本书难免存在不足、缺点和问题，恳请广大同行、读者给予批评和指正，以便再版时改正，电子信箱是 hzne999888@163.com，欢迎与我们联系交流。

编　者

2014年6月

目 录

第1章 配送管理概述 ……………… 1
1.1 配送的基本理论 …………… 2
- 1.1.1 配送的概念和特点 ……… 2
- 1.1.2 配送的功能要素和要求 …… 4
- 1.1.3 配送的基本业务流程 ……… 5
- 1.1.4 配送与运输的关系 ……… 11

1.2 配送的形成和发展 ………… 12
- 1.2.1 配送制形成的必然性 …… 12
- 1.2.2 发达国家的配送 ………… 14
- 1.2.3 中国配送服务的发展及现状 …………………… 15

1.3 配送的类型和作用 ………… 17
- 1.3.1 配送的类型 ……………… 17
- 1.3.2 配送的作用 ……………… 21

1.4 配送管理概述 ……………… 22
- 1.4.1 配送管理的概念和意义 … 22
- 1.4.2 配送管理的内容 ………… 24

1.5 现代配送模式及选择 ……… 25
- 1.5.1 现代配送模式 …………… 25
- 1.5.2 第三方配送模式 ………… 28
- 1.5.3 配送模式的选择 ………… 31

复习思考 …………………………… 35

第2章 配送中心规划与设计 ……… 39
2.1 配送中心概述 ……………… 40
- 2.1.1 配送中心的概念和作用 … 40
- 2.1.2 配送中心的分类 ………… 41
- 2.1.3 配送中心的功能 ………… 43
- 2.1.4 配送中心的构成 ………… 43

2.2 配送中心的规划 …………… 44
- 2.2.1 配送中心规划的含义和内容 …………………… 44
- 2.2.2 配送中心规划的特点与形式 …………………… 45
- 2.2.3 配送中心规划的程序 …… 45

2.3 配送中心的选址 …………… 47
- 2.3.1 配送中心的选址概述 …… 47
- 2.3.2 配送中心选址的方法 …… 48
- 2.3.3 配送中心选址的程序和步骤 …………………… 49

2.4 配送中心的设计 …………… 52
- 2.4.1 配送中心设立 …………… 52
- 2.4.2 配送中心的规模决策 …… 54
- 2.4.3 配送中心的投资决策 …… 56
- 2.4.4 配送中心布局设计原则及考虑的因素 ……………… 57
- 2.4.5 配送中心的内部结构与布局 …………………… 58
- 2.4.6 配送中心内部的设施构造 … 59
- 2.4.7 配送中心区域平面布置的设计 …………………… 60

2.5 配送中心的关键机械设备配置 … 68
- 2.5.1 配送中心的建筑设施规划 … 68
- 2.5.2 配送中心的存储设施 …… 69
- 2.5.3 配送中心的分拣设施 …… 72
- 2.5.4 配送中心的搬运设施 …… 73

复习思考 …………………………… 75

第3章 配送中心作业管理 ………… 79
3.1 进货作业 …………………… 80
- 3.1.1 进货作业概述 …………… 80
- 3.1.2 订货 ……………………… 82
- 3.1.3 接货 ……………………… 82
- 3.1.4 货物编码 ………………… 83
- 3.1.5 货物验收 ………………… 86

3.2 储存作业 …………………… 88
- 3.2.1 储存概述 ………………… 88
- 3.2.2 常用的储存作业方法 …… 88
- 3.2.3 储位管理 ………………… 90
- 3.2.4 提高仓容利用率的措施与方法 …………………… 92
- 3.2.5 存货控制 ………………… 94

3.3 订单处理 …………………… 97
- 3.3.1 订单处理概述 …………… 97
- 3.3.2 库存查询与分配 ………… 101
- 3.3.3 补货 ……………………… 101

3.4 配货与送货 …………………… 103
　3.4.1 配货作业 ………………… 103
　3.4.2 送货 …………………………… 104
3.5 配送加工 …………………………… 109
　3.5.1 配送加工概述 ………………… 109
　3.5.2 配送加工的类型 ……………… 110
　3.5.3 配送加工管理的重点 ………… 112
　3.5.4 配送加工合理化 ……………… 113
复习思考 ………………………………… 114

第4章 行业配送 …………………… 118

4.1 快递业配送 ………………………… 119
　4.1.1 快递业配送概述 ……………… 119
　4.1.2 快递业配送的模式 …………… 120
　4.1.3 我国快递业配送的发展现状与主要问题 …………………… 121
　4.1.4 中小型快递业配送的运作管理 …………………………… 122
　4.1.5 大型快递业配送的运作管理 …………………………… 124
4.2 农业配送 …………………………… 125
　4.2.1 农业配送概述 ………………… 125
　4.2.2 农业配送的模式 ……………… 127
　4.2.3 农业配送的现状及发展趋势 ………………………… 127
　4.2.4 农产品配送管理 ……………… 128
　4.2.5 农业配送合理化措施 ………… 132
4.3 制造业配送 ………………………… 134
　4.3.1 制造业生产流程与配送 …… 134
　4.3.2 制造业配送的概念、结构模型及特征 ……………… 137
　4.3.3 制造业配送流程规划 ………… 139
　4.3.4 制造业配送的基本运作 …… 141
4.4 批发零售业配送 …………………… 148
　4.4.1 一般批发零售业的配送管理 ………………………… 148
　4.4.2 批发零售业配送模式 ………… 151
　4.4.3 批发零售业配送作业流程 …… 153
4.5 连锁企业配送管理 ………………… 154
　4.5.1 连锁商业企业配送概述 …… 154
　4.5.2 连锁企业配送模式 …………… 155
　4.5.3 各种模式的分析比较 ………… 157
　4.5.4 连锁企业配送中心 …………… 157
　4.5.5 连锁企业的配送管理方法 … 160
复习思考 ………………………………… 161

第5章 配送中心实用技术 ………… 164

5.1 自动识别与EDI技术 ……………… 165
　5.1.1 条形码识别技术概述 ………… 165
　5.1.2 条码在配送管理中的应用 … 167
　5.1.3 射频识别技术 ………………… 168
　5.1.4 销售时点信息系统 …………… 170
　5.1.5 电子数据交换技术 …………… 171
　5.1.6 EDI系统的应用 ……………… 174
5.2 GPS和GIS技术 …………………… 174
　5.2.1 全球定位系统 ………………… 174
　5.2.2 地理信息系统 ………………… 176
　5.2.3 物流GIS ……………………… 177
5.3 EOS技术 …………………………… 178
　5.3.1 EOS概述 ……………………… 178
　5.3.2 EOS工作方式 ………………… 179
　5.3.3 EOS组成及作业流程 ………… 179
　5.3.4 实施EOS系统的要求——标准化、网络化 ………… 181
　5.3.5 EOS系统的效益 ……………… 182
5.4 分拣技术 …………………………… 183
　5.4.1 分拣的概念、特征和过程 … 183
　5.4.2 自动分拣系统 ………………… 184
　5.4.3 自动分拣系统的工作流程 … 185
　5.4.4 自动分拣系统的应用 ………… 186
5.5 冷链配送技术 ……………………… 187
　5.5.1 冷链配送的含义、特征及构成 …………………………… 187
　5.5.2 我国冷链配送的现状及趋势 ………………………… 189
　5.5.3 冷链配送使用的技术 ………… 189
　5.5.4 冷链配送的要求 ……………… 192
　5.5.5 冷链配送的管理 ……………… 193
复习思考 ………………………………… 194

第6章 电子商务配送 ……………… 198

6.1 电子商务配送概述 ………………… 199
　6.1.1 电子商务的概念、产生和发展 …………………………… 199
　6.1.2 电子商务的分类 ……………… 200
　6.1.3 电子商务配送的变革 ………… 201
　6.1.4 电子商务配送的地位和特点 …………………………… 202

6.1.5 电子商务配送的意义和作用 …… 204
6.1.6 电子商务优势 …… 205
6.1.7 电子商务配送系统 …… 206
6.2 电子商务与物流 …… 207
　6.2.1 电子商务对物流的影响 …… 207
　6.2.2 电子商务配送的影响因素 …… 211
　6.2.3 电子商务下商流与物流的一般流程 …… 213
　6.2.4 物流对电子商务的作用 …… 213
　6.2.5 电子商务环境下的物流配送 …… 215
6.3 电子商务下的配送中心 …… 216
　6.3.1 新型物流配送中心特征 …… 216
　6.3.2 电子商务配送中心的条件 …… 217
　6.3.3 电子商务物流配送作业流程 …… 218
6.4 电子商务配送模式 …… 221
　6.4.1 B2C 电子商务配送模式及实施 …… 221
　6.4.2 B2B 电子商务配送模式 …… 222
6.5 电子商务配送系统 …… 223
　6.5.1 电子商务配送系统概述 …… 223
　6.5.2 电子商务配送系统的目标 …… 224
　6.5.3 电子商务配送系统的构成 …… 225
　6.5.4 电子商务配送系统分析 …… 226
复习思考 …… 227

第 7 章 配送运输 …… 231

7.1 配送运输概述 …… 232
　7.1.1 配送运输基本知识 …… 232
　7.1.2 配送运输的基本作业程序 …… 234
7.2 配送运输方法 …… 235
　7.2.1 整车运输 …… 235
　7.2.2 多点分运 …… 236
　7.2.3 快运 …… 238
　7.2.4 其他运输方式 …… 238
7.3 配送运输车辆调度 …… 241
　7.3.1 车辆运行调度 …… 241
　7.3.2 影响配送运输合理化的因素 …… 245
　7.3.3 配送运输合理化 …… 246

7.4 配送车辆积载技术 …… 248
　7.4.1 影响配送车辆积载的因素 …… 248
　7.4.2 车辆积载的原则 …… 249
　7.4.3 提高车辆装载效率的具体办法 …… 249
　7.4.4 配送车辆装载与卸载 …… 250
7.5 配送车辆优化 …… 252
　7.5.1 配送线路设计 …… 252
　7.5.2 直送式配送运输 …… 252
　7.5.3 分送式配送运输 …… 255
　7.5.4 扫描法配送运输 …… 261
复习思考 …… 264

第 8 章 配送成本管理 …… 268

8.1 配送成本概述 …… 269
　8.1.1 配送成本的含义、特征和分类 …… 269
　8.1.2 配送成本的核算 …… 272
8.2 配送运输成本的构成与核算 …… 274
　8.2.1 配送运输成本的构成 …… 274
　8.2.2 配送分拣成本 …… 279
　8.2.3 配送流通加工成本 …… 280
　8.2.4 配送配装成本 …… 281
8.3 配送服务与成本关系 …… 282
　8.3.1 配送服务 …… 282
　8.3.2 配送服务与成本之间的二律背反原理 …… 282
　8.3.3 配送成本的分析 …… 284
8.4 配送定价与收费 …… 287
　8.4.1 影响配送成本的因素 …… 287
　8.4.2 配送定价 …… 288
　8.4.3 价格制定方法 …… 288
　8.4.4 配送收费计费方式 …… 289
8.5 配送成本管理与控制 …… 290
　8.5.1 配送成本管理与控制概述 …… 290
　8.5.2 配送成本控制的途径 …… 291
　8.5.3 配送成本控制的策略 …… 292
复习思考 …… 295

第 9 章 配送中心管理信息系统 …… 300

9.1 配送中心管理信息系统概述 …… 301
　9.1.1 配送中心管理信息系统的含义、特点与基本功能 …… 301

9.1.2 配送中心涉及的作业 …… 303
9.1.3 配送中心管理信息系统的作用 …… 305
9.1.4 建立现代配送中心管理信息系统的原则 …… 305
9.1.5 现代配送中心管理信息系统设计 …… 306
9.1.6 配送中心管理信息系统的结构 …… 308
9.2 采购入库管理信息系统 …… 310
 9.2.1 采购入库管理信息系统概述 …… 310
 9.2.2 采购入库管理信息系统的结构 …… 311
9.3 销售出库管理信息系统 …… 316
 9.3.1 销售出库管理信息系统概述 …… 316
 9.3.2 销售出库管理信息系统的结构 …… 318
 9.3.3 销售出库管理系统处理功能 …… 318
9.4 订单处理信息系统 …… 322
 9.4.1 订单业务处理概述 …… 322
 9.4.2 订单作业 …… 325
 9.4.3 订单处理作业信息流 …… 326
9.5 配货与运输管理子系统 …… 329
 9.5.1 配货管理子系统 …… 329
 9.5.2 配送运输管理子系统 …… 330
复习思考 …… 335

第10章 配送绩效管理 …… 339

10.1 配送绩效 …… 340
 10.1.1 配送绩效管理概述 …… 340
 10.1.2 配送绩效管理的原则 …… 342
 10.1.3 绩效管理的内容与步骤 …… 343
 10.1.4 配送绩效管理的地位与作用 …… 344
 10.1.5 配送经营绩效管理系统 …… 345
10.2 配送作业绩效评价 …… 346
 10.2.1 配送作业绩效评价指标体系的确立 …… 346
 10.2.2 配送效果的反馈 …… 349
10.3 配送服务绩效评价 …… 351
 10.3.1 配送服务概述 …… 351
 10.3.2 配送服务方式的选择 …… 352
 10.3.3 配送服务绩效管理 …… 353
10.4 配送员工绩效评价 …… 356
 10.4.1 配送员工绩效评价概述 …… 356
 10.4.2 配送员工工作考核的主要方法 …… 357
10.5 配送绩效评价方法 …… 358
 10.5.1 配送绩效评价指标体系的构建方法 …… 358
 10.5.2 供应链运作参考模型 …… 359
 10.5.3 SCOR模型的层次结构 …… 360
 10.5.4 配送绩效评价的数学方法 …… 362
复习思考 …… 364

参考文献 …… 369

第1章　配送管理概述

【学习目标】

通过本章学习了解配送的功能和作用；掌握配送的概念及其功能要素；掌握配送的特点和要求；掌握配送的基本流程；了解配送的形成背景及发达国家配送形成的过程；掌握现代配送的几种主要模式及其特点。

【本章要点】

本章主要介绍配送在国内外产生的历史背景与发展现状及前景，以及配送在现代物流活动中的地位和作用。

引导案例

现代配送给苏果的发展带来了机遇

苏果超市有限公司成立于1996年7月,2013年销售规模约达到220亿元,销售网点1 700家,覆盖苏、皖、鲁、豫、鄂、冀6个省份,安排就业人员近5万人。苏果坚持经营业态多样化、连锁网络城乡化、物流配送现代化、企业管理科学化和服务内容系列化,不断优化和持久创新。现在已成功开发出具有苏果特色的购物广场、社区店、标准超市、便利店、好的便利店,五种业态资源共享、优势互补。为了支撑外埠门店和下一轮扩张,强大的物流配送体系——苏果马群配送中心于2005年1月正式投入运营,该中心占地250亩(1 亩=666.67m²),单体仓库建筑面积4.5万 m²,堪称华东地区第一。新物流中心单品两万多种,年配送量达4 300多万箱,服务半径约300km,能够适应苏果的长远发展战略和更大规模的发展。2013年苏果的品牌价值评估达16.32亿元,曾获"2005中国500最具价值品牌"称号;同时,苏果超市又被国家商务部确定为全国重点扶持的15个大型流通企业集团。仅仅10年间在中国零售连锁业的排名升至第6位,现已成为集批发、配送、物流、加工、零售于一体的大型连锁企业。在南京,苏果超市占据着超市业态50%以上的市场份额,是江苏省超市零售业最大的商贸流通企业。

资料来源:http://www.chinawuliu.com.cn.

思考:

对于大型的商贸流通企业,物流配送的现代化在其发展中起到了什么作用?

1.1 配送的基本理论

1.1.1 配送的概念和特点

在现代物流活动中,配送是一种特殊的综合的活动形式,是商流和物流紧密结合的产物,它具有特殊的位置,几乎包含所有的物流功能要素,是物流的一个缩影或在小范围内的物流活动的综合体现。实施配送管理的目的,就是要在尽可能最低的总成本条件下实现既定的客户服务水平。即"寻求服务优势和成本优势的一种平衡",并由此创造企业在竞争中的战略优势。

一般的配送集货物的装卸、包装、保管、送货于一身,通过一系列活动来实现将货物送达的目的。

 小知识 物流

物流是由"物"和"流"两个基本要素组成。"物"通常是指一切可以进行物理性位置移动的物质资料,如物品、物资、物料、货物等,不能发生物理性位移的物质资料不是物流的研究对象;物流中的"流",泛指物质的一切运动。

特殊的配送还需要按照需求信息对其货物进行加工整理,采取一定的组织形式将货物送达。它涉及的面更广并且包括的要素更多,如配送主体的多元化、不同配送形式的组合、不同货物的组合和不同信息流的组合等。

1. 配送的概念

《物流术语》(GB/T 18354—2006)对配送(Distribution)的定义是：在经济合理区域范围内，根据客户要求，对物品进行拣选、加工、包装、分割、组配等作业，并按时送达指定地点的物流活动。配送即按照客户的订货要求，在配送中心或其他物流结点进行货物配备，并以最合理的方式送交客户。一般配送是物流体系的一个缩影，是物流的一项终端活动，它使物流服务更加贴近市场、贴近消费者。配送活动如图1.1所示。

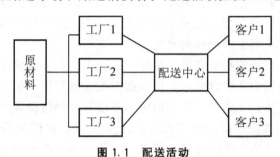

图1.1 配送活动

2. 配送的特点

(1) 配送强调客户的需求。客户的需求拉动配送行为的启动，配送以满足客户对商品数量、质量、时间和空间等相关信息的需求为出发点，实现商品从物流节点到客户的时空转移。因此，对于配送企业来讲，必须以客户"要求"为依据，从客户的利益出发，及时、准确、安全地为客户提供服务，但是不能盲目肯定或否定客户的"要求"，应该追求合理性，进而指导客户，实现共同受益。

这里所指的客户不仅仅是消费者，也可能是批发商或零售商，不能把配送理解为只是向最终消费者的送货活动，配送也包含着向中间商的送货活动。

(2) 配送是"配"和"送"有机结合的形式。配送与一般送货的重要区别在于：配送利用有效的分拣、配货等理货工作，使送货达到一定的规模，以利用规模优势取得较低的送货成本。如果不进行分拣、配货，不讲运送成本和效率就会大大增加资源的耗费。所以，追求整个配送的优势，分拣、配货等项工作是必不可少的。配送中"配"是核心，是指配客户、配时间、配货品、配车辆、配路线、配信息，"配"是配送的特色，是决定配送水平的关键；而"送"是指送货运输，是配送的外在表现，最终通过"送"来与客户见面，完成整个配送活动。

(3) 配送强调时效性。配送不仅仅是"配货"与"送货"的结合，它更强调按照双方的约定，在特定的时间和地点完成货物的交付活动，充分体现时效性。

(4) 配送的地域范围以经济、合理为原则。这是从经济合理的角度出发考虑的。因为随着销售市场的扩大，就需要按一定的经济区域划分，建立起高效快捷的配送网络来满足客户的要求，同时尽可能地节约或降低配送成本。

 提醒您　配送和发送

"运输"是指物品在物流渠道中，在各网点之间移动的活动。其中，一般把向顾客交货时的近距离、少量的运输，叫做"配送、发送"。用于配送的运输工具，几乎都是卡车。但是，在仓库、物流中心等网点内，物品的移动称为"搬运"，以示与运输相区别。

1.1.2 配送的功能要素和要求

1. 配送的功能要素

一般情况下,配送主要包括以下功能要素。

(1) 备货。备货是配送的准备工作或基础工作,备货工作包括筹集货源、订货或购货、集货、进货及有关的质量检查、结算、交接等。它的主要优势就是可以统一集中客户的需求信息进行一定规模的备货。备货是决定配送成败的初期工作,如果备货成本太高,则会降低配送的效益,从而影响企业的收益。

(2) 储存。储存是配送的物资需求的保障,配送中的储存有储备和暂存两种形态。

储备是按一定时期的配送经营要求,形成的对配送的资源保证。这种类型的储备数量较大,储备结构也较完善,视货源及到货情况,可以有计划地确定周转储备及保险储备结构及数量。暂存是具体执行日配送时,按分拣配货要求,在理货场地所做的少量储存准备。由于总体储存效益取决于储存总量,所以,这部分暂存数量只会对工作方便与否造成影响,而不会影响储存的总效益,因此它强调的是时间性,而在数量上控制并不严格。

(3) 分拣及配货。分拣及配货是配送不同于其他物流形式的有特点的功能要素,也是配送成败的一项重要性工作。分拣及配货是完善送货、支持送货准备性工作,是不同配送企业在送货时进行竞争和提高自身经济效益的必然延伸,是送货向高级形式发展的必然要求。有了分拣及配货就会大大提高送货服务水平。因此,分拣及配货是决定整个配送系统水平高低的关键要素。

(4) 配装。配装是在单个用户配送数量不能达到车辆的有效载运负荷时,就存在如何集中不同客户的配送货物,进行搭配装载以充分利用运能、运力的问题,这就需要配装。与一般送货不同之处在于,通过配装送货可以大大提高送货效率及降低送货成本,所以,配装是配送系统中具有现代特点的功能要素,也是现代配送不同于以往送货的重要区别之处。

(5) 配送运输。配送运输属于运输中的末端运输、支线运输,与一般运输形态的主要区别在于:配送运输是较短距离、较小规模、较高额度的运输形式,一般使用汽车作为主要运输工具。

与干线运输的另一个区别是,配送运输的路线选择问题是一般干线运输所没有的,干线运输的干线是唯一的运输线,而配送运输由于配送用户多,一般城市交通路线又较复杂,如何组合成最佳路线,如何使配装和路线有效搭配等,是配送运输中难度较大的工作,也是对配送运输合理性的评价指标。

(6) 送达服务。配送的目标是要送达。配好的货运送到目的地还不算配送工作的完结,这是因为送达货和用户接货往往还会出现不协调,使配送不能圆满完成。因此,要圆满地完成货物的移交,并有效、便捷地办理相关手续并完成结算,还应讲究卸货地点和卸货方式等。送达服务也是配送独具的特殊性。

(7) 配送加工。在配送中,配送加工这一功能要素不具有普遍性,但是往往是有重要作用的功能要素。主要原因是通过配送加工,可以大大提高用户的满意程度。

配送加工是流通加工的一种,但配送加工有它不同于一般流通加工的特点,即配送加工一般只取决于客户要求,其加工的目的较为单一。

综上所述，不难看出配送是在整个物流活动过程中的一种既包含集货、储存、拣货、配货、装货等一系列狭义的物流活动，也包括输送、送达、验货等以送货上门为目的的商业活动，它是商流和物流紧密结合的一种特殊的综合性供应链环节，也是物流过程的关键环节。它的功能要素在有些配送中完全具备，在另一些配送中也可以不完全具备。由于配送直接面对客户，最直观反映了供应链的服务水平，所以，配送"在恰当的时间、恰当的地点，将恰当数量的商品提供给恰当的客户"的同时，也将优质的服务传递给客户。配送作为供应链的末端环节和市场营销的辅助手段，日益受到重视。

2. 配送的基本要求

作为物流配送企业，应该充分明确配送要实现的目标，知道如何组织有效的配送服务，以便于更好地展开工作。配送主要包括以下基本要求。

（1）及时。即在指定的时间内把货物送到用户手中，这就要求配送企业能够对用户要求反应敏锐，快速作出响应，同时还要求配送各个环节作业要及时、衔接要紧密，各种登记、统计工作要及时。

（2）准确。准确是完成配送任务的质量要求，包括配送货物的质量和配送工作的质量等内容。其具体包括以下内容。

① 从客户得到的信息要准确完整，错误的信息可能导致亏损。
② 提供符合品名、规格、型号等品质要求的商品，做到质量准确。
③ 提供指定数量的商品，做到数量准确。
④ 商品送到指定的场所，做到地点准确。
⑤ 业务手续做到：账、卡、证、物准确；单据、报表数字准确；反映情况准确。
⑥ 财务结算做到：单据、金额准确；核收杂费准确；结算银行、户头、账号准确。

（3）安全。安全是配送的保证。保证配送货物不受损失，保证人员不发生伤亡事故，是配送管理工作中极其重要的内容，也是配送各个环节都不可忽视的问题。其具体包括以下要求。

① 物资配送作业中，做好防潮、防冻、防火、防盗、防撞击等工作，达到无失火爆炸、无霉烂变质、无虫蛀鼠咬、无过期失效、无被盗丢失和无碰撞损坏。
② 配送人员严格遵守操作规程和各项安全制度，防止在配送技术作业中发生事故。
③ 在送货过程中避免交通事故。

（4）经济。概括起来，经济方面主要包括以下几点要求。

① 库存物资保持数量准确、质量完好，要经常清点物资储存情况，避免积压，合理堆放存储物品，提高库房面积和容积的利用率，降低储存保管费用。
② 合理组织装卸搬运，防止和消除无效作业，提高效率，降低成本。
③ 合理组织车辆调度、装车和货物配载。
④ 合理选择配送路线和配送方式，提高配送效率。
⑤ 有一个相对固定的顾客群，规范服务。

1.1.3 配送的基本业务流程

在配送活动中，无论配送企业的规模大小，配送物品的形状、表现形态如何，整个活动都在按照一定的顺序运作，这种配送运作顺序被称为配送业务流程。

由于货物特性不同，配送服务形态多种多样，配送作业流程也不尽相同。一般来说，随着商品日益丰富，消费需求日趋个性化、多样化，多品种、少批量、多批次、多用户的配送服务方式最能有效地通过配送服务实现流通终端的资源配置。配送活动服务对象繁多，配送作业流程复杂，将这种配送活动作业流程确定为通用流程更具有代表性，即把工艺流程较为复杂、具有典型性的多品种、少批量、多批次、多用户的货物配送流程确定为一般的、通用的配送业务流程。配送业务基本流程如图1.2所示。

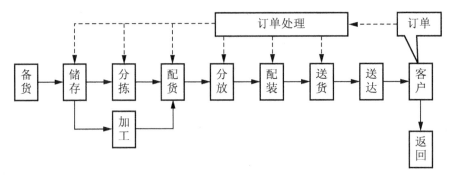

图1.2 配送业务基本流程

由于不同产品的性质、形态、包装不同，采用的配送方法、配送作业流程也就不一样。例如，有些产品的配送不存在配货、配装问题，如燃油料；有些产品则需要进行分割、捆扎等流通加工，如木材、钢材等。因此，不同的产品有不同的配送作业流程，配送活动作业环节不可能千篇一律，都有其各自比较特殊的流程、装备、工作方法等。

下面介绍几种常见类型的配送业务流程。

1. 中、小件杂货型物品的配送

中、小件杂货型物品是指各种包装形态及非包装形态的，能够混存混装的，种类、品种、规格复杂多样的中、小件产品，如日用百货、五金工具、书籍等。

该类物品的共同特点是：可以通过外包装改变组合数量；可以把内包装直接放入配送箱或托盘等工具中；因其有确定包装，所以可以混载到车辆上、托盘上；物品个体尺寸都不大，可以大量存放于单元货格等现代仓库之中。

中、小件杂货型物品配送要求：由于该类物品种类、品种、规格复杂多样，一般属于多品种、少批量、多批次的配送类型，配送频率高，需求的计划性不太强，往往需要根据临时的订货协议组织配送，表现在配送用户、配送量、配送路线不稳定，甚至每日的配送都要对配装、路线作出选择。因此，该类产品经常采用定时配送服务方式，用户依靠强有力的定时配送体制可以实现"零库存"。

该类产品的配送业务全过程基本符合通用流程，没有或少有加工的环节。其流程的特点是：分拣、配货、配装的难度较大。中、小件杂货型物品的配送业务流程如图1.3所示。

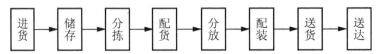

图1.3 中、小件杂货型物品的配送业务流程

2. 生鲜食品和副食品的配送

（1）食品分类。生鲜食品和副食品种类多，形态复杂，对外界流通条件要求差别很大，该类产品配送流程不是一个简单的模式就可以概括的，但是，按照食品性状及其对流通条件要求不同，可将这些食品分为以下几类。

① 有一定保质期的、包装较为完善可靠的食品，如酒类、粮食类、糖果类、罐头类食品。

② 无小包装、保质期较短的需尽快送达用户的食品，如点心类、散装饮料类、酱菜熟食类。

③ 特殊条件下保鲜的水产品类、肉类等。

④ 数量较大、保质期短的新鲜水果蔬菜等。

（2）生鲜食品和副食品配送要求。该大类产品的共同特点是：对流通环境条件要求较高，且都容易发生变质、降质等。随着商品的日益丰富，生鲜食品品种、规格、花色越来越复杂，而且经常有变化。此外，随着人们生活水平的提高，人们对该类产品质量的要求也越来越高，保质保鲜是其配送模式中需要解决的重要问题。

食品配送特别强调快速配送及在销售时间配送到位，所以，广泛采用定时快速配送方式，有时为满足用户要求，也采用即时配送方式。配送企业与用户之间长期协作关系，有利于稳定配送业务流程和优选配送路线。

（3）生鲜食品和副食品配送业务流程。生鲜食品和副食品配送业务流程如图 1.4 所示。

生鲜食品和副食品配送基本上有 3 种配送业务流程模式。

① 主要适用于有一定保质期的食品，进货后，用一定的储存能力进行集中储备，然后采取一定的分拣、配货配送工艺，达到送达用户的目的。由于食品品种、花样非常多，所以分拣、配货任务较重，见流程 1。

② 主要适用于保质、保鲜要求较高的，需要快速送达用户的食品，进货之后一般不经存储，最多只是暂存便很快投入分拣、配货，送达用户的快速配送。

该工艺路线基本没有停顿环节，在运转中很快完成从进货到送达的全部工作，见流程 2。

③ 主要是加工配送流程，加工后需要及时送达，见流程 3。

生鲜食品和副食品配送加工主要有以下几种形式。

a. 分装加工。即将散装或大包装的食品用小包装分装，如酒、饮料分装，粮食分装等。

b. 分级分等加工。即将混级混等的食品按质量、尺寸、等级分选，如水果分级、鱼类分级、肉类分级等。

c. 去杂加工。即去除食品无用部分或低质部分，如蔬菜去根、须、老叶，鱼类去头、尾等。

d. 半成品加工。将各种原料配制成半成品，如鱼丸、肉馅、饺子、配菜等。

配送加工是生鲜食品和副食品配送业务流程中很有特点的一道工序。

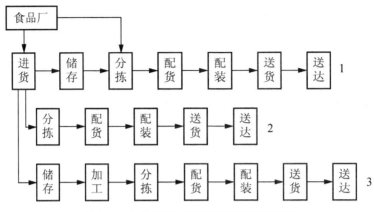

图1.4 生鲜食品、副食品配送业务流程

3. 大件家电和家具的配送

大件家电和家具是体积、重量相对较大的家庭用品。由于这些家庭用品属于耐用消费品，所以对家庭来讲，购买一次之后在一段时期内不会再对它们有新的需求。并且，用户对这类产品的需求没有一个确切的需求时间与数量，因此它不是确定的连续性需求，而是随机性需求。

大件家电和家具及家庭用具配送要求：该类产品的个性化趋势较强，常采用在商场展示的方法，用户逐个挑选后，按其要求装货并送达用户。配送据点一般是各类商场的仓库或工厂。工厂送货、商店进货和柜台展示使该类产品配送的计划性不强，许多情况下采取即时配送方式，其配送业务流程如图1.5所示。

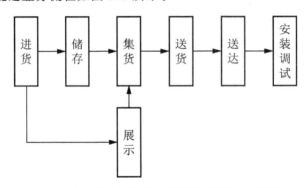

图1.5 大件家电和家具及家庭用具配送业务流程

4. 长条及板块型产品的配送

该类产品以捆装或裸装为主，且基本是块状、板状及条状的产品，如金属材料、玻璃、木材及其制品。

该类产品的共同特点是：宽或长，或重量大，或体积大，少有或根本没有包装，对保管、装运条件虽有要求，但除玻璃产品外，其他均不严格，操作较随意，可以露天存放，较容易进行混装。因此，这些产品在存放场地及所使用的机械设备上都有共同之处。

在这种配送模式中，由于产品性状差别的特殊性，决定了其特殊的配送要求。

长条及板块型产品配送要求：该类产品配送量因产品体积、重量均较大，所以，大多数产品属少品种、大批量配送类型。同时，该类产品一般对与配送相配套和衔接的机械装备要求较高。配送企业可以采取定时配送、定量配送、共同配送的服务方式。

该类产品配送除对有些多品种、小批量需求的用户有一定的简单分拣、配货工作外，一般情况下，由于用户是生产企业，用户消耗量比较大，所以，一个用户的需要量经常就可以达到车辆的满载。有些则必须经过理货检尺环节后，配送车辆才可直接开到存放场地装货。如果要进行多用户的配装，则不需要事前分拣、配货，配送车辆可以直接开到存放场地装货，但在对生产企业内部供料进行配送时，则要经过中间的流通加工环节，然后再分拣、配货，送至各工序、工段。其配送的流通加工形式主要有两种：一种是集中下料、定尺裁切或集中整形处理，取消各用户下料整形工序，将坯料配送给各用户，以提高材料利用率；二是集中除锈、打刺和其他简单的技术处理。

长条及板块型产品配送业务流程如图 1.6 所示。

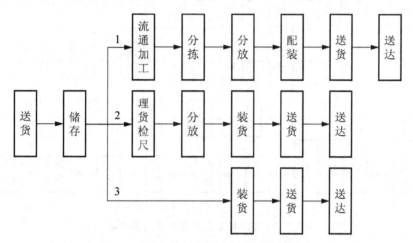

图 1.6　长条及板块型产品配送业务流程

5．石油与化工产品的配送

石油产品主要指石油制成品，如汽油、柴油、机油等液体燃料和易燃、易爆的液化石油气等气态产品。

化工产品种类多、形态复杂，其配送业务流程也有差别，有一些类型的化工产品无毒、无害、无危险，又有良好的包装，可以作为中、小件杂货和百货及其他产品一起进行综合性配送，本书的配送业务流程模式不包括该类产品。

这里讲的化工产品主要指有一定毒、腐、危险的块状、粉状的固体化工产品与大量使用的液体酸碱等产品。

（1）石油与化工产品配送要求。该类产品的共同特点是：都有一定的危害性，且产品形态特殊，因此，不能与其他产品混存混运或进行综合配送，特别要求配送技术及手段的专业化。

工厂直送及配送中心配送是石油与化工产品的主要配送方式。对于工业企业用油、加油站用油，由于这两类用户需求量较大且稳定，配送品种较单一，属于少品种、大批量的配送类型，可采用定时、定量、定时定量配送服务方式。对于用油的企业，适于采用长期计划协议形式，建立配送企业与用户的稳定供需关系，实行销售、供应一体化。

由于各种化工产品均有危险性，因而特别强调专业配送。同时，为减少其对外界的可能的损害，要求供需双方都要有很强的计划性，采用各种计划性较强的配送服务方式较好。

基于对石油与化工产品中的液、气产品包装管理的特殊要求，应采取"一程送货一程回运包装"的办法，使包装周而复始地使用，从而避免用户在处理包装时剩残余物品可能造成的危害。此外，对于毒、腐、危险化工产品应尽量减少流通环节，降低该类产品的危害。因此，工厂直接配送是最有效的方式。

（2）石油与化工产品配送业务流程。石油与化工产品配送业务流程如图1.7所示。

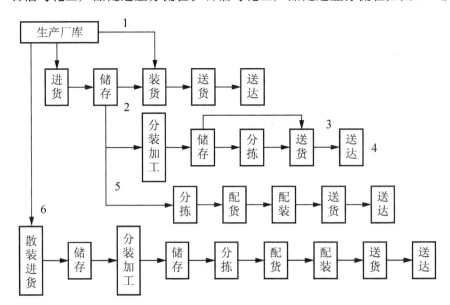

图1.7 石油与化工产品配送业务流程

① 燃料油配送业务流程。该类产品的配送作业流程比较简单，但是专业化很强，用户大多为生产用油的小企业或服务运输用油的加油站。该种作业的重要特点是：送货油车直接开抵生产厂储存场所装油，然后分送各用户，见流程1。

② 液体酸碱等化工产品配送业务流程。该类产品具有毒、腐性，运送、储存危险，但企业耗用量较大。其一般包装形态采用专用集装罐车、陶瓷罐等。它有三种不同的配送业务流程模式：一是工厂配送，即工厂附近用户或较远的大用户，由工厂直接送货，见流程1；二是分装加工配送，配送中心集中进货后，按用户需求进行小规格的分装加工，装成坛、罐，形成用户可接受的数量，然后通过一般的配送业务流程送达用户，见流程4；三是原包装形态大量进货转化为小批量、多批次送货，见流程2。

③ 固体化工产品配送业务流程。在该流程中，各种包装的一般化工产品采取一般配送作业流程，见流程5。大量散装或大包进货的固体化工产品，与一般产品在配送工艺上稍有区别，该类产品是在分装成小包装后，再采用一般的配送业务流程送货，见流程6。固体化工产品配送模式的特点是分拣、配货及配送加工较为重要。

④ 液化石油气等压缩气体配送业务流程。配送作业流程是按照用户消费量要求，对已在工厂装好瓶、罐的产品集中进货，在配送中心进行装罐、装瓶的加工，再采取一般方式送达用户，由于产品种类、规格较单纯，所以，在该类产品的配送作业流程模式中，分

拣、配货工序不甚明显，其工艺特点是压缩装瓶、装罐，对设备及技术要求较高，见流程 3。

1.1.4 配送与运输的关系

物流活动根据物品是否产生位置移动可分为两大类：线路活动和节点活动。产生位置移动的物流活动称为线路活动；节点活动是在一个组织内部的场所中进行的，其目的不是创造空间效用，而是创造时间效用。例如，在工厂内、仓库内、物流中心或配送中心内进行的装卸、搬运、包装、存储、流通加工等都是节点活动。

配送和运输有时难以准确划分，配送处于"二次运输""末端运输"的地位，与运输相比，更直接面向终端用户。

1. 运输与配送都是线路活动

运输活动必须通过运输工具在运输路线上移动才能实现物品的位置移动，它是一种线路活动。而配送以送为主，包括部分线路活动。

2. 运输与配送的区别

配送是相对于长距离的干线运输而言，从狭义上讲，货物运输分为干线部分的运输和支线部分的配送。与长距离运输相比，配送承担的支线的、末端的运输，是面对用户的一种短距离的送达服务。从工厂仓库到配送中心之间的批量货物的空间位移称为运输；从配送中心到用户之间的多品种、小批量货物的空间位移称为配送。配送不是单纯的运输或输送，而是运输与其他活动共同构成的组合体。配送所包含的那一部分运输，在整个运送过程中处于"末端运输"的位置。运输与配送的区别见表 1-1。

表 1-1 运输与配送的区别

内 容	运 输	配 送
运输性质	长距离、干线	短距离、支线、区域内、末端
货物性质	少品种、大批量	多品种、小批量
运输工具	大型货车或火车、轮船、飞机	小型货车、工具车
管理重点	效率优先	服务优先
附属功能	装卸、捆包	装卸、保管、包装、分拣、流通加工、订单处理等

3. 运输与配送的互补关系

运输与配送虽同属于线路活动，但功能上的差异使他们并不能互相替代。物流系统创造物品空间效用的功能是要使生产企业制造出来的产品到达消费者手中进入消费，否则，产品生产的目的就无法实现。从运输与配送的区别可以看出，仅有配货或仅有运输是不可能达到上述要求的，因为根据运输的规模和距离得知，大批量、远距离的运输才是合理的，但它不能满足分散消费的需求；配送虽具有小批量、多批次的特点，但不适合远距离运输。因此，两者必须互相配合，取长补短，方能实现理想的目标。一般来说，在运输和配送同时存在的物流系统中，运输处在配送的前面，先通过运输实现物品长距离的位置移动，然后交由配送来完成短距离的输送。

1.2 配送的形成和发展

1.2.1 配送制形成的必然性

1. 配送制形成

日本在第二次世界大战后，经济高速增长，但随之也出现了流通落后的问题，严重阻碍了生产的进一步发展。分散的物流使流通机构庞杂。当时，日本曾做过的一项调查表明，由于社会上自备车辆多、道路拥挤及停车时间长，使企业收集和发送货物的效率明显下降。但是如果减少企业自备车辆就意味着企业运输能力的降低。为了保证企业生产和销售的顺利开展，需要依赖社会的运输力和仓储力。但这不是单个企业单独能够解决的。因此，日本政府在筹划建立物流中心和"物流园"（结点）的同时，还积极推行了"共同配送制度"。经过不断变革，一种被日本实业界称之为"配送"的物流体制便应运而生了。

另外，美国"20世纪财团"也曾组织了一次调查，表明"以商品零售价格为基数进行计算，流通费用所占的比例达59%，其中大部分为物流费"。流通结构分散和物流费用不断上升，严重阻碍了生产发展和企业利润率的提高。因此，美国企业界把第二次世界大战期间"军事后勤"的概念引用到企业管理中，许多公司减少了老式仓库，成立了配送中心，统一了装卸、搬运等物流作业标准。不少公司设立了新的流通机构，将独立、分散的物流运动也统一、集中，推出了新型的送货方式。这不仅降低了流通费用，而且节约了劳动消耗。美国有30%以上的生产资料是通过流通企业配送中心销售的。

配送作为一种新型的物流手段，是在变革和发展仓库业的基础上开展起来的。因此，从某种意义上来说，配送是仓库业功能的扩大化和强化。传统的仓库业是以储存和保管货物为主要职能的，其基本功能是保持储存货物的使用价值，为生产的连续运转和生活的正常进行提供物质保障。但是在生产节奏加快、社会分工不断扩大、竞争日趋激烈的情况下，迫切要求缩短流通时间和减少库存资金的占用。因此，急需社会流通组织提供系列化、一体化和多项目的后勤服务。正如前面所提到的美国和日本的情况，许多经济发达国家仓库业已开始调整内部结构、扩大业务范围、转变经营方式，以适应市场变化对仓储功能提出的新需求。很多老式仓库转变成了商品流通中心，其功能由货物"静态储存"转变为"动态储存"，其业务活动由原来的单纯保管、储存货物变成了向社会提供多种服务，并且把保管、储存、加工、分类、拣选和输送等连成了一个整体。从服务方式看，变革以后的仓库可以做到主动为客户提供"门对门"的服务，可以把货物从仓库一直运送到用户的仓库、车间生产线或营业场所。这样，配送就形成和发展起来了。

2. 配送的发展

与其他新生事物一样，配送（或配送方式）是伴随着生产的不断发展而发展起来的。自从第二次世界大战后，为了满足日益增长的物质需求，西方工业国家逐步发展配送中心，加速了库存物资的周转，打破了仓库的传统观念。

1) 配送的雏形最早曾展现于 20 世纪 60 年代初期

在这段时期，物流运动中的一般性送货开始向备货、送货一体化方向转化。从形态上看，初期的配送只是一种粗放型、单一性的活动。此时的配送活动范围很小，规模也不大。该阶段，企业开展配送活动的主要目的是为了促进产品销售和提高其市场占有率。因此，配送主要是以促销手段的职能来发挥其作用的。

20世纪60年代中期，在一些发达国家，随着经济发展速度的逐步加快，以及由此带来的货物运输量的急剧增加和商品市场竞争的日趋激烈，配送得到了进一步的发展。在这段时期，欧美一些国家的实业界相继调整了仓库结构，组建或设立了配送组织或配送中心，普遍开展了货物配装、配载及送货上门服务。不但配送的货物种类日渐增多，除了种类繁多的服装、食品、药品、旅游用品等日用工业品外，还包括不少生产资料产品，而且配送服务的范围在不断扩大。例如，在美国，已经开展了洲际的配送；在日本，配送的范围则由城市扩大到了省际。从配送形式和组织上看，该段时期曾试行了"共同配送"，并且建立起了配送体系。

2）20世纪80年代后配送被广泛采用并成为多功能的供货活动

20世纪80年代以后，受多种社会及经济因素的影响，配送有了长足发展，而且以高技术为支撑手段，形成系列化、多功能的供货活动，具体表现在以下几个方面。

（1）配送区域进一步扩大。近几年，实施配送的国家已不限于发达国家，许多次发达国家和发展中国家也按照流通社会化的要求实行了配送制，并且积极开展了配送。就发达国家而言，20世纪80年代以后，配送的活动范围已经扩大到了省际、国际和洲际。例如，以商贸业立国的荷兰，配送的范围已扩大到了欧盟诸国。

（2）配送的发展极为迅速。无论是配送的规模和数量，还是配送的方式方法都得到了迅猛的发展。首先，配送中心数量和规模增加。在日本，全国各大城市建立了多个流通中心。同时，由于经济发展带来的货物急剧增加；消费向小批量、多品种转化；销售行业竞争激烈，传统的做法被淘汰，销售企业向大型化、综合化发展，使得配送的数量增加也非常迅速。并且，配送的品种也是全方位面向社会，涉及方方面面的货物种类。其次，随着配送货物数量增加，配送中心除了自己直接配送外，还采取转承包的配送策略。并且，在配送实践中，除了存在独立配送/直达配送等一般性的配送形式外，又出现了"共同配送""即时配送"等配送方式。配送方式得到了进一步发展。

（3）配送的技术水平提高，手段日益先进。技术不断更新，劳动手段日益先进，是成熟阶段配送活动的一个重要特征。进入20世纪80年代以后，各种先进技术特别是计算机的应用，使物资配送基本上实现了自动化，发达国家普遍采用了自动分拣、光电识别、条形码等先进技术，建立了配套的体系并配备了先进的设备，如无人搬运车、分拣机等，从而使配送的准确性和效率大大提高。有的工序因采用先进技术和先进设备，工作效率提高了5～10倍。

（4）配送的集约化程度明显提高。20世纪80年代以后，随着市场竞争日趋激烈及企业兼并速度明显加快，配送企业的数量在逐步减少。但是，总体的实力和经营规模却在增长，配送的集约化程度不断提高。

（5）配送服务质量提高。在激烈的市场竞争中，配送企业必须提供高质量的服务，否则就可能倒闭。配送服务质量可以归纳为准确和快速，即不出差错和供货周期短。

1.2.2 发达国家的配送

1. 发达国家对配送的认识

发达国家对配送的认识并非完全一致,在表述上有其区别。但是,一个非常重要的共同认识是:配送就是送货。美国配送即 delivery,是送货的意思,强调的是将货送达;日本对配送的权威解释,应该是日本工业标准 JIS 的解释:"将货物从物流结点送交收货人。"送货含义明确无误,配送主体是送货。

当然,现代经济中的送货也必定比历史上的送货有所发展,这种发展是竞争的产物,受利润和占领市场驱使,想方设法使送货行为优化,于是实践中出现了送货时车辆合理调配、路线规划选择、送货前配货、配装等。

在发达国家对配送的解释中,并不强调配,而仅强调送达,原因是在买方市场的国家中"配"是完善"送"的经济行为,是进行竞争和提高自身经济效益的必然延伸,是在竞争中的优化形式。既然是一种必然行为,就没有再强调的必要了。

对于配送稍详尽一些的解释,反映了发达国家对配送范围、性质、作用等的认识。日本 1991 年版的《物流手册》这样描述它的范围:"与城市之间和物流据点之间的运输相对而言,将面向城市内和区域范围内需要者的运输,称之为配送。"很明显,日本对配送的一个重要认识,是配送局限在一个区域(城市)范围内,而且从性质来看,配送是一种运输形式,关于这一点书中又有进一步描述:"生产厂到配送中心之间的物品空间移动叫'运输',从配送中心到顾客之间的物品空间移动叫'配送'。"

2. 发达国家的配送现状

配送最早曾产生于发达的资本主义国家,随着国际交往的日益增加和经济全球化趋势的不断加强,这种先进的物流方式才逐步在其他国家和地区推行起来。发达国家的配送已经成为制造商和经销商普遍接受和采用的物流方式,而且还在迅速发展,主要表现在以下几个方面。

1) 配送的规模日趋扩大,配送中心的数量明显增加

近几十年来,随着经济的迅速发展和产品产量及消费量的急剧增长,在发达国家,配送的规模及其范围也在同步扩大。据统计,在许多产品的供货总量中,通过配送方式到达经营者或用户手中的比例高达 50%~90%,服装、食品、家电等产品都属于这种情况。同时,配送的品种也不断增加,采用配送方式向需求者供货的产品不仅包括一些轻工产品,如药品、服装、食品等,而且一些原材料的供应也采用了这种方式。

从配送的活动范围来看,随着道路交通等基础设施的不断改善和日趋完善,一些发达国家的配送服务已延伸到了省际和国际。比如,荷兰的"国际物流中心"就利用其庞大的配送网络和先进的物流技术、物流设备,能够在很短的时间内将货物运送到欧盟成员国的用户手中,使得配送活动超越了城市和地区的界限。

发达国家配送规模日益扩大的另一个重要标志是配送中心的数量明显增多。

2) 配送技术和设备更加先进

配送设施主要包括货场设施和设备、保管设施、分拣设施、移动设备、货物分类设备,以及搬运设备等。

由于发达国家物流设备的更新周期比较短,因此,其配送技术和设备非常先进。目前在发达国家配送业务中主要采用的新技术有:条形码标识技术、自动存货和补货技术、自动分拣技术等。同时,发达国家的很多配送中心建立了自动化的配送系统,包括由计算机控制的自动处理系统和数控分拣系统等,大大提高了配送的效率。据调查,发达国家的许多配送中心在接到用户订单或要货通知单的 24 小时之内就可将大批的货物配备好,仅用 2~3 天的时间就可以把货物送到数百公里以外的用户指定的接货点。

3)配送方式多样化

为了适应实际的需要,发达国家的配送企业正采取多种方式向需求者配送货物。除了上面介绍的几种常用的配送方式外,一些国家又兴起了"转承包配送"方式。这种"转承包配送"方式是指配送中心接到订单以后,将销售和配送货物的任务转交给其他专业公司去完成,该种配送方式在欧洲尤为盛行。一些大型的配送中心采用这种配送方式的主要原因在于:利用"转承包"可以发挥承包企业专业化程度高的优势,更好地完成供货任务;可以减轻本配送中心的资金压力和经营风险;可以提高大型配送中心的应变能力,为顾客提供更好的服务。

4)配送服务质量明显提高

按照配送的基本要求,配送服务或业务必须做到准时、准确和快速,不能出差错。具体来讲,要做到拣选配货准确无误;发货不出现错装;发货时间不能超过规定的期限;发送的目的地准确无误;运输货物要保持货物的完整性,不得污损货物。

在竞争激烈的配送市场中,企业必须向用户提供高质量、高水平的服务才能立足。因此,发达国家的一些配送中心都把提高配送服务质量视为发展配送业务的重要手段。它们不仅仅出色地完成配送的基本任务,使配送货物的准确率、准时率经常保持在 100% 的水平,同时,更加重视尽力提供更好、更全面的服务。比如,缩短接单到供货之间的配送周期,在指定的时间准时送货,实行 24 小时昼夜接受订单和送货制度,以及休息日照常配送货物和提供各种信息、开展流通加工业务等。

3. 美国配送的发展

商品配送的合理化、高效性是配送制的一种理想状态。发达国家自 20 世纪 60 年代起,开始重视对商品配送整个流程进行优化组合和高效配置,并采取了一系列措施。美国企业的做法是这样的:①将老式仓库改为配送中心;②引进电脑管理网络,对装卸、搬运、保管实行标准化操作,提高作业效率;③由连锁店共同组建配送中心,促进连锁店效益的增长。

配送中心通过购销功能,可以疏通流通渠道,协调产需矛盾;合理化的配送可以消除重复运输,提高运输工具的利用率;而集中库存则能减少仓库基建费用,压缩社会库存,减少仓储费用和资金占压;引进网络技术将加快物流速度,提高流通效率。通过统一进货、统一配送的联动操作,不仅可以避免库存分散,而且能降低企业的整体库存水平,从而降低连锁企业的物流总成本,缩短补货时间,进一步也能为消费者提供更好的服务。

美国提高配送效率的关键技术除了对流程的改革之外,就是利用先进的技术。

1.2.3 中国配送服务的发展及现状

20 世纪 70 年代,在中国计划经济体制下,为了提高木材流通效率,杭州的木材流通实行按需供应的供应方式;为了解决平板利用率低的问题,中国一些大中城市的物资部门在一个城市设置一个或几个集中套裁点,并按其货单配货、送货,实行集中库存、提高效率的物资流通方式,上述流通方式可以说是中国配送的雏形。但是由于某些落后的生产关系及其他因素制约,使得这一先进生产力最终未能突破体制的障碍,未能出现持续进步、稳定发展的局面。

20世纪80年代,随着生产资料市场的开放搞活,物资流通格局发生了很大变化,市场竞争日趋激烈。物资企业为了自身的发展,提高市场占有率,广泛开展物资配送业务,如天津储运公司唐家口仓库的"定时定量配送"、河北省石家庄市物资局"三定一送"的物资配送,以及上海、天津等地的煤炭配送等。从总体分析,20世纪80年代是中国从自发运用配送阶段向自觉运用配送阶段的过渡时期。

20世纪90年代以来的实践证明,配送是一种非常好的物流方式。中国很多城市的物资部门建立配送中心,配送得到了很大发展。这样,彻底改变了传统的流通模式和方式。

过去物资流通企业等人上门买货,如今迈出家门主动上门送货,为生产企业配送急需的产品。通过本着筑造代理、配送、连锁相结合的新的流通形式,发展配送实现了质优价廉,中心实行统一集中进货,享受了生产企业的批量优惠,同时从用户和自身利益、信誉出发,严把进货关,保证进货质量。发展配送大大减少了生产企业的库存,实现了生产企业"零库存"的可能,而且,随着计算机网络的应用,逐步实现了配送中的流通现代化管理。

同时,先进设施的使用也为用户提供了更加方便、快捷的服务,同时提高了流通企业的效率。

在看到配送在中国发展的同时,也要认识到,配送在中国的发展也是近十几年的事,进展缓慢、设备落后、信息化程度低是目前的一个基本状况。具体表现在:配送规模小,物流网点没有统一布局;配送中心现代化程度低,机械化水平程度低,整体物流技术水平比较落后;配送中心功能不健全,其中信息没有得到充分地加工和利用,离信息化还有很大差距等。

技术是中国配送发展滞后的一个重要因素。目前国内配送中心的计算机应用程度仍比较低,大多情况下,仍只限于日常事务管理,对于物流中的许多重要决策问题,如配送中心的选址、货物组配方案、运输的最佳路径、最优库存控制等方面,还处于半人工化决策状态,适应具体操作的物流信息系统的开发滞后;物流设施的技术和设备都比较陈旧,与国外以机电一体化、无纸化为特征的配送自动化、现代化相比,差距很大;整体物流技术如运输技术、储存保管技术、流通加工技术及与各环节都密切相关的信息处理技术等,也都比较落后。我们应借鉴发达国家的先进经验,结合中国的具体情况,发展符合中国国情的配送体系,使物资配送向正规化、规模化发展。

 小知识　供应链管理

企业从原材料和零部件采购、运输、加工制造、分销直至最终送到顾客手中的过程被看成是一个环环相扣的链条,这就是供应链。

供应链管理就是指对整个供应链系统进行计划、协调、操作、控制和优化的各种活动和过程,目标是要将顾客需要的正确的产品(Right Product)能够在正确的时间(Right Time)、按照正确的数量(Right Quantity)、正确的质量(Right Quality)和正确的状态(Right Status)送到正确的地点(Right Place)——即"6R",并使总成本最小。

供应链对上游的供应者(供应活动)、中间的生产者(制造活动)和运输商(储存运输活动),以及下游的消费者(分销活动)同样重视。

1.3 配送的类型和作用

1.3.1 配送的类型

根据不同的分类标准,配送可以划分为不同的类型。

1. 按照配送主体不同分类

1) 生产企业配送

即以生产企业的成品库或设在各地的配送中心为据点,由生产企业自己组织的配送活动。因为,第一,产品的产销量非常大;第二,产品的销售地较为集中,地产地销的消费资料企业(如一些地方性的啤酒企业)及客户相对集中的生产资料供应商就经常自己组织配送;第三,产品的保质期非常短,如许多酸奶生产企业就建立了自己的配送车队,直接向各大零售网点供货。

采用生产企业配送的方式,由于减少了货物中转环节,可以加快物流的时间,提高物流速度,物流费用也相应减少。但这种配送方式必须以一定的规模经济为前提,即生产企业应确保由自己组织配送具有较大的规模经济性。

2) 分销商配送

许多产品的生产具有很强的集中生产、分散消费的特点,在实现生产的规模经济性的同时,将产品的市场拓展到全国乃至全世界。为了不断扩充自己的市场,生产企业在各地发展了自己的地方产品代理,作为自己的分销商,并且委托他们实施对零售网点的分销商配送,有助于将商流与物流有机地结合在一起,提高对零售网点的服务水平,同时可以让生产企业集中精力搞好产品的生产与研发工作。其不足之处在于,一些地区由于市场规模的限制,使得分销商配送的经济性较差。

3) 连锁店集中配送

统一采购、集中配送、分散销售是连锁店的基本特点。建立自己的配送中心,强化集中配送的能力,是连锁店提高竞争力的重要途径。尤其是当连锁店在某一地区建立的门店较为密集时,集中配送具有很大的竞争优势,有助于集成采购批量,降低采购成本,节约配送费用,而且可以使各门店的商品存货降到很低的水平,乃至实现零库存。同时,也使配送服务质量具有很强的可控性。

如果连锁店各门店很分散,则自己组织配送的经济性就会大打折扣,委托社会配送中心进行配送更为经济、合理。

4) 农业配送

农业配送是一种特殊的、综合的农业物流活动,是在农业生产资料、农产品的送货基础上发展起来的。农业配送是指在与农业相关的经济合理区域范围内,根据客户要求,对农业生产资料、农产品进行分拣、加工、包装、分割、组配等作业,并按时送达指定地点的农业物流活动。

5）物流企业配送

随着社会分工的发展，出现了专门从事商品配送服务的物流企业。物流企业的设施及工艺流程是根据配送需要专门设计的，所以配送能力强、配送距离远、配送品种多、配送数量大。由于为众多的企业、产品提供配送服务，社会配送中心能够实现较强的规模经济性。

2. 按照配送时间和数量不同分类

1）定时配送

定时配送是指按照规定的时间进行货物配送。定时配送的时间间隔可长可短，可以是数天，也可以是几个小时。定时配送由于时间固定，便于制订配送计划，安排配送车辆及送货人员，也便于安排接货人员及设备。但如果配送订单下达较晚，在配送品种和数量变化较大时，配货时间很短，会给配送工作造成较大的难度。

日配（当日配送）是定时配送中较常见的方式。一般来说，如果是上午下达的订单，当天下午可送达；如果是下午下达的订货，第二天上午可送达。日配送的开展可以使客户维持较低的库存，甚至实现零库存。日配送特别适合生鲜食品及周转快、缺乏仓储场地或特定设备（如冷冻设备）的小型零售商。

2）定量配送

定量配送是指在一定的时间范围内，按照规定的品种和数量进行货物配送。该配送方式由于每次配送品种和数量固定，因此，不但可以实现提前配货，而且可以按托盘、集装箱及车辆的装载能力有效地提高配送的效率，降低配送费用。同时，每次接货的品种和数量固定，有利于提前准备好接货所需的人力、设备。但定量配送的方式较容易与客户对货物的实际需求相脱节，既可能造成缺货损失的现象，也可能由于货物库存过大而造成仓位紧张的现象。

3）定时定量配送

定时定量配送是以上两种配送方式的综合，即按照规定的时间、品种和数量进行货物配送。该种配送方式计划性很强，但适合的客户对象较窄，要求货物需求具有非常稳定的特点。

4）定时定路线配送

定时定路线配送是指在规定的运行路线上，按照所要求的运行时间表进行货物配送。例如，邮政部门的普通邮件投递就是采用这种配送方式。在客户相对集中地区，采用这种配送方式有利于安排配送车辆及人员，对客户而言，有利于安排接货力量，但一般配送的品种、数量不宜太多。

5）即时配送

即时配送是指完全根据客户提出的配送要求，采取对货物的品种、数量、时间提供一种随要随送的配送方式。由于这种配送方式要求的时限很快，因此对配送的组织者提出了较高的要求。对客户而言，它具有很高的灵活性，可以使客户实现安全存货的零库存。随着准时制（Just in Time，JIT）生产的发展而出现的准时制配送也属于即时配送，准时制配送真正实现了按照实际需要的品种和数量进行配送，具有很高的效率，使生产企业的原材料或零部件真正实现了零库存。

3. 按照配送专业化程度不同分类

1) 专业化配送

专业化配送是指专门针对某一类或几类货物的配送方式，如图书配送、鲜奶配送等。专业化配送有利于发挥专业化分工的优势，按照不同配送货物的特殊要求优化配送设施、配送车辆，提高配送的效率，确保配送货物的品质。如鲜奶配送要求配备相应的冷藏设备和冷藏车辆。

2) 综合化配送

综合化配送是指同时针对多种类型的货物的配送方式。综合化配送可以使客户只要与少数配送组织者打交道就可以满足对众多货物的需要，可以简化相应的手续。但当不同产品的性能、形状差别很大时，配送组织者的作业难度较大。

4. 按实施配送的节点不同分类

1) 配送中心配送

组织者是专职配送的配送中心，规模较大，有的配送中心需要储存各种商品，储存量也比较大；有的配送中心专职于配送，储存量较小，货源靠附近的仓库补充。

配送中心专业性较强，和客户有固定的配送关系，一般实行计划配送，需配送的商品有一定的库存量，一般情况很少超越自己的经营范围。配送中心的设施及工艺流程是根据配送需要专门设计的，所以配送能力强、配送距离较远、配送品种多、配送数量大。它承担工业生产用主要物资的配送及向配送商店实行补充性配送等。配送中心配送是配送的重要形式。从实施配送较为普遍的国家来看，配送中心配送是配送的主体形式，不但在数量上占主要部分，而且是某些小配送单位的总据点，因而发展较快。

配送中心配送覆盖面较宽、配送规模大。因此，必须有配套的实施大规模配送的设施（如配送中心建筑、车辆、路线等），该设施一旦建成便很难改变，所以灵活机动性较差、投资较高，在实施配送时难以一下子大量建设配送中心。因此，这种配送形式有一定的局限性。

2) 仓库配送

仓库配送是以一般仓库为据点进行的配送形式。它可以是把仓库完全改造成配送中心，也可以是以仓库原功能为主，在保持原功能的前提下，增加一部分配送职能。由于不是专门按配送中心要求设计和建立的，所以，仓库配送规模较小，配送的专业化程度低，但它可以利用原仓库的储存设施及能力、收发货场地、交通运输线路等，开展中等规模的配送，并且可以充分利用现有条件而不需要大量投资。

3) 商店配送

组织者是商业或货物的门市网点，这些网点主要承担商品的零售，规模一般不大，但经营品种较齐全。除日常零售业务外，还可根据客户的要求将商店经营的品种配齐，或代客户订购一部分本商店平时不经营的商品，和商店经营的品种一起配齐送给客户。

该种配送组织者实力有限，往往只是小量、零星商品的配送。它是配送中心配送的辅助及补充。商店配送有以下两种形式。

（1）兼营配送形式。商店在进行一般销售的同时兼行配送的职能。商店的备货，可用于日常销售及配送，因此，有较强的机动性，可以将日常销售与配送相结合，互为补充。该种形式在一定铺面条件下，可取得更多的销售额。

（2）专营配送形式。商店不进行零售销售而专门进行配送。一般情况是商店位置条件不好，不适于门市销售而又有某方面经营优势及渠道优势，可采取该种方式。

4）生产企业配送

组织者是生产企业，尤其是进行多品种生产的生产企业，可以直接由本企业进行配送而无须再将产品发运到配送中心进行配送。生产企业配送由于避免了一次物流中转，所以具有一定优势，但是生产企业，尤其是现代生产企业，往往是进行大批量低成本生产，品种较单一，因而不能像配送中心那样依靠产品凑整运输取得优势，实际上生产企业配送不是配送的主要形式。

生产企业配送在地方性较强的产品生产企业中应用较多，如就地生产、就地消费的食品、饮料、百货等。在生产资料方面，某些不适于中转的化工产品及地方建材也可采取该种方式。

5．按配送货物的特征不同分类

1）单（少）品种大批量配送

工业企业需要量较大的货物，单独一个品种或几个品种就可达到较大输送量，可实行整车运输，这种货物往往不需要再与其他货物搭配，可由专业性很强的配送中心实行配送。由于配送量大，可使车辆满载并使用大吨位车辆。配送中心内部设置、组织、计划等工作也较简单，因此配送成本较低。如果从生产企业将这种货物直接运抵客户，同时又不致使客户库存效益下降，则采用直送方式往往有更好的效果。

2）多品种、少批量配送

现代企业生产除了需要少数几种主要货物外，从种类数来看，处于B、C类的货物品种数远高于A类主要物资，B、C类物资的品种数多，但单品种需要量不大，若采取直送或大批量配送方式，由于一次进货批量大，必然造成客户库存增大等问题。类似情况也存在于向零售品商店补充一般生活消费品的配送，所以这些情况适合采用多品种、少批量的配送方式。

多品种、少批量配送是按客户要求，将所需的各种货物（每种需要量不大）配备齐全，凑整装车后由配送据点送达客户。该种配送作业水平要求高，配送中心设备复杂，配货送货计划难度大，必须由高水平的组织工作来保证。这是一种高水平、高技术的配送方式。

多品种、少批量配送也正符合了现代"消费多样化""需求多样化"的新观念，所以，它是许多发达国家推崇的方式。

多品种、少批量配送往往伴随多客户、多批次的特点，配送频度往往较高。

3）配套成套配送

按企业生产需要，尤其是装配型企业的生产需要，将生产每一台设备所需的全部零部件配齐，按生产节奏定时送达生产企业，生产企业随即可将此成套零部件送入生产线装配产品。该种配送方式，配送企业承担了生产企业大部分的供应工作，使生产企业专致于生产，与多品种、少批量配送效果相同。

1.3.2 配送的作用

配送本质上是运输，创造空间效用自然是它的主要功能，但配送不同于运输，它是运输功能上的延伸。相对运输而言，配送除创造空间效用这一主要功能外，其延伸功能可归纳为以下几个方面。

1. 完善了输送及整个物流系统

现代大载重量的运输工具，固然可以提高效率，降低运输成本，但只适于干线运输，因为干线运输才可能是长距离、大批量的，高效率、低成本才是可能的；支线运输一般是小批量的，使用载重量大的运输工具反倒是一种浪费。支线小批量运输频次高、服务性强，要求比干线运输有更高的灵活性和适应性，配送通过其他物流环节的配合，能将支线运输与小搬运统一起来，可实现定制化服务，能满足这种要求。因此，配送与运输结合，把干线运输与支线运输统一起来，能使运输系统得以优化和完善。

2. 消除交叉输送

消除交叉输送，在没有配送中心的情况下，由于工厂直接运送货物到用户，即使采取直接配送方式，交叉输送也是普遍存在的。由于交叉输送的存在，使输送路线长、规模效益差、运输成本高。如果在工厂与客户之间设置配送中心，则可消除交叉输送。

设置配送中心以后，将原来直接由各工厂送至各客户的零散货物通过配送中心进行整合再实施配送，缓解了交叉输送，输送距离缩短，成本降低。

3. 提高了末端物流的经济效益

采取配送方式，可以做到经济地进货。它采取将各种商品配齐集中起来向用户发货和将多个用户小批量商品集中在一起进行发货等方式，以提高物流经济效益。

4. 可使企业实现低库存或零库存

配送通过集中库存，在同样的满足水平上，可使系统总库存水平降低，既降低了存储成本，也节约了运力和其他物流费用。尤其是采用准时制配送方式后，生产企业可以依靠配送中心准时送货而无须保持自己库存，或者只需要保持少量的保险储备，这就可以实现生产企业的低库存或零库存，减少资金占用，解放出大量储备资金，改善财务状态，降低成本。

5. 简化手续，方便用户

由于配送可以提供全方位的物流服务，采用配送方式后，用户只需要向配送中心进行一次委托，就可以得到全过程、多功能的物流服务，从而简化了委托手续和工作量，也节约了开支。

6. 提高了供应保证程度

采用配送方式，配送中心比任何单独供货企业有更强的物流能力，可使用户减少缺货风险。如巴塞罗那大众物流中心承担着为大众、奥迪、斯柯达、菲亚特等大众系统四个品牌的汽车配送零部件的任务。其在整车下线前两个星期，有关这些车辆 88 000 种零部件在这里全部可以找到。假如用户新买的车坏了，只要在欧洲范围内，24 小时内就会由专门的配送公司把用户所需要的零部件送到手中。

1.4 配送管理概述

1.4.1 配送管理的概念和意义

1. 配送管理的概念

为了以最低的配送成本达到用户所满意的服务水平,对配送活动进行的计划、组织、协调与控制。

按照管理进行的顺序,可将配送管理划分为三个阶段:计划阶段、实施阶段和评价阶段。

1) 配送管理的计划阶段

计划是作为行动基础的某些事先的考虑。配送计划是为了实现配送预想达到的目标所做的准备性工作。

(1) 配送计划要确定配送所要达到的目标,以及为实现该目标所进行的各项工作的先后次序。

(2) 要分析研究在配送目标实现的过程中可能发生的任何外界影响,尤其是不利因素,并确定对这些不利因素的对策。

(3) 制定贯彻和指导实现配送目标的人力、物力、财力规划的具体措施。

2) 配送管理的实施阶段

配送计划确定以后,为实现配送目标,就必须要把配送计划付诸实施。配送的实施管理就是对正在进行的各项配送活动进行管理。它在配送各阶段的管理中具有最突出的地位,因为在该阶段,各项计划将通过具体的执行受到检验,同时,它也把配送管理工作与配送各项具体活动紧密地结合在一起。该阶段需完成以下任务。

(1) 对配送活动的组织和指挥。为了使配送活动按计划所规定的目标正常地发展和运行,对配送的各项活动进行组织和指挥是必不可少的。配送的组织是指在配送活动中把各个相互关联的环节合理地结合起来,形成一个有机的整体,以便充分发挥配送中每个部门、每个工作者的作用;配送的指挥是指在配送过程中对各个配送环节、部门、机构进行的统一调度。

(2) 对配送活动的监督和检查。必须通过监督和检查,才能充分了解配送活动的结果。监督的作用是考核配送执行部门或执行人员工作完成的情况,监督各项配送活动有无偏离配送既定目标。各级配送部门都有被监督和检查的义务,也有去监督、检查其他部门的责任。通过监督和检查,可以了解配送的实施情况,揭露配送活动中的矛盾,找出存在的问题,分析问题发生的原因,提出克服的方法。

(3) 对配送活动的调节。在执行配送计划的过程中,配送的各部门、各环节总会出现不平衡的情况。遇到上述问题,就需要根据配送的影响因素,对配送的各部门、各个环节的能力作出新的综合平衡,重新布置实现配送目标的力量。这就是对配送活动的调节。通过配送调节可以解决各部门、各环节之间,上、下级之间,配送内部和外部环境之间的矛盾,从而使配送过程协调一致,紧紧围绕配送目标开展活动,从而保证配送计划的最终实现。

3) 配送管理的评价阶段

在一定时期内，人们对配送实施后的结果与原计划的配送目标进行对照、分析，这就是对配送的评价。通过对配送活动的评价，可以确定配送计划的科学性、合理性，确认配送实施阶段的成果与不足，从而为今后制订新的计划、组织新的配送提供宝贵的经验和资料。

按照对配送评价的范围不同，可以将配送评价分为专门性评价和综合性评价。专门性评价是指对配送活动中的某一方面或某一具体活动作出分析，如分拣工作的效率、送货服务的准确性等；综合性评价是指对配送活动全面管理水平的综合性分析，主要评价某一次或某一类配送活动是否达到了期望的目标值，完成了预定的任务。

按照配送各部门之间的关系，配送评价又可以分为纵向评价和横向评价。纵向评价是指上一级配送部门对下一级部门和机构的配送活动进行的分析。这种分析通常表现为本期完成情况与上期或历史完成情况的对比；横向评价是指执行配送业务的各部门之间的各种工作效果的对比，通常能显示出配送部门在社会上所处水平的高低。

2. 配送管理的意义

配送管理的意义，在于可以通过对配送活动的合理计划、组织、协调与控制，帮助实现以最合理的成本达到最合适的客户服务水平的总目标。从不同的角度来看，其意义有不同的体现。

1) 对于从事配送工作的企业的意义

对于从事配送工作的企业来说，配送管理的意义主要表现在以下几个方面。

（1）通过科学合理的配送管理，可以大幅度地提高企业的配送效率。配送企业通过对配送活动的合理组织，可以提高信息的传递效率、配送决策的效率和准确性、各作业环节的效率，能有效地对配送活动进行实时监控，促进配送作业环节的合理衔接，减少失误，更好地完成配送的职能。

（2）通过科学合理的配送管理，可以大幅度地提高货物供应的保证程度，降低客户因缺货而产生的风险，提高配送企业的客户满意度。

（3）通过科学合理的配送管理，可以大幅度地提高配送企业的经济效益。一方面，货物供应保证程度和客户满意度的提高，将会提高配送企业的信誉和形象，吸引更多的客户；另一方面，将会使企业更科学合理地选择配送的方式及路线，保持较低的库存水平，从而降低成本。

2) 对于客户的意义和作用

对于接受配送服务的客户来说，配送管理的意义和作用主要表现在以下几个方面。

（1）对于需求方客户来说，可以通过配送管理降低库存水平，甚至可以实现零库存，从而减少库存资金，改善财务状况，实现客户经营成本的降低。

（2）对于供应方客户来说，如果供应方实施自营配送模式，可以通过科学合理的配送管理提高其配送效率，降低配送成本；如果供应方采取委托配送模式，可节约在配送系统方面的投资和人力资源的配置，提高资金的使用效率，降低成本开支。

3) 对于配送系统的意义和作用

对于配送系统来说，可以通过科学合理的配送管理实现以下功能。

（1）完善配送系统。配送系统是构成整体物流系统的重要系统，配送活动处于物流活动的末端，它的完善和发展将会使整个物流系统得以完善和发展。通过科学合理的配送管理，可以帮助完善整个配送系统，从而达到完善物流系统的目的。

（2）强化配送系统的功能。通过配送管理，可以更强地体现配送运作乃至整体物流运作的系统性，使运作之中的各个环节紧密衔接、互相配合，从而达到系统最优的目的。

（3）提高配送系统的效率。对于配送工作而言，与其他任何工作一样，需要进行全过程的管理，以便不断提高系统的运作效率，更好地实现经济效益与社会效益。

1.4.2 配送管理的内容

从不同的角度来看，配送管理包含以下不同的内容。

1. 配送模式管理

配送模式是企业对配送所采取的基本战略和方法。企业选择哪种配送模式，主要取决于以下几方面的因素：配送对企业的重要性、企业的配送能力、市场规模与地理范围、保证的服务及配送成本等。根据国内外的发展经验及中国的配送理论与实践，目前主要形成了以下几种配送模式：自营配送模式、共同配送模式、共用配送模式和第三方配送模式。企业应如何选择配送模式，将在1.5.3节进行说明。

2. 配送业务管理

配送的对象、品种、数量等较为复杂。为了做到有条不紊地组织配送活动，管理者需要遵照一定的工作程序对配送业务进行安排与管理。一般情况下，配送组织工作的基本程序和内容主要有以下几个方面。

（1）配送路线的选择。配送路线是否合理，对配送速度、成本、效益影响很大，因此，采用科学合理的方法确定合理的配送路线是非常重要的一项工作。确定配送路线可以采取各种数学方法和在数学方法的基础上发展及演变出来的经验方法，主要有方案评价法、数学计算法和节约里程法等。

（2）拟定配送计划。管理者需要拟定配送计划，供具体负责进行配送作业的员工执行。现在一般可采用计算机作为编制配送计划的主要手段。

3. 配送作业管理

不同产品的配送可能有独特之处，配送作业管理就是对配送流程之中的各项活动进行计划和组织。

4. 对配送系统各要素的管理

从系统的角度看，对配送系统各要素的管理主要包含以下内容。

（1）人的管理。人是配送系统和配送活动中最活跃的因素。对人的管理包括：配送从业人员的选拔和录用；配送专业人才的培训与提高；配送教育和配送人才培养规划与措施的制定等。

（2）物的管理。物是指配送活动的客体，即物质资料实体。物质资料的种类繁多，其物理、化学性能更是千差万别。对物的管理贯穿于配送活动的始终。它渗入配送活动的流程之中，不可忽视。

（3）财的管理。财的管理主要是指配送管理中有关降低配送成本，提高经济效益等方面的内容，它是配送管理的出发点，也是配送管理的归宿。其主要内容有：配送成本的计算与控制；配送经济效益指标体系的建立；资金的筹措与运用；提高经济效益的方法等。

（4）设备的管理。设备的管理的主要内容有：各种配送设备的选型与优化配置；各种设备的合理使用和更新改造；各种设备的研制、开发与引进等。

（5）方法的管理。方法的管理的主要内容有：各种配送技术的研究、推广普及；配送科学研究工作的组织与开展；新技术的推广普及；现代管理方法的应用等。

（6）信息的管理。信息是配送系统的神经中枢，只有做到有效地处理并及时传输配送信息，才能对系统内部的人、财、物、设备和方法这五个要素进行有效的管理。

5．对配送活动中具体职能的管理

从职能上划分，配送活动主要包括配送计划管理、配送质量管理、配送技术管理、配送经济管理等。

（1）配送计划管理。配送计划管理是指在系统目标的约束下，对配送过程中的每个环节都要进行科学的计划管理，具体体现在配送系统内各种计划的编制、执行、修正及监督的全过程。配送计划管理是配送管理工作的最重要的职能。

（2）配送质量管理。配送质量管理包括配送服务质量管理、配送工作质量管理、配送工程质量管理等。配送质量的提高意味着配送管理水平的提高和企业竞争能力的提高。因此，配送质量管理是配送管理工作的中心问题。

（3）配送技术管理。配送技术管理包括配送硬技术和软技术的管理。对配送硬技术的管理，是对配送基础设施和配送设备的管理。如配送设施的规划、建设、维修、运用；配送设备的购置、安装、使用、维修和更新；提高设备的利用效率；对日常工具的管理等。对配送软技术的管理，主要是指配送各种专业技术的开发、推广和引进；配送作业流程的制定；技术情报和技术文件的管理；配送技术人员的培训等。配送技术管理是配送管理工作的依托。

（4）配送经济管理。配送经济管理包括配送费用的计算和控制，配送劳务价格的确定和管理，配送活动的经济核算和分析等。成本费用的管理是配送经济管理的核心。

6．配送中心管理

配送中心是专门从事配送活动的场所，应从管理一个企业或者部门的角度出发，对其中涉及的各项工作进行妥善的安排。

1.5 现代配送模式及选择

1.5.1 现代配送模式

1．商流和物流一体化的配送模式

商流和物流一体化的配送模式又称为配销模式，其模式结构如图 1.8 所示。

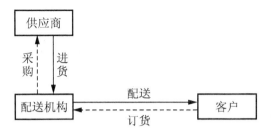

图 1.8　商流和物流一体化的配送模式

在这种配送模式下,配送的主体通常是销售企业或生产企业,也可以是生产企业的专门物流机构。其主要经营行为是商品销售,配送是实现其营销策略的具体实施手段,主要目的是通过提供高水平的配送服务来促进商品销售和提高市场占有率。在我国物流实践中,以批发为主体经营业务的商品流通机构多采用这种配送模式,国外的许多汽车配件中心所开展的配送业务同样也属于这种配送模式。

商流和物流一体化的配送模式对于行为主体来说,由于其直接组织货源及商品销售,因而配送活动中能够形成资源优势,扩大业务范围和服务对象,同时也便于向客户提供特殊的物流服务,满足客户的不同需求。但这种模式对于组织者的要求较高,需要大量资金和管理技术的支持。

2. 商流和物流相分离的配送模式

商流和物流相分离的配送模式结构如图 1.9 所示。

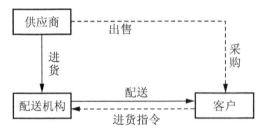

图 1.9　商流和物流相分离的配送模式

在这种配送模式下,配送的组织者不直接参与商品交易活动,即不参与商流过程,它只是专门为客户提供货物的入库、保管、加工、分拣、送货等物流服务,其业务实质上属于"物流代理"。从组织形式上看,其商流与物流活动是分离的,分属于不同的行为主体。

这种配送模式具有以下特点。

(1) 配送企业的业务活动单一,有利于专业化的形成,提高了物流服务的水平。

(2) 配送企业占用资金相对较少,易于扩大服务范围和经营规模。

(3) 配送企业只提供物流代理服务,企业收益主要来自服务费,经营规模较小。

这种模式的主要缺点就是配送机构不直接掌握货源,其调度和调节能力较差,另外对客户的依赖性强,容易随客户的销售不畅而导致自身配送规模的下降,经营的主动性差。

3. 集中配送模式

在货物运距较远、顾客较多,且需求日趋复杂的情况下,不经过物流基地中转,直接从工厂或仓库装货，并将装备好的货物送达客户的直达配送模式主要适用于大批量的配送或某些生产资料的配送，对大多数物流产品来说，直达配送有时会浪费运力，增加物流成本，造成不经济现象。为了更有效地组织物流活动，许多企业纷纷在流通枢纽处设置配送中心，并以配送中心为基地开展集中进货、集中库存、集中配送活动。集中配送模式的优势主要表现在，通过配送中心这种高效的物流环节来减少迂回、相向、重复、倒流等不合理运输，降低用户平均库存水平，控制总体物流费用，全面提高经济效益和服务质量等。

4. 计划配送模式

发达国家在物流配送发展之初，过度强调完全按顾客要求办事，而忽略了顾客要求对配送企业经营效率的影响，导致配送量急剧增加。同时也带来了运输效率下降、运输成本增加、配送服务水平日趋降低（如速度慢和准确性差）等不良后果。针对这些情况，物流企业为了兼顾用户满意水平和配送服务效率，在市场竞争中处于优势地位，在实践中推行了"路线发送"和"时间表式的发送"等计划配送制度，即按照地区和配送货物的数量将配送服务对象进行划分，然后在此基础上确定配送时间间隔和具体路线。计划配送一方面能够使每日的配送量相对稳定，从而有利于减少配送活动的波动；另一方面又可以提高配送设备（如运输工具）的利用率，避免浪费投资。这种配送模式一般对配送企业的要求比较严格，作业难度也较大。由于该配送计划性较强、准确度高，因此，一般只适合于在生产稳定、产品批量较大的用户中推行。

5. 共同配送模式

共同配送最早产生于日本。共同配送，即由若干个配送企业联合起来，对某一地区的用户进行配送服务的物流形式。它是在核心组织（配送中心）的统一计划、统一调度下展开的。由于共同配送是一种协作性的配送活动，因而有利于充分发挥各配送企业的整体优势，便于合理调配、调度运输工具和综合利用物流设施。对于参与协作的配送企业来说，不仅可以提高配送的服务水平，而且还可以借此扩大销售渠道和开展联合经营；对于用户来说，可以满足生产经营活动的整体需要，尤其有利于保证重点建设项目的需要。

（1）共同配送是物流共同化发展的产物，促进了物流活动分工与协作，推动了物流结构的调整和物流资源优化配置。正因为如此，许多国家的政府都在积极向企业推广这种配送组织形式。目前，有两种新的共同配送运作方式比较引人注目，一是多家用户联合设置接货点和货物处置场地，集中人力、物力开展配送；二是数个配送企业交叉利用他方的配送中心和机械设备进行配送。据日本连锁经营协会的调查，大多数零售业均采用共同配送方式，共同配送率为55.4%，其中的41.4%为配送中心或物流中心进行配送。

（2）共同配送模式旨在强调联合体的共同作用，而互用配送模式旨在强调企业自身的作用。

（3）共同配送模式的稳定性较强，而互用配送模式的稳定性较差。

（4）共同配送模式的合作对象是经营配送业务的企业，而互用配送模式的合作对象既可以是经营配送业务的企业，也可以是非经营配送业务的企业。

6. 即时配送模式

即时配送是根据用户提出的时间要求和供货数量、品种要求及时地进行配送的模式。

即时配送可以满足用户(特别是生产企业)的急需,它是一种灵活的配送方式。

对于配送企业来说,实施即时配送必须有较强的组织能力和应变能力,必须熟悉服务对象的情况。由于即时配送完全是按照用户的要求运行的,客观上能促使需求者压缩自己的库存,使其货物的"经常储备"趋近于零。

7. 一体化配送模式

一体化配送产生于20世纪90年代的日本,目前在供应链管理中发挥着重要的作用。一体化配送也称"一揽子物流",它是将物流与信息紧密结合在一起的高水平配送管理模式。"一揽子"有两层含义:一是"货架一揽子",该模式以某一货架群作为整体对象,不问进货地点和形态,将全部商品备齐后集中上货;二是"业务一揽子",该模式不仅包揽进货业务,而且还要求发货的商品完全不出差错地以易陈列的方式进入店铺。一体化配送以店铺作为服务网点,利用条形码(BC)、销售时点(POS)、电子数据交换(EDI)等信息技术将一次性分品种进货、定时、定量配送等作业组合在一起,是全部进货业务的一揽子接收系统和进货体制,是零售业最为适宜的配送模式。

1.5.2 第三方配送模式

1. 概念

第三方就是为交易双方提供部分或全部配送服务的一方。第三方配送模式是指交易双方把自己需要完成的配送业务委托给第三方来完成的一种配送运作模式。随着物流产业的不断发展及第三方配送体系的不断完善,第三方配送模式应成为工商企业和电子商务网站进行货物配送的首选模式和方向。第三方配送模式的运作方式如图1.10所示。

图 1.10 第三方配送模式的运作方式

随着物流管理的理念在中国企业内逐步被认知,第三方物流作为有着较新物流理念的产业正在逐步形成。中国原有的运输企业、仓储企业、电子商务企业经过改造和合并,形成了新兴的第三方物流企业。第三方物流企业在对企业的服务中逐步形成了一种战略关系,随着JIT管理方式在中国的普及,不论制造企业还是商业企业,普遍应用JIT管理的理念,采用拉动方式,减小库存、降低库存储备,以适应市场变化。JIT管理方式的应用,使服务于制造企业和商业企业的第三方物流企业,采取小批量、多频次的JIT运输。组合配送(Assembly Distribution)是第三方物流企业适应JIT运输提出的一种运输方式。

2. 组合配送的概念

第三方物流企业根据采购方的小批量和多频次的要求,按照地域分布密集情况,决定供应方的取货顺序,并应用一系列的信息技术和物流技术,保证JIT取货和配送。

组合配送实施的目的和基本要求有以下几个方面。

(1) 经营模式的改变:推动(预测为基础)模式转变为拉动(响应为基础)模式。

(2) 小批量多频次取货。

(3) 设定取货和到货窗口时间，有计划地、在窗口时间内地多次运送可减少购方与供方库存量，达到准时生产，从而降低储备资金，节约仓储面积。其理念是将运输车辆作为一个流动的仓库，用运输的时间和空间来代替仓储的时间和空间。

(4) 提高生产保障率，减少待料时间。

(5) 减少中间仓储搬运环节，做到门对门的服务，节约仓储费用和人员物力。

(6) 通过组合，达到最佳经济批量，从而降低运输成本。

(7) 通过全球定位系统(Global Position System，GPS)及信息反馈系统，全程监控货物的到货时间和数量。

(8) 增加订单处理的增值服务功能，通过电子网络系统实现订单采购和确认结算。

3. 组合配送的基本模式

根据目前第三方物流的发展情况和组合配送的完善情况，多家取货、一家配送的模式比较完善；多家取货、多家配送的模式尚未形成。这里仅介绍多家取货、一家配送的模式。

(1) 组合配送的运输方式。根据供应商的分布和供应数量要求，可以分为以下3种运输方式。

① 对较小、较远且分布较分散的供应商，确定一个聚合点，以便将小车里的零部件转配入大车，运送到工厂。

② 主要供应商，一天中需要多次运送的，直接送到工厂。

③ 较小但地理位置较接近的供应商采用 Milk Run(多点停留，即多个停留点的固定集配路线)模式将零部件集结起来运输。

(2) 组合配送的基本模式。组合配送的基本模式如图1.11所示。

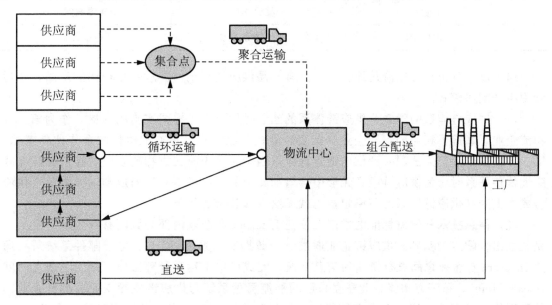

图 1.11 组合配送的基本模式

4. 组合配送和传统运输的比较

组合配送和传统运输的比较如表1-2所示。

表1-2 组合配送和传统运输的比较

传统运输	组合配送
供应商对运输独立管理	第三方物流企业管理
分散操作，缺乏合作及可见性	整合操作完全的可见性和管理
分散复杂的流动	简单集中的流动
低货物空间利用率	优化车辆利用率
库存水平不均	有效的库存控制
无IT解决方案平台	有一体化的IT平台支持

5. 组合配送的推广

组合配送是一种适应市场发展的新型的配送模式，但其发展和推广又有相当的条件和前提。

（1）市场化需求程度。消费者需求的变化是导致市场需求变化的主要因素，对消费品本身可变性和带动性需要进行分析。例如，对电脑市场和大米市场进行分析（表1-3）。

表1-3 市场化需求程度分析例

序号	特 点	电脑市场	大米市场
1	消费者	个性化需求，进行电子商务B2C	大众化需求
2	消费品	技术更新快，产品升级快	消费稳定
3	供应链	供应链复杂，配送体系需要整合	供应链简单

通过以上分析，可以清楚地认识到只有产品供应链复杂、需求变化较快的产品，才适合用组合配送模式。

（2）供应链体系的建立。供应链体系的建立是组合配送模式实施的前提，作为第三方物流企业，掌握了相当的主导企业和配套企业的机密信息，没有战略性的合作伙伴关系，第三方物流企业仍无法深入到供应链管理体系当中。作为第三方物流企业，在没有建立战略性伙伴关系时，为供应链服务无形中会增加相当的交易成本和沟通成本，导致整个供应链成本上升和供应链体系的不稳定，也就无法发挥整合的优势。

（3）信息技术和物流标准的推广。依托Internet和企业内部局域网有效实施信息共享是建立组合配送的基础。供应链企业通过电子数据交换系统（EDI）、电子邮件系统等，通过Internet在企业之间进行快速的信息交换，完成订单下达和处理工作，减少了前置时间（Lead Time）。第三方物流企业建立自己的物流管理系统与供应链主导企业和配套企业的信息系统进行有效连接，完成提货通知、发运状态、线路设定、发运结算等信息的交换，从而对配送指令进行快速反应。通过集装化运输、GPS跟踪控制、条形码技术等的应用，有效控制运输，降低货物的操作时间，适应快速的供给体系。

总之，组合配送作为适应物流发展的一种模型，有着其产生的条件和适用的范围，本节就组合配送的概念、目的和要求，以及其市场化分析作了一定的阐述。综合分析，组合配送作为一种配送模式，符合企业发展和供应链发展的要求，对今后物流体系发展有着一定的引导作用。

1.5.3 配送模式的选择

企业选择哪种配送模式主要取决于以下几方面的因素：配送对企业的重要性、企业的配送能力、市场规模与地理范围、保证的服务及配送成本等。一般来说，企业配送模式的选择方法主要包括矩阵图决策法和比较选择法。

1. 矩阵图决策法

矩阵图决策法主要是通过两个不同因素的组合，利用矩阵图来选择配送模式的决策方法。其基本思路是选择决策因素，然后通过其组合形成不同区域或象限再进行决策。此处主要围绕配送对企业的重要性和企业配送的能力来进行分析，如图1.12所示。

在实际经营过程中，企业根据自身的配送能力和配送对企业的重要性组成了上述区域。一般来说，企业可按下列思路来进行选择和决策。

在状态Ⅰ下，配送对企业的重要程度较大，企业也有较强的配送能力，在配送成本较低和地理区域较小但市场相对集中的情况下，企业可采取自营配送模式，以提高客户的满意度和配送效率，与营销保持一致。

在状态Ⅱ下，配送虽对企业的重要程度较大，但企业的配送能力较低，此时，企业可采取的策略是寻求配送伙伴来弥补自身在配送能力上的不足。可供选择的模式有三种：第一种是加大投入，完善配送系统，提高配送能力，采用自营配送模式；第二种是进行一些投入，强化配送能力，采用共同配送模式；第三种是采取第三方配送模式，将配送业务完全委托专业性的配送企业来进行。一般说来，在市场规模较大，且相对集中及投资量较小的情况下，企业可采取自营配送模式；若情况相反，则可采取第三方配送模式。

在状态Ⅲ下，配送在企业战略中不占据主要地位，但企业却有较强的配送能力，此时，企业可向外拓展配送业务，以提高资金和设备的利用能力，既可以采取共同配送模式，也可以采用互用配送模式。若企业在该方面具有较强的竞争优势时，也可适当地调整业务方向，向社会化的方向发展，成为专业的配送企业。

在状态Ⅳ下，企业的配送能力较低，且不存在较大的配送需求，此时，企业宜采取第三方配送模式，将企业的配送业务完全或部分委托给专业的配送企业去完成，而将主要精力放在企业最为擅长的生产经营方面，精益求精，以获得更大的收益。

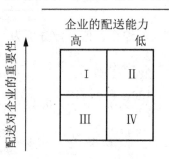

图1.12 矩阵图决策法

2. 比较选择法

比较选择法是企业通过对配送活动的成本和收益等进行比较而选择配送模式的一种方法。一般有确定型决策、非确定型决策和风险型决策等。

1）确定型决策

确定型决策是指一个配送模式只有一种确定的结果，只要比较各个方案的结果，即可作出选择哪种配送模式的决策。例如，某一企业为扩大生产销售，现有三种配送模式可供选择，各配送模式所需的配送成本与可能实现的销售额如表1-4所示。

表1-4 各配送模式所需的配送成本与可能实现的销售额

配送模式	成本费用/万元	销售额预计数/万元
自营配送模式	10	220
互用配送模式	8	180
第三方配送模式	5	140

该类问题一般为单目标决策，此时企业可以运用价值分析来进行选择，即直接利用公式 $V=F/C$ 来计算各种配送模式的价值系数。式中，V 为价值系数，F 为功能（此例为销售额预计数），C 为成本费用。根据计算结果，某一种配送模式的价值系数越大，则说明该种模式的配送价值就越大，是企业最佳的配送模式或满意模式。此例中，自营、互用、第三方配送模式的价值系数分别为22、22.5、28，企业应采取第三方配送模式。

在实际经营过程中，企业对配送模式的选择往往需要考虑许多方面的因素，即需要进行多目标决策。此时，评价配送模式的标准是各模式的综合价值，一般可用综合价值系数来进行。某一模式的综合价值系数越大，则说明该模式的综合价值就越大，这种模式就是企业所要选择的配送模式。综合价值系数可用公式 $y=\sum M_i F_i$ 来计算。式中，V 为综合价值系数，M 为分数，F 为权数。例如，某企业在选择配送模式时主要考虑四个方面的目标，如表1-5所示。

表1-5 某企业选择配送模式时主要考虑的目标

配送模式	成本费用/万元	销售额预计数/万元	利润总额/万元	客户满意度/%
	0.1	0.3	0.4	0.2
自营配送模式	10	220	25	98
互用配送模式	8	180	17	97
第三方配送模式	5	140	15	99

根据表1-4资料计算，各模式的综合价值系数分别为

$$V_{自营}=\frac{5}{10}\times 0.1+\frac{220}{220}\times 0.3+\frac{25}{25}\times 0.4+\frac{98}{99}\times 0.2=0.95$$

$$V_{互用}=\frac{5}{8}\times 0.1+\frac{180}{220}\times 0.3+\frac{17}{25}\times 0.4+\frac{97}{99}\times 0.2=0.76$$

$$V_{第三方}=\frac{5}{5}\times 0.1+\frac{140}{220}\times 0.3+\frac{15}{25}\times 0.4+\frac{98}{99}\times 0.2=0.73$$

可以看出，自营配送模式的综合价值系数最大，是企业所要选择的配送模式。

需要注意的是，在利用确定型决策选择配送模式时，要明确以下几个方面的问题：①决策的目标要明确；②至少要有两个可供选择的配送模式；③未来有一个确定的自然状态或一组确定的约束条件；④各备选方案的自然状态或约束条件的效益值可以确定出来。

2）非确定型决策

非确定型决策是指一个配送模式可能出现几种结果，而又无法知道其概率时所进行的决策。其条件是：决策者期望的目标明确，存在着不以决策者意志为转移的两种以上状态，具有两个或两个以上可供选择的配送模式，不同模式在不同状态下相应的损益值可以获得。非确定型决策作为一种决策方法，虽带有较大的主观随意性，但也有一些公认的决策准则可供企业在选择配送模式时参考。下面通过实例来说明非确定型决策的不同决策准则及企业对配送模式的选择方法。

难点例释　例1-1

某企业计划通过提高配送效率，满足客户对配送的要求，来扩大经营规模。现可供选择的配送模式有三种，由于在未来几年内，企业对客户要求配送的程度无法作出准确的预测，只能大体估计为三种情况，且估算出在三种自然状态下三种模式在未来几年内的成本费用，见表1-6，但不知道这三种情况的发生概率，问如何决策？

表1-6　某企业在三种自然状态下三种模式的成本费用　　　　单位：万元

自然状态	配送模式		
	自营配送	互用配送	第三方配送
配送要求程度高	90	70	65
配送要求程度一般	50	35	45
配送要求程度低	10	13	30

第一种方法：按乐观准则来决策。首先从每种模式中选择一个最小成本看做必然发生的自然状态。然后在这些最小成本的模式中，再选择一个最小成本的模式作为满意方案。此例中，三种模式的最小成本分别为：10万元、13万元、30万元。其中，自营配送模式的成本最低，应可作为企业满意的模式。这种决策方法一般适用于把握较大和风险较小的情况。

第二种方法：按悲观准则来决策。首先从每种方案中选择一个最大成本作为评价模式的基础，实际上是对每个局部模式持悲观态度，从不利的角度出发，把最大成本作为必然发生的自然状态，将非确定型问题变为确定型决策问题来处理。然后，再从这些最大成本之中选择成本最小的模式。此例中，三种模式的最大成本分别为：90万元、70万元、65万元。其中，第三方配送模式的成本最小，可作为企业满意的模式。在现实经济生活中，这种决策方法一般适合于把握性小和风险较大的情况。

第三种方法：按折中准则或赫维斯准则来决策。赫维斯认为，决策者不应极端行事，而应在两种极端情况中求得平衡。具体的方法是根据决策者的估计，确定一个乐观系数α，α的取值范围为$0<\alpha<1$。给最好的结果和最坏的结果分别赋以相应的权数α和$(1-\alpha)$，中间结果不予考虑。本例是计算折中成本值，公式为

$$折中成本值 = \alpha \times 最小成本值 + (1-\alpha) \times 最大成本值$$

在决策中，决策者根据分析，估计客户对配送程度要求高的大概占40%，客户对配送要求程度低的占60%，即乐观系数为0.6。此时，三种模式的折中成本值分别为：42万元、35.8万元、44万元。根据计算结果可以看出，互用配送模式的成本最低，可作为企业选择的模式。

第四种方法：按等概率准则或拉普拉斯准则来决策。拉普拉斯认为，在非确定型决策中，各种自然状态发生的概率是未知的，若按最好或最坏的结果进行决策，都缺乏依据。解决的办法是给每种可能出现的结果都赋以相同的权数，若有几种自然状态，则每种自然状态发生的概率都相等，且其和为1。然后计算出各个方案（配送模式）在各种自然状态下的加权平均值，并根据决策（指标）的性质来进行决策。在本例中，各种自然状态发生的概率为1/3，各种模式的成本加权值分别为50万元、39.3万元和46.7万元。可以看出，互用配送模式的加权成本值最小，可作为企业选择的模式。

第五种方法：按最小后悔值准则（也称沙万奈准则）来决策。这种决策方法是以每个模式在不同自然状态下的最小成本值作为理想目标。如果在该状态下，没有采取这一理想模式，而采取了其他模式，会使成本增加，就会感到"后悔"，这样每种自然状态下的其他模式成本值与它在理想值之差所形成的损失值，就称为"后悔值"。然后按模式选出最大后悔值，在最大后悔值中再选出后悔值最小的成本值，其对应的模式就是企业所要选择的模式，这种决策方法是较为保险的一种决策。

根据此例所给的资料，计算出各种状态下各模式的后悔值，如表1-7所示。

表1-7 某企业在三种自然状态下三种模式的后悔值　　　　　　　单位：万元

自然状态	配送模式		
	自营配送	互用配送	第三方配送
配送要求程度高	90(90－65＝25)	70(70－65＝5)	65(65－65＝0)
配送要求程度一般	50(50－35＝15)	35(35－35＝0)	45(45－35＝10)
配送要求程度低	10(10－10＝0)	13(13－10＝3)	30(30－10＝20)

根据表1-7的计算结果可以看出，三种模式的最大后悔值分别为25万元、5万元和20万元。其中互用配送模式的最小值为5万元，可选择该模式为满意的模式。

从上面介绍的五种方法可以看出，同一问题按不同的准则来决策，决策的结果也存在着差异。因此，企业在用不确定型决策方法来选择配送模式时，还应该考虑其他方面的因素。

3）风险型决策

风险型决策是指在目标明确的情况下，依据预测得到不同自然状态下的结果及出现的概率所进行的决策。由于自然状态并非决策所能控制，所以决策的结果在客观上具有一定的风险，故称为风险型决策。风险型决策通常采用期望值准则。一般是先根据预测的结果及出现的概率计算期望值，然后根据指标的性质及计算的期望值结果进行决策。

产出类性质的指标，一般选择期望值大的方案；投入类性质的指标，一般选择期望值小的方案。

 难点例释　例1-2

某企业计划通过加强配送效率、提高客户满意度来扩大产品的销售量，现有三种配送模式可供企业选择，各种资料如表1-8所示，企业应选择哪种配送模式？

表1-8 资料表　　　　　　　单位：万元

市场需求规模	概　率	销售量		
		自营配送	互用配送	第三方配送
大	0.5	1 000	1 200	1 500
一般	0.3	800	700	1 000
小	0.2	500	400	300

根据上述资料，计算出三种配送模式的销售量分别为：840万元、890万元和1 110万元。第三方配送模式的期望值最大，为1 110万元，故该模式可作为企业比较满意的模式。

复习思考

一、填空题

1. 在现代物流活动中，_____是一种特殊的综合的活动形式，是_____紧密结合的产物，它具有特殊的位置，它几乎包含所有的物流功能要素，是物流的一个缩影或在小范围内的物流活动的综合体现。

2. 配送（Distribution），是：_____，根据客户要求，对物品进行_____等作业，并按时送达指定地点的物流活动。

3. _____是配送的准备工作或基础工作，_____工作包括筹集货源、订货或购货、集货、进货及有关的质量检查、结算、交接等。

4. _____是配送不同于其他物流形式的有特点的功能要素，也是配送成败的一项重要性工作。

5. 在配送中，_____这一功能要素不具有普遍性，但是往往是有重要作用的功能要素。

二、判断题

1. 根据现代配送的概念与内涵，在物流过程中，"面向城市内和区域范围内需要者的运输"就是"配送"，也就是说"少批量货物的末端运输"就是"配送"。（   ）

2. 配送的概念是"在经济合理区域范围内，根据用户要求，对物品进行拣选、加工、包装、分割、组配等作业，并按时送达指定地点的物流活动"。（   ）

3. 配送过程中包含的那部分运输，处于"二次运输""支线运输""终端运输"位置，只是完成配送业务的重要保证而已，并非配送业务的精髓所在。（   ）

4. 在"商物合一"的商品供应环境下，配送制度是一种以供给者送货到户的服务式商品供应制度。（   ）

5. 配送是一种高水平、技术成分较高的送货。（   ）

6. 配送的实质是一个局部物流，是大物流在小范围内的缩影，是物流活动小范围内的体现。（   ）

7. 配送不是"配货"与"送货"的结合，它更强调按照双方的约定，在特定的时间和地点完成货物的交付活动，充分体现时效性。（   ）

8. 企业选择哪种配送模式主要取决于以下几方面的因素：配送对企业的重要性、企业的配送能力、市场规模与地理范围、保证的服务及配送成本等。（   ）

9. 成本作业法是企业通过对配送活动的成本和收益等进行比较而选择配送模式的一种方法。（   ）

10. 确定型决策是指一个配送模式可能出现几种结果，而又无法知道其概率时所进行的决策。（   ）

三、选择题

1. 在配送定义中强调必须"按客户的订货要求",说明了客户的(　　)。
   A. 主体地位　　　　B. 辅助地位　　　　C. 从属地位

2. 配送概念的演化反映企业战略思想的转变,说明企业物流战略已成为企业的(　　)之一。
   A. 职能战略　　　　B. 核心战略　　　　C. 发展战略

3. (　　)是配送的独特要求,也是配送中有特点的活动,以送货为目的的短距离运输则是最后实现配送的主要手段。
   A. 保管仓储　　　　B. 送货运输　　　　C. 分拣配货

4. 国家提倡的"要大力发展连锁经营、电子商务、物流配送等新型流通模式"中所讲的物流配送就是一种(　　)的商业运行模式。
   A. 商物分离　　　　B. 供应链管理　　　C. 商物合一

5. 实现了高水平的配送之后,采取定时定量配送服务方式,生产或商贸零售企业可以依靠配送中心的准时配送,实现自己的(　　)经营战略。
   A. 多元化　　　　　B. 市场拓展　　　　C. 零库存

6. 连锁超市的(　　)制度,就形成了超市物美价廉的商品卖点。
   A. 统一标志　　　　B. 统一配送　　　　C. 统一价格

7. 没有(　　)作支撑,电子商务将成为一句空话,网络经济也将是泡沫。
   A. Internet　　　　B. 物流配送　　　　C. 商场门店

8. 在连锁经营中,企业内部集配体系的核心技术是(　　)。
   A. 物流配送　　　　B. POS系统　　　　C. 门店商品陈列

9. (　　),人们将配送理解为"送货",许多人将之看成"无法回避、令人讨厌、费力低效活动,甚至有碍企业的发展"。
   A. 20世纪70年代　　B. 20世纪80年代　　C. 20世纪90年代

10. (　　)是站在用户要求与本企业经济效益的角度综合考虑配送问题,是通过制订科学合理计划而不是完全按顾客要求那样进行配送,是配送管理的进一步深化。
    A. 配送计划化　　　B. 配送网络化　　　C. 配送技术装备现代化

四、简答题

1. 什么是配送?什么是配送管理?
2. 简述现代配送的几种主要类型。
3. 配送管理包含哪些内容?
4. 比较中外配送企业在我国各自的发展优势。
5. 什么是配送模式?配送模式有哪几种?各有什么含义和特点?在什么情况下应用?
6. 还有哪些方法可以应用在配送模式的选择中?
7. 简述第三方配送模式。
8. 简述组合配送的目的和要求。
9. 简述矩阵图决策法。
10. 简述比较选择法。

五、项目练习题

配送运输车辆自购与外包决策

长沙某制造公司产品主要销往深圳,也就是说在长沙至深圳之间有比较稳定的货物配送流量,该制造公司的物流配送管理人员面临以下两种决策。

方案一:有一第三方物流公司服务能在服务水平、质量等方面满足企业要求,关键是物流费用不知是否合算。通过谈判,该物流公司只负责单程运送到目的地的运输服务报价为0.5元/(吨·公里),至于空车返回由物流公司负责,客户不用另付费用。而长沙至深圳的距离为1 000公里,每趟汽车运输最大运载能力10吨,因此,每趟一辆10吨汽车的单程报价为5 000元(0.5×1 000×10,并含所有的装卸费用)。

方案二:制造公司的物流配送管理人员也在自己投资买汽车雇用司机,建立自己的车队配送货物,他们进行了测算,投资够买一辆"黄河"加长的10吨卡车并改装成箱式货车,一次投资为24万元,每辆车配备两名司机(按正式员工录用)。但目前企业暂时只有购置一辆10吨卡车的能力。

已知有关情况如下:汽车的折旧年限为5年;司机的工资待遇为1 000元/人,福利为工资的20%/月;车辆保险与维修保养费为2 000元/月;每月每辆车的养路费为500元;"黄河"加长的10吨卡车每百公里耗油30升,每升油价3元;每趟单程时间2天,住宿按2天计,差旅标准为60元/(天·人)包干;装卸费200元/(车·次);发货装车、到达卸车装卸费同价;路桥费为800元/趟;如回程对外开展运输服务(即可参照物流公司服务价格收费)。

问题:
试计算分析该公司产品配送是采用自购车辆还是外包?

六、案例分析题

经销商不同配送模式的管理要点

1. 概况

经销商A具有一定规模,市区网络健全,业务辐射多家酒店、超市、便利店,公司管理体制也比较成熟,有一整套关于配送人员、车辆管理的规章制度。经销商A把市区划分为多个业务区域,每个业务员配备一辆送货车,全权负责一个区域的业务,包括前期的客户开发、后期的市场服务都由该业务员来完成。公司每月给业务员下达定额任务,工资待遇为底薪加提成,全额报销燃油费、车辆保养费。经销商A的这种方式已经实行了很长一段时间,提升了公司的业绩,业务员之间的关系也非常融洽。但这中间也不断出现问题:买车、养车费用太高,业务员借机多报燃油费,更有甚者,业务员挟客户另起炉灶,令经销商A大伤脑筋。

经销商B规模中等,有20多名员工,三辆送货车,流通和餐饮终端都在启动阶段,大部分员工被派去跑业务,只留3个司机负责开车送货,全部管理工作由老板一人负责。该经销商说:"我这儿的司机只管开好车,别让警察开罚单就行!"送货是省心了,可经销商B不省心,遇到销售旺季,安排货源、派车送货、与客户沟通,忙得不亦乐乎,一顿饭吃不完能接3个电话。客户也是牢骚满腹,纷纷投诉司机态度不好或送货不及时。

2. A模式分析与改进建议

以上两种配送方式各有优缺点,经过分析经销商A的管理方式,提出以下建议。

(1)公司每月为员工提供固定数额的燃油费(可以按照以往的经验测算出平均值),超出部分由业务员个人承担。如果业务范围比较集中(如全部在市区),可以根据配送货物的数量、金额按照比例确定燃油费。

(2) 制定严格的规章制度，确保配送车辆不私自转借、换驾、转租他人使用，严禁拉运其他货物；否则，因此造成的一切损失由该员工负担。

(3) 配送车辆的维修、保养由公司统一安排，员工不得在非指定维修单位进行维修保养；否则，公司不予负担维修保养费用。

(4) 员工当天货款当天交清，不得私留货款，更不得挪用公款；否则公司给予严肃处理。

(5) 员工无权赊欠货款，未经老板同意无权降价。

(6) 业务员只负责划定区域内的客户开发、维护，不得跨区域同本公司其他员工竞争。

3. B模式分析与改进建议

对经销商B提出以下建议。

(1) 经销商B在日常管理过程中要不断对员工灌输整体意识，无论业务员还是送货员，每一个人都代表着公司的形象和信誉，员工整体素质提高了，集体感增强了，才能从根本上解决这个问题。

(2) 加强对客户用货量和库存信息的了解，由业务员制定客户需求表，细化到每天的需求量。业务部门通过需求表将信息以书面形式传递给配送部门，由其统一调度。司机依照配送部门的单据进行配送。如果随机性送货增多(非计划内送货)，将对业务人员进行相应的惩罚。

(3) 在配送货物时，司机应按公司安排好的行车路线行驶，不得中途办理非配送事宜；否则给予处理。

(4) 配送部门的考核与业务部门的销售挂钩，因配送部门工作失误造成客户流失问题时，应追究其责任。

4. 总结

经销商A与B的配送方式都具有代表性。各经销商对配送管理的看法各不相同，其中有几种很新颖的提法，有位经销商谈到他的配送方式是组建一个小团队，包括司机和业务员，两人分工合作，相互监督，三七分成；另一位经销商说他采用第三方配送，即通过邮政配送产品。总之，高效、稳定、顺畅的配送能力已经成为经销商的核心竞争优势之一，利用配送手段抢占终端、稳定销售渠道，能给企业带来更多盈利。

资料来源：汝宜红．配送管理[M]．北京：机械工业出版社，2010．

思考与讨论

分析影响经销商选择配送模式的因素有哪些？

第 2 章　配送中心规划与设计

【学习目标】

通过本章学习了解配送中心布局的原则、配送中心选址应考虑的因素、配送中心的内部结构、不同类型配送中心选址时的注意事项；熟悉并能正确选用配送中心常用的装卸搬运设备，提高作业效率。

【本章要点】

本章主要介绍配送规划与选址的方法，配送中心的建立、布局、设备配置。

引导案例

美国凯利伯物流公司的物流中心

美国凯利伯物流公司设立的物流中心为客户提供以下服务。

（1）JIT物流计划。该公司通过建立先进的信息系统，为供应商提供培训服务及管理经验，优化了运输路线和运输方式，降低了库存成本，减少了收货人员及成本，并且为货主提供了更多更好的信息支持。

（2）合同制仓储服务。该公司推出的此项服务减少了货主建设仓库的投资，同时通过在仓储过程中采用CAD技术、执行劳动标准、实行目标管理和作业监控来提高劳动生产率。

（3）全面运输管理。该公司开发了一套专门用于为客户选择最好的承运人的计算机系统对零星分散的运输作业进行控制，减少回程车辆放空，管理运输业务；可以进行电子运单处理，对运输过程进行监控等。

（4）生产支持服务。该公司可以进行以下加工作业：简单的组装、合并与加固、包装与再包装JIT配送、贴标签等。

（5）业务过程重组。该公司使用一套专业化业务重组软件，可以对客户的业务运作过程进行诊断，并提出专业化的业务重组建议。

（6）专业化合同制运输。提供灵活的运输管理方案，提供从购车到聘请驾驶员直至优化运输路线的一揽子服务，降低运输成本，提供一体化的、灵活的运输方案。

资料来源：谢翠梅. 仓储与配送管理实务. 北京：北京交通大学出版社，2013.

思考：

建立物流中心可以提供什么服务？建立物流中心意义何在？

2.1 配送中心概述

2.1.1 配送中心的概念和作用

1. 配送中心的概念

配送中心（Distribution Center）的概念是：从事配送业务的物流场所或组织。应基本符合下列要求：①主要为特定的用户服务。②配送功能健全。③完善的信息网络。④辐射范围小。⑤多品种、小批量。⑥以配送为主，储存为辅。如图2.1所示。

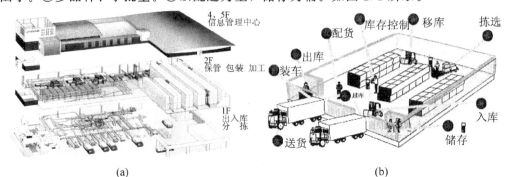

图2.1 配送中心

2. 配送中心的作用

1) 从供应商和厂商的角度分析，配送中心具有的作用

（1）物流成本得到控制。通过在供应商和客户之间设置配送中心，将干线部分的大批量、高效率运输与支线部分的小批量、快速配送相结合，从而在保证物流服务水平的前提下有效控制物流成本。

（2）实现库存集约化。将分散在自家多处的仓库或多处营业仓库的商品集中存放在配送中心，有利于防止过剩库存和缺货的发生，提高了库存管理水平，有利于维持适当的库存。

（3）通过提高顾客服务水平，促进产品销售。配送中心设置在接近顾客的地方，在接到顾客的订货后提供及时的供货，而且还可以一次满足多品种的订货。

（4）有利于把握销售信息。配送中心作为商品的分销中心、库存中心，可以通过库存变化、出库情况直接掌握各个零售商的销售信息，并将信息及时反馈到有关部门。

（5）有利于实现商物分离。利用配送中心的各项功能，完成商品从厂商到零售商甚至到最终消费者的实体移动，按照物流合理化的原则，尽可能地减少不必要的中间环节，节约物流成本。

2) 从需求方角度分析，配送中心具有的作用

（1）降低进货成本。集中进货既可以降低进货成本，又可以在价格上享有一定的优惠。

（2）改善店铺的库存水平。由配送中心实现即时配送，有利于店铺实现无库存经营。集中库存还可以使库存总水平降低。

（3）减少店铺的采购、验收、入库等费用。配送中心可以利用计算机技术，大批量高效的检验、登记入库，从而大大简化了各个店铺的相应工作程序。

（4）减少交易费用，降低物流总成本。例如，在 M 个厂商同 N 个店铺分别交易的情况下，交易次数为 MN 次，如果通过配送中心的中介则交易次数仅为 $M\text{-}N$ 次。显而易见，厂商和店铺的数量越多，节约的效果越明显。

（5）促进信息沟通。配送中心一方面连着供方，一方面连着需方，扮演着中介的角色，有利于促进供需双方的信息沟通。

2.1.2 配送中心的分类

1. 按配送中心的设立者不同分类

按配送中心的设立者不同分类，可以分为以下几种。

（1）制造商型配送中心。制造商型配送中心是以制造商为主体的配送中心。这种配送中心的货物 100% 是由自己生产制造，用以降低流通费用、提高售后服务质量和及时地将预先配齐的成组元器件运送到规定的加工和装配工位。

（2）批发商型配送中心。批发商型配送中心是由批发商或代理商建立的，是以批发商为主体的配送中心。批发是货物从制造者到消费者手中的传统流通环节之一，一般是按部门或货物类别的不同，把每个制造厂的货物集中起来，然后以单一品种或搭配向消费地的

零售商进行配送。这种配送中心的货物来自多个制造商,它所进行的一项重要活动是对货物进行汇总和再销售,而它的全部进货和出货都是社会配送的,社会化程度高。

(3) 零售商型配送中心。零售商型配送中心是由零售商向上整合成立的,以零售业为主体的配送中心。零售商发展到一定规模后,就可以考虑建立自己的配送中心,为专业零售店、超级市场、百货商店、建材商场、粮油食品商店、宾馆饭店等服务,其社会化程度介于前两者之间。

(4) 专业配送中心。专业配送中心是以第三方物流企业(包括传统的仓储企业和运输企业)为主体的配送中心。这种配送中心有很强的配送能力,地理位置优越,可迅速将到达的货物配送给客户。它为制造商或供应商提供配送服务,而配送中心的货物仍属于制造商或供应商所有,配送中心只是提供仓储管理和配送服务。这种配送中心的现代化程度往往较高。

2. 按配送中心的服务范围不同分类

按配送中心的服务范围不同分类,可以分为以下几种。

(1) 城市配送中心。城市配送中心是以城市为配送范围的配送中心。由于城市范围一般处于汽车运输的经济里程,这种配送中心可直接配送到最终客户,且采用汽车进行配送。所以,这种配送中心往往与零售经营相结合,由于运距短、反应能力强,因而从事多品种、少批量、多客户的配送较有优势。

(2) 区域配送中心。区域配送中心是以较强的辐射能力和库存准备,向省(州)际、全国乃至国际范围的客户配送的配送中心。这种配送中心配送规模较大,一般而言,客户较大,配送批量也较大。而且,往往是给下一级的城市进行配送,也配送给营业所、商店、批发商和企业客户。虽然也从事零星的配送,但不是其主营形式。

3. 按配送中心的功能不同分类

按配送中心的功能不同分类,可以分为以下几种。

(1) 储存型配送中心。储存型配送中心有很强的储存功能。例如,美国赫马克配送中心的储存区可储存16.3万托盘。我国目前建设的配送中心,多为储存型配送中心,库存量较大。

(2) 流通型配送中心。流通型配送中心包括通过型或转运型配送中心,基本上没有长期储存的功能,仅以暂存或随进随出的方式进行配货和送货。典型运作方式为:大量货物整批进入,按一定批量零出。一般采用大型分货机,其进货时直接进入分货机传送带,分送到各客户货位或直接分送到配送汽车上。

(3) 加工型配送中心。加工型配送中心是以流通加工为主要业务的配送中心,如食品加工配送中心、生产资料加工配送中心等。

 小知识　生鲜加工配送中心的基本功能规划

生鲜加工配送中心的基本功能规划内容包括:订货单管理功能、收验货管理功能、仓储库存管理功能、生鲜加工管理功能、分拣配送管理功能、索赔退货管理功能、采购中心管理功能等。

其中生鲜加工管理功能是配送中心制成品加工——生鲜经营的主要利润源,核心是生鲜产品开发和创新经营。

2.1.3 配送中心的功能

1. 流通分销的功能

流通分销是配送中心的一个重要功能,尤其是现代化的工业时代,各项信息媒体非常发达,再加上商品品质的稳定及信用,因此有许多的直销业者利用配送中心,通过有线电视或互联网等配合进行商品行销。

2. 仓储保管功能

商品的交易买卖达成之后,除了直配直送给批发商之外,均将商品经实际入库、保管、流通加工包装而后出库,因此配送中心具有储存保管的功能。在配送中心一般都有库存保管的储放区,因为任何的商品为了防止缺货,或多或少都有一定的安全库存商品的特性及生产前置时间的不同,则安全库存的数量也不同。

3. 分拣配送功能

在配送中心里另一个重点就是分拣配送的功能,因为配送中心就是为了满足多品种小批量的客户需求而发展起来的,因此配送中心必须根据客户的要求进行分拣配货作业,并以最快的速度送达客户手中或者是指定时间内配送到客户。配送中心的分拣配送效率是物流质量的集中体现,是配送中心最重要的功能。

4. 流通加工功能

配送中心的流通加工作业包含分类、磅秤、大包装拆箱改小包装、产品组合包装、商标、标签粘贴作业等。这些作业是提升配送中心服务品质的重要手段。

5. 信息提供功能

配送中心除了具有行销、配送、流通加工、储存保管等功能外,更能为配送中心本身及上下游企业提供各式各样的信息情报,以供配送中心营运管理政策的制定、商品路线开发、商品销售推广政策的制定作为参考。

2.1.4 配送中心的构成

1. 功能区域

(1) 管理区。管理区是配送中心内部行政事务管理、信息处理、业务洽谈、订单处理,以及指令发布的场所。一般位于配送中心的出入口。

(2) 进货区。进货区指收货、验货、卸货、搬运及货物暂停的场所。

(3) 理货区。理货区是对进货进行简单处理的场所。在这里,货物被区分为直接分拣配送、待加工、入库储存和不合格需清退的货物,分别送往不同的功能区。在实行条形码管理的中心,还要为货物贴条形码。

(4) 储存区。储存区是对暂时不必配送或作为安全储备的货物进行保管和养护的场所。通常配有多层货架和用于集装单元化的托盘。

(5) 加工区。加工区是进行必要的生产性和流通性加工(如分割、剪裁、改包装等)的场所。

（6）分拣配货区。分拣配货区是在配货区进行发货前的分拣、拣选和按订单配货。

（7）发货区。发货区是对商品进行检验、发货、待运的场所。

（8）退货处理区。退货处理区是存放进货时残损、不合格或需要重新确认等待处理货物的场所。

（9）废弃物处理区。废弃物处理区是对废弃包装物（塑料袋、纸袋、纸箱等）、破碎货物、变质货物、加工残屑等废料进行清理或回收复用的场所。

（10）设备存放及简易维护区。设备存放及简易维护区是存放叉车、托盘等设备及其维护（充电、充气、紧固等）工具的场所。

2. 物流设备

（1）仓储设备。仓储设备包括储存货架、重力式货架、回转式货架、托盘、立体仓库等。

（2）搬运设备。搬运设备包括叉车、搬运车、连续输送机、垂直升降机等。

（3）拣货设备。拣货设备包括拣货车辆、拣货输送带、自动分拣机等。

3. 信息和管理系统

（1）事务性管理。它是配送中心正常运转所必备的基本条件。如配送中心的各项规章制度、操作标准及作业流程等。

（2）信息管理系统。它包括订货系统、出入库管理系统、分拣系统、订单处理系统、信息反馈系统等。

4. 辅助设施

辅助设施包括库外道路、停车场、站台和铁路专用线等。

5. 物流配送中心的作业区面积估算

（1）储存保管作业区，单位面积作业量：$0.7 \sim 0.9 t/m^2$。

（2）收验货作业区，单位面积作业量：$0.2 \sim 0.3 t/m^2$。

（3）拣选作业区，单位面积作业量：$0.2 \sim 0.3 t/m^2$。

（4）配送集货作业区，单位面积作业量：$0.2 \sim 0.3 t/m^2$。

（5）辅助生产建筑面积占物流配送中心建筑面积的5%～8%，另外还有办公、生活建筑面积占物流配送中心的5%左右。

2.2 配送中心的规划

2.2.1 配送中心规划的含义和内容

1. 配送中心规划的含义

配送中心规划是对于拟建配送中心的长远的、总体的发展计划。"配送中心规划"与"配送中心设计"是两个不同但是容易混淆的概念，二者有密切的联系，但也存在区别。在配送中心建设的过程中，如果将规划工作与设计工作相混淆，必然会给实际工作带来许多不应有的困难。因此，比较配送中心规划与配送中心设计的异同，阐明二者的相互关系，对于正确理解配送中心规划的界定，在理论和实践上都具有重要意义。

2. 配送中心规划的内容

在建设项目管理中，将项目设计分为高阶段设计和施工图设计两个阶段。高阶段设计又分为项目决策设计和初步设计两个阶段。项目决策设计阶段包括项目建议书和可行性研究报告。通常，也将初步设计和施工图设计阶段统称为狭义的二阶段设计。对于一些工程，在项目决策设计阶段中进行总体规划工作，作为可行性研究的一个内容和初步设计的依据。因此，配送中心规划属于配送中心建设项目的总体规划，是可行性研究的一部分，而配送中心设计则属于项目初步设计的一部分内容。

2.2.2 配送中心规划的特点与形式

配送中心规划的特点与形式见表2-1。

表2-1 配送中心规划的特点与形式

类型	新建		改造
	单个	多个	
委托方	新型企业、跨国企业、政府部门		大多为老企业
规划目的	高起点、高标准、低成本	成为企业、区域的新经济增长点或支柱产业	实现从传统物流组织向现代配送中心的转变
关键点	配送中心选址	系统构造、网点布局	进行作业流程、企业重组，充分利用现有设施
规划内容	① 配送功能规划； ② 场址选择； ③ 作业流程规划； ④ 配送设施规划； ⑤ 信息系统规划	① 配送功能规划； ② 配送系统规划； ③ 配送网络信息规划； ④ 配送网点布局规划； ⑤ 配送设施规划	① 企业发展战略研究； ② 配送功能设计； ③ 作业流程规划； ④ 配送设施规划
规划原理与方法	物流学、统计学、物流系统分析、管理信息系统	物流学、统计学、物流系统分析、生产布局学、城市规划、管理信息系统	物流学、统计学、企业发展战略、物流系统分析、管理信息系统

2.2.3 配送中心规划的程序

配送中心规划是一项复杂的工作。大体上，可以按照以下程序进行。

1. 前期准备

前期准备工作是为配送中心规划提供必要的基础资料，主要包括以下内容。
（1）收集配送中心建设的内部条件、外部条件及潜在客户的信息。
（2）分析配送中心配送货物的品种、货源、流量及流向。
（3）调查配送服务的供需情况、物流行业的发展状况等。
前期准备工作采用调研的方法，包括网上调研、图书资料调研与现场调研等。

2. 确定目标及原则

确定配送中心建设的目标是配送中心规划的第一步,主要是依据前期准备工作的料,确定配送中心建设的近期、中期、远期目标。

配送中心建设的原则一般是根据物流学原理及项目的实际情况而确定的。

3. 选址规划

配送中心拥有众多建筑物、构筑物及固定机械设备,一旦建成很难搬迁,如果选址不当,将付出很大代价。因而,对于配送中心的选址规划需要给予高度重视。选址规划主要包括以下内容。

(1) 分析约束条件。如客户需求、运输条件、用地条件、公用设施及相关法规等。
(2) 确定评价标准。
(3) 选择选址方法。根据实际情况,一般采用定性与定量相结合的方法。
(4) 得出选址结果。

4. 功能规划

功能规划是将配送中心作为一个整体的系统来考虑,依据确定的目标,规划配送中心为完成业务而应该具备的功能。配送中心作为一种专业化的物流组织,不仅需要具备一般的物流功能,还应该具备适合不同需要的特色功能。配送中心的功能规划,首先需要对配送中心的运输、配送、保管、包装、装卸搬运、流通加工、物流信息等功能要素进行分析,然后综合配送需求的形式、配送中心的发展战略等因素来选择配送中心应该具备的功能。

5. 布局规划

布局规划是配送中心规划的重要步骤,也是配送中心规划的核心内容,直接影响到设施配备和作业流程等,对后续的建设具有重要的影响。不同类型的配送中心,其内部布局也有很大的不同。在实际规划中,应该根据配送中心的功能,结合货物特性与客户需求进行必要的规划。

6. 设施设备规划

配送中心的设施设备是保证配送中心得以正常运作的必要条件,设施设备规划涉及建筑模式、设备选择与安装等多方面问题,需要运用系统分析的方法求得整体优化,最大限度地减少物料搬运、简化作业流程、创造良好、舒适的工作环境。在传统物流企业的改造中,设施设备规划要注意企业原有设施设备的充分利用和改造等工作,这样才能尽可能减少投资。配送中心的设施设备规划包括原有实施设备利用及新建设施设备的规划。

7. 信息系统规划

信息化、网络化、自动化是配送中心的发展趋势,信息系统规划是配送中心规划的重要组成部分。配送中心的信息系统规划,既要考虑满足配送中心内部作业的要求,有助于提高配送作业的效率;也要考虑同配送中心外部的信息系统相连,方便配送中心及时获取和处理各种经营信息。一般来讲,信息系统规划包括配送中心内部的管理信息系统分析与设计,以及配送中心的网络平台架构。

小知识　装卸货平台设计

1. 装卸货平台位置的选择

为减少物料搬运成本，平台的位置应考虑尽量缩短搬运工具/车辆的行驶距离。平台位置的选择应充分考虑生产流程及操作的需要。平台布置有两种模式：合并式（装货与卸货在同一平台）和分离式（装货与卸货在不同平台）。

2. 平台外围区域的设计

平台外围区域指的是装卸平台至围栏区（或障碍物区）之间可供货车使用的区域。它应包括装卸货时用于泊车的装卸区及调动货车进出装卸区所必须经过的调动区。

3. 装卸货平台高度的确定

平台的高度是平台设计中最重要的要素，必须与使用平台的货车匹配。通常货车所需平台高度为120～140cm。

2.3　配送中心的选址

2.3.1　配送中心的选址概述

1. 配送中心的选址

配送中心的选址除考虑配送的方便问题还要考虑价格优势及交通状况。正确的配送中心选址既可以扩大配送的辐射面，同时又缩小管理的半径，缩短送货时间，提高商品配送的效率。

2. 配送中心选址的原则

物流配送中心一旦建成就很难再做大的改动。因此在选择物流配送中心预定地点时，应遵循以下几项原则。

（1）有利于物品合理化。物流配送中心是物品运输的起点和终点，物流配送中心布局是否合理将直接影响运输效益的提高，因此从运输子系统考虑，物流配送中心应设置在交通方便的地方，一般应在交通干线上。

（2）方便用户。物流配送中心的服务对象是物的供需双方，而且主要是商品的需求用户。因此，应使物流配送中心网点尽量靠近用户，特别应在用户比较集中的地方设置网点。

（3）有利于节省基建投资。物流配送中心的基建费用是配送中心布局需要考虑的主要费用之一。为降低基本建设费用，应在地形环境比较有利的位置设置物流配送中心。

（4）能适应国民经济一定时期发展的需要。在设置物流配送中心网点时，除了考虑现存的情况外，还应对计划区域内生产发展水平和建设规划进行预测，以使物流配送中心网点布局方案对今后一定时期内国民经济的发展有较好的适应能力。

3. 配送中心选址应具备的资料

（1）业务量。

① 供货企业至配送中心间的运输量。

② 向用户配送的货物数量。
③ 配送中心储存货物的数量。
④ 配送中心作业过程中需要进行分装、集装等业务工作量。
⑤ 配送中心作业过程中需要进行流通加工的作业量。
⑥ 配送中心作业过程中拣选、配货等工作量。
(2) 费用资料。
① 供货企业至配送中心间的运输费用。
② 配送中心至用户的配送费用。
③ 与设施、土地有关的费用，人工费、管理费等。
(3) 其他有关资料。
① 各候选地址的配送路线和距离。
② 必备的车辆数、作业人员数等。
③ 装卸方式、装卸机械费用等。

4. 配送中心选址应考虑的因素

配送中心在选址时应考虑以下几个方面的因素。

(1) 尽量靠近客户。配送中心规划时首先要考虑的就是所服务客户的分布。对于消费品来说，客户大部分是分布在人口密集的地方或大城市，因此，配送中心为了降低运输成本和提高服务水平，应选在城市边缘接近客户分布的地区。

(2) 尽可能靠近交通干线。一般配送中心应尽量选择在交通方便的高速公路、国道及快速道路附近的地方，如果以铁路、轮船、飞机作为运输工具，则要考虑靠近火车站、港口、机场等。

(3) 尽量将配送中心建在地价便宜、交通方便的郊区。配送中心如果布局在地价便宜、交通方便的郊区有助于降低营运成本。

(4) 尽可能考虑人力资源方面的问题。一般物流作业仍属于劳动力密集的作业形态，在配送中心内部必须要有足够的作业人力，因此在决定配送中心位置时必须考虑劳动力的来源、技术水准、工作习惯和工资水准等因素。

(5) 尽可能考虑地理、气候等自然条件方面的问题。在配送中心选址中，自然条件也是必须考虑的，事先了解当地自然环境有助于降低建设的风险。同时，还要重视配送中心选址建设对环境污染的影响与控制。

2.3.2 配送中心选址的方法

选址的方法概括起来可分为以下 3 类。

1. 解析方法

解析方法通过建立数学模型进行优化确定地址。该种方法能获得精确的最优解，但建模难度大、模型复杂、求解困难、费用高，在使用时受到一定限制。常用的模型有微分模型、线性规划模型、整数规划模型等。

2. 模拟方法

模拟方法是将实际问题用数学方程和逻辑关系的模型表示出来，然后通过模拟和推理确定最佳方案。该种方法模型比较简单。采用模拟方法必须有多个备选点、分析者通过各种组合方案的分析与评价，从中选出比较理想的方案。选出的方案理想程度和备选点与组合方案的优劣有关，这也是该种方法的不足之处。

3. 启发式方法

启发式方法是针对模型的求解方法而言的，是一种逐渐逼近最优解的方法。它通过对所求解进行反复判断、修正，直到满意为止。该种方法模型简单，需要进行方案组合的个数少，因此便于寻求最终答案，可以获得满意的近似最优解。

2.3.3 配送中心选址的程序和步骤

配送中心选址的程序如图 2.2 所示。

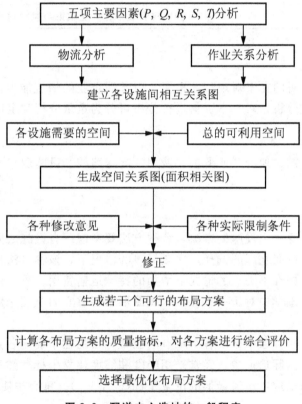

图 2.2 配送中心选址的一般程序

1. 选址约束条件分析

物流配送中心选址应考虑的约束条件见表 2-2。

表 2-2 物流配送中心选址应考虑的约束条件

约束条件	具体内容
土地	面积与使用约束条件
储存物品的性质	危险品、环境污染物质管制规定； 防温、防湿、气密性的作业成本

续表

约束条件	具体内容
竞争条件（即影响服务水准、营运成本的条件）	与供应商及顾客的距离； 交通便利性：包括配送中心与交通网的距离、附近交通是否顺畅、周围道路的宽度等； 土地成本：各地地价不同，影响土地租金或税款额，因而会影响营运成本
基础条件	劳动力是否充足，招聘是否容易，上班条件如何； 基础建设如水电、道路、电信设施、排水系统是否完备； 电脑系统的软、硬件支援是否充分
自然条件	考虑设置配送中心的气候、温湿度、风向、地震、地质等
行政条件	包括当地政府效率、产业政策与奖励优惠措施等

2. 搜集整理资料

基本资料收集的目的在于对现状的把握，以掌握企业的物流能力。一般从政策性、可靠性等方面进行整理分析，对基本资料进行分析可分为定量分析和定性分析。

3. 地址筛选

地址筛选包括地图、地价、业务量、费用、配送路线、设施现状的分析及需求预测。

4. 定量分析

1）重心法

重心法是一种布置单个设施的方法，该种方法要考虑现有设施之间的距离和要运输的货物量。它经常用于中间仓库的选择。在最简单的情况下，该种方法假设运入和运出成本是相等的，它并未考虑在不满载的情况下增加的特殊运输费用。重心法亦称网格法或精确重心法，它能利用物理学中对于一个二维封闭图形求解重心的原理来解决物流设施的选址问题。

重心法首先要在坐标系中标出各个地点的位置，目的在于确定各点的相对距离，坐标系可以随便建立。在国际选址中，经常采用经度和纬度建立坐标。然后，根据各点在坐标系中的横纵坐标值求出成本运输最低的位置坐标 (C_x, C_y)。重心法使用的公式为

$$C_x = \sum D_{ix} Q_i / \sum Q_i$$
$$C_y = \sum D_{iy} Q_i / \sum Q_i$$

C_x 为中心的 x 坐标；C_y 为中心的 y 坐标；D_{ix} 为第 i 个地点的 x 坐标；D_{iy} 为第 j 个地点的 y 坐标；Q_i 为运到第 i 个地点或从第 i 个地点运出的货物量。运用此公式即可求出最佳厂址。

 难点例释 例 2-1

某公司拟在某城市建一配送中心，该配送中心每年共要往 A、B、C、D 4 个销售点配送产品。各地与城市中心的距离和年运量见表 2-3。假定各种材料运输费率相同，试用重心法确定该厂的合理位置。

表 2-3　各设施位置和需要产品数量

各设施	位置坐标/km	需要产品数量级
A	(40,50)	1 800
B	(70,70)	1 400
C	(15,18)	1 500
D	(68,32)	700

解：根据已知条件

$C_x = (40 \times 1\,800 + 70 \times 1\,400 + 15 \times 1\,500 + 68 \times 700) \div (1\,800 + 1\,400 + 1\,500 + 700) = 44.5 \text{km}$

$C_y = (50 \times 1\,800 + 70 \times 1\,400 + 18 \times 1\,500 + 32 \times 700) \div (1\,800 + 1\,400 + 1\,500 + 700) = 44.0 \text{km}$

2) 成本—利润—产量定址分析

成本—利润—产量定址分析也称量本利分析，它有利于对可供选择的地点在经济上进行对比，一般常用图表法求解。它的分析过程包括以下步骤。

（1）确定每一备选地址的固定成本和可变成本。

（2）在同一张图表上绘出各地点的总成本线。

（3）确定在某一预定的产量水平上，哪一地点的成本最少或者哪种方法需要以下几点假设。

① 可变成本与一定范围内的产出成正比。

② 所需的产出水平能近似估计。

③ 只包括一种产品。

④ 产出在一定范围时，固定成本不变。地点的利润最高。

在成本分析中，要计算每一地点的总成本 TC，利用以下公式

$$TC = C_F + C_v Q$$

式中：C_F 为固定成本；C_v 为单位的可变成本；Q 为产出产品的数量或体积。

难点例释　例 2-2

某企业拟在国内新建一条生产线，确定了 3 个备选场址。由于各场址征地费用、建设费用、原材料成本、工资等不尽相同，从而生产成本也不相同。3 个场址的生产成本见表 2-4，试确定不同生产规模下最佳场址。

解：先求 A、B 两场址方案的交点产量，再求 B、C 两场址方案的交点产量，就可以决定不同生产规模下的最优选址。设 C_f 表示固定费用，C_v 表示单件可变费用，Q 为产量，则总费用为 $C_F + C_v Q$。

表 2-4　备选场址费用表

费用项目＼备选场址	A	B	C
固定费用/元	600 000	1 200 000	2 400 000
单件可变费用/元	50	24	11

在 M 点 A、B 两方案生产成本相同，该点产量为 Q_M，则

$$Q_M = \frac{C_{FB} - C_{FA}}{C_{VA} - C_{VB}} = \frac{1\,200\,000 - 600\,000}{50 - 24} = 2.31 \text{（万件）}$$

在 N 点 B、C 两方案生产成本相同,该点产量为 Q_n,则

$$Q_N = \frac{C_{FC} - C_{FB}}{C_{VB} - C_{VC}} = \frac{2\,400\,000 - 1\,200\,000}{24 - 11} = 9.23(万件)$$

结论:以生产成本最低为标准,当产量 Q 低于 2.31 万件时选 A 场址为佳;产量 Q 介于 2.31～9.23 万件时选 B 方案成本最低;当 Q 大于 9.23 万件时,选择 C 场址。

5. 结果评价

评价市场的适应性、购置土地条件、服务质量、总费用、商流、物流的职能及其他。

6. 复查

通常复查的内容多为选址的制约条件:地理、地形、地价、环境、交通、劳动力条件及有关的法律条目。

7. 确定选址结果

一般的选址过程会产生多种方案,应依原规划的基本方针,以及原规划的基准来加以评估,以选择最佳方案。

8. 经营不同商品的配送中心的选址

以下分别对冷藏品、蔬菜、建筑材料、危险品等物流中心的选址进行分析。

(1) 果蔬食品配送中心。果蔬食品配送中心应选择入城干道处,以免运输距离拉得过长,商品损耗过大。

(2) 冷藏品配送中心。冷藏品配送中心往往选择屠宰场、加工厂、毛皮处理厂等附近。同时,冷藏品物流中心往往会产生特殊气味、污水、污物,设备及运输噪声较大,对所在地环境造成一定影响,所以一般应选择在城郊。

(3) 建筑材料配送中心。通常建筑材料配送中心的物流量大、占地多,可能产生某些环境污染问题,有严格的防火等安全要求,应选城市边缘对外交通运输干线附近。

(4) 燃料及易燃材料配送中心。石油、煤炭及其他易燃物品配送中心应满足防火要求,选择城郊的独立地段。在气候干燥、风速较大的城镇,还必须选择在大风季节的下风位或侧风位。

特别是油品物流中心选址应远离居住区和其他重要设施,最好选在城镇外围的地形低洼处。

2.4 配送中心的设计

2.4.1 配送中心设立

1. 配送中心的设立准备

发达国家配送中心的先进性,不止表现在设施设备等硬件上,主要还表现在科学的程序化管理上,这是很重要的方面,应该给予充分的重视。一般来说,决策者在投资建立配送中心之前,应从以下几方面做好准备。

1) 摸清家底

必须明确的情况包括:目前企业的物流设施设备情况(有多少仓库,库房状况如何,

有多少货运汽车、冷藏车、叉车、货架、托盘等);专业人员及技术状况(有多少物流专业人员,以前是否从事过配送业务或相关业务);上家情况(目前有业务往来的生产厂家有多少,交易和结算方式是什么,有固定供货的货物种类有多少,买断与代理货物的比率多大,进一步合作的意向如何);下家情况(目前提供配送服务的零售店铺或生产企业及直接客户有多少,需要继续提供配送服务的占多大比例,有望形成契约关系的占多少,需要配送的生产资料或生活资料的品类、数量构成如何)。

 小知识　配送中心选址

配送中心的任务是向用户提供配送服务,它的选址既要考虑到配送范围的距离、集货渠道的距离、实际交通情况,又要考虑时间、费用和经济效益等因素。在所取定的选址点进行建设时,必须研究并判断选址的障碍条件,分析该址是否适合配送中心的作业要求,并调查预测将来业务量增大后能否满足扩建的需要,该选址是否适用并做好解决障碍条件的准备工作。如果配送范围广,则配送中心数量少,离顾客的距离就远。配送中心的选址可遵循以下几项原则。

(1) 在主要交通网的枢纽处建厂,配送中心和供求地之间交通便利距离较近。
(2) 以配送圈的重复程度作为确定与邻近配送中心距离的依据。
(3) 配送中心所在地,要选择地价比较优惠,没有明确建设限制规定的宽敞的区域。
(4) 选址不能影响周围居民生活环境。

2) 准确定位

根据自身条件、业务开展情况及上、下家情况,合理设置配送中心,选择可行的配送模式,制定可持续发展的配送战略目标。

3) 逐步配套发展

配送中心的建设过程应分阶段进行,建设过程中应不断改进配送设施、管理技术,广泛开展从业人员的专业培训,完善信息系统功能,提高信息处理水平。

2. 配送中心的设立时机

配送中心的设立时机,视不同的企业类型而有所不同。这里,以典型的连锁企业为例进行说明。在连锁企业的发展实践中,时时困扰业内人士的一个问题就是:是否应该建立配送中心。倘若不建立,那么连锁就流于形式,连而不锁,难以达到规模效应,有悖于连锁企业发展的初衷;倘若建立,则又受资金实力等因素的制约且若配送业务量相对较少,势必带来一定的浪费。

要解决上述问题,首先应明确的一个问题是:配送中心的建立与否是由连锁店的发展是否需要而决定的,而不是要发展连锁店就要配套建立配送中心。也就是说,发展连锁店一定要有配送中心,但却不一定要自建配送中心。因为这毕竟不是以建立配送中心为目的,而是为了适应连锁店发展的需要。但是,不一定自建配送中心,却又必须有配送中心,这就涉及下一个问题。

除了自建配送中心之外,还可以采取共建方式及利用社会化配送中心等。关于这一配送中心的所有者问题,还将在下文详述,但从中也不难看出,对于一些新建的连锁组织来说,配送业务是可以通过多种途径来解决的。更进一步来说,先采取共建及社会化配送中心的方式,随着连锁店规模的扩大,再独立建设配送中心无疑是一种较为明智的选择。从世界连锁业发展的实践来看,一个便利店连锁公司,在拥有 20 个店,总面积达到 4 000 m²

时，就可考虑建立配送中心；一个超市连锁公司，在拥有 10 个店，总面积达到 5 000m² 时，就有建立配送中心的必要；一个特级市场连锁公司，在开店的同时，就应考虑与之配套的配送体系。

通过以上分析，可以得出以下结论：强调配送中心建设宜"一步到位"的观点，在理论上是欠妥的，在实践中也是行不通的，与实际情况相联系，连锁企业的配送中心建设宜走一条"共同配送＋社会配送－自行配送"的渐进之路。当然，上述理论只是一个总体概括，对于单个企业而言，何时建立配送中心的最佳时机，应根据各自的实际情况进行决策，不排除例外的规则。

2.4.2 配送中心的规模决策

仍然以连锁业配送中心为例，探讨配送中心的规模问题。配送中心的规模包括三层含义：一是与店铺规模相适应的总规模，即需要总量为多少平方米的配送中心；二是建立几个配送中心，即这些配送中心的布局；三是每个配送中心的规模。因此，配送中心的规模决策也包含这三个层次的决策。

配送中心是连锁企业的"后勤部队"，其主要功能是为连锁企业的各店铺提供货物配送服务，因此，服务能力便成为衡量配送中心总规模是否适当的一个指标。一般而言，配送中心总规模与服务能力呈正相关关系，即配送中心总规模越大，配送服务能力就越高，反之亦然。

但是，尽管配送中心是服务性机构，应注意服务能力，但进行"成本—收益"分析也是必要的。一般来说，配送规模与单位配送成本之间的关系，在开始的某一时段内，随着配送规模的不断扩大，配送成本也随之不断降低，其原因在于规模经济性，当配送规模达到一定程度之后再进一步扩大，配送成本则开始随配送规模的扩大而上升，因为此时规模不经济性开始发生作用，如图 2.3 所示。

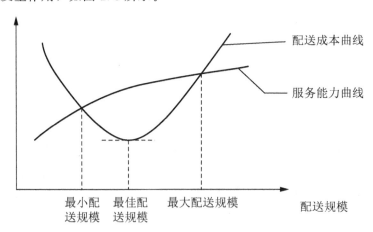

图 2.3 配送规模与服务能力、配送成本的关系

根据以上论述及图 2.3 所示，可以看出，服务能力和单位配送成本下降阶段的交点就是配送中心的最小规模，此时进一步扩大规模有助于获得规模经济，理论上的最大配送中心规模应是在服务能力和单位配送成本上升阶段的交点上，此时若再进一步扩大规模则可能引起规模不经济。也就是说，过分强调配送服务能力而不注意单位配送成本，认为配送

中心规模越大越好的思想是不正确的；相反，过分偏重单位配送成本的降低，而忽视配送服务能力的思想也是不可取的。

在明确了配送中心总规模的基本原则之后，进一步探讨确定配送中心总规模的具体方法。确定配送中心总规模的方法，可以参照运输及仓库规模的确定方法，因为储存和配送是配送中心的两大基本功能。具体包括以下步骤。

1. 测定配送及储存货物总量

配送中心的配送量和货物储存量直接受连锁企业各店铺货物经营总量的影响，货物经营量越大，所需要的配送中心规模就越大，而货物经营量又与店铺面积有着正相关关系，所以连锁店铺总面积与配送中心总规模也呈正相关关系。例如，法国家乐福集团的一个2万 m^2 的配送中心负责20家左右特级市场的货物配送任务。这20家特级市场的店铺总面积为20万 m^2 左右，即配送中心总店铺总面积的规模比为1:10。应该着重指出的是，连锁店铺总面积与配送中心规模的比例，因业态不同、流转速度不同而不同。因此，在借鉴已有经验数据的同时，也必须充分考虑自身企业的特性，以确保决策无误。此外，在测定货物配送及储存总量的同时，还需掌握配送储存的具体品种及相应的数量情况和包装等。

2. 推算平均配送量

平均配送量既包括平均吨公里数，也包括平均储存量，前者决定运输规模，后者决定仓储规模。由于货物周转速度直接影响货物在配送中心停留的时间，若速度慢，则意味着占据配送中心空间的时间长，需要配送中心的规模就大；反之，则需要相对小的配送中心。同时，从厂商直达店铺的货物越多，要求配送中心的面积越小。所以，在推算平均配送量时，应引入货物平均周转速度。计算公式为

$$\overline{Q}=Q/T \text{ 或 } \overline{Q}=QD/360 \qquad (2-1)$$

式中：$\overline{Q}$——平均货物储存量；Q——货物总储存量；T——平均周转次数；D——平均货物储存天数。

值得注意的是，对于某些季节性货物，各段时期的储存量将有非常大的变动。在这种情况下，平均储存量将不能反映其正常的储存空间需要量，必须进一步分析货物储存量在全年各期的分布情况，特别是储存高峰时期货物储存空间的需要情况。

3. 计算储存空间需要量

由于不同货物的容量及包装不同，因而在储存过程中所占配送中心的空间也不同。这样就使得储存的货物和其所占用的空间这二者之间有一个换算关系，该换算关系用"仓容占用系数"来表示。有些货物的储存量按重量计算，有些货物的储存量按金额计算，仓容占用系数是指单位重量或金额货物所占空间的大小。计算公式为

$$P=Qq \qquad (2-2)$$

式中：P——储存空间需要量；q——平均仓容占用系数。

4. 计算配送中心的储存面积

在储存空间一定的条件下，所需储存面积的大小取决于配送中心允许货物的堆码高度。影响配送中心允许堆码高度的因素有：货物性能、包装、配送中心建筑构造和设备的配备等。根据配送中心存放货物的特点和配送中心设计等方面的条件，应合理地确定堆码

高度、配送中心的储存面积。计算公式为
$$S = P/H \tag{2-3}$$
式中：S——配送中心储存面积；H——货物平均堆码高度。

5. 计算配送中心的实际面积

配送中心的实际面积要大于上面计算的储存面积。这是因为配送中心不可能都用以储存货物，为了保证货物储存安全和适应库内作业的要求，需要留有一定的墙距、垛距、作业通道，以及作业区域等。配送中心库房面积的利用率是储存面积与实际使用面积之比，这取决于货物保管要求、配送中心建筑结构、仓储机械化水平、库房布置和配送中心管理水平等多种因素。因此，应根据新建配送中心的具体条件，确定配送中心面积利用系数，并根据其对配送中心面积作最后的调整。计算公式为
$$s = S/u \tag{2-4}$$
式中：s——配送中心的实际面积；u——配送中心面积利用系数。

6. 确定配送中心的面积

配送中心的全部面积为配送中心实际面积与辅助面积之和。根据配送中心本身的性质及实际的需要确定辅助面积所占比重，进而确定配送中心的全部面积。

2.4.3 配送中心的投资决策

配送中心的投资决策是通过可行性研究与分析，计算出投资多少、效益怎样，从而对配送中心的建与不建提供科学依据的重要一环，本节主要从定性的角度对投资决策中的几个主要问题进行阐述，至于相应的量化分析方法，可参阅有关的投资学、财务管理等文献。

1. 配送中心投资额的确定

配送中心的投资额主要包括以下4项内容。

（1）预备性投资。由于配送中心是占地较大的项目，且应处于与客户接近的最优位置，因此在基本建设主体投资之前，需有征地、拆迁、市政、交通等预备性投资，这是一笔相对较大的投资，尤其是在一些准黄金地段，这项投资甚至可超过总投资的50%。

（2）直接投资。即用于配送中心项目主体的投资，如配送中心各主要建筑物的建设费用，配送中心的货架、叉车、分拣设备的购置及安装费，信息系统的购置安装费，配送中心自有车辆的购置费等。

（3）相关投资。不同地区与基本建设及未来经营活动有关的诸如燃料、水、电、环境保护等都需要有一定的投资，在有些地区，相关投资可能很大，因而如果只考虑直接投资而忽视相关投资，极容易导致投资估算失误。

（4）运营费用。包括配送过程中发生的人力、物力费用。由于配送中心的投资效果不仅取决于事前的投资费用，而且还决定于事后的运营费用，特别是在有些情况下，事前的投资费用很低，但事后的运营费用却很高，如远离市区的配送中心，配送效率显然不会高，因而企业对此必须有一个充分的估计。

2. 投资效果的分析

投资效果问题，归根结底是对投资收益的估算问题。由于配送中小不像一般产品生产

企业那样生产一定数量、一定质量、一定价格的有形产品，而是向各客户提供配送服务，它是一种无形产品，因而其收益计量具有一定的模糊性。同时，由于配送中心的各个作业环节也不能像生产企业那样明确确定，因而进一步加大了对其投资效果进行分析的困难。较为合适的方法是比较有与没有配送中心、自建与租赁配送中心所产生的利益差，这个利益差是通过店铺效益反映出来的，诸如统一配送进货价格降低了多少，增加了多少销售额，取得了多少利润。或者说，有多少利润是由于自建配送中心取得的。

3. 投资与效益的比较

如果效益是理想的，则可进行投资；否则只有放弃。至于理想效益的界定则与企业的整体发展战略有关，例如目标是取得什么样的效果，投资多少年能收回等。

由于效益是投资与效果的差额，所以在实际工作中，若仅仅使用上述四项确定投资额是不完善的，因为那仅仅是投资配送中心的会计成本，而在效益衡量中，应使用完全成本的概念，即"在会计成本上再加上因之发生的机会成本，也就是因自建配送中心该笔资金不能他用而带来的最大损失"。只有这样，才能真正计量出效益的大小。

2.4.4 配送中心布局设计原则及考虑的因素

1. 配送中心布局的原则

配送中心的布局受多方因素制约，是一项复杂的系统工程。解决这个问题应从以下原则分析入手，并辅以相应的数学实证方法。

(1) 动态原则。影响配送中心的经济环境和相关因素时刻处于变动之中，如交通条件的变化、价格因素的变化、用户数量的变化、用户需求的变化。所以布局选址时，首先应摒弃绝对化的观念，从动态原则出发，对这些动态因素予以充分考虑，使配送中心建立在详细分析现状和准确预期未来的基础上。

(2) 统筹原则。配送中心的布局、层次、数量与生产力布局、消费布局等紧密相关，存在相互促进制约的关系。因此，设定合理的配送中心布局，必须从宏观和微观两方面加以考虑，统筹兼顾，全面安排。

(3) 竞争原则。在市场机制中，配送服务竞争的强弱是由用户可选择性的宽窄范围决定的，为了扩大用户选择，配送中心的布局应体现出多家竞争，即每一家配送中心只能占领局部市场，只能从局部市场的角度规划。

(4) 低运费原则。配送中心利用规划的、技术的方法，组织对用户的配送运输，低运费原则在成本收益分析中至关重要，成为竞争原则在运费方面的具体体现。

(5) 交通原则。交通原则的贯彻包括两方面：一是布局时要考虑现有交通条件；二是布局配送中心时，交通作为同时布局的内容之一。只布局配送中心而不布局交通，往往导致布局的失败。

2. 配送中心布局应考虑的因素

配送中心布局主要考虑的是运输和市场的问题。如果是可运输性高的物品就可以采用近产地布局，如果可运输性不高，就要采用近市场布局，尽可能地降低运费。另外在布局时要多做一些市场调查，结合产品和市场的具体特征选择布局方案。

2.4.5 配送中心的内部结构与布局

1. 配送中心内部结构

配送中心的内部结构与一般仓库有明显不同，配送中心一般包括接货区、储存区、理货备货区、分放配装区、外运发货区、加工区、管理指挥区（办公区）等。

配送中心的内部区域结构一般配置工作区如图 2.4 所示。

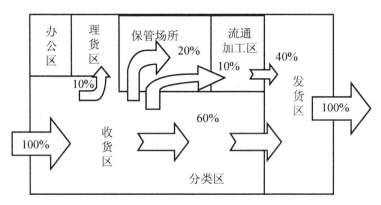

图 2.4 配送中心工作区平面图

2. 配送中心内车流的布置

配送中心的车流量很大。一个日处理量达 10 万箱商品的配送中心，每天的车流量达 250 辆次；而实际上送货、发货的车辆，大多集中在几个时间带（即高峰时间）。因此，道路、停车场地及车辆运行线路的设计显得尤为重要。可以说，配送中心总体设计的成败，很大程度上取决于车流规划的合理与否，如图 2.5 所示。

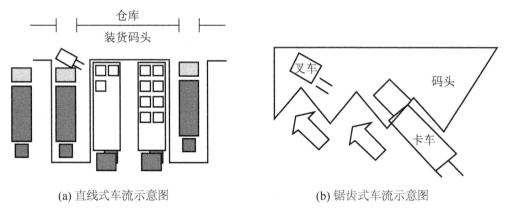

(a) 直线式车流示意图　　　　　　(b) 锯齿式车流示意图

图 2.5 配送中心装货码头车流示意图

为了保证配送中心内车辆行驶秩序井然，一般采用"单向行使、分门出入"的原则。不少配送中心还规定了大型卡车、中型卡车、乘用小车的出入口及车辆行驶线路。

配送中心的主要道路宽度较大，通常为 4 车道，甚至 6 车道；考虑到大型卡车、集装箱车进出，最小转弯半径不小于 15m；车道均为高级沥青路面，并标有白色界线、方向、速度等标记。

2.4.6 配送中心内部的设施构造

1. 建筑物

从装卸货物的效率看,建筑物最好是平房建筑,而在城市,由于土地紧张和受地价的限制采用多层建筑的情况较多。

2. 地面负荷强度

地面负荷强度是由保管货物的种类、比重、货物码垛高度和使用的装卸机械等决定的。一般地面负荷强度有以下规定。

(1) 平房建筑物,平均负荷 $2.5\sim3.0t/m^2$。

(2) 多层建筑物:一层,平均负荷 $2.5\sim3.0t/m^2$;

二~三层,平均负荷 $1.5\sim2.0t/m^2$;

三层以上,平均负荷 $2.0\sim2.5t/m^2$。

多层建筑物,二层以上的地面负荷是指通过建筑物墙体而由地总支撑的负荷,因此随着建筑物层数的增多,各层地面所承载的能力是逐渐减小的。当然,在确定地面承受能力时,不仅要考虑地面上货物的重量,还要考虑所用机器工具的重量。例如,用叉车装卸作业时,也必须考虑叉车的重量。这时,在钢筋混凝土地面作业时,地面上平均每平方米的承载能力,应增加按下式计算的车轮荷重:

$$叉车的最大车轮荷重=(货叉自重+装载货物重量)\times A\times B$$

式中:A 指装载货物时,平衡重型或伸长型叉车前面两个轮子所承受货物重量的比例,其差别不大,以货叉自重加载货物重量的 $0.85\sim0.88$ 为宜;B 指另外加上 $1.3\sim1.5$ 倍的货物短时间冲击力。

3. 天花板高度

天花板高度指在全部装满货物时,货物的计划堆放高度,或者说,是在考虑最下层货物所能承受的压力时,堆放货物的高度加上剩余空间的总高度。在有托盘作业时,还要考虑叉车的扬程高度及装卸货物的剩余高度。一般情况下,托盘货物的高度为 $1\,200\sim1\,700mm$,其中 $1\,300\sim1\,400mm$ 的高度最多。总之,天花板高度不能一概而论。通常平房建筑的天花板高度为 $5.5\sim7m$;多层建筑物的天花板高度多数情况是:一层 $5.5\sim6.5m$,二层 $5\sim6m$,三层 $5\sim5.5m$。

天花板高度对于建筑费用的影响很大,因此,事先要充分研究作业的种类和内容,确定好合理的天花板高度。

4. 立柱间隔距离

柱子间隔不当,会使作业效率和保管能力下降,因此要充分研究建筑物的构造及经济性,以求出适宜的柱子间隔距离。一般柱子间隔距离为 $7\sim10m$(在建筑物前面可停放大型卡车两辆、小型卡车三辆)。

5. 建筑物的通道

配送中心的通道可分为库区外通道和库内通道。库外通道将影响车辆、人员的进出,车辆的回转,装卸货物等动线;库内通道主要影响配送中心的作业能力和效率。

通道是根据搬运方法、车辆出入频度和作业路线等确定的。建筑物内部通道的设置与内部设施的功能、效率、空间使用费等因素有关,所以,应根据货物的品种和批量的大小,以及所选定机器的出入频度和时间间隔等因素,来决定通道的宽度和条数(有单向通道和往返通道两种)。

通道配置的方案应在充分比较研究的基础上确定。

另外,日常装卸货物时,所占用的停车空间与上述车辆处于静止状态时不同。为了确保卡车装卸作业,应留有必要的侧面通道,或者在卡车前方留有一定宽度的通道,使卡车作业时可以前进和后退。图2.6为配送中心通道布置示意图。

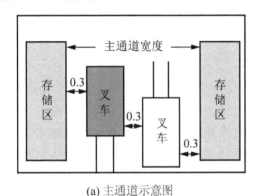
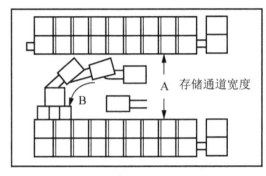

(a) 主通道示意图　　　　　　　　(b) 存储通道示意图

图2.6　配送中心通道布置示意图

6. 卡车停车场

通常,各种车辆都必须有停车场。车辆停止时占用的面积为:15t重拖挂车,60m^2;10~11.5t卡车,45m^2;6~8t卡车,35m^2;3~4t卡车,25m^2。

图2.7为90m^2停车场布置图。

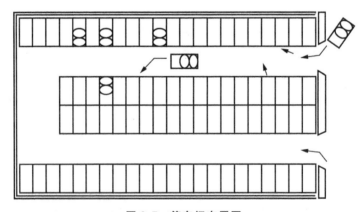

图2.7　停车场布置图

2.4.7　配送中心区域平面布置的设计

一般应根据具体地理位置和物流配送中心的性质与规模决定配送中心区域总括的平面布置,再逐个对进货区、进货暂存区、入库办理区、自动仓库、小物品拣选区、分类区、发货存储区等面积进行计算,然后把计算各区域面积进行适当优化调整之后填入确定的物流中心的面积图中。

1. 进货车位数计算

进货时间:每天按 2h 计算(初步设定值是根据初步调查得到的)。

进货车台数:根据配送中心的规模,设进货车台数为 N 和卸货时间如表 2-5 所示。

表 2-5 进货车台数和卸货时间

进货车台数				卸货时间			
	11t 车	4t 车	2t 车		11t 车	4t 车	2t 车
托盘进货	N_1 台	N_2 台		托盘进货	20min	10min	
散装进货	N_3 台	N_4 台	N_5 台	散装进货	60min	30min	20min

设进货峰值系统为 1.5,要求在 2h 内必须进货卸货完毕所需车位数 n,则

$$n=(20\text{min}\times N_1+10\text{min}\times N_2+60\text{min}\times N_3+30\text{min}\times N_4+20\text{min}\times N_5)\times\frac{1.5}{60}\text{min}\times 2$$

2. 进货大厅的计算

设每个车位宽度为 4m,进货大厅共有 z 个车位,则进货大厅长度为:$L=n\times 4\text{m}$。设进货大厅宽度为 3.5m,则进货大厅总面积 $M=L\times 3.5\text{m}^2$,如图 2.8 所示。

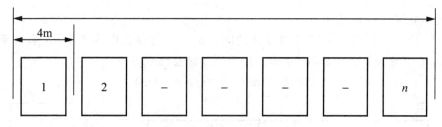

图 2.8 进货厅大小设计

3. 保管区的规划设计

1) 自动仓库面积计算

如图 2.9 所示,3.75m 是两排货架宽度与巷道宽度之和。

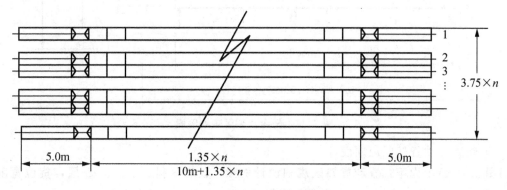

图 2.9 自动仓库区规划例图

设托盘尺寸为 $1.1 \times 1.1 \text{m}^2$,货架有 N 排、n 列和 H 层,则总货位 Q

$$Q = N \text{ 排} \times n \text{ 列} \times H \text{ 层}$$

自动仓库的面积 M 为

$$M = (10\text{m} + 1.35\text{m} \times n \text{ 列}) \times 3.75\text{m} \times N \text{ 排}$$

2)托盘流动货架区面积计算

设每个货位可放两个托盘,必要的尺寸如图 2.10 中所示,货位长度为 1.5m、n 列、2 排、3 层,总托盘数 N 为

$$N = n \text{ 列} \times 2 \text{ 排} \times 3 \text{ 层} \times (2 \text{ 托盘/货位})$$

流动货架区面积 $A = 12\text{m} \times (1.5\text{m} \times n + 5\text{m})$

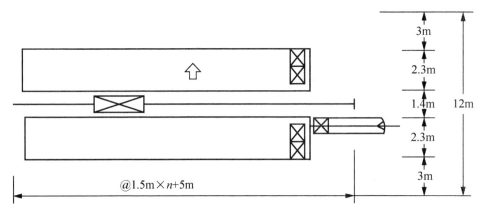

图 2.10 托盘流动货架区例图

3)托盘货架区规划设计

图 2.11 所示为托盘货架区规划设计例图,设一个货位长度为 2.7m,有 n 列、4 排、6 层,则总货位数为 6 层 $\times n$ 列 $\times 4$ 排。托盘货架区总面积 S 为

$$S = 13.8\text{m} \times (2.7\text{m} \times n + 3\text{m})$$

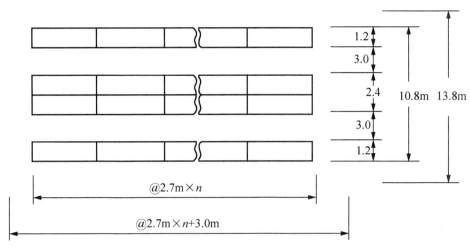

图 2.11 托盘货架区规划例图

4)箱式流动货架区规划设计

图 2.12 所示为箱式流动货架区规划设计例图,设有 2 排、n 列、H 层,货位宽度为

1.5m，则总货位数 Q

$$Q = n \text{ 列} \times H \text{ 层} \times 2 \text{ 排}$$

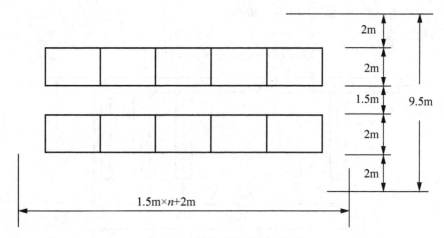

图 2.12　流动货架区规划例图

流动货架区面积 A 为

$$A = 9.5\text{m} \times (1.5\text{m} \times n + 2\text{m})$$

4. 箱式货架区规划设计

如图 2.13 所示，设每个货位长度为 1.8m、n 列、5 层、4 排，则总货位数 Q 为

$$Q = n \text{ 列} \times 5 \text{ 层} \times 4 \text{ 排}$$

箱式货架区面积 S 为

$$S = 6\text{m} \times (1.8\text{m} \times n + 2\text{m})$$

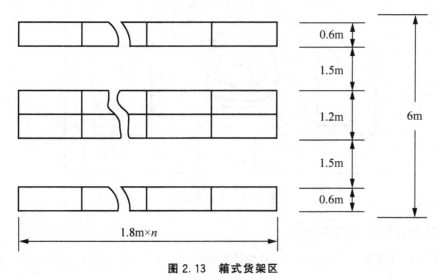

图 2.13　箱式货架区

5. 分类区（图 2.14）

(1) 每日分类箱数 $= n$ 个。

(2) 分类数 $= N$ 方面（2m 宽）。

(3) 分类时间＝7h。

(4) 单位时间分类数＝n 个×1.5(峰值系数)/7h。

(5) 分类能力＝5 000 箱/h～7 000 箱/h。

必要面积 S 为

$$S=(L+2\text{m})\times(6\text{m}\sim10\text{m})$$

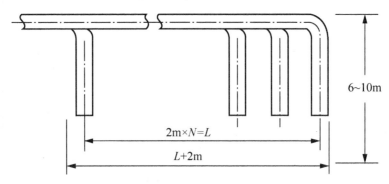

图 2.14　分类示意图

6. 流通加工区(标准作业区)

每个人作业面积如图 2.15 所示，设作业人员 N 人流通加工区的必要面积 S 为

$$S=3.5\text{m}\times3\text{m}\times N \text{ 人}$$

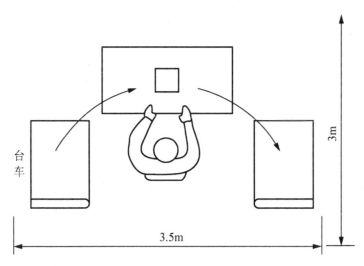

图 2.15　流通加工区

7. 升降机前暂存区(图 2.16)

通过升降机底面积，搭载台车或托盘数计算暂存区。必要面积＝11m×10m＝110m²。

8. 发货存储区(图 2.17)

假设每天的发货量(1/n)……N 托盘分发货方面数为 n_1，一个方面宽度为 1.2m，面积利用率为 0.7。发货存储区必要面积为

$$S=12\text{m}\times(1.2\text{m}\times n_1+3\text{m})\times0.7$$

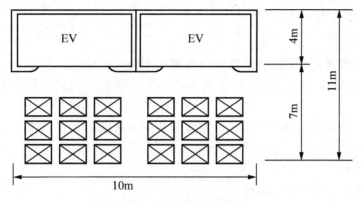

图 2.16 暂存区规划例图

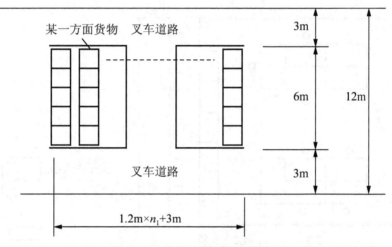

图 2.17 发货存储区规划例图

9. 发货大厅(图 2.18)

假设：1 日的发货车辆台数为 N，高峰时间的发货车辆台数 N_p，每台车装载时间为 30min，1 车位的必要宽度为 4m。发货大厅面积 S 为

$$S = 5m \sim 4m \times N$$

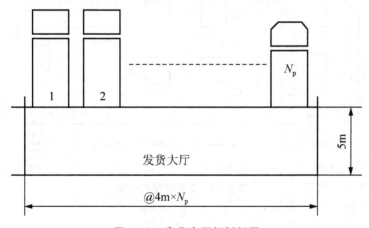

图 2.18 发货大厅规划例图

10. 间接区的规划设计

1) 管理区

(1) 3m²/人的管理区的 10 张桌子的配置例(10 人办公室,图 2.19)管理区的面积:6.2m×5.75m=35.65m²,每人平均 3.6m²。桌子宽度 0.75m。柜子长度 0.45m,宽度 0.45m。

(2) 5m²/人的管理区的 10 张桌子的配置例(10 人办公室,图 2.20)管理区的面积:7.0m×7.95m=55.65m²,每人平均 5.6m²。

2) 食堂(图 2.21)

食堂的面积:25 人~30 人/次。

$$7.6m \times 9.7m = 74m^2$$

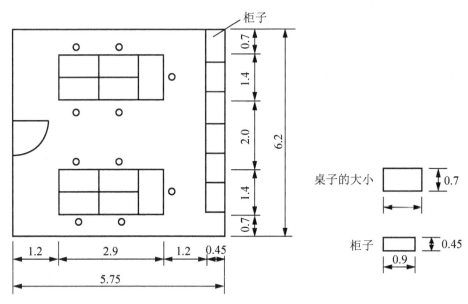

图 2.19 管理区规划例图

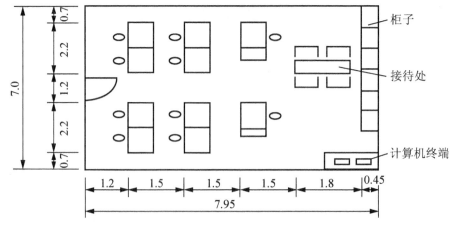

图 2.20 管理区配置例图

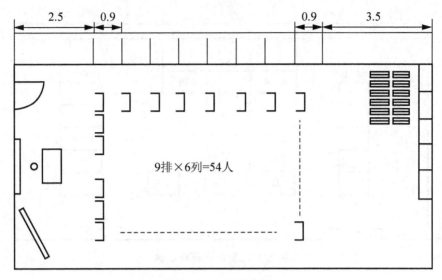

图 2.21 食堂例图

3) 会议室

(1) 有办公桌的会议室(图 2.22)按全员 1/3 设计(15～20 人)。会议桌摆为口字形。桌子面积=1.8m×0.45m=0.81m²。

会议室面积=7.6m×11.3m=86m²。每人平均：86m²/18 人=4.8m²。

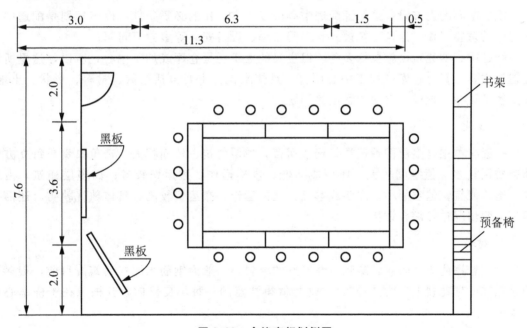

图 2.22 会议室规划例图

(2) 只有椅子的会议室(图 2.23)。

会议室面积=7.0m×13.2m=92.4m²。

每人平均=92m²/54 人=1.7m²。

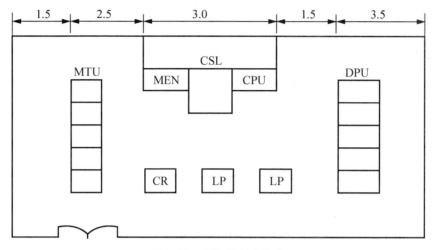

图 2.23　有椅无桌会议室

2.5　配送中心的关键机械设备配置

2.5.1　配送中心的建筑设施规划

配送中心的设施设备是保证配送中心得以正常运作的必要条件，设施规划是配送中心规划中的重要工作，涉及建筑模式、空间布局、设备安装等多方面问题。

配送中心的建筑设施包括多种，但主要的建筑还是仓库或加工中心，所以，这里所谈的建筑主要是针对仓库或加工中心而言。具体来说，主要包括层数、材料、形状、土地、建筑物及设备，规模，自动化程度等问题。

1. 层数

一般有单层与多层两种选择。比较而言，单层建筑占地面积大、造价昂贵，每立方米储存费用较多，但空间较大，照明成本低，水平运作，搬运费较省；而多层建筑，占地少，造价便宜，但空间小，照明成本高，立体运作，搬运费较高。具体孰优孰劣，还需要根据实际情况进行综合评析。

2. 材料

必须选用防火、防潮、防晒，性能好的材料，一般为钢筋水泥式建筑。目前，很多连锁企业在此项花费上较为"经济"，这是值得注意的一种不良倾向，其根源在于侥幸心理作祟。

3. 形状

一般有长方形和正方形两种选择。长方形，储存空间较大，采光较好，通风设备可更有效地发挥作用，建筑支柱少，可增加存货面积，同时有利于进行扩充；正方形，其特征与长方形相反，专家更倾向于选择长方形建筑。

4. 土地、建筑物及设备

土地、建筑物及设备有购买和租赁两种方式。购买花费投资较大，需要不停地维修；租赁投资较小，不必担心维护，租费也可在所得税前扣除。从目前情况看，租赁已成为一种国际流行的趋势。但是，由于目前我国的租赁市场，尤其是配送中心所需的设备方面的租赁市场尚欠发达，从而制约了企业选择租赁的形式。

5. 规模

建筑规模大小，属于配送中心设计中的详细问题，此处不再赘述。

6. 自动化程度

标准化仓库控制装置一般使用可编程控制器（Programmable Controller，PC），可以按自动、半自动、手动运行。所用的操作方法同使用复印机一样容易；只要将卡插入操作盘内，便可以操作。并且具有计算机库存管理系统所具有的库存管理、货位管理、各种查询、各种账单生成等选择功能。利用托盘可以自由地存放箱装、罐装、散装、袋装等货物；同时，可以设置自动调芯固定台、手推车、电动台车、链条或辊道输送机等。

2.5.2 配送中心的存储设施

配送中心的作业设施主要包括硬件设施与软件设施。硬件设施主要是指存储设施、分拣设施和搬运设施。具体包括板台、滑台、手推车、拖车、叉车、牵引机、输送机、升降机、货架、桥板等；软件设施主要包括中心内各项规章制度、订货、出入库管理等信息处理系统等。特别是物流自动化与现代化的发展，使得配送中心的设施要求也越来越高。

配送中心内部的存储设施主要包括货架和托盘等。

1. 货架

货架是指专门用于存放成件货物的存储保管设施。货架在配送中心内起着重要的作用。为了实现配送中心的现代化管理，改善配送中心的功能，不仅要求货架数量多，而且要求其功能多，便于实现机械化和自动化。

1) 货架的形式

货架的形式有很多种，常见的主要有以下几种。

（1）悬臂货架。多用于存储长料，如金属棒、管等。

（2）流动货架。货物可以从货架的一端进入，在重力作用下可从另一端取出。它有时适合于存储数量多、品种少、移动快的货物，如存储某些电子器件等的立体仓库。

（3）货格式货架。该货架最常见，在我国也比较多，多用于容量较大的仓库，如以集装箱为单位存储的立体仓库。

（4）水平或垂直旋转式货架。这是一种旋转或循环的存储装置，它适合于存储体积小、品种多、重量轻的货物。

（5）悬挂输送存储货架。它们多安放于车间的工作区或设施上方，由人工根据需要随时取下或放上货物，整个存储系统在不断低速运动。

（6）被动辊式货架。适用存储重量和体积比较大的货物。在这种货架的单元货格中有很多无动力的辊子，利用存储设施（通常是大型巷道式堆垛机）的动力驱动这些辊子，就可将大型货物存入或取出。机场货运货物的处理多采用这种形式的货架。

2) 货架的材料

高层货架是立体仓库的主要构筑物,一般用钢材或钢筋混凝土制作。钢货架的优点是构件尺寸小、仓库空间利用率高、制作方便、安装建设周期短。而且随着高度的增加,钢货架比钢筋混凝土货架的优越更为明显。因此,目前国内外大多数立体仓库都采用钢货架。钢筋混凝土货架的突出优点是防火性能好、抗腐蚀能力强、维护保养简单。

货架的高度是关系到自动化仓库系(AS/RS)全局性的参数。货架钢结构的成本随其高度增加而迅速增加。尤其是当货架高度超过 20m 以上时,其成本将急剧上升,同时堆垛机等设施结构费用也随之增长。当库容量一定时,仓库基础费用、运行导轨投资则随货架高度的增长而下降。货架可由冷轧型钢、热轧角钢、工字钢焊接成"货架片",然后组成立体的货架。为此要从基础设计、货架截面选型及支承系统布置等多方面采取措施,加以保证。

3) 货架的尺寸

通常货架高度为 8~50m。恰当地确定货格净空尺寸是立体仓库设计中一项极为重要的设计内容。对于给定尺寸的货物单元,货格尺寸取决于单元四周需留出的空隙大小的同时,在一定程度上也受到货架结构造型的影响。该项尺寸之所以重要,是因为它直接影响仓库面积和空间利用率。同时,因为影响因素很多,所以确定这项尺寸比较复杂。

货架与货箱的关系如图 2.24 所示。在图 2.24 中,A 为货箱宽度,b 为货叉宽度,d 为牛腿间距,c 为货叉—牛腿距,e 为牛腿宽度,a 为托盘立柱距,h 为牛腿货箱高度差。上述参数的关系为

$$b = 0.7A$$
$$d = (0.85 \sim 0.9)A$$
$$c = (0.075 \sim 0.1)A (大货箱取大值)$$
$$e = 60 \sim 125 \text{mm} (大货箱取大值)$$
$$a = 25 \sim 60 \text{mm} (大货箱取大值)$$
$$h = 70 \sim 150 \text{mm} (大货箱取大值)$$

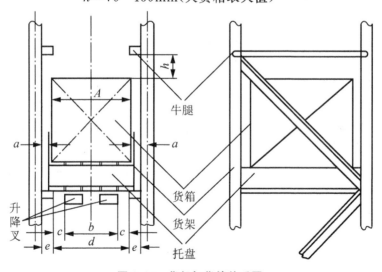

图 2.24 货架与货箱关系图

4) 货架的选型

在货架选型时，通常考虑的因素包括货物特性、存取方便性、出入库情况、与相关设备的配套，以及库房结构等。

(1) 货物特性。储存货物的外形、尺寸、重量等物理属性直接影响到货架规格、强度的选择，而以托盘、容器、单品等哪种单位来储存，也应选择与之相适应的货架。

(2) 存取方便性。一般而言，货物的存取方便性与储存密度是相对立的，取得较高的储存密度，则会相对牺牲存取方便性。即使有些货架在存取方便性与储存密度两方面均有较好的效果，例如重力式货架，但其投资成本高，日常维护与保养的要求高。出入库频繁、吞吐量大的仓库在选用货架时要充分考虑货物存取方便性。

(3) 出入库情况。出入库情况包括出入库的频率、出入库吞吐量、吞吐能力等。某些形式的货架虽然有很好的储存密度，但出入库量却不高，适合于低频率的作业。出入库情况是选择货架类型的一个重要的指标。

(4) 与相关设备的配套。货架的选择要考虑与配送中心其他相关设备的配套，尤其是装卸搬运设备。货架上存取货物的作业是由装卸搬运设备完成的，例如货架通道的宽度会直接影响到叉车的选用形式。货架与搬运装卸设备的选择要一并考虑。

(5) 库房结构。货架的选用与库房的结构紧密相关，决定货架的高度时需考虑横梁下有效的作业高度，梁柱位置会影响货架的配置，地板承受的强度、地面平整度也与货架的设计及安装有关。另外还要考虑防火设施和照明设施的安装位置。

2. 托盘

托盘是用于集装、堆放、搬运和运输，放置单元负荷物品的水平平台装置。配送中心内货物的载体可以是托盘、托板、滑板、专用集装箱、专用盛放架、硬纸板箱等。托盘或货箱，其基本功能是装物料，同时还应便于叉车和堆垛机的叉取和存放。托盘多为钢制、木制或塑料制成；托板一般由金属制成；滑板是由波状纤维或塑料制成，可将单元货物拉到滑板上；专用集装箱多由钢板制成；专用盛放架由钢材或木料制成，可盛放专用件或特殊形状的货物；硬纸板箱盛放相对密度较小的货物。

货箱尺寸是货架设计的基础数据。货物(载荷)引起货箱的挠度应小于一定的尺度，否则会影响装取货物。各种托盘货箱示意如图 2.25 所示。

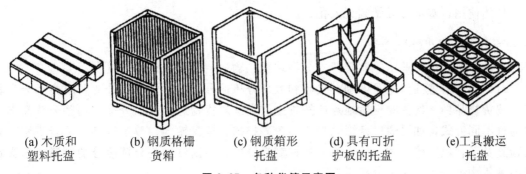

(a) 木质和塑料托盘　(b) 钢质格栅货箱　(c) 钢质箱形托盘　(d) 具有可折护板的托盘　(e) 工具搬运托盘

图 2.25　各种货箱示意图

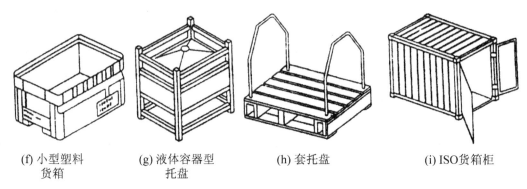

(f) 小型塑料货箱　　(g) 液体容器型托盘　　(h) 套托盘　　(i) ISO货箱柜

图 2.25　各种货箱示意图(续)

2.5.3　配送中心的分拣设施

对于配送中心而言，分拣系统是其核心设施。目前先进的分拣系统，一般都是自动分拣系统。自动分拣系统(Automated Sorting System)是第二次世界大战后在美国、日本的配送中心广泛采用的一种分拣系统，该系统目前已经成为发达国家大中型配送中心不可缺少的一部分。

1. 自动分拣系统的主要特点

(1) 能连续、大批量地分拣货物。由于采用大生产中使用的流水线自动作业方式，自动分拣系统不受气候、时间、人的体力等限制，可以连续运行，同时由于自动分拣系统单位时间分拣件数多，因此自动分拣系统的分拣能力大大高于人工分拣系统。一般地，自动分拣系统可以连续运行 100 个小时以上，每小时可分拣 7 000 件包装货物，如用人工则每小时只能分拣 150 件左右，同时分拣人员也不能在这种劳动强度下连续工作 8 小时。

(2) 分拣误差率极低。自动分拣系统的分拣误差率大小主要取决于所输入分拣信息的准确性，所以取决于分拣信息的输入机制，如果采用人工键盘或语音识别方式输入，则误差率在 3% 以上；如果采用条形码扫描输入，除非条形码的印刷本身有差错，否则不会出错。因此，目前自动分拣系统主要采用条形码技术来识别货物。

(3) 分拣作业基本实现无人化。国外建立自动分拣系统的目的之一就是为了减少人员的使用，减轻人员的劳动强度，提高人员的使用效率，因此自动分拣系统能最大限度地减少人员的使用，基本可以做到无人化。

2. 自动分拣系统的组成

自动分拣系统一般由控制装置、分类装置、输送装置和分拣道口组成。

(1) 控制装置的作用是识别、接收和处理分拣信号，根据分拣信号的要求指示分类装置、按货物品种、按货物送达地点或按货主的类别对货物进行自动分类。这些分拣需求可以通过不同方式，如可通过条形码扫描、色码扫描、键盘输入、重量检测、语音识别、高度检测及形状识别等方式，输入到分拣控制系统中，根据对这些分拣信号的判断，来决定某一种货物该进入哪一个分拣道口。

(2) 分类装置的作用是根据控制装置发出的分拣指示，当具有相同分拣信号的货物经过该装置时，其使货物改变在输送装置上的运行方向，使其进入其他输送机或分拣道口。

分类装置的种类很多，一般有推出式、浮出式、倾斜式和分支式几种，不同的装置对分拣货物的包装材料、包装重量、包装物底面的平滑程度等有不完全相同的要求。

（3）输送装置的主要组成部分是传送带或输送机，其主要作用是使待分拣货物鱼贯通过控制装置、分类装置，输送装置的两侧一般要连接若干分拣道口，使分好类的货物滑下主输送机（或主传送带），以便进行后续作业。

（4）分拣道口是已分拣货物脱离主输送机（或主传送带）进入集货区域的通道，一般由钢带、皮带、滚筒等组成滑道，使货物从主输送装置滑向集货站台，由工作人员将该道口的所有货物集中后，或是入库储存，或是组配装车并进行配送作业。

以上四部分装置通过计算机网络联结在一起，配合人工控制及相应的人工处理环节，从而构成一个完整的自动分拣系统。

3. 自动分拣设备选型原则

在选用分拣设备时，应根据配送中心的货物种类、分拣方式、作业条件、作业环境等条件综合考虑分析，同时还应注意遵循以下原则。

（1）符合所分拣货物的特性原则。所分拣货物的物理、化学性质及其外部形状、重量、包装等特性千差万别，必须根据这些基本特性来选择分拣设备，这样才能保证货物在分拣过程中不受损失，保证配送作业的安全。

（2）适应分拣方式和分拣量需求原则。分拣作业的生产效率取决于分拣量大小及设备自身的分拣能力，也与分拣方式密切相关。因此，在选择分拣设备时，首先要根据分拣方式选用不同类型的分拣设备。其次，要考虑分拣货物批量大小，如果批量大，应采用分拣能力高的大型分拣设备，并可选用多台设备；而如果批量小，则适合采用分拣能力较低的中小型分拣设备。

（3）经济实用性。设备选用时不应一味强调高技术、高性能和自动化，应结合实际情况，以提高经济效益为目的，同时应注意选用操作和维护方便、安全可靠、能耗小、噪声低、成本低、能保证操作人员安全和货物安全的设备。

（4）整体匹配性。分拣设备的选用应与配送中心相关的设备相配套，只有整个配送中心的设施设备运行相互协调，才能使各环节达到均衡作业，从而使得整个配送中心的物流作业过程最经济和优化。

2.5.4 配送中心的搬运设施

搬运设施是配送中心仓库中的重要设施，它们一般是由电力来驱动的，通过自动或手动控制，实现把货物从一处搬到另一处。典型设施有升降梯、搬运车、巷道式堆垛机、双轨堆垛机、无轨叉车和转臂起重机等。巷道式堆垛机是立体仓库中最重要的运输设施，它是随着立体仓库的出现而发展起来的专用起重机。它的主要用途是在高层货架的巷道内来回穿梭运行，将位于巷道口的货物存入货格或者取出。

1. 堆垛机

堆垛机的额定载重量一般为几十千克到几吨，其中 0.5t 的使用最多。它的行走速度一般为 4~120m/min，提升速度一般为 3~30m/min。

有轨巷道堆垛起重机通常简称为堆垛机，它是由叉车、桥式堆垛机演变而来的。桥式堆垛机由于桥架笨重,因而运行速度受到很大限制,它仅适用于出/入车频率不高或存放长形原材料和笨重货物的仓库。其优点在于可以方便地为多个巷道服务。目前,AS/RS中应用最广的是巷道式堆垛机。

巷道式堆垛机由机架、运行机构、起升机构、载货台及存取货机构和电气设施五部分组成。

1) 机架

堆垛机的机架由立柱、上横梁和下横梁组成一个框架,整机结构高而窄。机架可以分为单立柱和双立柱两种类型。双立柱结构的机架由两根立柱和上、下横梁组成一个长方形的框架,这种结构强度和刚性都比较好,适用于起重量较大或起升高度比较高的场合。单立柱式堆垛机机架只有一根立柱和一根下横梁,整机重量比较轻,制造工时和材料消耗少,结构更加紧凑且外形美观。堆垛机在运动时,司机的视野比较宽阔,但刚性稍差。由于载货台与货物对单立柱的偏心作用,以及行走、制动和加速减速的水平惯性力的作用会对立柱产生动、静刚度方面的影响,当载货台处于立柱最高位置时,挠度和振幅达到最大值。这在设计时需加以计算。

堆垛机的机架沿天轨(在堆垛机上方辅助其运行的轨道)运行,为防止框架倾倒,上梁上一般装有引导轮。

2) 运行机构

在堆垛机的下横梁上装有运行驱动机构和在轨道地轨上运行的车轮。按运行机构所在的位置不同可以分为地面驱动式、顶部驱动式和中部驱动式等几种。其中,地面驱动式使用最广泛。这种方式一般用两个或四个承重轮,沿敷设在地面上的轨道运行。在堆垛机顶部有两组水平轮沿天轨导向。如果堆垛机车轮与金属结构通过垂直小轴铰接,堆垛机就可以走弯道,从一个巷道转移到另一个巷道去工作。顶部驱动式堆垛机又可分为支承式和悬挂式两种。前者支承在天轨上运行,堆垛机底部有两组水平导向轮。悬挂式堆垛机则悬挂在位于巷道上方的支承梁上运行。

3) 起升机构

堆垛机的起升机构由电动机、制动器、减速机、卷扬机及柔性件组成。常用的柔性件有钢丝绳和起重链等。卷扬机通过钢丝绳牵引载荷台作升降运动。除了一般的齿轮减速机外,由于需要较大的减速比,因而也经常见到使用蜗轮蜗杆减速机和行星齿轮减速机。在堆垛机上,为了尽量使起升机构尺寸紧凑,常使用带制动器的电机。

起升机构的工作速度一般为 $12 \sim 30 \text{m/min}$,最高可达 48 m/min。不管用多大的工作速度,都备有低速挡,主要用于平稳停准和存取货物时的"微升降"作业。

在堆垛机的起重、行走和伸叉(叉取货物)三种驱动中,起重的功率最大。

4) 载货台及存取货机构

载货台是货物单元的承载装置。对于需要搬运整个货物单元的堆垛机,载货台由货台本体和存取货装置构成。对于只需要从货格拣选一部分货物的拣选式堆垛机,则载货台上不设存取货装置,只有平台供放置盛货容器之用。

存取货装置是堆垛机的特殊工作机构。取货的那部分结构必须根据货物外形特点来设计。最常见的是一副伸缩货叉,也可以是一块可伸缩的取货板,或者别的结构形式。

伸叉机构装在载货台上,载货台在辊轮的支承下沿立柱上的导轨作垂直行走方向的运动(起重),垂直于起重行走平面的方向为伸叉的方向。近代堆垛机的操作平台设在底座上,工人在此处可进行手动或半自动操作。

5) 电气设施

电气设施主要包括电力拖动、控制、检测和安全保护。在电力拖动方面,目前国内较多采用的是交流变频调速、交流变极调速和可控硅直流调速,而涡流调速已很少采用。对堆垛机的控制一般采用可编程序控制器、单片机和计算机等。堆垛机必须具有自动认址、货位虚实检测及其他检测功能。电力拖动系统要同时满足快速、平稳和准确三个方面的要求。

2. 装卸搬运设备的选型

装卸搬运设备种类繁多,各种设备的使用环境、适用货物和作业要求各不相同,在设备选择时,应根据实际的用户需求进行综合评价与分析。在通常情况下,需要关注的因素主要包括货物属性、货流量、作业性质、作业场合、搬运距离和堆垛高度等。

(1) 货物属性。货物不同的形状、包装、物理化学属性,都对装卸搬运设备有不同的要求,在配置选择装卸搬运设备时,应尽可能地符合货物特性,以保证作业合理、货物安全。

(2) 货流量。货流量的大小关系到设备应具有的作业能力。货流量大时,应配备作业能力较高的大型专用设备;作业量小时,可以采用构造简单、造价相对较低的中小型通用设备。

(3) 作业性质。需要明确作业类型是单纯的装卸作业或搬运作业,还是同时兼顾装卸搬运作业,在此基础上选择合适的装卸搬运设备。

(4) 作业场合。作业场合不同,所配备的装卸搬运设备也不同。对于作业场合,应主要考虑以下一些因素:室内、室外或者室内外作业;作业环境的温度、湿度等;路面情况、最大坡度、最长坡道、地面承载能力;货物的存放方式是货架还是堆叠码放;通道大小、通道最小宽度、最低净高等。

(5) 搬运距离。搬运路线的长度和每次搬运装卸的货量也影响着设备的选择。为了提高装卸搬运设备的利用率,应结合设备种类的特点,使行车、货运、装卸、搬运等工作密切配合。

(6) 堆垛高度。堆垛高度的大小,直接影响到装卸搬运设备最大起升高度的选择。在选择装卸搬运设备时,应注意尽量选择同一类型的标准机械,以便于维护保养。对于整个配送中心的设备也应尽可能避免其多样化,这样可以减少这些设备所需要的附属设备并简化技术管理工作。在作业量不大而货物品种复杂的情况下,应尽量发挥一机多用,扩大机械适用范围。

复习思考

一、填空题

1. 专业配送中心是以_____(包括传统的仓储企业和运输企业)为主体的配送中心。

2. _____是以较强的辐射能力和库存准备,向省(州)际、全国乃至国际范围的客户配送的配送中心。

3. ＿＿＿＿＿配送中心有很强的储存功能。

4. ＿＿＿＿＿包括通过型或转运型配送中心，基本上没有长期储存的功能，仅以暂存或随进随出的方式进行配货和送货。

5. ＿＿＿＿＿是对进货进行简单处理的场所。

二、判断题

1. 制造商型配送中心是由批发商或代理商建立的，是以批发商为主体的配送中心。（　　）

2. 分拣区是对暂时不必配送或作为安全储备的货物进行保管和养护的场所。通常配有多层货架和用于集装单元化的托盘。（　　）

3. 储存区是对废弃包装物（塑料袋、纸袋、纸箱等）、破碎货物、变质货物、加工残屑等废料进行清理或回收复用的场所。（　　）

4. 配送中心辅助生产建筑面积占物流配送中心建筑面积的15%～18%，另外还有办公、生活建筑面积占物流配送中心的15%左右。（　　）

5. "配送中心规划"与"配送中心设计"是相同的概念。（　　）

6. 功能规划是将配送中心作为一个整体的系统来考虑，依据确定的目标，规划配送中心为完成业务而应该具备的功能。（　　）

7. 为减少物料搬运成本，平台的位置应考虑尽量缩短搬运工具/车辆的行驶距离。（　　）

8. 配送中心的设立时机，不同的企业类型都一样。（　　）

9. 叉车的最大车轮荷重＝（货叉自重＋装载货物重量）×A×B。（　　）

10. 配送中心是连锁企业的"后勤部队"，其主要功能是为连锁企业的各店铺提供货物配送服务，因而，服务能力便成为衡量配送中心总规模是否适当的一个指标。（　　）

三、选择题

1. （　　）型配送中心是以制造商为主体的配送中心。
   A. 制造商　　　　　B. 批发商　　　　　C. 零售商

2. 配送中心内部的存储设施主要包括货架和（　　）等。
   A. 托盘　　　　　　B. 车辆　　　　　　C. 起重机

3. （　　）配送中心是以较强的辐射能力和库存准备，向省（州）际、全国乃至国际范围的客户配送的配送中心。
   A. 区域　　　　　　B. 城市　　　　　　C. 国际

4. （　　）是进行必要的生产性和流通性加工（如分割、剪裁、改包装等）的场所。
   A. 储存区　　　　　B. 发货区　　　　　C. 加工区

5. 美国赫马克配送中心的储存区可储存（　　）。
   A. 14.3万托盘　　　B. 15.3万托盘　　　C. 16.3万托盘

6. （　　）的选址除考虑配送的方便问题，还要考虑价格优势及交通状况。
   A. 配送中心　　　　B. 仓库　　　　　　C. 货场

7. 平房建筑物，平均负荷（　　）t/m²。
   A. 1.5～2.0　　　　B. 2.0～3.0　　　　C. 2.5～3.0

8. （　　）是根据搬运方法、车辆出入频度和作业路线等确定的。
   A. 人行道　　　　　B. 通道　　　　　　C. 线路

9. 其服务对象主要是生产企业和大型商业组织（超级市场或联营商店），它们所配送的货物以原料、器件和其他半成品为主，客观上起着供应商的作用，这类配送中心是（　　）。
   A. 供应型配送中心　　B. 销售型配送中心　　C. 储存型配送中心

10. 在储存空间一定的条件下，配送中心所需存储面积大小取决于配送仓库允许商品的堆码（　　）。
    A. 宽度　　　　　　B. 长度　　　　　　C. 高度

四、简答题

1. 简述配送中心规划的基本程序和内容。
2. 配送中心规模决策的依据有哪些？
3. 配送中心投资额由哪几部分组成？
4. 配送中心选址的主要影响因素有哪些？
5. 什么是重心法？
6. 简述设施选址的重要性。
7. 配送中心的主要功能有哪些？
8. 简述配送中心的基本作业流程。
9. 配送中心的作业区主要由哪几部分组成？存储区的布局方法有哪些？
10. 配送中心的分拣系统和巷道式堆垛机各由哪几部分组成？

五、项目练习题

重心法配送中心选址

某物流公司拟建一配送中心负责向四个工厂进行物料供应配送，各工厂的具体位置与年物料配送量见表2-6，设拟建物流公司配送中心对各工厂的单位运输成本相等。

表2-6　各工厂的具体位置与年物料配送量

工厂及其位置坐标	P_1		P_2		P_3		P_4	
	x_1	y_1	x_2	y_2	x_3	y_3	x_4	y_4
	20	70	60	60	20	20	50	20
年配送量	2 000		1 200		1 000		2 500	

问题：
利用重心法确定物流公司的配送中心位置。

六、案例分析题

家乐福的选址

家乐福（Carrefour）经过45年的不断发展、整合与创新，现在已成为全球第二大零售商，是目前世界上仅次于美国沃尔玛的著名连锁超市集团。

家乐福进入中国市场前,进行了大量的第一手资料调查。它的调查报告显示,中国是具有全球最大消费潜力的、令人向往的市场。

1995年进入中国市场后,它用了5年在中国14个城市开了26家分店,甚至坐上了全国零售企业第三把交椅。短时间内,家乐福便在相距甚远的北京、上海和深圳三地开设了超市。除了已有的上海、广东、浙江、福建及胶东半岛等各地的采购网络,家乐福还在2004年年底分别在北京、天津、大连、青岛、武汉、宁波、厦门、广州及深圳开设了区域化采购网络。从1995年落户北京国际展览中心至今,家乐福犹如一位不知疲倦的巨人,一直在不停地忙着开设新店。

家乐福超市的选址一般是在城市边缘的城乡结合部,为了靠近中心城区和大型居住区,其超市通常都开在十字路口。

家乐福每开一家分店,首先会对当地商圈进行详细而严格的调查与论证,历时都在一年以上,涉及的调查范围包括文化、气候、居民素质、生活习惯及购买力水平、竞争状况等诸多方面。它会根据小区的远近程度和居民可支配收入,再划定重要销售区域和普通销售区域。2~5km商圈半径是家乐福在西方选址的标准。

如果一个未来的店址周围有许多的公交车,或是道路宽敞、交通方便,那么销售辐射的半径就可以大为放大。

未来潜在销售区域会受到很多竞争对手的挤压,所以家乐福也会将未来所有的竞争对手计算进去。传统的商圈分析中,需要计算所有竞争对手的销售情况、产品线组成和单位面积销售额等情况,然后将这些估计的数字从总的区域潜力中减去,这样未来的销售潜力就产生了。但是这样做并没有考虑到不同对手的竞争实力,所以有些商店在开业前索性把其他商店的短板摸个透彻,以打分的方法发现它们的不足之处,如环境是否清洁,哪类产品的价格比较高,生鲜产品的新鲜程度如何等,然后依据精确的调研结果进行具有杀伤力的打击。

家乐福在管理方面最有影响力的就是它的以门店为中心的管理体系。家乐福的使命是:"我们所有的努力是为了让顾客满意。我们的零售活动是通过对商品及品质的选择和提供最佳价格,来满足顾客的多变需求。"

资料来源:http://www.mywoo.cn/bbsAndex.php.

思考与讨论

(1) 家乐福选址策略有哪些?

(2) 结合案例谈谈选址的意义。

第 3 章 配送中心作业管理

【学习目标】

通过本章学习了解配送的业务流程;熟悉进货、储存、配装、送货、配送加工等基本业务环节;掌握各业务环节的基本工作和管理要点。

【本章要点】

本章主要介绍配送的基本作业环节及其管理要点、订单处理作业、进货作业、储存作业、装卸搬运作业。

引导案例

西安高校蔬菜的配送

随着经济的发展,生活节奏的加快,新鲜蔬菜以现代配送方式走进家庭是大势所趋。国外蔬菜配送已经很发达,在欧洲,集体订购和家庭订购量已占40%,其余需求量一般由超市供应,而超市作为配送中心也可以看做蔬菜配送的一种。亚洲的日本在蔬菜配送上年产值以百亿计。

我国沿海发达地区,蔬菜配送业务发展很快,还有像北京、上海等地,很多小区内部都有配送中心,订购业务迅速发展。

西安是高校密集的省会,各高校分布比较集中。随着招生规模的扩大,各高校的学生一般都在万人以上,有的可达3万人,再加上教职员工,是一个庞大的消费群体。目前,各高校食堂所需蔬菜,每天需派专人采购,还需配备专用货车,费事费力。因为对蔬菜的来源不了解,蔬菜品质与质量难以保证。经过协商,由34所高校和配送中心签署蔬菜配送协议,由蔬菜配送中心负责各高校的蔬菜供应。

每天傍晚,各高校通过浏览网站,了解各种蔬菜信息,按照需求给配送中心发出订单(可以是电话、传真、E-mail等),配送中心把各高校的订单汇总、调整后,按照订单要求及供需方的具体情况准时配送,其具备以下优点。

(1) 订货方便,省时省力。只需一个电话或E-mail,足不出户就可以采购到自己所需的各种蔬菜,不必派专人采购,也不需自己准备运货工具。

(2) 价格便宜。配送的优势之一就是通过集货形成规模效应,减少中间环节,使蔬菜的成本大大降低。

(3) 蔬菜品质可以得到保证。配送中心拥有自己的蔬菜基地,对蔬菜的种植、农药的使用量和蔬菜质量均有严格要求。为使顾客放心,配送中心蔬菜的清洗、消毒、加工工作也有严格的规定,并且绝对保证蔬菜保存时间少于24小时,安全、卫生、新鲜。

(4) 配送时间准确。每天早8~9点和下午2~3点把蔬菜定时送达各高校。

思考:

蔬菜配送包括哪些环节?

资料来源:http://www.chinawuliu.com.on//law/.

3.1 进货作业

3.1.1 进货作业概述

1. 进货作业系统设计原则

进货即组织货源,其方式有两种:①订货或购货(表现为配送主体向生产商订购货物,由后者供货);②集货或接货(表现为配送主体收集货物,或者接收用户所订购的货物)。前者的货物所有权(物权)属于配送主体,后者的货物所有权属于用户。

为了安全高效地卸货,并使配送中心能迅速准确地收货,进货计划和相关信息系统需要注意遵循以下原则。

(1) 利用配送车驾驶员来卸货，以减轻配送中心作业人员负担及避免卸货作业的拖延。

(2) 依据相关性原则，尽量将作业活动集中，以节省必要空间并使步行距离最小化。

(3) 尽可能调度好的车辆，按照进出货需求状况制定送货时间表，安排配好车辆，不要将耗时的进货放在高峰时间。

(4) 使卸货地至储区作业活动尽量保持直线。

(5) 使验收平台和车辆高度一致，以便使用单元装载和相关设备。

(6) 在高峰时间集中安排人力，使商品能正常迅速地移动。

(7) 尽可能使用托盘、周转箱等通用流通容器和工具，避免中间的容器转换。

(8) 应及时、准确输入进货资料。

(9) 为小量频繁进货、送货准备好设置设施。

(10) 在出货期间尽可能省略不必要的商品搬运及储存。

2. 进货时考虑的因素

(1) 进货对象及供应厂商总数。一日内的供应商数量(平均，最多)。

(2) 商品种类与数量。一日内的进货品种数(平均，最多)。

(3) 运货车种与车辆台数。车数/日(平均，最多)。

(4) 每一车的卸(进)货时间。

(5) 商品的形状、特性。如散货、每单元的尺寸及重量、包装形式、是否具有危险性、叠卸的可能性、人工搬运或机械搬运、产品的保存期限等。

(6) 进货场地人员数(平均，最多)。

(7) 合理储存作业的处理方式。

(8) 每一时刻的进货车数调查。

要确实做好进货管理，必须制定进货管理标准，作为员工验收作业的标准。进货管理标准应包含以下内容。

(1) 订购量计算标准书。

(2) 有关订购手续的标准。

(3) 进货日期管理。

(4) 有关订购取消及补偿手续。

(5) 作为进货货款结算的采购订单和验收入库单。

3. 进货流程

配送中心的进货作业环节是商品从生产领域进入流通领域的第一步，包括对商品做实体上的接收，从货运卡车上将货物卸下并核对该货物的数量及状态(数量检查、品质检查、开箱等)，然后将必要信息给予书面化等。它包括：卸货作业、验商品条形码、商品点验作业和搬运作业，最终将商品从卸货地点搬运到存储地点。一般进货的主要作业流程如图3.1所示。

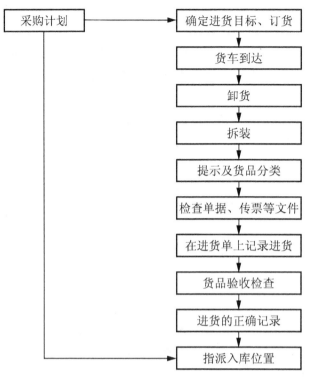

图 3.1 进货作业流程

3.1.2 订货

订货工作一般包括以下六个方面：向供应商发出订单，确定货物的品种、数量；与供应商沟通确定货物发出日期；尽可能准确地预测送货车的到达日程；配合停泊信息协调进出货车的交通问题；为了方便卸货及搬运，计划好货车的停车位置；预先计划临时存放位置。

配送中心或其他配送节点收到和汇总客户的订单以后，首先确定配送货物的种类和数量，然后查询现有存货数量是否能满足配送需要。如果存货数量低于某一水平，则必须向供应商发出订单，进行订货。配送中心也可以根据预测的需求情况提前订货，以备发货。在只负责物流工作的配送中心中，进货工作则从接货开始。

3.1.3 接货

1. 收货操作程序和要求

（1）当供应商送货卡车停放收货站台时，收货员"接单"，对于没有预先通报的商品需办理有关手续后方可收货。

（2）卸货核对验收，验收商品条形码、件数、质量、包装等。

（3）在核对单、货相符的基础上签名，在收货基础联上盖章并签注日期，对于一份货单的商品分批送货的，应将每批收货件数记入收货检查联，待整份单据的商品件收齐后，方可盖章回单给送货车辆带回。

2. 进货标识

为识别商品而使用的编号标识可贴于容器、零件、产品或储位上，让作业人员很容易地获得信息。一般来说，容器及储位的编号标识是以特定使用为目的，应能被永久保留；而零件或产品上的标识可以增加物件号码，甚至制造日期、使用期限，以方便出货的选择。

（1）托盘及外包装箱标签。进货商品可根据计算机指示打印托盘标签及箱标签。

商品堆垛的要求：商品的堆垛一定要保证商品安全，要规范化操作。在商品码托盘时应注意：商品标志必须朝上，商品摆放不超过托盘宽度，商品高度不得超过规定的高度，商品质量不得超过托盘规定的载重量。托盘上的商品尽量堆放平稳，便于向高处堆放。每盘商品件数必须标明，上端用行李松紧带捆扎牢固，防止跌落。

（2）防止损失的标签作业。在进货资料输入计算机的同时打印出4张标签，将其中3张贴在商品上与商品一同移动，另一张在存储上架时记录商品放置区及货架号码后带回输入计算机确认；而剩余3张可根据作业需要取用或查询，如此可减少出入库作业的失误。

3.1.4 货物编码

1. 货物编码的作用

进货是配送的第一阶段，为使后续作业顺利进行，货物入库资料的准确、及时特别重要。货物入库资料一般包括进货日期；进货单号码，供货商，送货车的名称及型号，货到时间，卸货时间，包装容器的型号、尺寸和数量，单个包装容器中的货物数量、质量、目的地的进货检查和储存，以及损坏数量和应补货数量等。这些信息应尽可能以统一、简单、易查询的方式进行归集和整理。货物编码就是一种较好的方式。

根据《物流术语》（GB/T 18354—2006），货物编码是以有规则的字符串表示物品的名称、类别及其他属性并进行有序排列的标识代码。配送中心在进货后，货物本身大部分都已有商品号码或条形码，但为了便于配送管理及存货控制，配合自己的配送管理信息系统，通常需要给货物编制统一的货物代号及物流条形码，以方便仓储管理系统的运作，并能掌握货物的动向。

有效的货物编码可以起到以下几方面的作用。

（1）增加货物资料的正确性。

（2）提高配送活动的工作效率。

（3）可以利用计算机整理分类。

（4）可以节省人力，减少开支，降低成本。

（5）便于分拣及送货。因为通过查对编码可快速确定货物的储存位置或查对拣取货物是否与订单相符。

（6）降低存货水平。因为货物有了统一编码，可以防止重复订购相同的货物。

2. 货物编码的原则

合理的货物编码，必须遵循下列几项基本原则。

（1）简单、易记。货物编码应尽可能简单，选择的文字、符号或数字，或易于记忆，或富于暗示和联想，便于作业活动的处理。

（2）完整。货物的编码应能清楚完整地代表货物内容，如品种、规格、颜色、产地等。

（3）单一。每一个编码代表一种货物，不能重复。

（4）一贯性。各品种货物的号码位数应统一，方便管理。

（5）延续性。编码时应为未来货物的扩展及产品规格的增加预留号码空间。

（6）充足性。货物编码所采用的文字、符号或数字，必须有足够的数量，能够满足各种货物编码的需要。

（7）分类编制。货物品种复杂，分类编码便于区分货物的种类。

（8）适应自动化作业。编码应能适应自动化机械设备及计算机的处理。

3．货物编码的要求

（1）仓库内存储场所的编号。整个仓库内的储存场所若有库房、货棚、货场，则可以按一定的顺序（自左向右或自右向左），各自连续编号。库房的编号一般写在库房的外墙上或库门上，字体要统一、端正、色彩鲜艳、清晰醒目、易于辨认。货场的编号一般写在场地上，书写的材料要耐摩擦、耐雨淋、耐日晒。货棚编号书写的地方，则可根据具体情况而定，总之应让人一目了然。

（2）库房、货棚内货位的编号。对于库房、货棚的货位，在编号时，应对库房和货棚有明显区别，可加注"库""棚"等字样，或加注"K""P"字样。"K""P"分别是"库""棚"拼音的第一个大写字母。对于多层库房，常采用"三位数编号""四位数编号"或"五位数编号"，如图3.2所示。

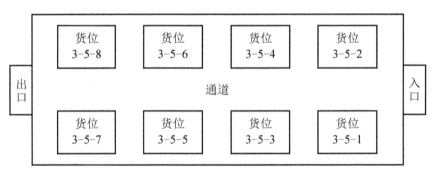

图3.2 多层库房货位编号

（3）货场内货位的编号。货场内货位布置方式不同，其编号的方式也不同。货位布置的方式一般有横列式和纵列式两种。横列式，即货位与货场的宽平行排列，可采用横向编号，如图3.3所示。

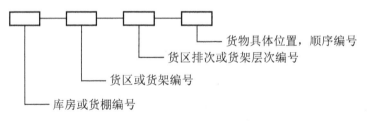

图3.3 "四位数编号"示意图

纵列式，即货位与货场的宽垂直排列，常采用纵向编号。无论横向编号还是纵向编号，编号的具体方法一般有两种：一是按照货位的排列，先编成排号，再在排号内按顺序编号；二是不编排号，采取自左至右和自前至后的方法，按顺序编号，如图 3.4 所示。

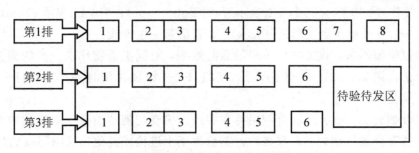

图 3.4　货场内横列式货位编号（分排）示意图

（4）货架上各货位的编号。可先将库房内所有的货架，以进入库门的方向，自前到后按排进行编号，继而对每排货架的货位按层、位进行编号。顺序应是从上到下、从左到右、从里到外，如图 3.5 所示。

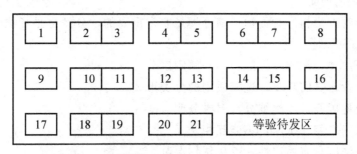

图 3.5　货场内横列式货位编号（不分排）示意图

4．货物编码的形式

（1）延伸式。即对货物分级的级数不加限制，视编码需要而任意延长，但排列上难求整齐。

（2）非延伸式。货物分类级数及所用数字均有一定的限制，不能任意延伸，虽能维持整齐划一，但缺乏弹性，难以扩展。

5．货物编码的方法

具体来讲，货物编码大致可分为以下 6 种方法。

（1）按数字顺序编码法。该方法由 1 开始一直往下编，常用于账号或发票编号，属于延伸式的方法。这种编码方法须有编码索引，否则无法直接理解编码意义。

例如，1——可口可乐（大瓶）；2——可口可乐（小瓶）；3——可口可乐（易拉罐）。

（2）数字分段法。该方法是在数字顺序编码的基础上稍加改动，即把数字分段，每一段代表一类货物的共同特性。该方法需要编制交叉索引，但比前一种方法易查询。

（3）分组编码法。该编码法把货物的特性分成四个数字组，即

类型	材质	成分	形状	大小
编码	××	××	××	××

至于每一个数字的位数要多少，视货物种类和性能而定。该方法使用较为普遍。

（4）按货物特性编码法。在编码时，用部分或全部编码代表货物的重量、尺寸、距离、产能或其他特性。采用该方法，由编码即能了解货物的内容。

例如，TT 670 15 B1，其中 TT 表示管状(Tube Type)；670 15 表示 670mm×15mm；表示尺寸大小；B 表示产品是黑色(Black)；1 表示第一生产线。

（5）后数位编码法。该方法用编码最后的数字，对同类货物作进一步的细分。可采用十进位编码法，例如：531——休闲食品；531.1——箱装休闲食品；531.11——洋芋片；531.12——鱿鱼丝。

（6）混合编码法。该方法联合使用英文字母、拼音与阿拉伯数字来给货物编码，多以英文字母、拼音代表货物的类别和名称，其后再用十进位或其他方式编阿拉伯数字号码。

例如，zxch010RB01，zxch——自行车；010——10″；R——红色（red）；B——ijx 孩型；01——产地。

6. 货物分类的原则和方式

1）货物分类的原则

为有条理地管理货物，对货物正确分类是非常重要的，分类也是货物编码的基础。货物分类应遵循以下原则。

（1）大类至小类，按统一标准、同一原则区分。
（2）根据企业自身的需要，选择适用的分类形式。
（3）有系统地展开，逐次细分，层次分明。
（4）分类明确且相互排斥，不能互相交叉。
（5）分类方法应具有稳定性，以免货物混乱。
（6）货物分类应具有伸缩性，以适应产品的增加。
（7）分类应符合常识，便于使用。

2）货物分类的方式

（1）按照货物特性不同分类。如普通货物、特殊货物。
（2）按照货物使用的目的、方法及程序不同分类，如需要配送加工者划分为一类，直接原料划分为一类，间接原料划分为一类。
（3）按照交易行业不同分类。
（4）按照会计科目不同分类，如价值很高者划分为一大类，价值低廉者划分为一大类。
（5）按照货物状态不同分类，如货物的内容、形状、尺寸、颜色、重量等。
（6）按照货物信息不同分类，如货物送往的目的地别、顾客别等。

大体来说，出货前的分类方式以第(6)种为最多，而进货的分类则不一定，一般视公司的情况、性质、要求来选择。

3.1.5 货物验收

货物验收是指对货物质量和数量进行检查。质量验收是指按照验收标准，对质量进行物理、化学和外形等方面的检查。在进行数量验收时，首先要核对货物号码，然后按订购合同规定对货物进行包装、长短、大小和重量的检查。验收合格的货物即办理有关登账、录入信息及货物入库手续,组织货物入库。

1. 货物验收的标准

为了准确及时地验收货物,首先必须明确验收标准。在实际进货作业过程中,通常依据以下标准验收货物。

(1) 采购合同或订单所规定的具体要求和条件。

(2) 议价时的合格样品。

(3) 采购合同中的规格或图解。

(4) 各类产品的国家品质标准或国际标准。

通常,货物验收的标准,如果合同中有规定则按合同中的规定执行;如果合同中没有规定则按国家标准或行业标准执行。

2. 货物验收的内容

1) 包装验收

货物验收的第一步一般是检查货物的外包装。货物包装具有保护货物、便利物流等功能。外包装是否受到破坏也可以用来初步判断货物是否可能损坏。因此,包装验收是货物验收的重要内容。包装验收的标准与依据,一是国家颁布的包装标准;二是合同或订单的要求与规定。其具体包括以下内容。

(1) 包装是否安全牢固。包装验收要从包装材料、包装造型、包装方法等方面进行检验。如检验箱板的厚度,卡具、索具的牢固程度,纸箱的钉距,内封垫和外封口的严密性等。此外,还需检验货物包装有无变形、水湿、油污、生霉和货物外露等情况。

(2) 包装标志、标记是否符合要求。货物包装标志、标记主要用于识别货物、方便转运及指示堆垛。包装标志、标记要符合规定的制作要求,起到识别和指示货物的作用。

(3) 包装材料的质量状况。包装材料的质量和性能状况直接关系到包装对货物的保护作用,因此必须符合规定的标准。

2) 质量验收

配送中心对入库货物进行质量检查的主要目的是查明入库货物的质量状况,以便及时发现问题,分清责任,确保到库货物符合订货要求。质量验收通常采用感官检查和仪器检查等方法。对大批货物,一般质量验收只能采取抽样方式,因此,需要注意抽样方法的选择,对包装受到破坏的货物应重点检查。

3) 数量验收

入库货物按不同供应商或不同类别经初步整理查点大数后,必须依据送货单和有关订货资料,按货物品名、规格、等级、产地、牌号进行核对,以确保入库货物准确无误。在日常作业中,入库货物数量上出现偏差是较常见的现象,这直接关系到配送中心的库存数量控制和流动资产管理。因此,数量验收是进货作业中非常重要的内容,通常采用计件和计量两种方法。计件法一般有标记计件、分批清点和定额装载三种方法;计量法通常包括衡量称重和理论换算两种方法。

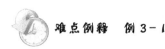

某汽车零配件配送中心JIT工位配送作业流程

某物流公司拟建立一个汽车零配件配送中心，为汽车生产厂提供JIT工位配送。某咨询公司为该项目提供了全方位的策划与规划服务，主要内容包括物流市场分析与预测、配送功能确定与市场定位、配送中心方案规划、信息系统规划、设备配置、投资概算，以及财务分析等工作。如果配送中心作业项目可以简单分为按短期需求计划配送和按电子看板配送、退货、补货、盘点等。

问题：如果你是该公司职员，如何设计该配送中心的内部作业流程？

解：该配送中心的内部作业流程如图3.6所示。

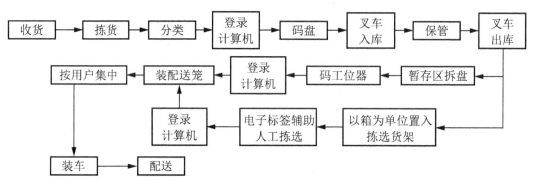

图3.6 配送中心的内部作业流程

3.2 储存作业

3.2.1 储存概述

1. 储存的概念

储存即按照用户提供的要求并依据配送计划将购到或收集到的各种货物进行检验，然后分门别类地储存在相应的设施或场地中，以备拣选和配货。

2. 储存作业流程

储存作业一般都包括这样几道程序：运输—卸货—验收—入库—保管—出库。存储作业依产品性质、形状不同而形式各异。有的是利用仓库进行储存，有的是利用露天场地储存，特殊商品(如液体和气体)则需储存在特制的设备中。为了提高储存的作业效率及使储存环节合理化，目前，许多国家普遍采用了先进的储存技术和储存设备。例如，采用"先进先出"的储存方式进行作业，利用贯通式货架、重力式货架和计算机储存系统等储存货物。

3.2.2 常用的储存作业方法

储存作业要最大限度地利用空间，最有效地利用劳动力和设备，最安全和经济地搬运货物，对货物进行良好的保护和管理。良好的储存策略可以减少出入库移动距离，缩短作业时间并充分利用储存空间。一般常见的储存方法有以下几种。

1. 定位储放

在这种储存方法下,每一项储存的货物都有固定储位,不同货物不能互用储位,因此每一项货物的储位容量不得小于其可能的最大在库量。选用定位储放具有以下原因。

(1) 储区安排需要考虑货物的尺寸及重量。
(2) 储存条件对货物储存非常重要,例如,有些货物必须控制温度。
(3) 易燃易爆等危险品,必须限制储放于特定的区位,如一定高度,以满足保险标准及防火法规。
(4) 产品的特性及管理的要求,如饼干和肥皂、化学原料和药品,必须分开储放。
(5) 保护重要物品。

定位储放具有以下优缺点。

(1) 优点:①每项货物都有固定的储放位置,拣货人员容易熟悉货物储位;②货物的储位可按周转率大小(畅销程度)安排,以缩短出入库搬运距离;③可针对各种货物的特性来安排和调整储位,将不同货物特性间的相互影响减至最小。

(2) 缺点:储位划分必须按各项货物的最大在库量设计,因此储区空间平时的使用效率较低。

总之,定位储放容易管理,所使用的总搬运时间较少,但却占用较多的储存空间。该方法较适用于库房空间大和储放的货物量少而品种多的情况。

2. 随机储放

在这种储放方法下,货物的储存位置是随机指定的,而且可经常改变。也就是说,任何货物可以被存放在任何可利用的位置。货物一般是由储存人员按习惯来储放的,且通常可按货物入库的时间顺序储放于靠近出入口的储位。随机储放具有以下优缺点。

(1) 优点:由于储位可共用,因此库容只需按所有库存货物最大在库量设计即可,储区空间的使用效率较高。

(2) 缺点:①货物的出入库管理及盘点工作的困难程度较高;②周转率高的货物可能被储放在离出入口较远的位置,增加了出入库的搬运距离;③具有相互影响特性的货物可能相邻储放,造成对货物的伤害或发生危险。

一个良好的储位系统中,采用随机储放能使货架空间得到最有效的利用,因此储位数目得以减少,但较不利于货物的分拣作业。因此,随机储放较适用于库房空间有限和储存货物种类少或体积较大的情况。

表 3-1 为随机储放人工记录表,能将随机储放的信息详细予以记录。

表 3-1 随机储放人工记录表

储位号码	储位空间		货物名称	货物代号	
存取日期	采购单号码	进货量	订单号码(拣货单号码)	拣取量	库存量

若能运用计算机协助随机储放的库存管理,将仓库中每项货物的储存位置交由计算机记录,则不仅进出货查询储区位置时可使用,而且也能借助计算机来调配进货储存的位置空间,依计算机所显示的各储区储位剩余空间来配合货物储位的安排,必要时也能调整货物储放位置。随机储放的计算机配合记录形式如表3-2所示。

表3-2 随机储放计算机记录表

储位号码	储位空间	货物名称	货物代号	货物库存	储位剩余空间

货物储位的记录表需要根据进货、出货、退货的资料随时调整。

3. 分类储放

在这种储放方法下,所有的储存货物按照一定特性加以分类,每一类货物都有固定存放的位置,而同属一类的不同货物又按一定的规则来指派储位。分类储放通常按产品相关性、流动性、产品尺寸、重量、产品特性来分类。分类储放具有以下优缺点。

(1) 优点:①便于周转率大的货物的存取,具有定位储放的各项优点;②各分类的储存区域可根据货物特性再做设计,有助于货物的储存管理。

(2) 缺点:储位必须按各项货物最大在库量设计,因此储区空间的平均使用效率低。

分类储放较定位储放具有弹性,但也有与定位储放同样的缺点,因而较适用于以下货物。

(1) 产品相关性大,经常被同时订购。

(2) 货物周转率差别大。

(3) 产品尺寸相差大。

4. 分类随机储放

在这种储放方法下,每一类货物有固定存放的储区,但在各类储区内,每个储位的指派是随机的。分类随机储放具有以下优缺点。

(1) 优点:具有分类储放的部分优点,可节省储位数量,提高储区利用率。

(2) 缺点:货物出入库管理及盘点工作的困难程度较高。

分类随机储放兼具分类储放及随机储放的特色,需要的储存空间量介于两者之间。

5. 共同储放

在确定知道各货物的进出库时刻的情况下,不同的货物可共用相同储位,这种储放方法称为共同储放。共同储放的管理虽然较复杂,但所占用的储存空间及搬运时间却更经济。

3.2.3 储位管理

1. 影响储位分配的因素

在选择储区位置时应考虑以下因素。

(1) 周转率。按照货物在仓库的周转率来排定储位。首先将货物依周转率由大到小排序列，再将此序列分为若干段，通常分为3～5段。同属于一段中的货物列为同一级，依照定位或分类储存法的原则，指定储存区域给每一级的货物。周转率低的货物储于远离进货、发货区及仓库较高区，周转率高的货物储于接近进货、发货区及低储位。

（2）货物的相关性。相关性大的货物在订购时经常同时订购，所以应尽可能存放在相邻位置。例如，同一货物应储放在同一保管位置；类似品则应比邻保管；互补性高的货物也应存放在临近位置，以便缺料时可迅速以另一货物替代；相容性低的货物决不可放置在一起，以免损害品质，如烟、香皂、茶不可放在一起。

（3）货物入库的先后。先入库的货物应先出库，特别是产品生命周期短的货物，如感光纸、食品等。

（4）产品尺寸、重量、批量。在仓库布置时，需要考虑货物单位大小及相同货物所形成的整批形状，以便能提供适当空间满足某一特定需要。批量大的货物，储区相应要大，笨重、体大的货物须储于坚固的货架上，并接近发货区，轻量货物储于上层货架，小而轻并且易于处理的货物储于距发货区远的储区。

（5）货物特性。货物特性不仅涉及货物本身的危险、易腐等性质，同时也可能影响其他的货物，因此在储位布置时必须要考虑。

2. 储位管理的原则

（1）标识明确。货物的保管位置应该给予明确表示。该原则的主要目的是简化存取作业，减少错误。尤其在临时人员、高龄作业人员多的配送中心中，该原则更为必要。

（2）储区定位有效。储区分配后，在具体储存作业时要严格根据预先分配好的储位进行，确保货物被有效地放置在规划好的储位上。

（3）发生移动时要及时记录。在货物的储存过程中，由于出货、货物更新，或是受其他作业的影响，可能会发生位置或数量的变化，此时需要及时、准确地记录货物变动情况，以使账面资料与实际情况能完全吻合。

3. 储位管理的范围

在配送作业中，储位管理的范围包括为满足进出货作业而规划的临时储区；为货物中长期储存而设立的保管储区；为完成分拣作业而设立的分拣作业区及为满足货物顺畅移动而设立的移动储区。

（1）临时储区。临时储区是指在进货和出货作业时所使用的暂存区。其主要功能是进出货时货物的暂时存放，货物停留在此区域的时间不长，并预备进入下一个保管区域，但如果不严格管制就容易发生管理上的混乱。

货物放在临时储区时，需要的作业有货物品质的保管、临时储区的标示、货物的分类码放、不同批次货物的隔离等。货物在定位时，应考虑便于下一作业，看板、标签等标识应与目视管理及颜色管理搭配运用，使储位更为明确。

（2）保管储区。放置在保管储区的主要是需要中长期保管的货物，占用面积大且货物的储存单位较大。

保管储区的管理重点是提高保管区域的储放容量。通常需要考虑空间的弹性利用，以提升保管储区的使用效率；还要考虑储位的分配方式、储存策略是否合适，储放设施及搬运设备应配合使用等，以提高作业效率。

(3) 分拣作业区。该区域的货物大多在短时间内即将被拣取出货,货物在储位上流动频率很高。为了满足分拣快速、便捷、准确的要求,通常需要辅以一些分拣设备来完成,比如,计算机辅助分拣系统、自动分拣系统等。

3.2.4 提高仓容利用率的措施与方法

仓容是指库房用来储存货物的容积。同等面积的仓库,仓容利用率越大,储存的货物就越多。

在配送系统中,仓容利用率的高低直接影响到货物的储存成本,进而影响到配送成本的高低。努力提高仓容利用率,是加强配送管理的重要内容之一。

1. 合理安排货位,节约使用面积

除储位的合理分配外,库房内部货垛的排列位置和堆码的形式是否合理,与仓容利用程度直接有关。合理的货位摆布,可以有效地压缩通道、墙距等占用面积,提高仓容的利用率。常用的货架排列方式有以下几种。

1)"垂直、平行"式货位排列

在库房内部,货垛与货垛互相平行、对齐。采用这种排列形式,仓库内通风、采光和货物的进出等条件较好,但是库内支道较多、占用面积大,并且库内使用叉车作业时转弯较多、操作不方便,从而影响作业效率。

(1) 垂直式布置,是指货垛或货架的长度方向与仓库的侧墙互相垂直。这种布局的主要优点是:主通道长且宽,副通道短,整齐美观,便于存取查点,如果用于库房布局,还有利于通风和采光,如图 3.7 所示。

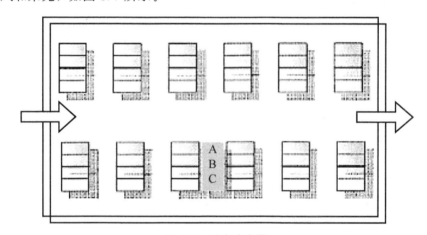

图 3.7 垂直式布置

(2) 平行式布置,是指货垛或货架的长度方向与仓库侧墙平行。这种布局的主要优点是仓库平面利用率较高,但存取货物不方便,如图 3.8 所示。

2)"斜向"式货位排列

在这种排列方式下,货垛一端的延长线与库房内墙成 45°角斜交。采用这种 45°角斜向货位的排列方式,通道宽度可以缩小,与"垂直、平行"式货位排列比较,可以提高面积利用率 5%～10%;同时,使用叉车作业时,不必走直角的弯路,可以加快货物的进出库,操作更方便,作业效率更高。

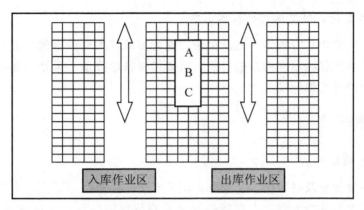

图 3.8　平行式布置

货垛倾斜式布置，是横列式布置的变形，它是为了便于叉车作业、缩小叉车的回转角度、提高作业效率而采用的布置方式，如图 3.9 所示。

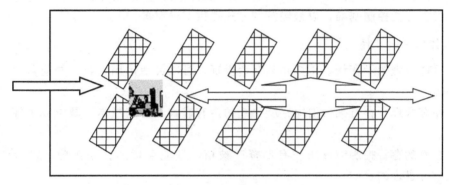

图 3.9　货垛倾斜式布置

对于储存批量大的货物，可采用"45°斜向叶脉式"货位排列，即在货垛的头尾两边设大走道贯连，取消了小走道，哪一头先进货，哪一头就先出货，便于商品的先进先出；对于批量较小的商品，可以采用"45°斜向人字形密集式"的货位排列。即货垛一端交错成"人字形"，布局十分紧凑，可以更充分地利用库内面积。

2．改进货物堆码方式，节约仓容

库房内部货物的堆码形式不同，堆码技术不同，其仓容的利用率也不同。在进行货物堆码时，应根据货物的性能、包装状况等条件，选择合适的堆码形式和堆码方法，力求节约仓容。另外，在为货物选择储位时，应努力使容载利用系数接近1，即重的货物储存在地坪负荷能力较大的库房内，轻的货物储存在地坪负荷能力较小的库房内。

3．加强货区管理，及时整理货垛

库房内部应实行分区分类管理，应根据货物出库情况，相应地调整货区。除此之外，库房还要结合日常货物进出库情况，随时整理货垛，提高仓容利用率。如进行货位的调剂使用，小垛并大垛，将零星货物或轻泡货物寄放在整批货物或实重货物之上，进出频繁的货物寄放在进出慢的货垛之上等。这样都可提高仓容利用率，但是，在调整货位和合并货垛时，不可打乱分区分类，以免引起差错事故，并应及时记录调整情况。

4. 加强设备改造，提高库房的技术水平

配送作业中的货物品种繁多，更新很快，这就要求其库房内部的作业效率较高。要同时实现作业效率和仓容利用率提高的目的，就要加强技术改造，采用机械化、自动化作业设施，加快货物的进出库速度。

3.2.5 存货控制

1. 存货控制的意义

配送系统中存货是及时配送、达到既定服务水平的保障，不适当的存货数量和种类往往会造成有形或无形的极大损失。存货控制是指将货物的库存量保持在适当的标准之内，以免造成资金积压过多，增加保管难度，或储量过少，浪费仓容，导致出现供不应求的情况。因此存货控制具有以下两项重大意义。

（1）确保存货能满足销售、交货需求，以提供给客户满意的服务。

（2）设立存货控制基准，以最经济的方式提供配送服务。

2. 存货控制的目标

（1）保持合理的库存量，减少超额存货投资。可以灵活运用资金，并使营运资金的结构保持平衡。

（2）保有合理库存可减少由库存所引起的持有成本、订购成本、缺货成本等，降低库存成本。

（3）有效的存货控制能够防止有形资产被窃，且使存货的记录正确，以达到财务保护、加强财务管理的目的。

（4）防止延迟和缺货，使进货与存货取得全面平衡。

（5）减少呆料发生，减少存货因变形、变质、陈腐等造成的损失。

前三条属于财务合理化的目标，而后两条则属于作业合理化的目标。

3. 存货控制的关键问题

1) 何时必须补充存货——订购点的问题

订购点是货物存量降至某一数量时，应即刻订购补充库存的临界点。若订购点订得过高，则将使存货增加，相对增加了货物的库存成本；若订购点订得过低，则可能造成缺货，进而流失客户并影响信誉。因而制订合理的订购点非常重要。

2) 每次补充多少存货——订购量的问题

订购量是当库存量下降到订购点时，决定订购补充的数量。若订购量过多，则货物的库存成本增加；若订购量太少，则可能出现供应间断的情况，且订购次数必然增加，从而增加了订购成本。

在不同的库存控制策略下，订购量与订购点各有不同的确定方法，最基本的控制方法是经济订购批量。

3) 应维持多少存货——库存水平的问题

库存水平可以用最低库存量与最高库存量来衡量。

（1）最低库存量是指货物库存数量的最低界限。通常需要衡量货物本身特性、需求的

情况而确定。最低库存量又可分为理想最低库存量和实际最低库存量两种。

① 理想最低库存量是指提前订货时间内的使用量,也就是采购期间货物尚未到达时的货物需求量。此为企业需维持的临界库存,一旦货物存量低于此界限,则有缺货、停工的危险。

② 实际最低库存量是在理想最低库存量的基础上再加上安全库存量。

(2) 最高库存量是指各种货物的可能的库存量的上限,为防止存货过多浪费资金而设定,用以作为内部警戒的一个指标。

对于不容易准确预测也不容易控制库存的配送中心,最好设定各种货物的库存上限及库存下限,并在计算机中设定,一旦计算机发现库存低于库存下限,则发出警讯,提醒管理人员准备采购;若一旦发现货物存量大于库存上限,则亦要发出警讯,提醒管理人员存货过多,要加强销售或采取其他促销活动。

货物库存水平的确定需要结合货物的需求和重要性而定。重要性是指货物的配送数量或金额占配送系统总配送量或金额的比重,比重越大,货物的重要性越大,库存水平的确定和控制应越为严格。

4. 存货决策考虑的要素

要解决上述存货控制的关键问题,作出最佳的存货决策,必须先设法对产品的需求状况、订购性质及限制因素加以确认。

在市场导向的经营方式下,需求状况是制定存货决策最重要的因素。通常需求预测可以根据以下资料进行。

(1) 根据目前订单需求量来预测。

(2) 直接由过去的使用量预测未来的销售情况。

(3) 将过去的用量加上时间趋势、季节变动和其他因素等调整而得。

(4) 根据客户购买力分析。

(5) 根据全国商业或政治趋势资料来预测。

(6) 根据市场调查的情况预测。

需求状况的确定一般还应在需求预测的基础上再根据经验加以修正。需求情况确定后,管理者应根据需求状况再考虑订购性质(订购时机和购置时间)及财务状况、供应商问题、仓库空间容量等限制因素,作出存货决策。然后再依存货决策制定出一套存货的控制标准,以此标准来对实际存量情况进行控制管理,之后再根据控制结果修正原先的存货决策。

 小贴士　二八理论

ABC分析法,在日本被称为"二八理论",也称为"20∶80的法则"。其来源是按一般的经验,20%的商品的销售额往往要占整个销售额的80%。

发现这一规律的是意大利的经济学家帕累托。他研究了19世纪英国的所有人口资产的分布后,发现存在着20%的收益阶层拥有80%的财富的不平衡现象;其他经济活动也有类似情况。

5. 存货分类管理

1) 客户别 ABC 分类管理

提高客户服务水平是存货管理决策的根本动因,但客户众多时,公司为了有效地运用有限的人力、物力,无法全面顾及每位客户时,则不得不做重点管理。但是常见的一种情况是,订单很多时,订单处理人员往往为了使订单积压减少,常会先处理一些比较简单的订单,而订货数量多、处理手续较繁杂的大客户反而容易被忽略和发生拖延。此种"小户驱逐大户"的现象对配送绩效将造成不良影响。

存货的客户别 ABC 分类管理是指根据客户的重要性程度,将客户分为 A、B、C 三类,进而区别管理,其中 A 类为重要客户,B 类次之,C 类为不重要客户。一般可以根据某客户的配送量占配送系统配送量的百分比、某客户对配送系统纯收益的贡献、客户与企业间的其他关系来建立订单受理程序。

一般而言,对 A 类客户应重点投入人力、物力优先处理;对 C 类客户可按部就班,但仍要仔细分辨其是否应列入 B 类或 A 类,以避免误判而导致损失;对 B 类客户的管理力度则处于 A、C 两类之间。此外,在设置配送中心时,亦可考虑此种分析,将配送中心设于重要客户附近,以减少转运成本及重要客户延迟交货次数,来提高其服务水平。

2) 货物别 ABC 分类管理

货物别 ABC 分类管理的基本理念是根据某类货物的配送金额占年配送总额的比例划分货物的类别,对少数配送金额高的货物,做完整的记录、分析,采取较严格的存货管制制度;而对多数配送金额低的货物,做定期例行检查控制。通常可以将所有存货项目归为 A、B、C 三类。存货分类管理与配送速度比较见表 3-3。

由上述分析,可知对什么等级的客户需优先服务,对什么样的货物应如何管理,因此,综合上述两种 ABC 分类管理,可做成货物及客户分配的优先处理顺序矩阵。举例来说,A 类货物因价值高,除需加强管理外,也希望能优先出货,以减少库内存货,因而当客户 I 为重点客户,且其订购 A 类货物时,则对此订单必然要作最快速的处理。而后即可依表 3-4 的顺序预先拟订一份如表 3-5 所示的服务标准,依此标准作为实际运作的准则,将会对企业的信誉和绩效有很大帮助。

表 3-3 存货分类管理与配送速度比较

存货分类	管理方式	配送速度
A 类:存货品种少,但配送金额相当大,即所谓重要的少数	每件产品皆做编号; 尽可能慎重正确地预测需求量; 少量采购,尽可能在不影响需求的情况下减少存量; 尽可能使出库量平稳化,减少安全库存量; 与供应商协调,尽可能缩短订货提前的时间; 采用定量订货的方式,对其存货必须做随时的检查; 必须严格执行盘点,每天或每周盘点一次; 对交货期限须加强控制,在制品及发货亦须从严控制; 货物放置于易于出入库的位置; 实施货物包装外形标准化; 采购须经高层主管核准	快速流动,需存放于所有的配送中心或仓库
B 类:介于 A 类与 C 类之间,存货品种与配送金额大致上占有相当的比	采用定期订货方式,但对提前订货时间较长,或需求量有季节性变动趋势的货物宜采用定期订货方式; 每两三周盘点一次; 适量采购; 采购须经中级主管核准	正常流动、应存放于区域性配送中心或仓库

续表

存货分类	管理方式	配送速度
C类：存货品种相当多，但配送金额却很少，即所谓不重要的大多数	采用双堆法或定期订货方式，以求节省手续； 大量采购，以便在价格上获得优待； 简化库存管理手段，减少该类货物的管理人员，以最简单的方式管理； 安全存量须较大，以免发生存货短缺事项； 可交由现场保管使用； 每月盘点一次即可； 采购仅需基层主管核准	可以缓慢流动、存放于中央仓库或工厂仓库

表 3-4　某公司客户别及货物别配送优先顺序矩阵

	A	B	C	D
Ⅰ	1	3	5	9
Ⅱ	2	4	8	16
Ⅲ	6	7	17	18
Ⅳ	10	11	19	21
Ⅴ	14	15	20	22

注：Ⅰ表示最优先分配，Ⅱ表示次优，其余以此类推。

表 3-5　某公司的客户服务标准　　　　　　　　　　　　　　　单位：h

客户货物配送优先顺序	订单传递时间	订单处理时间	货运时间	交运周期	送货可靠性
1～5	3	6	12	21	接单至交货在21h内完成，前后误差不超过6h
6～10	6	12	24	42	接单至交货在42h内完成，前后误差不超过12h
11～15	12	24	48	84	接单至交货在84h内完成，前后误差不超过24h
15～20	18	36	72	126	接单至交货在126h内完成，前后误差不超过36h

3.3　订单处理

3.3.1　订单处理概述

1. 订单处理的概念

从接到客户订单开始到着手准备拣货之间的作业阶段，称为订单处理。通常包括订单资料确认、存货查询、单据处理等内容。订单处理分为人工和计算机两种形式。人工处理具有较大弹性，但只适合少量的订单处理，一旦订单数量较多，处理将变得缓慢且易出错；计算机处理则速度快、效率高、成本低，适合大量的订单处理，因此目前主要采取后一种形式。订单处理的步骤如图 3.10 所示。

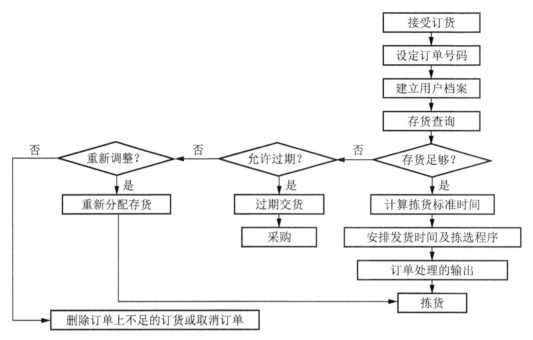

图 3.10　订单处理的基本步骤

2. 订单处理的内容

1）接受订货

接单作业是订单处理的第一步。随着流通环境的变化和现代科技的发展，现在客户更趋于高频度的订货，且要求快速配送。因此，接受客户订货的方式也逐渐由传统的人工下单、接单，演变为计算机间直接送收订货资料的电子订货方式。电子订货，即采用电子传运方式取代传统人工书写、输入、传送的订货方式，它将订货资料由书面资料转为电子资料，通过通信网络传送。

2）货物数量及日期的确认

接单以后，首先确认货物名称、数量及日期，即检查品名、数量、送货日期等是否有遗漏、笔误或不符合公司要求的情形。尤其当送货时间有问题或出货时间已延迟时，更需与客户再次确认订单内容或更正运送时间。同样地，若采用电子订货方式接单，也须对已接受的订货资料加以检验确认。

3）客户信用的确认

不论订单是由哪种方式传至公司，配送系统都要核查客户的财务状况，以确定其是否有能力支付该订单的账款。通常的做法是检查客户的应收账款是否已超过其信用额度。若客户应收账款已超过其信用额度，系统自动加以警示，以便输入人员决定是继续输入其订货资料还是拒绝其订单。运销部门一旦发现客户的信用有问题，则将订单送回销售部门再调查或退回订单。

4）订单形态的确认

配送中心虽有整合传统批发商的功能及有效率的物流信息处理功能，但在面对较多的交易对象时，仍需根据顾客的不同需求采取不同做法。在接受订货业务上，表现为具有多种订单的交易形态，所以物流中心应对不同的客户采取不同的交易及处理方式。

（1）一般交易订单。一般的交易订单，即接单后按正常的作业程序拣货、出货、发送、收款的订单。其处理方式是接单后，将资料输入订单处理系统，按正常的订单处理程序处理，资料处理完后进行拣货、出货、发送、收款等作业。

（2）间接交易订单。间接交易订单是客户向配送中心订货，直接由供应商配送给客户的交易订单。其处理方式是接单后，将客户的出货资料传给供应商由其代配。该方式需注意的是客户的送货单是自行制作或委托供应商制作的，应对出货资料加以核对确认。

（3）现销式交易订单。现销式交易订单是与客户当场交易、直接给货的交易订单。其处理方式是订单资料输入后，因货物此时已交给客户，故订单资料不再参与拣货、出货、发送等作业，只需记录交易资料即可。

（4）合约式交易订单。合约式交易订单是与客户签订配送契约的交易，如签订某期间内定时配送某数量的商品。其处理方式是在约定的送货日，将配送资料输入系统处理以便出货配送；或一开始便输入合约内容的订货资料并设定各批次送货时间，以便在约定日期系统自动产生所需的订单资料。

5）订单价格的确认

对于不同的客户（批发商和零售商）、不同的订购批量，可能对应不同的售价，因而输入价格时系统应加以检核。若输入的价格不符（输入错误或业务员降价接受订单等），系统应加以锁定，以便主管审核。

6）加工包装的确认

客户订购的商品是否有特殊的包装、分装或贴标等要求，或是有关赠品的包装等资料系统都需加以专门的确认记录。

7）设定订单号码

每一份订单都要有单独的订单号码，此号码一般是由控制单位或成本单位来指定，它除了便于计算成本外，还有利于制造、配送等一切相关的工作。所有工作的说明单及进度报告都应附有此号码。

8）建立客户档案

将客户状况详细记录，不但能有益于此次交易的顺利进行，且有益于以后合作机会的增加。

9）订单资料处理输出

订单资料经上述处理后，即可以开始印制出货单据，展开后续的物流作业。

小知识

某配送中心某段时间共收到订单50份。经初步分类统计：其中10份订单内容如表3-6所示，其中18份订单内容如表3-7所示，其中22份订单内容如表3-8所示。

表3-6 10份订单情况

序 号	品名规范	单 位	数 量	单价/元	总价/元
	商品a	箱	3	100	300
	商品b	箱	2	120	240
	商品c	箱	5	80	400

表3-7 18份订单情况

序 号	品名规范	单 位	数 量	单价/元	总价/元
	商品a	箱	2	100	200
	商品b	箱	4	120	480
	商品d	箱	6	70	420

表3-8 22份订单情况

序 号	品名规范	单 位	数 量	单价/元	总价/元
	商品a	箱	1	100	100
	商品d	箱	3	70	210
	商品e	箱	5	70	350

问题：将订单内容汇总，求出汇总的拣货方案，并设计相应的批量拣货单。

解：将订单内容汇总后，得出汇总的拣货方案见表3-9、表3-10和表3-11。

表3-9 订单情况合并

序 号	品名规范	单 位	数 量	单价/元	总价/元
1	商品a	箱	88	100	8 800
2	商品b	箱	92	120	11 040
3	商品c	箱	50	80	4 000
4	商品d	箱	174	70	12 180
5	商品e	箱	110	70	7 700
合计			514		43 720

表3-10 拣货单

拣货单号			包装单位			储位号码
商品名称		数量合计	箱	整托盘	单件	
规格型号						
商品编码						
生产厂家						
拣货时期 年 月 日至 年 月 日						拣货人：

表 3-11 审核单

核查时间：　　年　月　日至年　　月　日　　　　　　　　　　　　　　　核查人：

序号	订单编号	用户名称	包装单位			数　　量	出货货位	备　　注
			箱	整托盘	单件			

3.3.2　库存查询与分配

订单确认之后，需要对现有存货进行查询，确定库存的分配方式，特别是在库存不能够满足全部订单时。

订单可以分为两大类：一类是本次新接收的订单；另一类是过去遗留未完成的订单。后者又可分为延迟交货订单、缺货补送订单和远期订单。具体分配库存时，可以采用单一订单分配方式，输入订单资料时，就将库存分配给该订单；也可以采用批次分配方式，订单累积到一定量后，再一次性分配。库存分配也要按一定的顺序进行，如按客户等级、订单金额或盈利大小来确定有特殊优先权的订单；按客户信用状况确定订单分配顺序；按收到订单的先后次序或按交货期限的远近等分配订单顺序。

在库存不足以满足全部订单时，缺货订单可以按表 3-12 中的方法处理。

表 3-12　缺货订单的处理

客户要求	具体情况	配送中心处理
客户不允许延期交货	如果能重新分配，则将其他允许缺货或延期交货客户的货分配给该客户	需争得客户同意
	如果不能重新分配，则取消缺货货物或整个订单	
客户允许缺货取消	删除订单上的缺货货物或不足的部分	
客户允许缺货补送	要求有货时即补送	将缺货资料记录形成文件
	允许与下一次订单合并配送	
	允许推迟交货，但要求所有订购的货物配齐后一次配送	将顺延订单形成文件

库存分配方式和顺序确定后，需要生成相关信息，包括拣货单或出库单、送货单或缺货资料等。

3.3.3　补货

1. 补货的含义

补货是在拣货区的存货低于设定标准的情况下，将货物从保管区域将货物搬运到动管拣货区的工作，并要做相应的账面处理。其目的是将正确的货物在正确的时间和正确的地点以正确的数量和最有效的方式送到指定的拣货区。

2. 补货流程

补货作业一般以托盘或是以箱为单位，其补货流程大致相同，图3.11所示为以托盘补货为例的补货作业流程图。

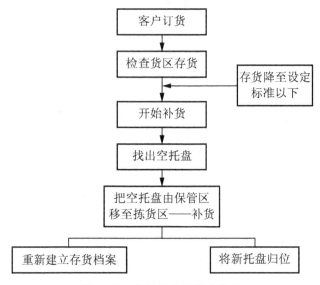

图3.11 补货作业的基本流程

3. 补货的基本方式

补货作业的方式可以按不同标准分类，主要有以下几种。

1) 按每次补货数量不同分类

（1）整箱补货。整箱补货是指由货架保管区以箱为单位补货到流动货架的货区。该种补货方式的保管区为货架储放，动管分拣区为两面开放式的流动分拣区，拣货时，拣货员从分拣区拣取货物单品放入浅箱（篮）中，而后放入输送机并运到发货区。当动管区的存货已低于设定标准时，则进行补货作业。其补货方式为作业员到货架保管区取货箱，以手推车载箱至拣货区，由流动分拣区后方补货。整箱补货方式较适合体积小且少量多样出货的货物。

（2）托盘补货。托盘补货是以托盘为单位进行补货。托盘由地板堆放保管区运到地板堆放动管区，分拣时把托盘上的货箱置于中央输送机送到发货区。当存货量低于设定标准时，立即补货；使用堆垛机把托盘由保管区运到分拣动管区，也可把托盘运到货架动管区进行补货。该种补货方式适合于体积大或出货量多的货物。

（3）货架上层—货架下层的补货。货架上层—货架下层补货的保管区与动管区属于同一货架，也就是将一货架上的中下层作为动管区，上层作为保管区。而进货时则将动管区放不下的多余货箱放到上层保管区。拣货时，从动管区的货物进行，当动管区的存货低于设定标准时，则可利用堆垛机将上层保管区的货物搬至下层动管区。该种补货方式适合于体积不大、存货量不多，且多为中小量出货的货物。

2) 按补货周期不同分类

（1）批量补货。批量补货是指每天由计算机计算所需货物的总拣取量，在查询动管区存货量后得出补货数量，从而在拣货之前一次性补足，以满足全天拣货量。这种一次补足的补货原则，较适合一日内作业量变化不大、紧急插单不多，或是每批次拣取量大的情况。

（2）定时补货。定时补货是指把每天划分为几个时点，补货人员在固定时段内检查动管分拣区货架上的货物存量，若不足则及时补货。该种补货方式适合分批分拣时间固定且紧急订单处理较多的配送中心。

（3）随机补货。随机补货是指指定专门的补货人员，随时巡视动管分拣区的货物存量，发现不足则随时补货。该种补货方式较适合每批次拣取量不大、紧急插单多以致一日内作业量不易事先掌握的情况。

3）其他补货方式

（1）直接补货。直接补货是指补货人员直接在进货时将货物运至分拣区，货物不再进入保管区的补货方式。对于一些货物周转非常快的中转型配送中心，直接补货方式是常用的补货方式。

（2）复合式补货。复合式补货是指分拣区的货物采取同类货物相邻放置的方式，而保管区采取两阶段的补货方式。第一保管区为高层货架，第二保管区位于分拣区旁，是一个临时保管区。补货时，货物先从第一保管区移至第二保管区，当分拣区存货降到设定标准以下时，再将货物从第二保管区移到分拣区，由拣货人员在分拣区将货物拣走。

在自动化作业的配送中心或仓库中，按照事先确定的补货方式，通过计算机发出指令可以自动进行补货作业。

3.4 配货与送货

3.4.1 配货作业

1. 配货作业的概念

货物按订单分拣完成后，需要经过配货作业和送货作业才能够送达客户手中。配货作业是指把拣取分类完成的货品经过配货检查过程后，装入容器并做好标示，再运到配货准备区，待装车后发送。配货作业既可采用人工作业方式，也可采用人机作业方式，还可采用自动化作业方式，但组织方式有一定区别。

2. 配货流程

在配货过程中，首先要进行分货工作，一般可以使用人工目视处理、自动分类机器或旋转货架分类进行处理。其次要对所拣选的货物进行商品号码、数量，以及产品状态、品质的检查，以确认拣货作业是否有误。目前，主要通过条形码检验、声音输入检验及重量检验等方法进行。第三在配货作业中，要对货物进行恰当的包装，以起到保护货物，便于搬运、存储，提高客户的购买欲望及易于辨认的作用。包装可以分为个装、内装和外装三种。个装属于商业包装；而内装和外装统称为运输包装，不要求美观。但是要求坚固耐用且便于装卸，以免货物经过长距离的运输而遭到损失。其作业流程如图3.12所示。

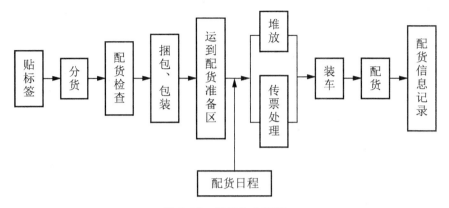

图 3.12 配货作业流程

3.4.2 送货

1. 送货流程

送货作业是利用配送车辆把客户订购的货物从制造厂、生产基地、批发商、经销商或配送中心，送到客户手中的过程。配送送货通常是一种短距离、小批量、高频率的运输形式。它以服务为目标，以尽可能满足客户需求为宗旨。

送货作业包括以下基本业务流程。

（1）划分基本送货区域。首先将客户作区域上的整体划分，再将每一客户分配在不同的基本送货区域中，作为送货决策的基本参考。如按行政区域或按交通条件划分不同的送货区域，在区域划分的基础上再做弹性调整来安排送货顺序。

（2）车辆配载。由于配送货物品种、特性各异，为提高送货效率，确保货物质量，必须首先对特性差异大的货物不同分类。在接到订单后，将货物按特性不同分类，以便分别采取不同的送货方式和运输工具，如按冷冻食品、速食品、散装货物、箱装货物等货物类别进行分类配载。其次，配送货物也有轻重缓急之分，必须初步确定哪些货物可配于同一辆车，哪些货物不能配于同一辆车，以做好车辆的初步配装工作。

（3）暂定送货先后顺序。在考虑其他影响因素，作出最终送货方案前，应先根据客户订单的送货时间将送货的先后次序进行大致排序，为后面车辆配载做好准备。预先确定基本送货顺序可以有效地保证送货时间，提高运作效率。

（4）车辆安排。车辆安排要解决的问题是安排什么类型、多大吨位的配送车辆进行最后的送货。一般企业拥有的车型有限，车辆数量也有限。当本公司车辆无法满足需求时，可使用外雇车辆。在保证送货运输质量的前提下，是组建自营车队，还是以外雇车辆为主，则须视经营成本而定，通常使用外雇车辆与自有车辆的费用关系如图 3.13 所示。

无论选用自有车辆还是外雇车辆，都必须事先掌握有哪些车辆可供调派并符合要求，即这些车辆的容量和额定载重是否满足要求；其次，安排车辆之前，还必须分析订单上的货物信息，如体积、重量、数量、对装卸的特别要求等，综合考虑多方面因素的影响后，再作出最合适的车辆安排。

（5）选择送货线路。确定了车辆负责配送的具体客户后，如何以最快的速度完成对这些货物的配送，即如何选择配送距离短、配送时间短、配送成本低的线路，并根据客户的具体位置、沿途的交通情况等作出优先选择和判断。除此之外，还必须考虑有些客户或其所在地点对送货时间、车型等方面的特殊要求，如有些客户不在中午或晚上收货，有些道路在某高峰期实行特别的交通管制等。配送路线的选择可以利用有关的运筹学模型辅助决策。

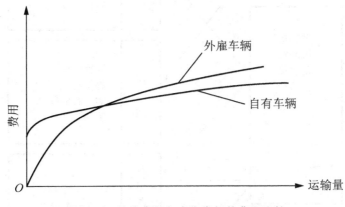

图 3.13 外雇车辆与自有车辆的费用比较

（6）确定每辆车的送货顺序。做好车辆安排及选择好合理的配送线路后，就可以确定车辆的送货顺序，从而估计出货物送到每位客户的大致时间，并通知客户。有时，车辆的送货顺序和路线选择是同时进行的。

（7）完成车辆配载。明确了客户的送货顺序后，接下来就是如何将货物装车，按什么次序装车的问题，即车辆的配载问题，本书第7章将介绍几种配送车辆优化方法。

2. 送货管理

送货费用在配送成本中的比例最高，占35%～60%。因此，降低送货费用对提高配送活动的效益极为重要。图3.14所示为影响送货费用的因素，由图可知，送货费用包括：人工费、奖金、福利、燃料费、修理费、轮胎费、过路费、车检费、折旧费、保险费、事故费和车辆税费等。这些费用和配送频率、时间、用户的远近及车辆的损耗状况有关系。为此，可通过严格管理来降低成本，如提高车辆出车率、装载率，降低空车率等。

1）送货服务要点

送货服务作为配送作业的最终和最具体直接的服务，其服务要点有以下几点。

（1）时效性。时效性是配送客户最重视的因素，也就是要确保能在指定的时间内交货。送货是从客户订货至交货各阶段中的最后一个阶段，也是最容易引起时间延误的环节。影响时效性的因素有很多，除配送车辆故障外，所选择的配送线路不当、中途客户卸货不及时等均会造成时间上的延误。因此，必须在认真分析各种因素的前提下，用系统化的思想和原则，有效协调、综合管理，选择合理的配送线路、配送车辆和送货人员，使每位客户在预定的时间收到所订购的货物。

考核配送作业水平的一项重要指标就是送货的准点率。例如日本西友百货的配送中心，在给Family Man配送商品时规定，送货到达商店的时间一般不超过预定时间的15min。如果途中因意外不能准时到达，必须立刻与总部联系，由总部采取紧急措施，确保履行合同。

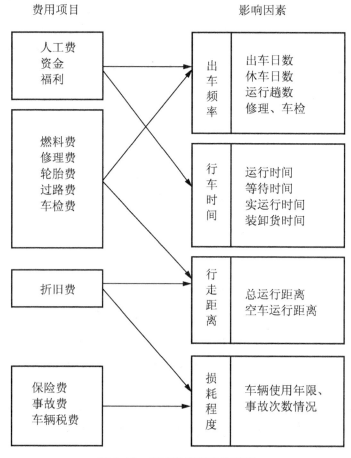

图 3.14 影响配送费用的因素

（2）可靠性。可靠性是指将货物完好无缺地送达目的地，这是对配送作业的差错率、货损率的考核。要达到可靠性的目标，关键在于提高配送人员的素质，主要体现在以下几点。

① 装卸货时的细心程度。

② 运送过程对货物的保护。

③ 对客户地点及作业环境的了解。

④ 配送人员的操作规范。

若送货人员能随时注意以上几项原则，货物必能以最好的质量送到客户手中。

（3）沟通。送货作业是配送的末端服务，它通过送货上门服务直接与客户接触，是与客户沟通最直接的桥梁，它不仅代表着公司的形象和信誉，还在沟通中起着非常重要的作用。所以，必须充分利用与客户沟通的机会，巩固与发展公司的信誉，为客户提供更优质的服务。

（4）便利。配送以服务为目标，以最大限度地满足客户要求为宗旨。因此，应尽可能地让客户享受到便捷的服务。通过采用高弹性的送货系统，如采用应急送货、顺道送货与退货、辅助资源回收等方式，为客户提供真正意义上的便利服务。

 **广角镜　ITF**

ITF 是 Interleaved Tow of Five 的缩写,指在包装箱外部书写的识别码(物流商品的代码)。附在商品上的条形码是 12 行的 JAN 代码,头 3 行的识别码(形状、数量)中录入的代码就是 ITF。用扫描仪读出的 ITF 数据能用在进出货的检查、配货、库存管理等处,这样,有利于实现物流作业的合理化。

2) 送货效率的提高

为提高送货效率,可采用以下几种手段。

(1) 消除交错送货。消除交错送货,可以提高整个配送系统的送货效率。例如,将原直接由各工厂送至客户的零散路线利用配送中心来做整合并调配转送,这样可缓解交通网络的复杂程度,且可大大缩短运输距离。

(2) 开展直配、直送。由于"商物分流",订购单可以通过信息网络直接传给厂商,因此各工厂的货物可从厂商的物流中心直接交货到各客户。利用这种直配、直送的方式可大幅简化配送的层次,使得中间的代理商和批发商不设存货,下游信息也能很快地传达到上游。

(3) 采用标准的包装器具。配送不是简单的"送货上门",而是要运用科学合理的方法选择配送车辆的吨位、配载方式,确定配送路线,以达到"路程最短、吨公里最小"的目标。采用标准的包装工具(如托盘),可以使送货中货物的搬运、装卸效率提高,并便于车辆配装。

(4) 建立完善的信息系统。完善的信息系统能够根据交货配送时间,车辆最大积载量,客户的订货量、个数、重量来选出一种最经济的配送方法;根据货物的形状、容积、重量及车辆的能力等,由计算机自动安排车辆和装载方式,形成配车计划;在信息系统中输入客户的位置,计算机便会按最短距离找出最便捷的路径。

(5) 改善运货车辆的通信。健全的车载通信设施可以把握车辆及司机的状况,传达道路信息或气象信息,掌握车辆作业状况及装载状况,传递作业指示,传达紧急信息指令,提高运行效率及安全运转。

(6) 均衡配送系统的日配送量。通过和客户沟通,尽可能使客户的配送量均衡化,这样能有效地提高送货效率。为使客户的配送量均衡,通常可以采用以下方式:①对大量订货的客户给予一定折扣;②制定最低订货量;③调整交货时间,对于受季节性影响的产品,应尽可能引导客户提早预约。

3) 货物配载

配送面临的一般是小批量多批次的送货,单个客户的配送数量往往不能达到车辆的有效载运负荷。因此,在配送作业流程中需要安排配装,即把多个客户的货物或同一客户的多种货物进行搭配装载,满载于同一车辆。这样,不但能降低送货成本,提高企业的经济效益,而且还可以减少交通流量,改善交通拥挤状况。所以,配载是配送系统中具有现代特点的作业要素,也是现代配送不同于传统送货的重要区别之处。合理的货物配载要能够充分利用运输工具(货车或轮船等)的载重量和容积,提高车辆利用率。

基本的配载作业需遵循以下原则。

(1) 重的货物在下,轻泡货物在上。

(2) 后送先装，即按客户的配送顺序，后送的、远距离客户的货物先装车，先送的、近距离客户的货物后装车。

(3) 根据货物特性确定不同的运送方式和运输工具。

(4) 根据货物的特性安排配载，不相容的货物不能用同一辆车送货，需要不同送货条件的货物也不能用同一辆车送货。例如，散发气味的货物不能与具有吸味性的食品混装，散发粉尘的货物不能与清洁货物混装，渗水货物不能与易受潮的货物混装。

(5) 外观相近、容易混淆的货物应尽量分开装载。

在货物配装时，除了综合考虑以上一般原则外，还要根据货物的性质（如怕震、怕压、怕撞、怕潮等）、形状、体积等作出弹性调整。此外，货物的装卸方法也必须考虑货物的性质、形状、重量、体积等因素后再作具体决定。因此，配送部门既要按订单要求在配送计划中明确运送顺序，又要安排理货将各种不能混装的货物进行分类，同时还应按订单标明的到达地点、客户名称、运送时间、货物明细等，最后按流向、流量、距离将各类货物进行车辆配载。

广角镜　某物流中心自动分拣流程

某物流中心经多年努力，开发出了能迅速处理多品种少批量出货需求，提供高质量服务的3个拣货系统。

(1) 自动仓库与卸栈（托盘）工作站间的托盘出库拣货系统。从自动仓库出库的货物，经由可同时处理两个托盘货物的复合式转栈台，输送至卸栈工作站，然后由作业人员拣取的需求数的货物箱数放在输送带上，这时，卸栈工作站旁边的显示器显示该商品的：①应拣的箱数；②目前已完成的箱数；③起初已存在的箱数；④拣取完后应剩的箱数。因此，在使用该系统时未经培训过的作业人员也很快适应工作，而且取得一定的工作成绩。

(2) 货箱自动拣货系统。以储存货箱的重力式货架为中心，加上一台自动补充货箱的补货车，以及两台自动拣取货箱的装置构成。货物的补充、拣取完全实现自动化，即由计算机指令通知自动仓库叫出需求货箱至卸栈工作站，经由输送机实现自动补货，货物补充至重力式货架上，再根据需要拣货。

(3) 单件拣货系统。单件拣货系统也是以储存货箱的重力式货架为主的，但以重力式货架较小，每一货架均配备自动显示装置。该系统采用人工拣取的作业方式，拣取后的物品自动地流过内侧的输送机，投入在适当位置的容器内，等待出货。

问题：绘制出该物流中心的作业流程图。

解：物流中心的作业流程如图3.15所示。

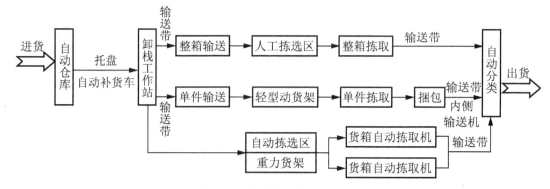

图3.15　物流中心的作业流程

3.5 配送加工

3.5.1 配送加工概述

1. 配送加工的概念

配送加工是根据客户的要求,对货物施加包装、分割、计量、分拣、刷标志、拴标签、组装等简单作业。配送加工在配送中不具有普遍性,但它起着很重要的作用。通过配送加工,可以大大提高客户的满意程度。

配送加工是在流通领域从事的简单生产活动,具有生产制造活动的性质。但是生产领域的制造活动改变加工对象的基本形态和功能,是一种创造新的使用价值的活动;而配送加工不改变货物的基本形态和功能,只是完善货物的使用功能,方便客户使用,提高货物的附加价值。配送加工越来越成为流通领域的一项重要活动,原因在于配送加工可以为客户提供定制化的服务,提高整个物流的效率,同时也给流通业者带来可观的经济收益。

2. 配送加工的目的

配送加工的目的可以归结为以下几个方面。

(1) 强化流通阶段的保管功能,使商品在克服了时间距离后,仍然可以保持新鲜状态。例如,食品的保鲜包装,罐装食品加工等属于此类。

(2) 回避流通阶段的商业风险,同时也可以促进配送效率的提高。例如,钢板、玻璃的剪裁一般是在接到客户订货后再进行。

(3) 提高产品的附加价值。蔬菜等食品原料经过深加工,如加工成半成品,可以满足消费者对产品更高的需求,提高产品的附加价值。

(4) 满足客户多样化的需求。例如,不同客户对于产品的包装量的要求不同,通过改变产品的包装,满足不同客户的需求。

 小贴士　改进商品包装给企业带来的效益

俗话说:"货卖一张皮"。因此商品的包装要与其价值和质量表里一致,货价相当。我国东北出口的优质人参,开始采用木箱或纸盒包装,每箱20~25千克,低劣的包装使外商怀疑其是否是真正的人参。后来改用小包装,不同等级的包装不同,上品内用木盒,外套印花铁盒,每盒1~5支,精致美观;一般的采用透明塑料盒包装。由于采用等级包装,东北人参身价倍增。

(5) 提高运输和保管的效率。例如,组装型货物,运输和保管过程中处于散件状态,出库配送前或者到达客户后再进行组装,以此提高运输工具的装载率和仓库保管效率。

配送加工的形态受到技术革新的影响,其形态在逐渐增加,这对流通系统也产生着重大影响。也就是说,在生产工厂并不完成加工对象的完全制品化,而是在靠近消费者的地方完成其随后阶段的制品化工作。

随着经济的全球化和国际分工的进一步细化及采购的全球化趋势,原材料和零部件往往由一个国家流向另一个国家,其所经历的物流环节和距离会变得更长。为此,配送加工也会变得越来越重要。配送加工在提高配送效率、降低配送成本方面的作用不断加大。

3. 配送加工的特点

配送加工与其他流通环节共同构成了生产与消费的桥梁和纽带，但以其特殊的地位和明显的生产特征，与其他流通环节存在明显的差别，如图3.16所示。

图 3.16　配送流通加工特点

（1）配送加工对象是进入流通的商品最终产品。

（2）配送加工一般是简单加工，是对生产加工的取消或代替。

（3）从价值观点看，配送加工在于完善商品使用价值，并在不做大的改变的情况下提高价值。

（4）配送加工组织者是从事物流工作的人，流通加工是由物流企业来完成。

（5）配送加工的目的和结果是以消费为导向的，它比物流的其他功能更接近消费领域和生产企业，这在生产与消费个性化之间的矛盾日益突出的今天，意义尤为重大。

（6）配送加工的不断发展和在不同领域的深化，引发和催生了"流通加工产业"的形成。

3.5.2　配送加工的类型

1. 生产资料的配送加工

1）钢材的配送加工

钢材的配送加工，是生产资料配送加工中最具代表性的一类。例如，薄板的切断、型钢的熔断、厚钢板的切割、线材切断等集中下料，线材冷拉加工等。为此，有专门进行钢材配送加工的钢材流通中心，在这里不仅从事钢材的保管，而且还进行大规模的设备投资，使其具备配送加工的能力。

钢材配送加工要选择合适的加工，使加工后钢材的组织较少发生变化，可以保证原来的交货状态，因而有利于进行高质量加工；加工精度高，减少加工损耗；集中加工有利于提高加工设备的使用效率，降低成本；简化客户的生产环节，提高生产水平。

2）水泥的配送加工

水泥的配送加工，也是较具代表性的生产资料配送加工。水泥加工利用水泥加工机械和水泥搅拌运输车进行。水泥搅拌车具有灵活机动的特点，可以接近施工现场。水泥加工作业区域可以避开繁华市区，节省现场作业空间。同时，这种方式优于直接供应或购买水泥在工地现制混凝土的技术经济效果，因此，受到许多工业国家的重视。

水泥配送加工可以将水泥的使用从小规模的分散形态改变为大规模的集中加工形态，

因此可以利用现代化的科学技术,组织现代化的大生产;集中搅拌可以采用准确的计量手段、选择最佳的工艺,提高混凝土的质量,节约水泥;有利于提高搅拌设备的利用率;可以减少加工据点,形成固定的配送渠道,达到规模经济,使水泥的物流更加合理;有利于新技术的采用,简化工地的材料管理,节省施工用地等。

3) 木材的配送加工

木材的配送加工也是生产资料配送加工的一大品种。一般木材的配送加工形式有以下两种。

(1) 磨制木屑压缩运输。木材是密度小的物资,在运输时占有相当大的容积,往往使车船满装但不能满载,同时,装车、捆扎也比较困难。为此,在林木生产地就地将原木磨成木屑,然后采取压缩方法,使之成为密度较大、容易装运的形状,然后运至靠近消费地的造纸厂。

(2) 集中开木下料。在配送加工点将原木锯裁成各种规格的圆木,同时将碎木、碎屑集中加工成各种规格板材,甚至还可以进行打眼、凿孔等初级加工。

除此之外,平板玻璃、铝材等同样可以在流通阶段进行像钢材那样的切断、弯曲、打眼等各种配送加工。

2. 消费资料的配送加工

消费资料的配送加工有纤维制品的缝制和整烫、贴标签、家具组装等。这种配送加工一方面是为了提高顾客服务水平;另一方面也是为了提高配送效率。

3. 食品的配送加工

食品的配送加工类型种类繁多。既有为了保鲜而进行的配送加工,如保鲜包装,也有为了提高配送效率而进行的对蔬菜和水果的加工,如去除多余的根叶等,鸡蛋去壳后加工成液体装入容器,鱼类和肉类食品去皮、去骨等。此外,半成品加工、快餐食品加工也成为配送加工的组成部分。通常的加工包括以下几种形式。

(1) 冷冻加工。为解决鲜肉、鲜鱼在流通中保鲜及搬运装卸的问题,采取低温冻结方式加工。

(2) 分选加工。农副产品质量差别情况较大,为获得一定规格的产品,需要采取人工或机械分选的方式加工,如果类、瓜类、棉毛原料等。

(3) 精致加工。在产地或销售地设置加工点,去除农副产品无用部分,进行洗净、分装等加工。

(4) 分装加工。将大包装货物换为小包装货物,以满足消费者对不同包装规格的需求。

小贴士　创意包装等于 5 秒广告

创意包装具有以下优势。

(1) 视觉吸引。创意包装,对吸引视觉起到关键作用。据一份资料表明,在美国一家经营 15 000 个产品项目目的普通超级商场里,一般购物者大约每分钟浏览 300 件产品,假设 53% 的购买活动属于冲动购买,那么,此时的包装效果就相当于 5 秒的电视广告。

(2) 提升价值。富有创意的包装,不但可以提高商品的价值感,还可以培养消费群体对品牌产生忠诚度。

（3）理念传达。理念，就是灵魂，是一种风格，它可以强化产品的内涵，加深听众的印象，这种无形的包装，对于产品销售必将造成很大的影响。理念传达到位，让人感到实实在在的利益点，品牌才有升值的潜力。

（4）品牌识别。品牌识别是消费的前提，它在消费者的脑中只是一个粗略的或不清晰的印象，在这种印象下，当消费者一旦遇到企业或品牌时，就会产生一种亲切感。这种熟悉，常常会让消费者产生认同感，缩短消费者在购买产品时的决策时间，导致快速产生购买决定。

3.5.3 配送加工管理的重点

配送加工是在配送领域中进行的辅助性加工，从某种意义来讲，它不仅仅是生产过程的延续，而且也是生产本身或生产工艺在流通领域的延续。该延续可能有正、反两方面的作用，即一方面可能有效地起到完善生产加工的作用；另一方面，各种不合理的配送加工也会产生抵消效益的负效应。配送加工管理的要点是排除可能出现的各种不合理现象。控制不合理配送加工，可以从以下几个方面入手。

1. 配送加工地点的设置

配送加工地点的设置即配送加工地点的分布，是使整个配送加工是否能有效的重要因素。配送加工的地点可以接近需求地，也可以接近生产地。

1）需求地

一般而言，为衔接单品种大批量生产与多样化需求的配送加工，加工地设置在需求地区，才能实现大批量的干线运输与多品种末端配送的物流优势。如果将配送加工地设置在生产地区，就会出现以下不合理现象。

（1）产品需求多样化时，会出现多品种、小批量的产品由产地向需求地的长距离运输。

（2）在生产地增加一个配送加工环节，将增加近距离运输、装卸、储存等一系列物流活动。所以，在这种情况下，不如由原生产单位完成这种加工而不设置专门的配送加工环节。

2）生产地

为方便物流的配送加工环节应设在产出地，设置在进入流通环节之前。如果将其设置在消费地，不但不能解决物流问题，而且在流通中又增加了一个中转环节，因而也是不合理的。即使配送加工地点的选择是正确的，也还存在配送加工在小地域范围的正确选址问题，如果选择不当，仍然会出现不合理现象。这种不合理现象主要表现在交通不便，配送加工与生产企业或客户之间的距离较远，配送加工点的投资过高（如受选址的地价影响），加工点周围社会、环境条件不良等。

2. 配送加工方式的选择

配送加工方式包括配送加工对象、配送加工工艺、配送加工技术、配送加工程度等几方面。配送加工方式的选择实际上是确定配送加工与生产加工之间的合理分工。配送加工不是对生产加工的代替，而是一种补充和完善。如果配送加工方式选择不当，就会出现与生产夺利的现象：本来应由生产加工完成的，却错误地由配送加工完成；本来应由配送加工完成的，却错误地由生产加工去完成，这些都会造成整个物流效率的下降和成本的增加。

一般来说，工艺复杂、技术装备要求较高，或可以由生产过程延续或轻易解决的产品加工都不宜再设置配送加工，尤其不宜与生产过程争夺技术要求较高、效益较高的最终生产环节，更不宜利用一段时期的市场压力使生产者变成初级加工或前期加工者，而使流通企业完成装配或最终形成产品的加工。

配送加工方式不当，不但不能有效解决产品的品种、规格、质量、包装等问题，而且配送加工服务客户、方便物流的作用也不能发挥，反而会增加流通环节，降低流通效率。

3. 配送加工成本的管理

配送加工之所以能够有生命力，其重要优势之一是，从生产支出和服务客户的综合角度出发，一些产品的加工工作在流通环节完成会带来更高的产出投入比，因而对整个供应链效率的提高有着重要的作用。如果配送加工成本过高，则不能实现以较低投入实现更高使用价值的目的。因此，配送加工成本是配送加工管理的重点内容之一。

3.5.4 配送加工合理化

配送加工合理化的含义是避免不合理的配送加工，使配送加工有存在的价值，而且实现配送加工的最优配置。为避免各种不合理现象，对是否设置配送加工环节，在什么地点设置，选择什么类型的加工，采用什么样的技术装备等，需要作出正确抉择。配送合理化包括以下措施。

1. 推行一定综合程度的专业化配送

通过采用专业设备、设施和操作程序，取得较好的配送效果，并降低配送综合化的复杂程度及难度，从而追求配送合理化。

2. 推行加工配送

通过将加工与配送相结合，充分利用本来应有的中转，而不增加新的中转来求得配送合理化。同时，加工借助于配送，目的更明确，而且与客户的联系更紧密，避免了盲目性。这两者的有机结合，投入增加不太多，却可追求两个优势、两个效益，是配送合理化的重要经验。

3. 推行共同配送

共同配送其实质就是在同一个地区，许多企业在物流运作中互相配合，联合运作，共同进行理货、送货等活动的一种组织形式。通过共同配送，可以最近的路程、最低的配送成本来完成配送，从而追求配送合理化。

4. 实行送取结合

配送企业与用户建立稳定的协作关系。配送企业不仅是用户的供应代理人，而且还是用户的储存据点，甚至为其产品代销人。在配送时，将用户所需的物资送到，再将该用户生产的产品用同一车运回，这种产品也成了配送中心的配送产品之一，或者为生产企业代存代储，免去了其库存包袱。这种送取结合，使运力充分利用，也使配送企业功能有更大的发挥，从而追求配送合理化。

5. 推行准时配送系统

准时配送是配送合理化的重要内容。配送做到了准时，用户才有资源把握，才可以放心地实施低库存或零库存，才可以有效地安排接货的人力、物力，以追求最高效率的工作。另外，保证供应能力，也取决于准时供应。

6. 推行即时配送

即时配送是最终解决用户企业所担心的供应间断问题，大幅度提高供应保证能力的重要手段。即时配送是配送企业快速反应能力的具体化，是企业配送能力的体现。即时配送成本较高，但它是整个配送合理化的重要保证手段。此外，用户实现零库存，即时配送也是其重要的保证手段。

7. 推行产地直接配送

配送产地直送化将有效缩短流通渠道，优化物流过程，大幅度降低物流成本。特别是对于大批量、需求量稳定的货物，产地直送的优势将更加明显。

8. 实现区域配送

配送的区域扩大化趋势突破了一个城市的范围，发展为区间、省间，甚至是跨国的更大范围的配送，即配送范围向周边地区、全国乃至全世界辐射。配送区域扩大化趋势将进一步带动国际物流，使配送业务向国际化方向发展。

9. 实现配送的信息化和自动化

配送信息化就是直接利用计算机网络技术重新构筑配送系统。信息化是其他先进物流技术在配送领域应用的基础。配送作业的自动化突破了体力劳动和手工劳动的传统模式，出现了大量自动化程度相当高的自动化立体仓库，大大提高了配送效率。

10. 提倡多种配送方式最优组合

每一种配送方式都有其优点，多种配送方式和手段的最优化组合，将有效解决配送过程、配送对象、配送手段等复杂问题，以求得配送效益最大化。

复习思考

一、填空题

1. 进货即组织货源，其方式有两种：_____；_____。前者的货物所有权（物权）属于配送主体，后者的货物所有权属于用户。

2. 配送中心或其他配送节点收到和汇总客户的订单以后，首先_____，然后_____。

3. 为识别商品而使用的编号标识可贴于_____或_____上，让作业人员很容易地获得信息。

4. 货位布置的方式一般有_____和_____两种。

5. _____，即对货物分级的级数不加限制，视编码需要而任意延长，但排列上难求整齐。

二、判断题

1. 卸货核对验收，验收商品条形码、件数、质量、包装等。　　　　　　　　（　　）

2. 在进货资料输入计算机的同时打印出 5 张标签，将其中 4 张贴在商品上与商品一同移动，另一张在存储上架时记录商品放置区及货架号码后带回输入计算机确认；而剩余 3 张可根据作业需要取用或查询，如此可减少出入库作业的失误。（   ）

3. 因为货物有了统一编码，但不能防止重复订购相同的货物。（   ）

4. 延伸式：货物分类级数及所用数字均有一定的限制，不能任意延伸，虽能维持整齐划一，但缺乏弹性，难以扩展。（   ）

5. 配送中心对入库货物进行数量检查的主要目的是查明入库货物的质量状况，以便及时发现问题，分清责任，确保到库货物符合订货要求。（   ）

6. 分拣即按照用户提供的要求并依据配送计划将购到或收集到的各种货物进行检验，然后分门别类地储存在相应的设施或场地中，以备拣选和配货。（   ）

7. 放置在保管储区的主要是需要中长期保管的货物，占用面积大且货物的储存单位较大。这是储存管理的重点所在。（   ）

8. 从接到客户订单开始到着手准备拣货之间的作业阶段，称为订单处理。（   ）

9. 订单可以分为两大类：一类是本次新接收的订单；另一类是过去遗留未完成的订单。（   ）

10. 在配货过程中，首先要进行存储工作，一般可以使用人工目视处理、自动分类机器或旋转货架分类进行处理。（   ）

三、选择题

1. 在配送的基本作业流程中，把货品等物品做实体上的领取，从货车上将货物卸下、开箱、检查其数量与质量，然后将有关信息书面化等一系列工作是（   ）。
   A. 分拣配货作业　　　　B. 输送作业　　　　C. 进货作业

2. 配送据点对货物储存的货位空间进行合理规划与分配、对储位进行编号定位及对各货位所储存的物品的数量进行监控、质量进行维护等一系列管理工作是（   ）。
   A. 库存控制　　　　B. 物流设施规划　　　　C. 储位管理

3. 配送中心储存管理的基础工作是首先要做好（   ）。
   A. 储存空间的规划与分配　　　　B. 储位指派
   C. 储位编码

4. "以商品特性为基础，根据货物物理、化学特征分类分区存放"是遵循储位空间规划与分配的（   ）。
   A. 商品特性的原则　　　　　　　　B. 以周转率为基础的原则
   C. 产品相关性原则

5. 每一项货物都有固定的储位，货物在储存时不可互相窜位。这种储位指派方式是（   ）。
   A. 定位储存方式　　　B. 随机储存方式　　　C. 分类储存方式

6. "所有货物按一定特性加以分类，每一类货物固定其储存位置，同类货物不同品种又按一定的法则来安排储位。"这是（   ）。
   A. 定位储存方式　　　B. 随机储存方式　　　C. 分类储存方式

7. 在确定知道各货物进出仓库确定时间的前提下,不同货物共用相同的储位,这种储存方式在管理上较复杂,但储存空间及搬运时间却更经济。这种储存方式是( )。

　　A. 定位储存方式　　　B. 随机储存方式　　　C. 共同储存方式

8. 货位编号的基本思路是:储存库编号—储存区编号—货位排(列)编号—货位架编号—货位层编号—货位格编号。如货物标签号码 103-15-723-5,其中的数字 15 是代表( )。

　　A. 储存库　　　　　　B. 储存区　　　　　　C. 货位列

9. ABC 分类法,是指按一定指标(如销售量、配送出货量、供应量等)对配送储存货品进行分类管理的方法。其中 A 类物品是( )。

　　A. 业务量约占全体的 70%～80% 的 10%～15% 的品项

　　B. 业务量约占全体的 15%～30% 的 20%～30% 的品项

　　C. 业务量约占全体 5%～10% 的 60%～70% 的品项

10. 根据每一份用户订单的配货要求,作业员或拣选机械巡回于仓库内,按照订单或配货单所列商品及数量,直接到各个商品的仓库储位将客户所订购的商品逐个取出(或从其他作业区中的货位取出),一次配齐一个用户订单或配货单的商品,然后集中在一起,这种配货方式是( )。

　　A. 订单别拣取配货方式　B. 批量拣选方式　　　C. 复合拣选方式

四、简答题

1. 配送业务包括哪些环节?
2. 货物编码的原则是什么?举一个例子,说明其编码的方法是什么。
3. 货物验收的标准和内容是什么?
4. 常用的储存作业方法有哪几种?
5. 影响储位管理的因素是什么?
6. 分析提高仓容利用率的措施和方法。
7. 分析存货控制的目的和关键问题。
8. 叙述存货的分类管理法。
9. 简述补货的含义、基本方式、流程和时机。
10. 分析配送加工的目的和配送加工合理化的方法。

五、项目练习题

验收入库单设计

到达某配送中心货物,经验收确认后,必须填写货物"验收入库单",以便将有关入库信息准确录入库存商品计算机管理信息系统,以便及时更新库存商品的有关数据,为采购进货、库存控制、分拣配货提供管理、决策、控制依据。

问题:设计货物"验收入库单"。

设计基本要求:要反映商品的本身一般物质特征;要便于数据查询、统计、核算分析;要体现时间、数量管理要求;要能体现工作程序控制与经办人员的责任;要便于利用 POS、EOS 系统、条码等现代物流信息技术;要能反映供应商的情况;要能反映计划与实际到货的差异;要便于快速分拣配货。

六、案例分析题

某商业集团的配送运作

某商业集团在1998年组建了一个大型供配货中心，负责给下属的六大卖场供货，构建了与其连锁经营相配套的物流、商流、信息流、资金流，将分散的经营转化为规模经营。

（1）以小带大逐步延伸。该集团的财务报表中，家电一直占据销售的重要地位。随着买方市场的凸显，家电市场竞争激烈，利润越来越薄，但占用资金巨大。该集团通过集中进货，上量返利，争取了厂家更多优惠。由于认识到供配货中心是商业连锁的灵魂，他们采用以小带大、逐步延伸的策略，扩大统配范围。首批统配范围产品主要是家电、电信和日化。商品除了科龙、海尔、长虹等家电外，还有部分宝洁、雕牌等知名百货类品牌。根据市场反馈，又开发引进海信、荣事达、飞利浦等知名品牌，统配范围逐步扩大，现已扩大到部分高毛利的食品。

（2）独特的资本运作。供配货中心成立之初最缺的是资金，如果贷款就得背上巨大的利息包袱，如果按以前搞代销，商品在价格上就没有优势，体现不出集中进货、降低运作成本的长处。他们利用集团商誉巨大无形资产，办理银行承兑或承兑转让，将资本的物质形态转化为流动形态，加快资金周转速度，使资本在高速运转中最大限度增值。把货组织回来后，靠强大的分销渠道和促销能力完成了销售。

（3）物流链上"调节器"。根据批量作价的交换原则，进货批量与进货价格成反比，由于供配货中心销售渠道畅通，销售规模自然就上去了。因为销量大，在厂家获得了更多优惠，扣点大大提高，直接降低了进货成本，为各零售店获得了更高的毛利率，也为集团带来了更高的利润。供配货中心进、销、调、存"一条龙"商品流转过程中，减少了成本费用。供配货中心取代了分散进货制，取代了家家设立仓库、店店储运的分散多元化物流格局，为实现"零库存"提供了条件。以前各零售店盲目进货，库存结构不合理，加上经营不善，库存资金积压较大。供配货中心成立后，实行一套库存、一套资金，加强了对零售店资金、进销的监督，使库存更合理。如今各零售店不再租赁仓库，没有库存压力，可以集中精力抓销售。统配商品的广告宣传统一由集团广告公司制作和对外发布，各零售店对此广告资源共享，避免了过去同一内容几大零售店同时重复刊登的现象。

（4）JIT 服务方式。供配货中心除了给六大卖场供货外，还利用自身资源、对外进行物流服务。在对某家汽车制造厂充分了解和协商后，承担了该厂的零部件采购和配送任务。从不同的供应商采购到零部件，按照汽车制造厂的生产节奏和计划，采用 JIT 服务方式将零部件送到生产线上，保证了生产准时、顺利进行。汽车制造厂由于 JIT 服务方式，取消了仓库，实现了零库存。

思考与讨论

（1）试述该商业集团的配供特点与效应。
（2）根据案例简述连锁超市统一配送的意义。
（3）什么是 JIT 服务方式？它适用于哪些用户？
（4）在本案例中，哪些方式实现了用户零库存？除此外还有哪些方式也可实现用户零库存？

资料来源：刘联辉. 配送实务[M]. 2版. 北京：中国财富出版社，2009.

第4章 行业配送

【学习目标】

通过本章学习，掌握快递业配送、农业配送、制造业配送、批发零售业配送、连锁经营配送、共同配送、传统储运业加盟物流配送；了解各种配送的含义、分类、特点、模式和现状及发展趋势；熟悉不同行业配送管理方法。

【本章要点】

本章主要介绍快递业配送、农业配送、制造业配送、批发零售业配送、连锁经营配送管理。

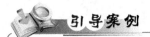
引导案例

发展中的中邮物流

中国邮政为物流配送的主渠道，经过多年努力中邮物流形成了全国规模最大的现金到现金的汇兑网络。国家邮政局组建了中邮物流有限责任公司。该公司发展现代物流的目标是：努力构建现代化的社会公共物流服务平台，实现物流、信息流、资金流的高度融合，逐步形成国内"精益物流"的龙头企业；加快邮政实物网的建设，初步建成一批能满足第三方物流要求的配送中心，逐步形成全国最大的物流配送体系；"十一五"期间，形成一个专业的，并符合现代企业制度要求，健康、有序、灵活的运行机制；"十一五"期末，邮政物流产值争取达到110亿元以上，其中一体化物流占50%以上；经过若干年的努力，逐步使中国邮政发展成为世界知名的物流企业。中国邮政在物流方面的计划已包括在北京、上海、广州、深圳建立邮政物流的航空货代业务中心；在北京、上海、广州、沈阳、武汉、西安、成都7个城市构筑全国物流仓储集散中心；建立起以北京为中心的华北快速网、以上海为中心的华东快速网和以广州为中心的华南快速网，并通过开办物流专线，逐步建立起以7个一级邮区中心局所在城市为节点的物流骨干运输平台。同时，中邮物流把医药、化妆品等列为其同城配送的重点业务项目。

随着经济全球化趋势的到来和连锁经营的快速发展，"配送"这种先进的物流方式也加快了发展步伐，配送的业务范围也不断扩大，已由传统的零售业配送发展到快递业配送、农业配送、家居配送、分拨配送、共同配送、传统储运业加盟物流配送等新形式。

资料来源：http://www.examw.com/wuliu/anli/.

思考：

各行业配送发展对人民生活和国民经济发展有什么意义？

4.1 快递业配送

4.1.1 快递业配送概述

1. 快递业的含义

快递业是源于20世纪60年代的一项新兴产业。所谓快递业，是指以网络为中心快速地提供投递业务的行业，是以商务文件、小包裹为主要递送对象，具有迅速、高效、安全、门到门、实时核查的特点，是与传统邮政体系不同的一套运作模式。

2. 快递业配送的含义

快递业配送是指在一定的区域范围内，按照客户的要求，对快递货物进行分类、包装、组配等作业，并以最快的速度、最短的时间投递到特定地点的配送活动。

快递业配送由于配送环节少而简单，而且投递受时间限制，因此对时间的要求非常高，强调以最短的时间完成配送任务。

3. 快递业配送的分类

快递业配送一般进行以下分类。

(1) 按配送的客体不同可分为快递包裹配送和快递信件配送。

(2) 按地域范围不同可分为同城配送、国内配送和跨国配送。

(3) 按快递企业的性质不同可分为国有配送、民营配送和外资配送。国有配送又可分为邮政、航空、铁路等行业配送，包括同城配送和国际配送；民营配送一般以同城配送为主；外资配送一般以国际配送为主。

4. 快递业配送的特征

快递业配送在配送时间及路径上要考虑到各种限制因素，只有解决好这些限制因素，才能体现快递业的优势。其具有以下优势特征。

(1) 快递业配送对时间要求很高，主要体现一个"快"字。托运人委托快递公司提供服务首先考虑是否有时间保证，如一个商品单据或一份商业文件，能否及时送达，关系到商业利益；还有一些季节性强的产品，如海鲜或水果、某些应急配件，都要求时间限制。所以，快递业配送的主要特征是速度快。

(2) 快递业配送的货物一般较特殊，有"不可替代"性。如药品、书籍、信函、零配件等，因此对货物的安全性提出了更高的要求，不能损毁、变形、泄密等，所以，快递业配送的第二特征是安全性高。

(3) 快递业配送的货物一般体积小、价值大，有特殊性。如芯片、高档服装等，必须手工装卸，很多需要送货上门，这使得劳动成本增加，所以，快递业配送的第三特征是成本高。

(4) 快递业配送服务对象分散，货物繁杂，地域广泛，具有分散性。这就需要一个完善的网络配送系统，所以，快递业配送的第四个特征是必须拥有一个网络配送系统，包括配送运输系统和配送信息系统。

(5) 快递业配送需要航空运输，具有依赖性。由于我国幅员辽阔，地理气候差异较大，要实现快速的配送，必须依靠航空运输。一般来说，1 000km 内依靠铁路公路，1 000km 外的就依靠航空了。目前我国 80% 的快件都是通过航空完成的。所以，快递业配送的第五个特征是依靠航空业的发展。

(6) 快递业配送要求较高的运输条件，具有制约性。一个城市的道路、运输车辆、停车场、运输人员的素质等都会对快递业配送产生影响，所以，快递业配送的第六个特征是受城市基础设施和综合条件的制约。

4.1.2 快递业配送的模式

在快递业中，既有大型快递公司，又有众多的小型快递公司。对不同规模的快递公司，配送的管理模式也不同。

1. 大型快递公司的配送模式

世界上被评为前四名的大型跨国快递公司分别是：美国联合包裹运输公司(UPS)、美国联邦快递公司(FedEx)、荷兰 TNT 邮政集团(TNT)和敦豪国际速递公司(DHL)。它们都有自己独特的配送模式。

(1) 美国联合包裹运输公司(UPS)的配送模式是：全程供应链管理模式，即第四方物流模式。

(2) 美国联邦快递公司(FedEx)的配送模式是：全球营运控制中心。在控制中心内，设有大屏幕，通过屏幕，可以看到环球运输网的运作情况，监控货机的航线及世界气候状况，实现了营运控制全球化模式。

(3) 荷兰邮政集团(TNT)的配送模式是：设立TNT客户服务中心，该中心记录每个呼入的客户电话号码，并自动转到相应的客户服务中心，通过呼叫中心与客户联系，使客户服务中心能迅速、准确地查找到客户资料。提供了供需链管理体系，为商家对商家提供全球物流服务管理模式。

(4) 敦豪国际速递公司(DHL)的配送模式是：为卖方建立网上店铺，向买方提供包括装、运、订、存直至收款的全方位服务。面向网络上的个人客户建立"网络生活"销售平台，推出"电子邮局"业务等。采用信息化发件工具DHLConnect和综合性快递管理解决方案DHLXML-PI，实现了信息化管理模式。

2. 中型以上快递公司的配送模式

中型快递公司的配送模式是：自建配送中心。由于中等以上规模的快递公司拥有稳定的客户群，它们主要做到为大客户制作物流配送解决方案，这就需要有现代化的配送中心与供应链策略进行良好的结合。配送中心的作用是连接托运人与客户的中心环节，配送中心应当具备信息化、现代化、社会化的能力，是快递公司供应链管理与信息处理能力的综合体现。这种配送模式可以采用电子数据交换技术(EDI)。

3. 中小型快递公司的配送模式

中小型快递公司由于资金有限，不可能配备完备的物流设备，也无力开发先进的物流配送解决方案，价格方面又无法与无照经营者媲美。因此对这些中小型快递公司，所形成的配送模式是"网上配送交易场"模式。

4.1.3 我国快递业配送的发展现状与主要问题

1. 快递业配送的发展

20世纪80年代以前，邮政部门承担了我国主要的快递业务，占据了业务量95%以上。90年代初，随着市场经济的快速发展，快递业务进入了高峰时期。国内邮政、铁路、民航、公路等纷纷建立快递企业，国外也通过合资、合作或独资方式纷纷进入我国快递市场。1991年，中国邮政一家独占快递行业的现象被打破，非邮政部门的市场占有率首次超过邮政部门，我国出现了国有、民营、外资等多种经营主体，产生了多种配送形式的相互竞争的市场格局。

20世纪90年代中后期，随着电子商务的兴起，配送这种送货方式的需求拉大，快递货物配送量基本上以年20%速度增长，快递、快运、速递等运输企业迅猛发展。正规的专业快递公司已超过100家，如果将一些小公司、挂靠或非法经营的一些快递公司算在内，全国有快递业务的公司超过千家。据2006年资料显示，我国现在从事各种快递业务的公司达到35 000多家。快递的客体不仅有传统意义上的文件、包裹，而且包括越来越多的货物，如电子产品、通信器材、家用电器、药品药材、印刷品、服装鞋帽、食品鲜花等，使配送的范围越来越广，托运人对迅速及时送达目的地的要求也越来越高。

从快递企业的发展来看，跨国快递公司已纷纷进入我国，如世界四大快递业巨头：美国联邦快递公司(FedEx)、美国联合包裹运输公司(UPS)、敦豪国际速递公司(DHL)及荷兰邮政集团(TNT)都已在我国开展业务。国内的快递企业较多，主要分为全国派送和市内派送两种速递公司。全国范围比较知名的公司有邮政快递(EMS)、中铁快运、大通、宅急送等；市内快递公司数量很多，速度也比较快，但是配送区域主要局限在同城。

2．我国快递业配送存在的主要问题

（1）快递业信息技术落后，信息网络不健全，使配送系统缺乏时效性。最明显的问题是配送网络的查询系统非常薄弱，所提供的 EMS 查询系统，不能满足用户的需要，很多用户需要的信息无记录、无答复，影响了客户的查询时效，对客户的生意产生负面作用，另外在管理的标准化、程序化方面也不尽规范。解决的办法是实行业务操作的标准化、程序化、电脑化，如统一服务规范，统一委托合同文本，统一财务结算标准，建立投诉处理标准和赔偿标准，完善计算机查询系统等。

（2）一些地方政府对快递配送的开展重视不够，对快递配送业务在时间、区段、运输工具等方面的限制，降低了快递企业的配送效率。一些城市街道缺乏快递车辆装卸专用停车泊位、装卸货物平台等基础设施；交通日益拥挤，城市中心限车上路、限货行使、限时运行、限段运行等，使配送车辆无法按时完成配送。解决的办法是政府转变思想观念，重视配送对经济的促进作用，采取措施解决基础设施问题。配送公司要适应政府要求，采用多种车型，分拣作业，分批次配送。

（3）航空公司采用客货混载的运输方式限制了快递业配送的速度，通常搭载货量要分配到多家货运代理处，不能满足大批急货的发送请求，给客户造成了很大的麻烦。解决的办法是航空公司的客、货分离，实行专业运输，这样就会满足快递公司的需求，同时也是航空公司参与市场竞争必须迈出的一步。中国邮政租用飞机、UPS 货机直飞北京都说明了这种需求的急迫性。

4.1.4 中小型快递业配送的运作管理

在快递行业中，既有 UPS、FedEx、TNT、DHL 等超大型快递公司，又存在众多新兴的小型快递企业。对于不同规模的快递企业，其配送的运作管理模式也有所不同。

1．中小型快递企业的网上配送管理

目前，国内存在的多数快递企业规模小，它们有限的资金不可能配置完备的物流设备及开发先进的配送解决方案，又没有无照黑户快递的价格优势，投资回报率很低。针对这种情况，有关学者提出了建立一个网上配送交易场的构想，它适合中小型快递企业加入，有利于发挥资源共享的优势。

网上配送交易模式设想建立一个快递服务的交易场，适合于中小型快递企业加入。它是一个电子化的配送市场，利用互联网技术，为货主和第三方物流企业提供一个可供委托的网络，为供需双方提供一个实时中立的交易平台。这个网络旨在吸引那些需要高效运送货物的货主,或有临时递送需求的个人。它与一般的快递企业网站不同,登录这个交易场,货主可以从众多的快递企业中选择最适合本企业业务的服务商,享受专业公正的快递服务。这样一个配送交易场适合于中小规模企业加入是从以下几个方面考虑的。

(1) 中小企业加入这样一个配送交易场不必再投入精力自建网站。除了节省资金投入的因素外,快递企业自身作为配送交易场的客户也可以享受专业网站管理所带来的种种优势。交易场的投资者,作为一个专业网站的管理者,可以随时掌握电子商务动态,同时融合最前沿的信息技术,不断为配送交易场输入动力。

(2) 快递企业加入配送网后,更易发挥自己的经营特色。企业可以把有限的资金投入到某一特定领域的配送,如药品配送、精密仪器运送等,不必以面面俱到的服务来争取客户,而以特有的服务吸引客户。同时,交易场作为一个整体所拥有的知名度,将为每一快递企业带来更多的客户。

(3) 国内11家商业银行已共同建立了权威的金融认证中心系统,有能力为开展电子商务提供有力的金融保证。如果配送交易场能与认证中心成为合作伙伴,快递企业便能够实现资金即时到位,而不会再陷入负债配送的被动局面。

网上配送场作为一个中立的交易平台,其管理者并不直接参与快递服务的交易。这样,管理者、快递企业及货主三方面形成了相互制约的关系。中小企业加入网上配送交易场后,能够享受规模经营带来的低廉成本,并在同行竞争的促动下规范自己的服务。这种市场形成规模后,无照经营者很难再有生存空间。

2. 网上配送交易场的运作模式

(1) 会员资格模式。网上配送交易场可以实行开放的会员制,但每位申请加入的企业都要经过审核。审核的目的是确保那些有正式经营执照、信誉良好的快递企业入会,并根据会员的安全率、准确率、经营范围、条件评定等级。这在很大程度上保证了配送交易能够圆满地完成。

(2) 交易双向选择模式。每当有新的货物需要递送时(配送服务需求方提交电子表格),系统数据库立即更新,并在几秒钟之内筛选出能够满足客户要求的快递商,使快递服务需求方可以从中挑选。而在交易没有被确认之前,初筛出的快递商也可以竞标。

(3) 付款模式。目前,困扰许多电子商务企业及速递企业的问题有以下几类。
① 网上支付的效率较低,确认时间长。
② 网上支付收费过高,许多银行要收取5%的管理费。
③ 网上支付限制较多,许多银行对支付数额及地点都进行了限制。

而网上配送交易场这种全新的交易模式可以使这些问题迎刃而解。原因如下:首先,网上配送场作为一个整体,信誉度将是个体公司所无法比拟的,即时付款的方式将在金融认证中心、配送交易场、银行相互合作的基础之上得以实施,一旦交易双方确认合作关系之后,可以利用电子签名将合同书呈交配送交易场。交易场确认无误后可即刻向快递商付账,并向货主收款。其次,银行与网上配送交易场的管理者可以商讨实施网上支付管理费用浮动制。举例来说,日交易额在5万元以下的收取5%的管理费,交易额在5~7万元的收取4%的管理费,7~10万元的收取3.5%的管理费,这样双方都会促使交易额的扩大。同样,由于有信誉度保证,银行可以增加可支付地点,取消支付数额的上下限。

4.1.5 大型快递业配送的运作管理

1. 自建配送中心模式

中等规模以上的快递企业已拥有较稳定的客户群。它们目前的任务是如何为稳定的大客户量身定做配送解决方案,并在此基础上再承接一些有临时配送需求的小客户。这就需要有现代化的配送中心与供应链策略进行良好结合。

配送中心是连接托运人(制造商)与客户的中心环节,是快递企业供应链管理能力、信息处理能力的综合体现。现代化的配送中心固然应该具备信息化、现代化、社会化的能力,但为什么许多快递企业在购置了或运用了现代化的前沿技术之后,业绩并不明显呢?主要是由于供应链整合能力的缺乏,没有完整的配送解决方案。

因此,自建配送中心模式可以有助于解决中型以上快递企业的前述问题。

2. 大型快递业配送模型

大型快递业务配送业务广泛,流程较为复杂。下面以一个电子数据交换技术(EDI)为核心的配送模型,来说明大型快递企业如何设计配送方案。图 4.1 是一个由快递企业通过 EDI 系统为某公司提供快递服务的实例(BtoB)。它是由需要快速发货服务的企业、快递企业、客户(收货者)组成的配送模型。图 4.1 中的阴影部分可由快递企业完成。

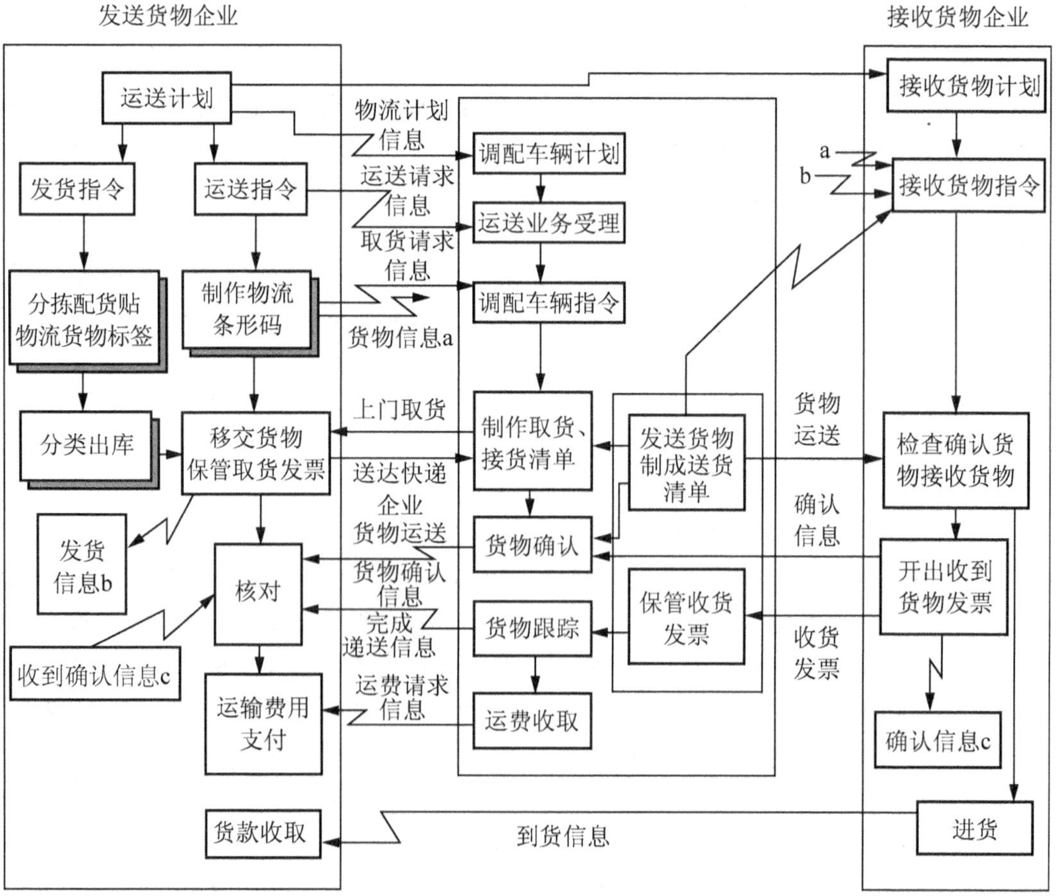

图 4.1 以电子数据交换技术为核心的配送模型

（1）发货企业把需递送货物的清单及运送时间安排等信息通过 EDI 发送给快递企业和客户(收货者)，快递企业据此制订车辆调配计划，或与航空公司联络预定舱位。

（2）发货企业依据客户要求和货物运送计划下达发货指令、分拣配货、打印物流条形码，同时把所运送货物的品种、数量、包装等信息通过 EDI 发送给快递企业和客户，快递公司接到运送请求后着手实际递送。

（3）快递企业在向发货企业上门取货时，利用扫描枪读取货物的物流条形码，并与之前收到的货物递送数据进行核对，确认运送货物。

（4）快递企业在物流中心对货物进行整理、集装，做成送货清单并通过 EDI 向客户发送发货信息。在货物运送的同时进行货物跟踪管理，并在货物送达后，通过 EDI 向发货企业发送完成业务的信息，随后可进行网上运费结算。

（5）客户在收到货物时，利用扫描枪读取货物的物流条形码，并与之前收到的货物递送数据进行核对，开具发票，同时通过 EDI 向快递企业和发货企业确认收到货物。

以上只是一个简略的配送过程，快递企业如能顺利地完成任务，还需要与托运需求方商讨很多细节问题。

3. 可行性分析

采用此配送方案，企业首先要明确新技术的可行性问题。在此配送模型中，所要运用的技术有电子数据交换技术、车辆管理系统、条形码技术等。

使用新技术最重要的问题便是高额的启动资金。近年来，许多文献书籍对 EDI、GPS 技术做过探讨。我国配送业尚属起步阶段，而这两项技术都因租用增值网络 VAN 而使配送成本激增，加上巨额的启动资金，许多企业宁愿采用传统配送方式。但随着互联网的普及，企业可以采用网络这种廉价的通信方式来实现配送信息的传输。投资建设 GPS 系统来进行车辆跟踪管理在经济上是不合理的，因为 GPS 的初期投资及以后租用卫星进行通信的费用对于国内大型快递企业来说都是难以承受的。可以使用的替代技术便是应用 MCA 无线技术，它是一种适合于城市范围内通信联络的无线系统，投资较小。快递企业可以使用它来进行车辆运行配送管理。

4.2 农业配送

4.2.1 农业配送概述

1. 农业配送的概念

农业物流配送是在农业生产资料和农副产品的送货基础上产生和发展起来的，是一种特殊的、综合的农业物流活动。农业配送是指在农业范围内，对农业生产资料、农副产品等所进行的分拣、加工、包装、分割、组配等作业，并根据客户要求，按时送达指定地点的物流配送活动。

2. 农业配送的分类

农业配送涉及广泛，几乎涉及农村经济发展的各个生产要素，一般可以从以下两方面进行分类。

1) 按配送的客体不同分类

按配送的客体不同分类，可分为农业生产资料配送和农副产品配送。

(1) 农业生产资料包括种子、农药、化肥、农业机具、农用运输工具、农用原材料等，这些是农业生产资料配送的客体，对其配送指的是对它们进行分拣、加工、包装、分割、组配等作业，并按要求送达农户手中，其送达路线一般是从城市到农村。

(2) 农副产品包括农民生产的粮食、蔬菜、水果、肉类等，这些是农副产品配送的客体，对其配送则是对它们进行储存、分拣、分放、装货、送货等作业，并按要求送达城市，其路线是从农村到城市。

 知识拓展　混藏仓储

农民将玉米交给仓储企业保管，仓储企业可以混藏玉米，仓储企业令将所有收存的玉米混合储存于相同品种的玉米仓库，形成一种保管物为混合物（所有权的混合）状况，玉米的所有权并未交给加工厂，各寄存人对该混合保管物按交付保管时的份额，各自享有所有权。在农民需要时，仓储企业从玉米仓库取出相应数量的存货交还给农民。

2) 按配送的阶段不同分类

按配送的阶段不同分类，可分为供应配送、生产配送和销售配送。

(1) 供应配送是农业生产资料和生活资料的配送，是工业产品向农村的转移，重点应当是在城市组成农用资料的配送网络，及时送达所需各种资料。供应配送是农业生产的前提条件和物质保证。

(2) 生产配送是农作物生产过程中所产生的物流活动，主要包括耕种配送、管理配送和收获配送。耕种配送包括农机设备及工具的调配和运作，种子、农药、化肥、地膜、除草剂等生产要素的配送；管理配送包括育苗、间株、耕除、喷洒农药、施肥、滴灌等作业所形成的配送；收获配送包括农作物的收割、晾晒、回运、脱粒、筛选、烘干、包装、入库等作业所形成的配送。

(3) 销售配送是农副产品收获后进行销售的配送活动，包括对农副产品的分拣、配货、分放、组配、送货等。

3. 农业配送的特点

(1) 农业配送主体是农户，具有差异性。我国共有 2 500 多万农户，在农业生产当中，他们集多种身份于一体，可以是自然人、法人、劳动者、管理者，他们的文化水平、风俗习惯、个人喜好、心理状态、经济收入等偏差很大，对市场的了解和信息的掌握很大程度上盲目从众，缺乏理智决策，因此，农业配送不可能有一套完整的模式可供选择。

(2) 农业配送的客体是农副产品，具有多样性。农副产品或其中间产品多种多样，农业配送的工具更是品种繁多，层次不一，从飞机到农用畜力都在使用，因此，农业配送所采取的方式方法比较复杂。

(3) 农业配送的环境是农村，具有行业的广泛性。农业包含农村经济中的农、林、牧、副、渔等子行业。这些子行业的产品大多具有季节性、不稳定性及易腐烂变质，因此对配送的时间要求比较强，而农村所在的地理位置差别较大，因此对配送的能力和技术含量要求比较高。

(4) 农产品的特殊性使配送具有局限性。农产品不同于工业产品，具有自己的特点，表现在有一定的周期性，在配送时不能提前或落后，使得配送活动受到限制。

（5）农业配送路径具有复杂性。农业投入是以城市或城镇工厂为起点，其产品经过运输方式送达农村，经过农业生产、收获等，再回到城市或城镇，该过程具有发散性，形成复杂的网络，难以集中，因此，其配送路径非常复杂。

（6）农业配送需求的不确定性。我国是一个农业大国，农业的收成、生产产品、生产资料等每年变化很大，而且随着城市经济的发展，对农产品的需求也发生了很大的变化，这就给配送带来了极大的不确定性。

4.2.2 农业配送的模式

农业要拓展更好的生存和发展空间，就必须不断创新经营模式，农业配送方面的经营模式，可以采用以下几种。

（1）专业化模式。通过采用专业化设备、设施和操作程序，实行高效配送，并降低配送的复杂性和难度，进而降低配送成本。

（2）共同配送模式。通过共同配送，以最少的路程、最低的成本、最短的时间完成配送。

（3）加工配送模式。把加工和配送相结合，利用原有的中转，使得配送合理化。

（4）送、取结合配送模式。配送不仅要从配送中心方面的"配"考虑，还要从农户方面的"取"考虑，实现配送中心和农户之间的协作关系。配送中心不仅是农户的产品供应人，还应成为农户所生产的产品储存点。在送的时候送农户生产所需的物资，在取的时候取农户生产所生产的物资，达到送取结合。

4.2.3 农业配送的现状及发展趋势

1. 农业配送的现状

由于农业地域广阔，季节性和周期性强，所面临的风险比制造业等要高，在技术、资金、人才方面又处于劣势，因此，农业物流的建设和配送管理的需要更加突出。但是，在现阶段，农业物流理念没有形成，基础设施比较落后，资源配置不合理，导致农业配送的发展相当落后。我国农业的采购、储存、销售等组织分散，流通性费用比较高，生产资料和农产品损失很大，这些对于农业的发展是相当不利的。

入世后，国内主要农产品的生产价格大部分都高出同期国际市场价格，基本丧失了商业竞争优势。比如我国从加拿大进口的玉米和大豆，其到岸价格与国内玉米大豆的生产成本相当，而且其质量要远高于国内。如果组织进口高质量低价格的农产品，会对农民产生不利影响，农民卖粮难的现象也因此日益加剧。农村社会经济矛盾更将加大，如果勉强收购国内低质高价农产品，城市居民的消费矛盾也将突出，国家财政也负担不起。可见，如不迅速改进和转变农业的配送方式，降低农产品的生产成本，作为国家第一产业的农业，必将陷入严重的经济恐慌，而改变这种现状的应急措施和长远战略，就是建立科学的农业物流政策与合理的农业配送体系。

2. 我国农业配送的发展趋势

建立农业配送体系，主要从以下几方面考虑。

（1）搞好农业配送的基础设施建设。农业配送需要良好的基础设施的支持。基础设施建设包括农业生产资料和农产品批发市场的建设，农业生产资料和农产品仓储、交通运输条件和工具等环节的设施建设等，并通过修建公路、提高储存手段、发展农产品加工配送中心，尽快形成配套的综合运输网络，完善的仓储配送设施，先进的信息网络平台等。

（2）多元化发展农业配送的主体。加快原有农业配送企业的资产重组改革，改变目前规模小、服务单调和封闭运行的现状，逐步建立现代企业制度，向专业化、规模化和综合化方向迈进。同时发展多种形式的农民合作远销组织及代理商、中间批发商等中介组织。

（3）加快农业配送的信息化建设。计算机网络的信息管理技术的应用，对整个农业配送系统的运转越来越重要，是提高农业配送效率的重要技术保障。加快市场信息硬件基础设施建设，实现生产者、销售者计算机联网，资源共享、信息共用，对农业配送各环节进行实时跟踪、有效控制与全程管理非常重要，同时搞好农产品信息处理与发布工作及市场信息咨询服务。

（4）加快农业配送标准化进程。在包装、运输和装卸等环节，适应国内、国际贸易的要求，采用国际标准或通用的国家标准，推行与国际接轨的关于配送设施、配送工具的标准，如托盘、货架、装卸机具、条形码、车辆、包装、集装箱等，不断改进配送技术，以实现配送活动的合理化。

（5）提高农民素质，增强现代物流意识。通过教育、培训，增强农民的市场经济观念，切实转变单一运输经营的观念，彻底转变"小而全，大而全"和自货自运的经营模式。运用系统优化原理、最小总成本方法、供应链管理等物流方法改善农业配送方式，提高运作效率，降低成本，促进农民增收。

（6）创造良好的社会环境。政府在土地、资金、税收等方面提供优惠政策。在政策法规方面提供保障，推进农业配送市场化，健全行业法规，加大管理力度，保持适度竞争。逐步调整对运输、仓储、配送等经营的审批条件，加快货物验收速度，放宽城市配送车辆管制等。

4.2.4 农产品配送管理

1. 农产品配送管理概述

农产品配送是指以粮食、肉类、水果等农产品为配送客体，对它们进行备货、储存、分拣、配货、分放、配装、送货等作业，并按时送达指定地点的农业物流活动。农产品配送属于销售配送，其路径一般是由农村到达城市。

1）农产品配送的特点

农产品配送具有以下几个特点。

（1）农产品配送的风险较大。由于农产品生产的地域分散性和季节性同农产品需求的全年性和普遍性发生矛盾，使农产品供给与消费之间产生了矛盾，以致准确掌握供求信息相当困难，无法及时调整，造成农产品配送具有较大的风险。

（2）农产品配送的质量要求很高。由于农产品的各种生物属性，使得对农产品配送过程中的储存、保鲜、加工等环节有很高的技术要求，需要特定的设施。如大部分农产品具有易腐性，在配送过程中需要采取各种措施，以达到保鲜的目的；一些鲜活产品进入流通领域后，还必须进行喂养、防疫等。这些都需要专门的知识和设备。

(3) 农产品配送存在距离上的瓶颈。这是农产品和其他普通商品的主要区别之一。只要有足够的地区价格差异,一般商品理论上没有配送半径问题,但是农产品始终存在距离瓶颈,因为农产品尤其是生鲜食品在运输过程中会加速贬值,虽然运输水平的提高能够降低贬值速度,但无法完全消除。所以在确定农产品配送体系的过程中,要进行更为认真而复杂的比较,以确定合理的配送半径,建立合适的配送中心,真正实现运输的规模经济和距离经济。

2) 我国农产品配送中存在的主要问题

(1) 农产品配送处在时间长、消耗大、效率低、效益差的低层次水平。我国的农产品配送是在家庭联产承包责任制的基础上,除对粮食、棉花实行合同订购以外,大部分农产品实行市场购销。目前,已基本形成以农产品批发市场为中心,集市交易和其他零售网点为基础的农产品市场网络。虽然我国的农产品流通在改革开放以来发展很快,但从总体上看,由于思想观念、管理体制、设施等种种原因,我国的农产品配送还处在时间长、消耗大、效率低、效益差的低层次上,很难适应社会经济迅速发展的需要。

近年来,国家加大了农产品流通三级市场建设,即农产品产地批发市场、销地批发市场和零售农贸市场的建设。在国家鼓励和市场调节之下,大规模的农产品常温物流或自然物流正在逐步形成,但区域内农产品综合物流体系尚未成型,网络分布不够均衡,农产品大宗配送与连锁超市生鲜区之间未能有效衔接,农产品的冷链配送还不多。

(2) 我国农产品配送的主渠道仍然是传统的农贸市场或肉菜市场,配送质量和效率不高,这与目前的市场架构和国家相关的流通产业政策有关。现在我国各级政府鼓励、支持的"菜篮子工程"中,承担零售环节配送的主渠道仍然是传统的农贸市场或肉菜市场。例如,平均每2～3万人规划设置一个2 000～2 500 m^2 的农贸市场,每个农贸市场服务半径约500m。现有农贸市场虽然购物环境和卫生条件较差,只经营未经加工的生鲜初级产品,但由于商贩享受低成本包税经营,这就在价格上具有竞争优势,从而迎合了部分传统消费观念和购物行为。

从我国农产品市场结构看,大规模农产品批发市场的建立,局部实现了农产品不同地域及不同季节的调剂和互补,但还停留在初始原材料性农产品的集散和销售上。由于常温状态下的初级农产品保鲜困难、损耗量大,这又给季节性和区域性调配带来无效配送和诸多不便。

2. 粮食配送管理

粮食是农产品的一种。粮食配送是指以粮食为配送客体,对其进行备货、储存、分拣、配货、分放、配装、送货等作业,并按时送达指定地点的农业物流活动。

1) 粮食配送的有效管理依赖于合理的粮食行业结构

从粮食行业的内部结构看,由于资源配置不合理,粮食购、销、存、运、加工几大业务环节之间缺乏有效的衔接和必要的协调,仓储"瓶颈"的制约和配送设施的不配套经常造成配送环节的局部脱节,严重影响了粮食配送的效率。

(1) 不合理的粮食行业结构导致粮食配送体系的内在联系被人为分割,配送体系各组成部分之间缺乏直接的横向联系。

目前,在我国不但粮源组织和粮食系统内部各环节间缺乏协调,而且粮食配送所必需的铁路、交通等系统外环节的配合更难控制和掌握。粮食配送纠纷发生后得不到及时、公正的解决，粮食配送的统筹管理无法实现。

（2）不合理的粮食行业结构造成粮食配送管理缺乏必要的规章制度和行之有效的控制办法。粮食配送的宏观管理弱化，尤其是行业组织结构的不合理，导致粮食配送管理的许多职能模糊不清、归属不定，粮食配送原有的一些规章制度未能根据形势的发展变化进行及时的修改和补充，粮食配送在操作中无章可循。例如，在机构改革后，各级粮食管理部门及其所属机构的职能中找不到粮食运输管理，就连最基本的粮食运输统计也无人问津。

（3）不合理的粮食行业结构导致对粮食配送设施建设缺乏必要的科学论证，从而造成了财力、物力的浪费。例如，浅圆仓的建设受气候条件影响较大，闷热、潮湿地区不宜建这种粮仓，但因事先没有进行较详细的专家论证，待粮仓建成后才发现一些地区根本不宜再建粮仓，或根本不宜建这种类型的粮仓，形成资金和物资的浪费。粮食行业结构的不合理除了导致粮食配送管理无章可循和管理措施缺乏力度外，也造成粮食配送运作缺乏必要的政府推动。

2）粮食的运输和仓储等环节的基础设施是影响粮食配送管理的重要因素

从粮食行业的运输看，虽然运输工具的选择余地很大，但粮源过于分散以及散装散运涉及的车站、港口、码头的装运接卸设施的不配套和计量设备的缺乏，使粮食散装、散运无法较快地推广，粮食运输效率当然也就无法提高。这几年，粮食销售环节又因粮食品种、质量、价格及外部竞争、信息不灵等因素出现重重困难，严重阻碍了粮食配送的效率。

从粮食行业的仓储看，计划经济和短缺经济条件下形成的粮食仓、厂、站、点布局，造成了粮源和生产能力配置的严重不合理，许多库、厂分布在远离交通沿线的闭塞地区，粮食进出十分困难。过于分散的收纳库、过剩的加工能力除了造成资源的浪费外，也给粮食配送带来了诸多不便，加大了运力的耗费和运杂费用的开支。仓容的不足也对粮食配送形成了制约。我国现有的粮食仓容只能满足粮食储量的65%～70%，致使每年有数百亿公斤的粮食露天存放，优质及高等级粮食品种更是无法做到分仓储存，霉变、虫害概率大，陈化速度加快。尤其是农村储粮，因装备条件简陋，农民又缺乏储粮知识和技术，鼠患、虫害现象严重，储粮损失达80%～150%，严重阻碍了粮食配送的效率。

基础设施建设的落后，使粮食"散装、散卸、散存、散运"的"四散"化作业的推广十分缓慢。"四散"技术作为配送技术发展的重要体现，在美国、加拿大、澳大利亚等发达国家早已普及，成果非常明显。我国粮食"四散"技术起步于20世纪70年代，有30多年的历史，但由于装运、接卸设施的不配套，粮食"四散"作业无法大范围地开展。加之我国6万多个粮库中，苏式仓、土圆仓、普通房式仓仍占有较大的比重，车站、码头的装卸环节机械化、自动化程度比较低，必要的散粮计重设备缺乏，使"四散"配送作业还具有相当的难度。以物流条件比较好的吉林省为例，散装运输比重还不到20%，其中玉米散运出口量不及该省玉米出口总量的25%。

3. 畜产品配送管理

畜产品配送是指以畜产品为配送客体，对其进行备货、储存、分拣、配货、分放、配装、送货等作业，并按时送达指定地点的农业物流活动。

1）我国畜产品配送的特点

我国畜产品配送的特点主要表现为以下几个方面。

(1) 我国畜产品配送的流向主要是由农村流向城市。就我国目前的现状而言，90%以上的畜产品是由以家庭为单位的小农户提供的，而消费的绝大比重都是在城镇地区。这些产品或是由商业机构直接收购，或是由合作经济组织代为收购，或是由产业化经营的龙头企业收购，然后再经过屠宰、分割、冷冻、肉禽熟制加工、冷藏储运、批发等环节分配到零售机构。

(2) 畜产品生产周期长，具有季节性和地域性特点。畜产品的这一特点加大了畜产品配送的风险。因此，畜产品配送管理必须解决畜产品供给在时间与空间的不平衡性。在畜产品配送中，必须组织好收购、储存、运输，开放多种渠道，减少中间环节，促使经营者走最短、最便捷的路径，付出最少的时间和最小的费用，及时把畜产品从生产者那里转移到消费者手中，以达到提高畜产品配送的时效，降低畜产品配送费用的目标。

(3) 畜产品是时效性很强的产品。一般的畜产品都具有鲜活、易腐、易损、不耐保存、不便运输等特点，对配送的质量管理要求很高。在畜产品的收购和运输过程中，对外界条件要求严格，如适宜的温度、良好的处理、适宜的包装、专门的保鲜储运设施等。

(4) 我国畜牧业的基本生产单位主要为家庭，生产规模小而且分散性大。因此，畜产品配送渠道必须是多种多样的，应有比较灵活的方法与形式，才能与我国畜牧业的生产经营状况相适应。比如，要有方便农牧民出售产品的多种销售渠道和售货方式，要充分利用各方面的储存、运输、加工、销售潜力。

(5) 畜牧业生产受自然再生产与经济再生产双重的影响，生产容易发生波动。要搞好畜产品的配送管理，必须密切关注生产与市场情况的变化，加强产品信息和市场信息的搜集，努力提高仓库的储存能力，以丰补歉，减少季节间的市场波动，以稳定生产和市场供应。

2) 我国畜产品配送的渠道

我国的畜产品配送渠道，一般可分为以下几种形式。

(1) 生产者(包括企业和个人)—消费者。

(2) 生产者—零售企业—消费者。

(3) 生产者—批发企业—零售企业—消费者。

4. 水果配送管理

水果配送是指以水果为配送客体，对其进行备货、储存、分拣、配货、分放、配装、送货等作业，并按时送达指定地点的农业物流活动。

1) 我国水果配送的发展阶段和主要形式

我国水果配送已经经历了以下3个阶段。

(1) 超市的市场拓展阶段。个别水果批发经营企业开始向超市配送水果。当时我国水果批发交易市场的现场成交活跃，大多数批发企业都不愿从事这项业务。

(2) 水果批发交易市场的整顿及超市大发展的阶段。其客户渠道(指销售)发生了很大变化，市场门市批发生意越来越难做，批发企业开始竞相向超市配送水果。

(3) 批发企业向超市配送水果的激烈竞争阶段。在超市的催化下，水果供应商竞相压价、相互倾轧，争抢水果配送市场，在竞争中也出现了对这个市场起主导作用的公司。这同时也说明，众多水果批发经营商都看好这个市场。在水果批发竞争中，配送经营服务已走向多样化。

目前,我国水果配送的形式主要有以下几种。

(1) 向超市、大卖场配送水果业务。

(2) 向宾馆、饭店及企事业单位配送餐间水果业务。

(3) 通过电话订购等形式配送水果到消费者家中的业务。

目前,我国的水果配送仍处于一种初级形态。从配送的概念看,其本质是送货但绝非一般性的运送,它包含这样两层意义:一方面,它在向客户送货过程中客观上有确定的组织和明确的供货渠道,有相关的制度进行约束;另一方面,配送货物是建立在备货和配货基础上的经济活动,是按照客户的要求包括货物的品种、质量、规格、数量和送达时间等进行备货和送货。由此看来,目前我国水果批发企业所从事的水果配送,从严格意义上讲仅是一般性的运送活动。从事这类活动的企业多、规模小、竞争无序,需要有一个质的提升。

2) 我国水果配送管理中的主要问题

(1) 我国水果配送的渠道不畅。我国水果市场已放开了很多年,基本形成了由市场决定价格的机制,但是配送体系很不健全,销售渠道不畅,对国内、国际市场的研究开发不足,还停留在果熟才找出路的无序竞争阶段,造成"内销不旺,外销不畅"的局面。发达国家早已形成了各种形式的中介组织,在农产品贸易方面主要负责研究和预测市场,建立配送网络,从事拍卖交易和实施行业管理等工作,直接面向农民提供服务,为农产品销售开辟了顺畅的配送渠道。

(2) 我国水果配送的流程还很不规范。目前,发达国家已普遍采用了水果采摘后包括预冷、储藏、洗果、涂蜡、分级和冷链运输等内容的规范配套的流通方式。产后商品化处理量几乎达到100%,大部分水果从采摘到上市销售的时间不超过30天。我国经过包括简单手工分级在内的商品化处理的水果还不到总产量的1%;世界发达国家果品加工总量已达产量的35%,我国还不足10%。

(3) 我国水果配送的冷链技术还很缺乏。目前,在发达国家冷链物流已普遍应用,在我国冷链配送一直是政府官员和一些水果保鲜专家极力提倡和竭力推广的项目。但是,目前我国消费水平还不允许冷链配送这一高成本的流动环节加入到水果配送中来。例如,从广东到北京运输荔枝,运输成本为700~800元/t,而冷藏车运输成本为1 200~1 400元/t。这意味着荔枝在北京的批发价由原来的5~6元/kg,上升到5.6~7元/kg,上升幅度达100%~150%,而运输损耗率的减少却只能达到8%~10%,消费者并不会因此接受高价的荔枝。就目前我国的消费水平来说,只有停留在低价位才能达到大量的消费,高质高价的水果只能是少数人的消费品。在我国,对于特定水果的预冷设备和技术、防腐保鲜剂及包装材料的选择技术仍十分匮乏,冷链配送应用的技术基础还远远没有具备。

4.2.5 农业配送合理化措施

1. 农业配送存在以下不合理现象

1) 农业资源筹措的不合理

农业配送通过筹措农业资源的规模效益来降低农业资源筹措成本,使配送资源筹措成本低于客户自己筹措的资源成本，从而取得优势。如果不是集中多个客户需要进行批量筹措农业资源，而仅仅是为某一两户代购代筹，则对客户来讲，不仅不能降低资源筹措费，相反却要多支付一笔代筹代办费，因而是不合理的。

农业资源筹措不合理还有其他表现形式。例如，农业配送量计划不准、农业资源筹措过多或过少、在农业资源筹措时不考虑建立与资源供应者之间长期稳定的供需关系等。

2）农业配送价格的不合理

农业配送的价格应低于不实行配送时客户自己进货时产品购买价格加上自己提货、运输、进货的成本总和，这样才会使客户有利可图。有时，由于配送有较高的服务水平，价格稍高，客户也是可以接受的，但这不能是普遍的原则。如果配送价格普遍高于客户自己的进货价格，则损伤了客户的利益，就是一种不合理的表现；如果价格定得过低，则使配送企业在无利或亏损状态下运行，会损伤销售者，因而也是不合理的。

3）农业配送与直达的决策不合理

一般的配送总是增加了环节，但是这个环节的增加，却可以降低客户的平均库存水平，不但抵消了增加环节的支出，还能取得剩余效益。但是如果客户使用批量大，则可以直接通过社会物流系统均衡批量进货，较之通过配送中转送货可能更节约费用。所以，在这种情况下，不直接进货而通过配送，就属于不合理范畴。

4）送货中的不合理运输

配送与客户自提比较，尤其对于多个小客户来讲，可以集中配装一车送几家，这比一家一户自提，可大大节省运力和运费。如果不能利用这一优势，仍然是一户一送，而车辆达不到满载（即时配送过多过频时会出现这种情况），就属于不合理。此外，不合理运输的若干表现形式，在配送中都可能出现，会使配送变得不合理。

2. 农业配送合理化措施

国内外推行农业配送合理化，有一些可供借鉴的措施。

（1）推行一定综合程度的专业化农业配送。通过采用专业设备、设施及操作程序，取得较好的配送效果，并降低配送过分综合化的复杂程度及难度，从而实现配送合理化。

（2）推行加工配送。把加工和配送相结合，充分利用本来应有的中转，而不增加新的中转，使得配送合理化。同时，加工借助于配送，加工目的更明确，与客户的关系也更紧密，避免了盲目性。这两者有机结合，使投入不增加太多却可追求两个优势、两个效益，是配送合理化的重要经验。

（3）推行共同配送。通过共同配送，可以以最近的路程、最低的配送成本完成配送，从而实现合理化。

（4）实行农业配送的送取结合。配送企业与客户建立稳定、密切的协作关系，配送企业不仅成了客户的供应代理人，而且成为客户储存据点，甚至成为产品代销人。在配送时，将客户所需的物资送到，再将该客户生产的产品用同一辆车运回，这种产品也成了配送中心的配送产品之一，或者作为代存代储，免去了客户企业的库存包袱。这种送取结合，充分利用运力，也更大地发挥了配送企业的功能，从而实现农业配送合理化。

4.3 制造业配送

4.3.1 制造业生产流程与配送

1. 制造业生产流程分类

制造业生产是通过物理或化学作用将有形输入转化为有形输出的过程。按照工艺过程的特点、企业组织生产的特点、产品的专业化程度,有不同的分类方法。

1)连续性生产与离散性生产

按照工艺过程的特点不同,可以把制造业生产分为两种:连续性生产与离散性生产。

连续性生产是指物料均匀、连续地按一定工艺顺序运动,在运动过程中不断改变形态和性能,最后形成产品的生产。连续性生产又称为流程式生产,如化工、炼油、冶金、造纸等。

离散性生产是指物料离散地按一定工艺顺序运动,在运动中不断改变形态和性能,最后形成产品的生产,如轧钢和汽车制造。汽车制造是由多种零件组装成一种产品。像汽车制造这样的离散性生产又称为加工装配式生产。机床、汽车、家电、计算机、电子设备等产品的制造都属于加工装配式生产。

连续性生产与离散性生产在产品市场特征、生产设备、原材料等方面有不同的特点,如表 4-1 所示。

表 4-1 连续性生产与离散性生产的比较

特 征	连续性生产	离散性生产
用户数量	较少	较多
产品品种数	较少	较多
产品差别	有较多标准产品	有较多用户要求的产品
自动化程度	较高	较低
设备布置的性质	流水式生产	批量或流水式生产
原材料品种数	较少	较多
在制品库存	较低	较高
副产品	较多	较少

连续性生产与离散性生产的不同特点,导致其在物流活动复杂程度等方面也有较大差异。对连续性生产来说,生产设施地理位置集中,生产过程自动化程度高,原材料品种较少,物流系统相对简单。只要制订合适的生产计划,保证几种主要原材料的物流通畅,工艺参数得到控制,就能正常生产合格产品,而且生产过程中的协作与协调任务也少。相反,在离散性生产过程中,产品是由离散的零部件装配而成的,这种特点导致生产设施地理位置分散,零件加工和产品装配可以在不同地区甚至不同国家进行,由于零件种类繁多,加工工艺多样化,又涉及多种多样的加工单位、工人和设备,所以零部件的流动是非连续的且成网络状,导致生产过程中的协作关系十分复杂,凸显各加工单位间物料配送的重要性。高效的配送工作将会成为制造业企业的主要竞争力之一,也是企业降低物流成本、提高企业内物流服务水平的主要途径。因此,制造业配送研究的重点应放在离散性生产上。

广角镜　如何获得客户订单？

德国的配送企业获得订单的一种方法：一个潜在的新客户开业了，物流企业的代表带上公司的宣传册去拜访，送上小小的纪念品，比如公司标志的圆珠笔。第一次见面未必提业务。过一段时间，再去或者请对方来公司，了解他的业务并告诉他，我能为你提供什么服务，价格是多少。如果对方愿意接受，客户关系就建立起来了。物流企业会定期拜访客户，并且过一段时期都会举办一些活动。

2）备货型生产与订货型生产

按照企业组织生产的特点不同，可以把制造性生产分成备货型生产（Make-to-Stock，MTS）与订货型生产（Make-to-Order，MTO）两种。连续性生产一般为备货型生产，离散性生产既有备货型生产又有订货型生产。

备货型生产是指按已有的标准产品或产品系列进行生产，生产的直接目的是补充成品库存，通过维持一定量的成品库存来满足客户的需要。例如，连续性生产中的化肥、炼油，离散性生产的轴承、紧固件、小型电动机等产品的生产，都属于备货型生产。备货型生产的特点是生产计划一经制订，其物流活动则相对稳定，具有较强的可预测性，主要通过较大的原材料和零部件半成品库存来保证生产有序进行。

订货型生产又称"按订单制造"式生产，是指按客户的订单进行的生产，生产的是客户所要求的特定产品。客户可能对产品提出各种各样的要求，经过协商和谈判，以协议或合同的形式确认对产品性能、质量、数量和交货期的要求，然后组织设计和制造。例如，锅炉、船舶等产品的生产，属于订货型生产。订货型生产的特点是对产品的需求难以预测，对交货期有较严格的要求，这就要求订货型生产企业要更加注重企业内物流活动，加速订单的履行。而随着市场变化的日益迅速，客户的要求呈多样化，订货型生产将成为未来制造业生产的主要形式。

为了缩短交货期，还有一种是按订单装配式生产（Assemble-to-Order，ATO），即零部件是事先制作的，在接到订单后，将有关的零部件装配成客户所需要的产品。很多电子产品的生产属于按订单装配式生产。为了尽快为客户提供个性化的产品，ATO方式得到进一步发展。有些产品不一定要等订单到了再装配，可以先将通用零部件装配完毕，订单一到，再装配客户有特殊要求的零部件，这样，就能更迅速地满足客户的要求。同时，按订单装配式生产必须以零部件通用化和标准化为前提。例如，汽车、家电等的生产，都可以认为是按订单装配式生产。表4-2列出了备货型生产与订货型生产的主要区别。

表4-2　备货型生产与订货型生产的主要区别

项　　目	备货型生产（MTS）	订货型生产（MTO）
产品	标准产品	按用户要求生产，无标准产品，大量的变型产品与新产品
对产品的要求	可以预测	难以预测
价格	事先确定	订货时确定
交货期	不重要，由成品库随时供货	很重要，订货时确定
设备	多采用专用高效设备	多采用通用设备

3）大量生产、单件生产和成批生产

产品的专业化程度可以通过产品或服务的品种数多少、同一品种的产量大小和生产的重复程度来衡量。显然，产品的品种数越多，每一品种的产量越少，生产的重复性越低，则产品的专业化程度就越低；反之，产品的专业化程度就越高。按产品专业化程度的高低，可以划分为大量生产、单件生产和成批生产三种生产类型。

（1）大量生产。大量生产是指品种单一、产量大、生产重复程度高。例如，美国福特汽车公司曾 19 年始终坚持生产"T"型车一个车种，福特将这种生产方式称为大量生产，可见大量生产是有特定含义的。

（2）单件生产。单件生产与大量生产相对立，是另一个极端。单件生产品种繁多，每种仅生产一台，生产的重复程度低。例如，制作模具属于典型的单件生产。

（3）成批生产。成批生产或称批量生产，是介于大量生产与单件生产之间的一种生产类型，即品种不单一，每种都有一定的批量，生产有一定的重复性。

在产品生命周期越来越短，市场变化异常迅速的今天，绝对的单件生产和大量生产已经很少，大多数制造业企业从事的都是成批生产，如汽车、家电的批量生产。而对于成批生产，随着批量的变化需要不断地改变送往各加工车间零部件的规格，所以各加工工序间高效反应的配送管理变得日益重要。高效反应的配送管理也成为企业迅速响应市场变化、提高企业竞争力的重要手段。

2. 制造业配送的演进

在物流管理出现以前，制造业企业还没有一个独立的配送管理部门，只是被当做制造活动的一部分，没有职业物流人员和关于这方面的学术研究。直到 20 世纪 60 年代物料管理（Materials Management）和物资配送（Physical Distribution）出现后，情况才发生了变化。配送管理被认为是对企业的输出物流的管理，包括需求预测、产品库存、运输、库存管理和客户服务。20 世纪 80 年代出现了集成物流的概念（Integrated Logistics），把企业的输入、输出物流管理及一部分制造功能集成在一起。供应链管理是 20 世纪 90 年代才出现的新的管理模式，并随之出现了集成供应链的概念（Integrated Supply Chain），企业从眼睛向内转向眼睛向外，通过和其他供应链成员进行物流的协调来寻找商业机会。

需要指出的是，以前对制造业配送管理一般只研究企业的输出物流，即处理与企业最直接的客户之间的关系，把产品销售给客户的销售配送，包括在这一过程中的需求预测、运输、库存管理等问题。而在日益追求物流合理化的今天，生产工序间同样需要引入合理化的配送运作方式，在生产企业中常采用的"看板"方式的工艺控制技术，实际上就是配送功能在生产领域的充分发挥，只不过它是一种伴随信息传递的逆向过程而已。

（1）随着流水线生产、大量定制生产、准时制生产等一系列新的生产方式的兴起，一种产品所需要的零部件成千上万，而随着客户的要求不断变化的同时，又要尽可能缩短交货期，这对生产组织过程中的物流运作提出了更高的要求，传统的在各个车间设置零部件仓库的做法已经不能满足现有生产方式的需要。这就要求制造业企业在进行生产时应尽力协调好各种物流关系，有效地组织生产。因此，为各生产车间进行配送的现代化配送中心应运而生。通过配送中心的高效运作，可以及时地为各个加工车间甚至是加工工位配送合适数量的、正确的零部件产品，以保证流水线生产平稳、均衡地进行。

（2）现今供应链管理的发展十分迅速，企业的业务外包变得十分广泛。虽然业务外包有助于企业利用自身不具备的资源分担风险，降低管理难度，使自己专门致力于发展核心竞争力，但同时也带来了产品的可得性差等问题。在企业建立现代化的配送中心，有助于在装配生产与零部件生产之间建立缓冲，保持一定的库存来保证生产的连续性。

（3）通过配送中心信息系统与企业生产计划（ERP系统）的实时通信，及时发现配送中心的库存问题，在防止关键零部件短缺的同时尽可能地降低库存水平，以减少企业的资金占用。

4.3.2 制造业配送的概念、结构模型及特征

1. 制造业配送与制造业配送管理的概念

制造业配送是配送管理在制造企业的一个应用，由于其很大一部分是在技术层面和应用操作层面的研究，尚未形成统一的定义，所以许多应用专家从不同的角度出发提出了许多不同的定义。

传统的观点认为，制造业配送也就是制造企业将产品推向客户的销售过程，是指企业将产品从配送中心运往与其发生业务关系的批发商、零售店、最终客户的过程，以及发生在这一过程中的需求预测、库存控制、运输优化和客户服务等一系列运营技术。持这种观点的人从企业的销售配送出发，将制造业企业的配送简单地看成一个销售配送过程。另一种观点认为，制造业企业的配送还应该包括后向的供应商给制造业企业提供原材料、外购零部件的配送过程，以及关于供应商选择、采购谈判和订单下达等一系列工作，也就是一个企业的供应配送。而到了最近，制造业的配送开始更加注重围绕制造业企业本身的生产组织配送。例如，如何实施配送，达到生产平稳有序进行而又尽可能地降低库存水平；各生产工序间如何调整配送工具的使用时间和优化配送路线；如何预测各生产工序上的需求并通过信息系统的通信来进行配送合理化建议；如何在原有厂区对配送中心进行最优选址等。像某汽车装配厂的零部件配送中心，保证了生产线上的所有工位对各自零部件的高度可得性，从而保证生产有序进行。

在以上分析的基础上，本书给制造业配送的定义更为广泛：制造业配送是围绕制造业企业所进行的原材料、零部件的供应配送，各生产工序上的生产配送及企业为销售产品而进行的对客户的销售配送，它是一个更为广泛的制造业配送结构模式。制造业配送管理是指制造企业在进行配送时所进行的一系列包括需求预测、库存控制、运输优化、配送中心设备管理、客户服务，以及订单下达的管理运作。

2. 制造业配送的结构模型

根据以上对制造业配送的定义，其结构可以简单地归纳为如图4.2所示的模型。

由图4.2可以看出，制造业配送由供应配送、生产配送和销售配送三部分组成，各个部分在客户需求信息的驱动下连成一体，通过各自的职能分工与合作，贯穿于整个制造业配送中。而在实际运作中，供应配送和生产配送往往被集成，供应商直接将零部件送往配送中心，然后直接从配送中心将零部件配货后及时送往各个加工车间，完成整个供应生产的配送过程，可以称为集成供应配送。值得注意的是，有的企业以委托的方式将自己的配送业务交由第三方物流企业来运作。第三方物流企业可能使用一个配送中心来完成整个配送，如在企业附近建立一个配送中心，以共同配送的方式将企业所需要的原材料、外购件

运到该配送中心后,进行分拣再运往各个加工车间,同时企业的成品又通过该配送中心直接送到各个客户手上,这样仅由一个配送中心完成整个制造企业的配送过程。虽然从形式上看只有一个配送中心在运作,但是从其业务流程上来划分,还可以将其分成供应配送、生产配送和销售配送三个部分。

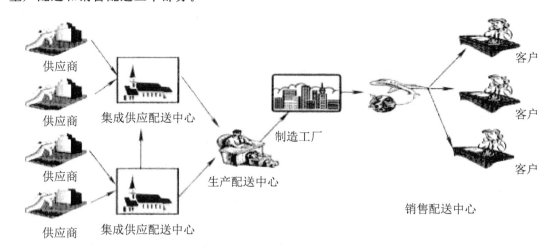

图4.2 制造业配送的结构模型

3. 制造业配送的特征

由制造业配送的结构模型可以看出,制造业配送是围绕制造企业的物料和成品在供应商、制造商和客户之间,以及制造商内部各生产车间甚至生产工位之间的有序平稳流动,以及它们之间的信息流动。制造业配送主要具有以下特征。

(1)复杂性。对于制造业生产配送来说,因为组成产品的零部件成千上万,小到螺钉、螺母,大到大型铸件,如汽车底盘、电器壳体,配送物资十分复杂。不仅需要现代化的立体仓库来储存各种大小适中的原材料和零部件,而且对于一些体积较大、形状不规则的零部件,如上面所说的汽车底盘,无法储存到立体仓库的货位上,因此必须在合适的地点建立相应自动化程度较低的平面仓库来存放这些零部件,这样造成其作业效率的不一致,将配送中心的管理复杂化。此外,由于大型制造企业,特别是从事离散性生产的企业,企业布局一般已经完成,而且在当初设计生产布局时可能没有考虑配送网络的问题,或是没有经过科学地优化分析,所以这些都将大大提高制造业配送管理的难度,不利于企业进行诊断和进行物流合理化建议。

(2)有序性。对于制造业企业来说,特别是进行流水线生产的企业,其生产是平稳有序进行的,对各个零部件的需求在时间上也是有序的,在不同的加工/装配工序上的零部件在时间上是有先后之分的,即各零部件在进行配送时可以有优先度之分的。因此,在进行加工配送时要考虑到这一点。

(3)配套性。在制造业生产中,有些零部件的需求是配套的,如螺钉配螺母、相应的轴承配相应的轴等,而实际上整个产品的所有零部件可以看做是一套零部件的组合。在进行配送时,如果缺少某一部件没有配齐,即使其他零部件都能准时配送到位,由于在某一工序上缺少相应的零部件,也将造成整条生产线的停工;另一方面,当所有零部件都已配齐,而其中有些零部件有余量,如在需要一个该部件时配送了两个,与其他的零部件没有配套，则该零部件会形成多余的库存，造成无谓的浪费。

（4）定路线定时性。在进行生产时，一般来说加工工位的地理位置是不会发生变化的，即相应零部件的配送目的地不会发生改变，所以其配送路线是不变的；同时随着生产节奏的平稳变化，各个工位上的需求也是十分稳定的，体现在配送上就是对配送时间的要求也是稳定的，只是随着生产计划的变化作很小的调整，这就简化了配送中心的管理。由于配送的定路线性，就可以利用自动化程度更高的连续输送机，如辊道式输送机直接在配送中心与加工工位之间配送；加之配送的定时性，通过设定配送流程，可以大大提高配送效率，同时也简化了配送管理的难度。

（5）高度准时性。由于生产的连续性，特别是对于进行流水式生产的企业来说，其对配送的准时性有极高的要求。对于批发零售配送来说，若是没有及时配送造成缺货，其结果可能是暂时性地失去该客户；而对于制造业配送来说，若配送不及时，造成的后果将是整条生产线的停工待料，造成不可估量的损失。然而，可以通过将配送信息系统与企业计划信息系统（如 MRP、ERP 系统）高度集成，大大提高配送的可预测性，从而实现高度准时配送。

20 世纪 90 年代以来，由于科学技术飞速进步和生产力的发展，客户消费水平不断提高，企业之间竞争加剧，加上政治、经济、社会环境的巨大变化，使得需求的不确定性大大加强，导致需求日益多样化。这些既是多样性与市场需求不确定性的根源，也是促进企业不断提高自身竞争能力的外在压力。在全球市场的激烈竞争中，企业面对的是一个变化迅速且无法预测的买方市场，传统的生产与经营模式对市场剧变的响应越来越迟缓和被动。为了摆脱困境，制造业企业采取了许多先进的单项制造技术和管理方法，如计算机辅助设计、柔性制造系统、准时生产制、制造资源计划（MRPⅡ）等，但是如果没有高效率的配送作支持，还是无法满足客户不断变化的需求。因此，高效率的配送不仅能使企业降低物流成本，获取相应利润，而且可以使企业快速响应市场变化，提高客户的满意度，使企业在激烈的全球竞争中立于不败之地。

4.3.3 制造业配送流程规划

1. 制造业配送发展策略的选择

1）系统接管

系统接管是指将系统的配送职责全部转移给外部物流合同供应商，即第三方物流企业，彻底关闭自身的物流系统，将原有的物流资源以协定的价格转交给物流服务商，物流服务商按照合同为企业提供第三方配送服务。例如，世界上最大的化工企业杜邦公司，几年前它将北美的物流企业交给了 APL 公司的第三方物流企业。APL 为杜邦公司设置了 400 个运输点，为上千个零售商及客户管理原料、成品的运输及销售，取得了极为可观的经济效益。

2）系统协作

系统协作是指企业保有一定的配送能力，同时努力开展与其他物流企业的合作，将两者的配送能力很好地结合起来，为己所用。这样既不完全依赖于外部物流企业，同时又可以较少地支付物流费用（因为自身有一部分物流能力），但这样做有一个难点，即如何将企业内部和外部的物流资源很好地结合起来，因为两者很容易发生冲突。例如，对同一项物流业务，如果交给外部物流来做可能费用较省，但内部物流员工可能会有意见，失去工作热情;如果交给内部物流来做,虽然可以满足员工要求,但会造成较高的费用,同时浪费大量人力物力,不能专注于自己的核心业务。

3) 系统剥离

将原来已有的配送系统剥离出来,形成一个独立的实体,负责母公司配送的基本业务,同时还可以发展为第三方物流企业,实施这种配送的前提是企业具备相当的物流运作实力。例如,海尔集团1999年成立物流推进本部,对集团内外的物流资源进行了有效的整合,经过几年的发展,海尔集团物流推进本部已经拥有网络化配送体系,从生产线到中转库,从经销商到客户。到2001年在全国已经建立了42个配送中心,每天可将5万多台定制产品配送到1 550个海尔专卖店和9 000多个营销点。2013年,海尔在中心城市已经实现8小时配送到位,区域内24小时配送到位,全国4天内配送到位。目前,海尔物流已经成为日本美宝集团的物流总代理,与ABB、雀巢等跨国集团合作的物流业务也在顺利开展。

制造业企业采用什么样的配送策略,要根据企业自身的情况而定。一般来说,对于中小型企业,由于没有强大的财力做支持,可以采用系统接管的方式,一方面可以专心致力于自身的核心业务;另一方面还可以获得第三方物流提供的高质量、较为经济的物流服务。而对于实力雄厚的大型企业,可以采用系统剥离的方式,一方面可以使自己的物流业务得到优先保证,大大提高客户满意程度;另一方面,被剥离的物流业务可以成为企业另一个利润驱动中心,在为企业带来丰厚收益的同时还可以提高企业的声誉。而对于现有的采取系统协作策略的企业,建议或是朝系统接管的模式转变或是朝系统剥离的模式转变,因为这种夹在中间的策略最不经济。如果企业的实力较雄厚,可以考虑向系统剥离的模式转变,使之成为企业的另一盈利部门;如果企业的规模较小,或者企业的目标就是做一个高利润的专业企业(如某条供应链上的一个优秀供应商),则可选择系统接管的模式发展,将企业的全部物流业务交由第三方物流来做。

2. 制造业配送的流程

制造业配送的流程与一般配送的流程相似,只是因为制造业配送与制造业生产的联系更为紧密,所以制造业配送的流程体现在信息系统上,与企业的生产计划等的联系更为紧密,而在运作上更强调货物(工厂零部件)的快速通过,越库式作业比较频繁,相对存货量不是很大,故需要较大的直通式理货区来进行快速作业。而对于其销售配送过程,因为一般是为大客户服务的,客户相对集中(制造业配送中心一般只负责为下一级销售配送中心、批发商或大零售商进行配送,而将小客户或个人订货交由下一级销售商来处理,以降低与每个客户进行交易而产生的交易成本),故在配送时较易实现整车运输,客户和订单管理也相对简单。除此之外,制造业配送的另一特点是,往往将零部件、配件配送与成品配送的运作集成在一个配送中心之中,所以在管理时还要考虑零部件与成品的不同特性区别管理。对于制造业配送来说,制造工厂还扮演着双重角色;对于销售配送来说,制造工厂是其供应商,是配送中心存货的主要来源(此外还有一部分是直接采购回来的备件及其他附件);而对供应配送来说,制造工厂又是其客户,是其配送服务的主要目标。针对制造业配送中心的上述特点,制造业配送的流程也有其自己的特点,如图4.3所示。

从图4.3可以看出,制造业配送的驱动力同样是客户需求。在接到客户的需求信息时,销售配送中心就查询库存,确定配送中心是否有足够的库存来满足这次订货。若满足库存需要,则下达配送计划,进行分拣、流通加工、装卸、配送等一系列配送中心作业,从而将货物迅速交到客户手中；若库存不足，则要组织生产，制订生产计划并下达到各个生产部门与生产配送中心，对于库存满足需要的零部件，则通过生产配送中心，经过一系列作业发送到生产部门，对于需要采购的零部件，则需快速下达订单给供应商，并通过越库作业直接由供应商在配送中心作暂存后送往生产部门，保证生产部门及时得到所需原材料和零部件。工厂完成产品的制造后，将一部分产品通过越库作业直接发给客户，而另一部分入库、理货后储存，以保证后续需要。同时，外购的配件则可由供应商直接经过两次越库作业发送给客户。客户收到产品后可能会由于质量不合格等一系列原因而拒收货物，这时就会发生退货作业，将产品返回到配送中心后进行退货分类作业，根据不同的退货原因，明确责任。对于由于上游供应商配件造成的退货，将其退给上游供应商处理，并作相应的记录；而对于由于生产造成的问题则退回加工工厂进行再加工，对于可以降级销售的产品则重新入库以等待机会作降级销售，并作相应记录。

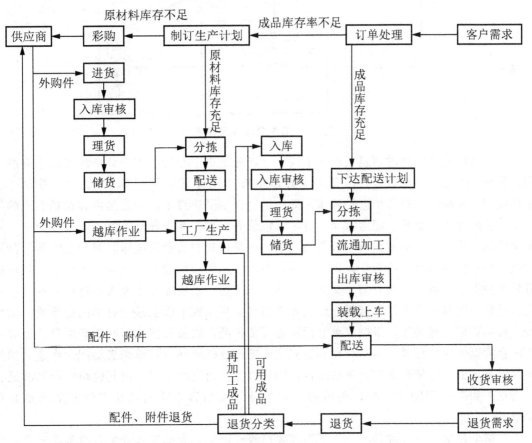

图 4.3 制造业配送流程图

4.3.4 制造业配送的基本运作

1. 制造业配送中心的订单管理

在配送中心的日常营运作业中，订单处理是一切作业的开始，而且是一切作业的核心。订单处理的成效将会影响到后续作业乃至整个企业的营运状态。如何快速、准确、有效地取得订货资料,如何进行有效订单分类和归并,如何追踪、掌握订单进度以提升客户服务水准,以及如何支持、配合相关作业等,是订单处理所要面对的问题。而对于制造企业的配送,还要考虑如何将订单资料快速传递给生产部门,以制订有效的生产计划。

一般来讲,制造业配送中心订单处理的作业程序如图4.4所示。

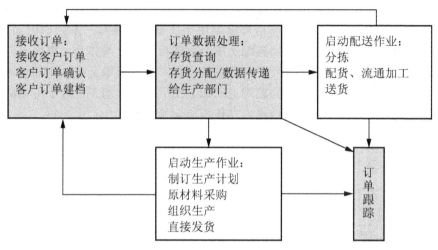

图 4.4 订单处理作业程序

由于所面对的客户的信息化水平不同,制造业配送中心接收客户订单的方式也有所不同,从传统的电话口头订货、传真订货到 EDI 和 POS 系统订货。但不管怎样,配送中心在接收到订单后先要对订单进行确认,即决定是否接受该订单,确认的内容包括客户的信用及订货的种类、数量、配送时间、价格、包装等。如果客户已经超过了其信用额度,则提出警示,取消该订单或交由上级部门决策;如果订货的数量、配送时间和包装等信息不明确,则可将订单反馈给客户重新下订单,并提示相关项的输入。之后,配送中心须根据订货的种类、地点、配送时间、交易方式等进行分类,以便配送作业人员进行分拣作业和配送计划,同时记录下订单资料并建立客户档案。在完成了以上接受订单的处理后,则可转入订单数据处理程序,根据订单上记录的订货种类、数量及交货时间查询库存是否有足够的存货以供履行订单,如果有足够的存货则输出分拣单和送货单来启动配送作业;如果发现没有足够的存货来支持订单的履行,则将数据传给生产部门,由其组织生产来满足客户需求;如果生产能力不足,则可通过业务外包或与客户协商延长交货期来满足客户需求。

在整个订单的履行过程中,为了提高客户服务水平,大都应该提供订单跟踪服务,即使该信息不与客户共享,配送中心也需要自己明确掌握订单的状态。在实际作业中,对不可避免的订单异常变动情况,系统应该及时加以反映、修正,以维持系统的正确性及因异常变动造成的损失。这些订单异常变动包括客户取消订单、客户增订、配送时发生缺货及送货时客户拒收(原因是客户对配送种类、数量持有异议或发生缺损)。所有这些都要反映在订单状态信息中,保证系统能够及时发现并修正。同时,对客户来说,往往希望从供应商那里事先得到事先装运通知(Advanced Shipment Notification,ASN),以便精确地测定配送的确切时间和地点,及时组织人力、设备来完成接货工作。这不仅对客户来说可以从容地接货，而且对配送中心来说可以减少货车在客户地等待装卸的时间，从而提高运输工具的使用效率。

在制造企业销售配送中心的配送管理中，有一个特点是配送中心的存货是本企业自己生产制造的，也就是存在配送中心的存货由制造厂运到配送中心并没有发生物权的转移。这就给配送中心的采购管理带来了相当大的便利，因为同属于一个企业，容易实现信息共享而不需要提防信息外泄，便于配送中心进行订单跟踪，甚至可以掌握产品在具体生产工位上的信息，从而更好地进行预测，来提高客户服务水平。而对于供应配送，通过双向的信息流监控生产计划，供应配送中心可以实施提前进货，在生产部门下达生产计划的同时已经将原材料和零部件准时地运达加工工位。从而使整个订单的履行过程不是传统的以需求来拉动，造成安全库存在各个节点积累，而是实现真正的敏捷制造。

2. 制造业配送中心的库存管理

1）制造业配送中心存货的来源

在现代化配送中，大多数企业采取各种措施来降低库存水平，提高库存周转率。实际上，真正的零库存是很难实现的，库存也并不是都对配送起消极作用；相反，在配送中心中保有适量的存货，能够更好地为制造企业的生产和销售服务，同时还可以提高配送中心的服务水平。根据配送中心存货的来源，大致可以将它分为以下几种。

（1）批量存货。批量存货有三个来源：生产、购买和运输。对于生产来说，为了获得规模经济，生产企业有一个经济生产批量，在订货没有达到生产批量时，企业在组织生产时也会按照经济生产批量进行生产，多生产出来的产品就要储存起来，因此产生了批量存货。同样，由于采购时有批量要求，采购量大有价格折扣，而小批量采购成本比较高，所以企业往往进行大批量采购，这也造成了批量存货。对于运输来说，同样也存在着大量运输的价格折扣问题，同时整车运输往往更为经济，所以为了达到整车运输的目的，往往需要加大运输量，从而也产生了批量存货。

分析批量存货是否有利，要综合进行批量存货与不进行批量存货之间的成本因素分析，有时批量存货的持有成本比较高，这时采取小批量生产与采购往往更为经济，同时还要考虑到产成品陈旧过时会造成大量损失。

（2）不确定性/安全存货。在企业的经营活动中，所有的业务都面临不确定性，这种不确定性的来源各异。处理不确定性的一个惯常做法是预测需求，但从来都不能准确地预测出需求的大小。对于供应配送来说，不确定性是获取供应商零部件的不确定性；对于销售配送来说，不确定性是客户需求的不确定性；而对于生产配送来说，是生产计划滚动的不确定性。不确定性可能来源于运输，也可能来源于其他方面，如供应商倒闭、生产计划调整等。配送中心要备有安全存货来进行缓冲，以防备不确定性。

（3）季节性存货。在现实生活中，几乎所有的产品都有季节性，季节性可能发生在供应方，也可能发生在需求方。钢铁企业就是季节性供应的一个例子，一般钢铁企业只在一年的某一时段生产某一品种的钢材，而这种钢材的需求是全年性的，那么配送中心就要按全年的需求量将钢材在生产期间存储起来，以保证全年的需求，以缓解生产与消费在时间上的差异；滑雪器械的制造企业，又是一个季节性需求的例子，滑雪器械一般只在冬季达到销售高峰，而制造企业为了获得效益，不可能在冬季以外的时间不进行生产，因此生产企业需要将平时生产的产品在销售配送中心储存起来，以应付冬季的销售高峰。

2) 制造业配送中心库存的特点

制造业配送中心的库存具有以下特点。

(1) 存货数量、品种差别大。对于制造业销售配送来说，由于其产成品来自于制造工厂，而制造工厂生产的产品又比较单一（多产品经营的大企业集团除外），同时有一定的生产批量，所以对于销售配送来说，有存货数量大、品种比较少的特点，易于管理；而对于生产供应配送（特别是加工装配型企业）来说，其需要的零部件成千上万，且从体积和总量上又有很大区别，同时由于多数企业追求零库存生产，往往备有较少量的原材料和零部件，所以对生产供应配送来说，有品种多而每种存货数量较小的特点，从而增加了管理的难度。

(2) 存货来源不一致。对于销售配送，其存货来源于制造工厂，对于大企业，也不过是来源于同一企业集团内部的几个不同的加工工厂，存货来源比较单一；而对于生产供应配送，其存货来自于众多的供应商，而各供应商的产品由于存在种类、规格的不同，所以存货来源广，这就要求制造业配送进行存货管理时，要处理好各种存货之间的关系。

(3) 存货周转快。一般来说，配送中心是货物的集散地，货物在配送中心不作长期储存，存货时间相对较短，这也是配送中心与普通仓库的重要区别。特别对于推行准时生产的企业，零部件停留时间很短或基本不作停留，在完成分拣和配货作业后，直接被运往生产工位投入生产。存货的这个特点，要求配送中心存货规划必须充分考虑如何使存货系统满足货物的快速流动。

(4) 存货相关性强。由于存货是供生产用的，所以各零部件之间存在着配套关系；同时，销售的产品也存在着配套关系，如一台计算机将主机、显示器、使用手册等配套出售。制造配送中心的这一特点特别需要关注，以便更为合理地管理存货。

3) 存货重点分类管理技术（ABC 管理法）在制造业配送中心的应用

由于制造业配送中心不仅存有产成品，还有各种零部件和备品备件，其重要性是不同的，对每一种存货施以同等的管理是不必要的，也是不可能的。因此，有必要在配送中心采用重点分类管理技术对存货进行合理管理。

在大多数情况下，存货被分成 A、B、C 三类，有时根据具体情况，存货的分类也可以多于三类，但不宜过多，因为这会导致重点不突出。对于制造业配送中心，可以进行以下分类。

A 类——成品、关键零部件。

B 类——一般零部件，低销量廉价的成品。

C 类——原材料、价廉零部件（如螺钉和螺母）。

进行以上分类的原因是成品的价值比较高，且经过一系列的生产过程，已经消耗了大量的人力、物力，所以要重点管理，确保其有较高的可得性，应定期盘点。由于关键零部件的缺货可能导致生产线停产，且很难迅速得到补货，因此也需重点管理，确保较高的可得性。而原材料不需要较好的保管措施，可能只需露天放置或相对简单的包装，故只要记录一般库存数据即可，而对于价廉和可得性好的零部件如螺母，即便发生缺货，由于已经标准化且价格低廉，在市场上极易购买，故只需进行一般管理。而对于一般的零部件和低销量成品不需要像关键零部件那样重点管理，故将其归为 B 类，作一般的管理。进行 ABC 库存管理后，应该确保 A 类产品能够随时获得，尽管 B 类和 C 类产品可以在物流渠道中得到，但也要保证在需要的时候能及时获取。

难点例释 例 4-1

2012年11月25日,某仓库运营部接到入库任务单,要对6种商品入库。这6种商品的周转量分别是:550、500、300、290、220、200。假设仓库面积560m², 高度4.5m², 能够满足两层货架仓储作业, 对所要入库的商品进行入库方案设计及货位优化。设计时首先要分析商品物动量, 把物动量大的商品储存在方便取放的货位。然后进行码盘组托, 按照成本最低原则, 选择合适数量的托盘。码盘后选择合适的设备将货物搬运至货位。入库任务单见表4-3。

表4-3 入库任务单

入库任务单编号:W11041801			计划入库时间:到货当日			
序号	商品名称	包装规格(长×宽×高)/mm	单价/(元/箱)	重量/kg	入库数量/箱	限制堆码层数
1	泰山仙草蜜	395×245×265	1 380	9.5	31	5
2	紫山酱菜	330×235×240	1 180	9.3	36	6
3	丹夫华芙饼	455×245×200	260	2.5	32	5
4	厨师肉松	460×260×230	220	4.8	20	5
5	立邦油漆	295×245×240	200	9	36	6
6	杜浔酥糖	495×395×320	420	15	8	5

解:(1) 商品物动量 ABC 分类。

商品物动量是指商品的销售数量。

ABC分析法又称帕累托分析法、ABC分类管理法、重点管理法等。它是根据商品的销售数量, 进行分类、排队, 分清重点和一般, 以有区别地实施管理的一种分析方法。由于它把被分析的对象分成A、B、C 三类, 所以称为 ABC 分析法。

(2) 方法。

第一步:统计货物周转量;

第二步:计算货物累计周转比例;

第三步:分类。根据货物累计周转比例, 将0%~70%的货物定位 A 类商品;70%~90%之间的货物定位 B 类商品; 其余的为 C 类商品。假设6种商品的周转量为:550箱、500箱、300箱、290箱、220箱、200箱, 得到表4-4。

表4-4 库存周转量统计表

序号	货品名称	周转量/箱	周转比例/(%)	累计周转比例/(%)	ABC 分类
1	泰山仙草蜜	550	26.699 1	26.699 1	A
2	丹夫华芙饼	500	24.271 8	50.970 9	A
3	紫山酱菜	300	14.563 1	65.534 0	A
4	厨师肉松	290	14.077 7	79.611 7	B
5	杜浔酥糖	220	10.679 6	90.291 3	C
6	立邦油漆	200	9.708 7	100.000 0	C

根据累计周转比例分析所得, 序号1、2、3的商品物动量最大, 故为 A 类, 以此类推。

（3）对入库任务单中的商品进行 ABC 分类。

根据 ABC 分析法原理，对入库任务单商品归类见表 4-5。

表 4-5 入库任务单商品归类

入库任务单编号：QTC20120001							计划入库时间：到货当日		
供应商：漳州中汇百货有限公司									
序号	货品编号	商品名称	包装规格/mm			单价/（元/箱）	重量/kg	入库数量/箱	ABC 分类
			长	宽	高				
1	6921294392975	泰山仙草蜜	395	245	265	1 380	9.5	31	A
2	6904555692151	紫山酱菜	330	235	240	1 180	9.3	36	
3	6920789722297	丹夫华芙饼	455	245	200	260	2.5	32	
4	6941660500278	厨师肉松	460	260	230	220	4.8	20	B
5	6901535178490	立邦油漆	295	245	240	200	9	36	C
6	6934446808729	杜浔酥糖	495	395	320	420	15	8	

根据库存商品物动量 ABC 分类法把入库货物归类成表 4-5。

（4）储位确定。

商品储位确定需遵循以下原则。

① 根据商品周转确定储位。

② 根据商品相似、相同性确定储位。

③ 根据商品特性确定储位。易燃物品必须存放在高度防护作用的独立空间内，且必须安装适当的防火设备；易腐物品必须存放在冷冻、冷藏或其他特殊的设备内；易污染物品存放必须与其他物品隔离。

④ 根据商品体积重量确定储位。

⑤ 根据先进先出、重不压轻原则安排储位。

⑥ 面向通道原则。

4）制造业配送中心存货的盘点

在配送中心的实际运营中，由于种种原因，经常会出现存货账物不符的情况。如果这种账物不符的情况缺乏监控，就可能造成配送中心在配送时出现缺货，服务水平降低，甚至有可能导致生产线的全面停产待料等情况，并带来一系列的不良后果，如取消订单情况的增加，存货及其成本的增加，供应渠道中的重要存货的不均衡及作废存货的增加，保险费和运输费的增加等。另外，还可能影响配送中心利润报告的正确性，进而影响企业生产计划的确定及引起市场反应能力的下降。因此，有必要进行存货的盘点。盘点可分为定期盘点、不定期盘点和经常盘点三种。

5）制造业配送中心的库存决策

由于企业的生产是连续的，为实现生产线的连续运转，就要求制造企业的供应配送中心不断地对送往生产线上的零部件进行补充，以保证生产工位能够及时得到正确数量的零部件，但由于现在制造企业大多是进行小批量、多品种的订货型生产，使配送的不确定性大大增加。这就要求配送中心要制订合适的补货策略，以便在不断寻求降低存货持有成本的同时，充分满足客户或生产单位的需要。

对于配送中心来说，其存货的需求可分为独立需求和派生需求。当一种需求与其他货物的需求无关，即不能用另外一种需求来表示时，称该货物的需求为独立需求；而当一种货物的需求直接或间接地与另一种库存需求相关时，就称这种需求为派生需求。例如，对于成品汽车的库存来说，成品汽车的需求是独立需求，而对轮胎的需求则是派生需求。对于制造业配送中心来说，其库存货物的需求大部分属于派生需求，特别是对于供应配送来说，成千上万的零部件之间存在着一定的逻辑联系，即装配一部成品，所需要的零部件的数量也是一定的；同时根据生产工艺，还可以精确地计算出各种零部件进入生产线的精确时间，即需求将在何时产生。因此，在制造业配送中心的库存管理中，要充分重视其库存货物的这种相关性，以便保持库存的平衡，减少不必要的库存，提高配送中心的库存管理水平。

3. 制造业配送中心的理货作业管理

配送中心的理货是指进行出货准备的各项作业，主要包括分拣、配货，以及流通加工等作业内容，是配送中心区别于一般仓库及送货组织的重要标志。据统计，分拣、配货等理货作业的作业量要占整个制造业配送中心作业量的一半以上，同时流通加工也是配送中心进行增值、提高客户服务水平的主要手段。

1) 分拣作业

制造业配送中心的存货一般来说重量比较大，如果采用人工分拣的方法，不仅效率低下，而且在有些情况下根本无法实现(如汽车配送中心)。因此，在制造业配送中心一般采用自动分拣系统进行分拣作业。在制造业配送中心，一般的分拣设备有叉车、分拣台车和自动分拣系统等。通过一系列自动化分拣设备的使用，大大提高了分拣的效率，适应了现代生产的快速要求。在制造业配送中心，生产单位所需要的零部件基本上是不相同的，而对单个加工单位来说其所需的零部件也比较单一，特别是对于进行加工装配式生产的企业来说，其配送中心中很大一部分零部件就是专门为某个工位备货，所以一般采用摘果式方式进行单一拣取。单一拣取即由一个人从头到尾负责一张订单，此种分拣方式的分拣单只需将订货资料转为分拣需求资料即可，既便于管理，又可对生产单位及时响应。

2) 配货作业

分拣作业完成后，还不能将零部件或成品直接装车交付客户，要根据客户的配送路线进行分类，集中放置在集货站存取，等待装车。如果在分拣的同时已经完成了分类，这一步就可以省略了。在制造业配送中心进行分拣作业时一般是单一拣取，每次只为一个客户服务，因此配货作业的内容相对简单，只是对产品和零部件作一些简单处理(如包装作业)，以保护产品并方便运输。

配货作业中的包装主要是指物流包装，特别是对于零部件，产成品的质量很大一部分取决于零部件的质量，如果一辆汽车没有高质量的发动机来做保证，再好的装配厂也无法装配出质量一流的汽车。因此，必须通过配货中的包装作业来降低货物损失，同时减少搬运次数，还可以根据生产单位的要求使用特制的托盘来方便生产单位的作业。

3) 流通加工作业

在制造业配送中，进行流通加工的主要目的是衔接产需。例如，制造厂为了加工而进行的对金属材料的下料、剪板，煤炭去矸加工，玻璃的套裁加工等。形成这类加工的主要原因是采购的零部件或原材料标准化，不符合企业进一步生产的需要，从而对原材料和零部件进行流通加工,以便更好地满足生产要求。对于销售配送来说,企业不可能生产所有品种规格的产品,而客户的需要又是变动的。通过流通加工不仅可以满足不同客户的需求,而且可以实现产品的延时成型,从而降低库存水平。

4. 制造业配送中心的输配送管理

在配送中心理货作业完成后,要想最终完成整个配送计划,还要完成配送作业的最后一步,即通过合适的运输手段和运输计划将货物准时送交给客户。反映到制造业配送的管理中,就是要在正确的时间里使用正确的输配送方法,将产品送到各分销中心或由供应配送中心将各种零部件及时送到加工车间。

制订一个合理的配送计划是进行有效输配送的基础。在制订配送计划时,配送中心应根据企业的生产计划、用户的订购数量、具体配送要求,结合配送中心运输工具的数量、类型、能力,以及交通路线的具体情况进行综合考虑,作出选择。配送计划的主要内容应包括配送的时间、车辆选择、货物装载,以及配送路线、配送顺序的具体选择。在制造业的供应配送中,配送可能只发生在厂区内部,各种零部件在生产线上的需要时间有一个顺序性,而在地理位置上也存在一定的顺序性。在制订配送计划时可以利用制造业配送的这种特性,将各种零部件进行集货运输,依据其地理位置的顺序进行配货,以减少无效运输。同时,对于产成品和零部件使用同一配送中心的配送系统,还可以利用运送零部件的回程车辆将产成品运回配送中心进行储存,提高了设备的利用率。而对于制造业的销售配送,大的企业集团往往建立大的配送网络,其配送中心不止一个,而是多个配送中心分别针对不同的区域进行配送,在制订配送计划时,要充分考虑其他配送中心的存货,通过各个配送中心之间的信息共享,对其存货进行统一调配,以便快速满足客户的需求。

4.4 批发零售业配送

4.4.1 一般批发零售业的配送管理

1. 统一配送概念

统一配送就是商贸企业在建立配送中心的基础上(有时利用社会化配送中心),对各企业及所属的销售终端(如超市零售店等)实行统一备货和送货的过程,它代表商品流通的总体发展趋势。随着商贸企业的发展,以及企业寻求新的利润来源的需要,统一配送发挥着越来越重要的作用,已成为商贸企业经营的核心技术之一。

2. 统一配送在商贸企业经营中的作用

1) 物流设施和资源的有效利用

统一配送能提高运输车辆的合理利用率。配送管理的改进,客观上改变了仓储、运输分散的格局,使物流资源相对集中。实行配送制,又有益于建立合理的运输结构,进而能够提高物流设施的利用率和车辆等物流设备的工作效率。在配送中心的设施中,仓库是最重要的设施之一,它是建立配送中心的主要投资项目,仓库建设、维修及管理费用的支出都增加了企业资金的占用量和利息负担,因此,仓库作用的有效发挥,直接影响着批发零售企业利润目标的实现。统一配送管理能使仓库的功能和作用得以充分发挥。

在过去的相当长一段时间里，批发零售企业的仓库仅限于储存货物，调节供需，使货物不受或尽可能少受损害。然而，随着企业经营技术的改进，多品种、少批量的订货要求日渐增加。统一配送使得配送中心的仓库转变为流通中心，并向着集散货物、加速流通的方向发展。这一转变，使货物由静态储存变为动态储存，服务也从被动服务变为主动服务。

2）存储空间转化为销售空间

库存是保证企业经营活动持续进行的重要调节手段，只有当各种货物能够以较低成本和较低费用持续不断地供应给零售店时，零售店才能再以仓库形式储存货物。实践表明，采用配货和送货为核心的统一配送方式来衔接供需关系，客观上可以打破流通分割和封锁的格局，改变各个连锁零售店自设仓库及流通分散的落后状态。

从某种意义上说，零售店的"零库存"现象是实行统一配送制度的必然结果。这是因为，统一配送的优点之一就是能够集中库存，它可以把批发零售企业的供应系统和销售系统融为一体，采用统一配送的方式，以配送中心代替零售店的供应系统。由于不依靠零售店的原有仓库也可以保障销售的连续运转，与之相联系的内部库存也会随之减少，甚至会出现零库存状态，进而把零售店的仓库储存空间转化为销售空间。

3）库存的有效控制

在库存分散的状态下，经常会出现货物超储积压和设备闲置现象，一方面要占用大量的资金，影响资金周转；另一方面又不能充分实现货物的价值。实行统一的配送管理后，由于服务的对象是众多的店面，因而容易使过去的超储货物派上用场，实现其价值和使用价值。因此，统一配送制通过集中库存、统筹规划库存和统一利用库存，使货物的库存得到了有效控制。

4）优化了批发零售业的销售功能

批发零售业的统一配送是为了适应现代顾客消费需求多样化、个性化而建立的一种物流体系，体现了"即时制"的概念。通过统一配送，将必要的货物以必要的数量在必要的时间送到各销售企业。统一配送能优化零售店的销售功能：一是保证零售店铺不缺货，需要的货物能准时送到，这样就可以使零售店充分把握销售时机，最大限度地实现销售目标，满足顾客的消费需求；二是减少或合理限制零售店的库存，减少资金积压，加快库存货物的周转。

3. 批发零售业的配送特点

1）批发企业的配送特点

现代批发业配送系统的机能就是在流通过程中起中介作用，减少单个厂商与零售商间的交易次数，在降低流通整体成本的同时，实现零售业一定程度的多样化进货要求。批发业作为连接厂商与零售业的经济主体，在流通过程的中间阶段积聚货物，向零售业迅速提供其所需求的货物和服务。但是，随着信息化的发展，没有批发商的中介，各流通主体也能获取信息，并实现相应机能。特别是具备高度备货机能、销售支持机能的大型零售业或便民店的出现，以及构筑销售公司使其具备批发机能的强有力厂商的出现，使批发商越来越面临着前所未有的危机和挑战，批发业存在的意义遭到质疑。无论在发达国家还是在中国，传统批发业的衰落都是一个共同现象，因此，在这种状况下，现代批发业开始从原来作为厂商销售代理人的地位转向零售购买代理人的地位，支持这种转换的基础正是信息系统化的推进，以及以信息系统现代化为根本的零售业支持机能的强化。从总体上看，现代批发业的配送特点表现在以下几点。

（1）备货范围广泛化、配送行为快速化。零售业者为了降低在库成本，贯彻即时销售的战略，要求多频度少量配送，尤其是随着便民连锁店的发展，往往要求配送能直接送到各店铺。零售业的这种配送要求有时会对厂商直送带来困难，虽然厂商正在积极从事多品种少量生产，但过于分散的配送势必会增加厂商的配送成本，特别是对于一些中小型的厂商而言，一方面由于自身规模较小，不具备直送业务的能力，也没有相应的配送中心、配送设施等手段；另一方面，因为经验、发展时间短等各种因素，也不拥有配送服务所必需的技术，因此，难以适应如今零售业多频度少量配送的要求。

（2）建立高度自动化的配送系统。批发业者的配送系统为了对应多频度、少数量配送的要求，需要在配送中心的高度化发展上下工夫，其最重要的问题是在实行品种多样化和订货少量化的过程中，单个货物包装作业的迅速化及按照订货要求提供正确的配送服务。为此，批发业者在导入信息通信系统，实行订货合理化的同时，相对于配送多频度、少量化的状况，应积极采用计算机在库管理、自动分拣机器、立体自动仓库、数码化备货等作业机械化、自动化的手段，推动配送中心现代化，这是批发业备货范围广泛化、配送行为快速化的物质基础。否则，没有配送系统高度自动化的发展，批发业要在扩大货物品种幅度的同时保持输送管理的高效率性是不大可能的。因此，伴随批发业战略上的转变，批发商在自身的硬件和软件建设上都需要作出重大调整，可以认为这是批发业革新的战略投资。

（3）配送中心的机能分化随着消费的多样化及企业营销战略差异化的发展，不同货物种类、不同品种或同一货物不同销售方式、不同生命周期，配送管理的要求或在库、配送要求是不一致的，有时这种差异大相径庭。如果将这些不同配送要求的货物管理集中在一起进行，既增加了批发企业配送管理的复杂性和难度，也不利于管理效率的提高，又难于灵活对应零售业配送活动及配送服务质量的不同要求。所以根据一定的配送要求、流通特性等标准进行适当划分，在配送中心内成立单独的配送机能是目前批发业为适应配送发展而进行组织机能变革的重要举措。

（4）向零售支持型发展的批发业在强化自身配送效率的同时，对无法充分应对信息系统化的中小独立零售商给予支持，努力确保顾客源是当今批发业配送发展战略的重要课题。这其中之一的举措是扩大不同产业批发商共同经营货物的范围，或者说打破批发业中的产业界限，实行零售支持和共同配送。这种零售支持型的发展能否成功，关键在于批发业所提供的信息系统化及零售支持的服务水准能否与大型零售业或 24 小时连锁店相匹敌。从发达国家的发展状况看，现金批发商零售支持强化的动向也很明显。

现金批发商是指以现金进行交易决算，无退货形式的批发商。目前，现金批发商的主要客户，即中小零售业的经营环境十分严峻。为此，批发商纷纷采取了各种支持行动来维持与顾客的关系，很多现金批发商为了能获得零售支持中的诀窍，直接进入零售领域试着开展一些货物促销活动。从具备市场竞争条件的角度看，如果这种试验性的促销活动能成功，无疑能提高中小零售业的经营效率，推进零售业经营行为的合理化，触发活性化的市场竞争。

（5）批发业的组织再生在追求实现信息系统化等批发机能高度化的过程中，能作出反应的批发企业与不能相应变化的企业,在效率和利益上产生了很大的差异,从而为批发业组织的再生和调整提供了基础。这一方面反映在一些全国性规模的大型批发企业通过兼并或参股的形式,将不具备条件的中小批发企业纳入到自己所控制的系统之下;另一方面,一些地域性的强大独立批发企业开始急速发展;此外,在竞争中生存下来的中小批发企业为了进一步确保生存发展的空间,也在积极从事相互间的合并或联盟。从日美发达国家的情况看,批发业的组织再生形式一是来自于零售配送要求而产生的集约化,即由零售业主导的来自下游企业的组织再生;二是中小批发企业,特别是不同产业批发企业之间推动共同配送或订、发货信息系统化方面的协作。

2) 零售企业的配送特点

零售企业的配送是在百货商店、连锁商店、超级市场、大卖场、邮购商店等商业企业的物流过程中产生的。在商流与物流分离的条件下,零售企业的物流形态,有从生产企业、批发企业等购进货物的采购;有将货物通过配送中心转运到各个连锁店和分销店的配送;还有把货物直接送到消费者手中的直销物流等。

现代零售业配送系统具有以下特点。

(1) 通过配送中心实现效率化。随着当今零售业的不断扩大,特别是连锁店的发展,出现了流通广域化、店铺复数化、商店规模大型化,以及货物构成多样化的现象。相应地,订货的频度和配送车辆数也大大增加,为了解决由此带来的货物搬运、检查作业烦琐及效率低下的问题,配送中心的建设是实现配送效率化的必然举措。从当今发达国家的情况看,大多数零售业者都有配送中心。

(2) 配送的计划化与集约化。为了灵活运用配送中心,提高配送效率,必须在软件方面推进联网化,实现计划性的发货,并将之与配送系统紧密结合起来,实现配送的计划化和集约化,要达到这一目标,必须积极推进条形码标签的导入、账单及配送手续的标准化。此外,在硬件配置方面,为了实现配送中心或店铺作业的合理化及省力化,要推动分拣、检查业务过程的自动化与机械化,这些都是实现货物配送计划化和集约化的前提条件。

(3) 配送系统设置成本的合理分担。对于零售企业来讲,在进行配送系统建设时还应重视的一个问题是,配送建设成本的合理分担。也就是说,信息系统化配送中心的建设虽然提高了配送效率,推动了配送体系的合理化,但在构筑这一系统时,必须充分重视建设成本由谁负担的问题。特别是随着当今零售业逐步在流通体系中占据主导地位,应防止将成本全部推向厂商或批发商的情况发生。因为要维持一个安定和长期有效的配送系统,必须与批发业、厂商等发货方进行充分协商,不断根据环境和流通的变化来调整配送系统。在这种状况下,没有批发商和厂商的合作,从长远来看,无法保证有效的配送体系的建立。所以,保障批发商和厂商的利益,合理解决成本分担,是构筑合作关系的重要条件。

4.4.2 批发零售业配送模式

1. 按供应主体不同划分的配送模式

1) 企业自营配送

在企业自营配送模式下,企业自己拥有配送中心。零售业巨人沃尔玛在配送方面的成功说明了配送中心的重要作用。在我国商业连锁经营中,具有一定规模的超级市场、便利店、专业店、综合商场等，都十分重视配送环节，相继建立了配送中心。实力较强的连锁企业自建配送中心，主要是为本企业的连锁分店配货，同时也可以为其他企业提供货物，能够创造更大的经济效益和社会效益。而且这种做法也符合企业的长期利益和战略发展需要。连锁企业都各有自己的经营特色，自建配送中心有利于协调与连锁店铺之间的关系，保证这种经营特色不受破坏和改变。

2）社会化配送

在社会化配送模式中，连锁企业的物流活动完全由第三方的专业物流公司来承担。社会化物流的优势在于专业物流公司能提供更多的作业和管理上的专业知识，可以使连锁企业降低经营风险。在运作中，专业物流公司对信息统一组合、处理后，按客户订单的要求，配送到各门店。这种模式的配送，还可为用户之间交流供应信息，从而起到调剂余缺、合理利用资源的作用。社会化的中介配送模式是一种比较完整意义上的配送模式。目前，国内多数配送企业正在积极探索。

3）供应商直接配送

在我国批发零售业发展的初期，许多连锁店都采取了把供应商直送方式简单地组合成连锁店的配送系统。实践证明，这种模式并不成功。因此导入期的中国连锁店，业态上大多选择了超级市场，而且是规模不大的第一代传统食品超市，连锁店规模扩大需要发展更多的店铺来实现。供应商的运输系统适应不了多店铺广区域发展的连锁店的要求，配送不到位，缺货断档，时间衔接不上，这些都制约了连锁店的发展。

4）共同配送模式

共同配送是一种配送经营企业间为实现整体的配送合理化，以互惠互利为原则，互相提供便利配送服务的协作型配送模式。

共同配送模式属于一种横向集约联合。按供货和送货形式不同又可分为共同集货型、共同送货型和共同集送型。共同集货型是指由几个配送部门组成的共同配送联合体的运输车辆，采用"捎脚"方式向各货主取货；共同送货型则是共同配送中心从货主处分散集货，而向客户送货采用"捎脚"方式；共同集送型则兼有上述两种模式的优点，是一种较理想的配送模式。按共用化范围确定的模式，共同配送还可分为资源共同型和共同管理型。资源共同型是指参加横向集约联合的企业组成共同的配送中心，利用各加盟企业的有限资源（含人、财、物、时间和信息），使之得到充分利用。共同管理型则是企业间在管理上各取所长，互通有无，优势互补，特别表现在人员使用与培训上。

共同配送模式可以极大地促进"物尽其用"和"货畅其流"，值得大力推广。

2. 按配送时间及数量不同划分的配送模式

1）定时配送

定时配送是按规定的时间间隔进行配送的模式。每次配送的品种和数量可按计划执行，也可在配送之前通过电话或计算机通知配送品种和数量。定时配送由于配送时间固定，易于安排工作计划和使用车辆，对用户来讲，也易于安排人员和设备接货。但是，由于配送货物种类多，配货、装货难度较大，在配送数量变化时，也会使配送运力安排出现困难。

2）定量配送

定量配送是按规定的批量在指定的时间内配送货物。这种模式配送数量固定，备货工作较为简单,可以按托盘、集装箱及车辆的装载能力规定配送数量,能有效利用托盘、集装箱等集装方式,也可做到整车配送,配送效率较高。对客户来讲,每次接货都处理同等数量的货物,有利于人力、物力的准备。

3)定时、定量配送

定时、定量配送是按照规定的配送时间和配送数量进行配送的方式。这种模式兼有定时、定量两种方式的优点,但特殊性强,计划难度大,适合采用的对象不多。

4)定时、定线配送

定时、定线配送是在规定的运行路线上按事先确定的运行时间表进行配送。客户可按规定的路线、车站及规定的时间接货及提出配送要求。采用这种方式有利于计划安排车辆及驾驶人员。在配送客户较多的区域,也可免去过分复杂的配送要求所造成的配送组织工作及车辆安排的困难。

5)即时配送

即时配送是完全按照客户突然提出的配送要求进行配送的方式,是一种灵活性很高的应急配送方式。

4.4.3 批发零售业配送作业流程

批发零售业配送作业流程可分为一般作业流程、中转型作业流程、加工型作业流程和批量转换型作业流程。

1. 一般作业流程

一般作业流程如图4.5所示,但不是所有的配送都按该流程进行。配送不同的货物,其作业流程长短不一,内容也不尽相同,但作为一个整体,作业流程又是统一的。

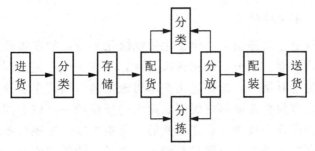

图4.5 一般作业流程

一般的配送货物主要包括服装、鞋帽、日用品等小百货;家用电器等机电产品;图书和印刷品等其他杂品。这类货物的特点是:有确定的包装货物的尺寸不大,因此可以对它们进行混装、混载;同时这些货物品种、规格繁多,零售店的需求又是多品种、小批量的,所以要对它们进行理货和配货。

2. 中转型作业流程

中转型作业流程专以暂存货物的配送为职能。暂存区设在配货场地,配送中心不单设存储区。这种类型的配送中心的主要场所都用于理货、配货。许多采用"即时制"的商贸企业都采用这种配送中心,前门进货后门出货,它要求各方面做好协调,而且对技术尤其是信息技术要求较高。

3. 加工型作业流程

典型的加工型作业流程如图 4.6 所示。在这种流程中，货物按少品种、大批量进货，很少或无须分类存放。一般是按客户要求进行加工，加工后直接配货。

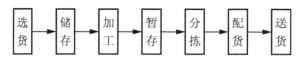

图 4.6　加工型作业流程

4. 批量转换型作业流程

采用批量转换型作业流程，货物以单一品种、大批量方式进货，在配送中心内转换型成小批量货物。批量转换型作业流程如图 4.7 所示。

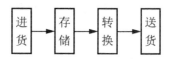

图 4.7　批量转换型作业流程

4.5　连锁企业配送管理

4.5.1　连锁商业企业配送概述

1. 连锁商业企业配送的特点

在过去的几十年中，以连锁化、信息化和规模化为特征的零售业发展很快，已成为当今社会经济的支柱产业。目前，就销售额而言，零售企业已超过制造、金融服务、信息等类型企业而成为世界第一，这在过去是不可想象的。而其中连锁这个先进的企业组织形式的应用是今天零售企业能够发展到如此大的规模的一个核心因素。我国发展连锁商业的时间不长，但已逐步成为商业零售业的一支主力军。连锁企业逐步扩大的销售规模使连锁商业企业在供应链上的作用日益增大，并且对我国的流通现代化产生巨大的推动作用。连锁企业的实质是五个统一，即统一采购、统一配送、统一核算、统一标识、统一管理。而统一配送是连锁企业核心竞争力的一个重要部分。连锁商业企业配送具有以下特点。

(1) 变价快。即货物的进货价格变动快，通常连锁超市经营的快速消费品的价格随着市场供需会有较快的变化，同时生产商或零售商的频繁促销也引起经常变价。

(2) 订单频繁。连锁零售的店铺多，订单频率高，同时有时间要求，有些小型的便利店甚至要求一天送货两次。

(3) 拆零。供应商大包装供货，配送中心需要按照店铺的订货量进行拆零、分拣。

(4) 退货。配送中心还要处理诸如赠品、退货(正品和残次品)等问题。

(5) 更换。货物淘汰的频率也很高，增加新品，淘汰滞销品。

(6) 保质期。消费品通常有不同的保质期，需要有针对性的保质期管理。

这些特点要求商业零售的配送要反应更快，要有更复杂的技术和信息的支持。

2. 连锁企业物流的发展趋势

(1) 连锁企业的配送中心将增加或加强冷冻生鲜食品的配送功能。随着零售市场的竞争加剧，居民生活水平的提高，人们对快速食品、生鲜半成品和冷冻食品的需求增加，大型连锁企业设立食品加工中心和配送中心是物流配送的一个趋势。

(2) 以批发为主导型的食品配送中心将出现。有实力的食品批发企业组织货物、面向独立经营的单体超市门店开展以食品为主的配送服务，也将是我国专业化配送中心发展的趋势。例如，肉类、蛋类、菜类、牛奶、面包、冰激凌等专门经营这些新鲜食品的物流配送企业，将伴随消费者生活水平的提高和对这些货物质量的要求，形成集物流、常温仓储、冷藏、包装、流通加工、配送为一体的多功能物流中心。

(3) 随着物流配送的社会化，连锁企业引入第三方物流将是一个发展趋势。在日本，大约有30%的连锁企业在很大程度上依靠社会化的专业配送企业。随着全社会专业物流企业的兴起和成熟，将货物的配送工作交给专业物流企业，也会成为连锁企业的一种选择。

另外一些自己拥有配送中心的连锁企业开始利用自身较强的配送能力，进行社会化的配送，通过扩大配送服务对象，开展货物配销业务。

(4) 物流信息系统的构造。与连锁企业配送有关的信息系统包括企业内部的管理信息系统及与供应商进行数据交换的系统(EDI)或电子订货系统(EOS)。目前，企业内部的管理信息系统在20世纪90年代后期已经相对比较成熟，连锁企业基本上应用了覆盖进销存的管理信息系统，甚至一些企业为提高管理的水平，还引入了商业分析智能管理及与供应商进行数据共享的供应链管理系统，但物流信息系统还大都停留在库存管理的水平。随着电子商务的推广和普及，零售企业特别是连锁企业在网上进行数据传送和订货，利用互联网与配送中心、上游供应商共享货物的销售、库存信息，在电子订货、验收、退货、促销、变价、结算、付款等环节提供协同支持，改善企业采购与销售、结算部门与配送中心、供应商与客户之间的业务流程和沟通。因此，在供应商、分销商之间实现供需数据及时共享是提升企业竞争力的关键一环。

4.5.2 连锁企业配送模式

结合连锁企业的配送特点，连锁企业的配送模式可以概括成以下几种。

1. 企业自营模式

这是目前生产、流通或综合性企业(集团)所广泛采用的一种配送模式。企业(集团)通过独立组建配送中心，实现对内部各部门、厂、店的货物供应——配送。这种配送模式中因为糅合了传统的"自给自足""小农意识"，所以形成新型的"大而全""小而全"，从而造成了新的资源浪费。但是，就目前来看，它在满足企业(集团)内部生产材料供应、产品外销、零售场店供货和区域外市场拓展等企业自身需求方面仍然发挥着重要作用。

较典型的企业(集团)内自营型配送模式，就是连锁企业的配送。大大小小的连锁公司或集团基本上都是通过组建自己的配送中心来完成对内部各场、店的统一采购、统一配送和统一结算的。

2. 单项服务外包型配送模式

这种配送模式主要是由具有一定规模的物流设施设备（库房、站台、车辆等）及专业经验、技能批发、储运或其他物流业务的经营企业，利用自身业务的优势，承担其他生产性企业在该区域内市场开拓、营销而开展的纯服务性的配送。在这种配送模式中，生产企业租用批发、储运等企业的库房，作为存储货物的场所，并将其中的一部分改造为办公场所，设置自己的业务代表机构，并配置内部的信息处理系统。通过这种现场办公式的决策组织，生产企业在该区域的业务代表控制着信息处理和决策权，独立组织营销、配送业务活动。提供场所的物流业务经营企业，只是在生产企业这种派驻机构的指示下，提供相应的仓储、运输、加工和配送服务，收取占相对于全部物流利润的极小比例的业务服务费。

开展这种配送模式的经营企业，由于对所承揽的配送业务缺乏全面的了解和掌握，无法组织合理高效的配送，所以在设备、人员上浪费比较大。因而，这是一种高消耗、低收益的配送模式。

3. 社会化的中介型配送模式

在这种模式中，从事配送业务的企业，与上家（生产、加工企业）建立广泛的代理或买断关系，与下家（零售店铺）形成较稳定的契约关系，再将生产、加工企业的货物或信息进行统一组合、处理后，按客户订单的要求，配送到店铺。这种模式的配送，还表现为在客户间交流供应信息，从而起到调剂余缺、合理利用资源的作用。

社会化的中介型配送模式是一种比较完整意义上的配送模式。目前，多数物流、配送企业正在积极探索这一模式。

4. 共同配送模式

这是一种配送企业之间为实现总体的配送合理化，以互利互惠为原则，互相提供便利的配送服务的协作型配送方式。这种配送模式是中小型物流企业实现物流合理化的良策。在实践中，主要有两种配送方式：一是两个以上不同业种的企业联合起来完成共同配送；二是具备一定的先进设备，能被各企业利用，并提供多功能服务的物流企业与几个中小型的连锁公司合作。

日本 7-11 公司提供了成功的经验。7-11 本身并没有设置配送中心，也没有配送车辆和人员，所有对连锁店的供货和作业，包括实施共同配送所需的仓库、配送站、配送车等设备和人手，都是供货厂商自行负责解决，总部只是向连锁店提供供货厂商。同时，7-11 采用了混合配送方式，大幅度缩短了从订货到交货的时间。通过共同配送，各个厂商无须自行处理货物分装或调度配送车辆，只要将货物送到共同配送地点即可。从整体成本分析，这种共同配送、统一处理分装作业，以及调度配送路线的方法，非常合乎经济效益原则。在国内，共同配送已经初步发展。例如，2000 年物美与北京粮食集团组成战略联盟，共同打造我国零售业的航空母舰，随后物美又携手北京麦当劳公司，将连锁超市发展与餐饮业相结合。

4.5.3 各种模式的分析比较

1. 企业（集团）内自营型配送模式

企业（集团）内自营型配送模式，尽管弊端较多，但就目前来看，专业化、社会化配送还没有广泛形成，这种"自己的东西用着方便"的配送模式，确实在一定程度上使连锁、生产企业在产品和原材料供应上做到了"万事不求人"。因此，这种配送模式有利于本企业（集团）的发展。当然，这只是顾及眼前利益，有魄力的决策者绝不会止步于此，在规模发展到一定程度之后，定会果断地加以调整，并大胆开拓、创新。

2. 单项服务外包型配送模式

单项服务外包型配送模式是一种雇佣式的配送，使一些物流企业尝到了甜头。首先是物流设施设备的充分利用和企业收益的显著增加，这是体制转轨以来物流企业渴望看到却一直无缘谋面的；其次，这种模式的配送，让企业不动脑筋就能挣"大钱"，不亚于"天上掉馅饼"。货主企业也能充分享受这种配送模式的灵活性，因为他可以将配送作业中的任何一种作业外包，完全取决于其自身的需要。这种单项服务外包，在西方也称为"第三方物流"。因此，双方企业自然都会乐此不疲。

3. 社会化的中介型配送模式

社会化的中介型配送模式是目前应充分肯定并大力推广的模式，它代表着配送的发展方向。这不仅仅因为它能以较大的价格优势和规模效益，达到降低流通费用，减少人力、物力、财力浪费的作用，从而为企业带来明显的经济效益，其意义和价值还体现在，这种配送模式有利于专业化、社会化配送中心的形成。

主动出击，努力改变被动服务的地位，积极从获取代理权、经营权入手，开展全方位的配送，对提供社会化中介型配送服务的企业来讲，应是其希望所在。

社会化的中介型配送模式是一种比较完整意义上的配送模式。目前，多数物流、配送企业正在积极探索该模式。

4.5.4 连锁企业配送中心

1. 配送中心对连锁企业的功能

配送中心在整个连锁企业管理运作中处于枢纽地位。它是流通企业连接生产和消费，化解供给和需求矛盾，使时间和空间产生经济效益的主要设施，通过合理的货物配送，既提高了连锁企业的规模效益，也降低了流通费用。因此，配送被视为商业企业的第三利润源泉，它的运营状况和工作效率将直接决定和影响着连锁企业的生存与发展。配送中心集采购、储存、加工、组配、运送和信息沟通为一体，在连锁经营中起到了后勤保障的作用，具有多样化的功能，主要体现在以下几个方面。

（1）采购功能。配送中心统一采购大批量的、品种齐全的货物满足各连锁店的需要，既能最大限度地降低进货成本和进货费用，又能防止假冒伪劣货物进入市场。

（2）储存功能。一是起集散作用，把货物集中统一储存，然后根据各分店的需要，将货物发送到各分店，衔接供应和销售，降低物流成本；二是起检验作用，对采购货物进行严格的检验和核对,保证货物在品种、规格、品牌、质量、数量、包装等方面符合订货要求;三是调剂余缺作用,当某种货物出现此店畅销、彼店积压时,配送中心可根据各分店提供的信息调剂余缺。

(3) 加工功能。配送中心根据销售需要进行分装加工、分选加工、分类加工、粘贴标签等,特别是统一进行食品加工,可以保证各连锁店的食品在原料、辅料及加工工艺方面保持一致,保证该食品的独特风格。

(4) 组配功能。配送中心根据各分店的订货要求,统一进行分货、分拣、配货、包装和送货,满足各连锁店的销售需要。

(5) 信息功能。配送中心要根据市场需求信息、销售信息、库存信息、供货商信息等控制货物库存规模,同时要合理组织采购、储存、加工、配送等活动,适时、适量地把货物送到各连锁店,使物流成本尽量降低。这都要靠信息在各个环节之间进行沟通。

小知识 某连锁超市配送流程

某连锁超市配送中心在研究配送作业流程时,通过对经营商品进行分析,将超市所有商品分成三大类。

第一类是使用频率高的畅销商品。该类商品在流通过程中,整批进货和储存,然后,按客户的订单分拣配货到零售店。由于这类商品进货量大,故以较低的价格购入,再以零售价出售给消费者。这样既减少了流通环节,又为企业加倍获利。该类商品为超市的 A 类商品。

第二类是一般商品。对于该类商品,配送中心按照客户的订货单汇总后统一向工厂订货,收到货后,不需储存,直接进行分拣作业,再送到零售店,这样可以节省储存费用。

第三类是保鲜商品。该类商品如牛奶、面包、豆腐等,具有一定的保鲜要求,商品通常是不经过配送中心而直接从生产厂送往零售店,但商品运行全过程信息由配送中心进行处理。

问题:依据上述资料,结合信息处理作业,绘制出该连锁超市配送中心的配送作业流程图。

解:三种流程图如图 4.8、图 4.9 和图 4.10 所示。

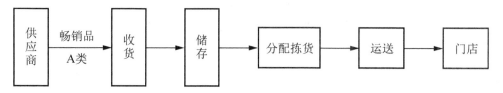

图 4.8 使用频率高的畅销商品配送作业流程

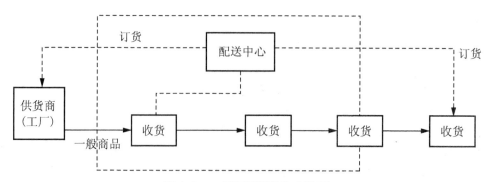

图 4.9 一般商品配送作业流程

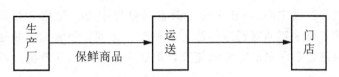

图 4.10　保鲜商品配送作业流程

2. 配送中心对连锁企业的功能作用

(1) 适应客户需求,及时反馈信息。配送中心可以集中货物物流信息,掌握厂家和批发商的情况,向连锁店及时反馈市场信息,并通过对货物的加工处理、分类包装,更好地适应客户的需求。

(2) 加速货物流转,降低流通费用。配送中心集中统一进货,可以避免货物损耗,减少各分店采购检验、入库储存的费用,从而降低了货物的流通费用,同时也保证了各分店所有货物的供应。

(3) 提高经营灵活性和工作效率。配送中心与各连锁店联合经销的经营系统,减少了繁多的交易手续,缓和了许多业务矛盾,进而增强了经营的灵活性,提高了工作效率。

(4) 建立连锁企业与供货商的关系。配送中心集中大量采购,不仅可以享受较大的价格优惠,节省运货费用,而且容易和供货商建立长期稳定的业务联系。

3. 配送中心的模式

连锁经营企业内部的配送中心,按权限的大小来划分,有以下 3 种模式。

(1) 物流模式。经营决策(如货物组合、采购、定价、批发销售等)由公司总部的商品部负责,配送中心只是根据总部的要求进行物流作业。这种模式适用于小规模的连锁企业。

(2) 授权模式。公司总部授权配送中心设立采购部,代表总部行使接收连锁门店的订单,并向供货者采购商品和确定货物价格的权力,公司总部的商品部保留货物组合、批发销售,以及对配送中心进行业务监督的权利。这种模式适用大规模的连锁企业。

(3) 配销模式。配送中心作为一个相对独立的利润中心,即物流事业部,不仅负责货物采购及配送的作业,而且也可以向客户直接批发销售。这种模式适用于跨地区、跨国经营的连锁超市公司。

4. 配送中心的货物分配体系

配送中心的货物分配体系依其承担职能的不同,可分为以下 3 种。

(1) 转送模式。即供货者根据总店的订货单,将货物依门店组配或按类别,送到配送中心(一般称为转送中心,简称 TC),再由 TC 依门店分拣、组配和送货。例如,日本的全家便利商店,门店每天两次向总部订购日配品,然后由总部向工厂订货,工厂将货物送到配送中心后,再由配送中心分三次向门店送货。采用这种模式时,货物在配送中心的储存时间一般都不超过 24 小时,储存量很少。

(2) 发货模式。配送中心(一般称为发货中心,简称 DC),根据总部的决策预先大量采购周转速度快的生活日用品、加工食品,并储存起来,再依照各门店的订货要求进行配送。采用这种模式时,货物在配送中心的储存时间比转送模式要长,配送中心兼有储存和配送双重功能。

(3) 加工模式。配送中心（一般称为生鲜食品处理中心，简称 PC），根据各门店对生鲜食品的订货需求，对生鲜原材料进行加工、解冻、分割、包装后，分送到各门店。采用这种模式时，货物储存必须采取非常温储存，配送也必须采取非常温运输，所以鲜度管理是一个十分突出的问题。

4.5.5 连锁企业的配送管理方法

1. 合理选择送货方式，确定配送区域

连锁企业从供应商处购进的货物对各连锁店送货有配送与直送两种不同的方式。与直送方式相比，多品种、小批量货物采取配送方式，可以集小量为大量，高效率、低成本地进行送货。若采取直送方式，由于各连锁店需要的货物批量小、品种多，必然要多频次地送货，产生大量的小额运输，既增加发货次数又浪费运力。但是，有些连锁店因其所在的地理位置决定了它无论是在成本上还是在时间上都适宜采用直送的方式。可见，配送和直送都有各自的优势领域和适宜的范围，因此，实现配送的合理化首先应该合理地选择送货方式，正确地划分配送区域。

(1) 连锁店分布位置的分类。图 4.11 显示了工厂、配送中心和连锁店地理位置的分布状况。

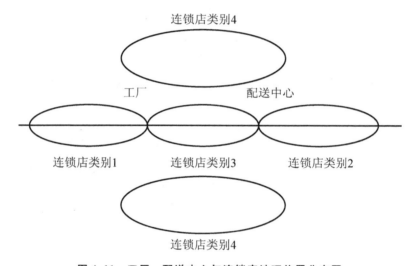

图 4.11 工厂、配送中心与连锁店地理位置分布图

位于工厂与配送中心沿途及其延长线上的连锁店，按其位置分布分为四类：连锁店类别 1 是指位于工厂左侧的所有连锁店；连锁店类别 2 是指位于配送中心右侧的所有连锁店；连锁店类别 3 是指位于从工厂到配送中心沿线间的所有连锁店；连锁店类别 4 是指位于工厂与配送中心沿途两侧的所有连锁店。

(2) 不同连锁店类别配送区域的确定方法。根据工厂、配送中心及连锁店位置分布，显然连锁店类别 1 应由工厂直送；连锁店类别 2 应由工厂把货物集中到配送中心，由配送中心进行分拣、配货后，将货物送交各连锁店，对于连锁店类别 2 所要解决的问题是要确定哪些连锁店应由工厂直送，哪些连锁店应由配送中心进行配送；连锁店类别 3 由工厂配送；连锁店类别 4 由配送中心配送。

2. 加强配送的计划性

在配送中，临时配送、紧急配送和无计划的随时配送是降低配送效率和配送经济效益的主要因素。临时配送是因为事前计划不周，未能提前确定正确的配装方法和配送路线，到了临近配送截止日期，匆忙安排专车，进行单线配送，造成车辆装载亏吨，运输里程浪费等；紧急配送是因连锁店的紧急订货而发生，为保证按时送到货物，配送中心来不及认真安排货物配装及配送路线，造成运力浪费；临时配送是对配送要求不作计划安排，有一批送一批，灵活性大，随机性强。这三种配送方式虽然难以用计划加以控制，但如果能认真核查并有调剂准备的余地，在配送作业能力上保有一定的柔性，就可以将其纳入计划轨道，并保证应有的效益。

3. 正确选择配送模式，合理设置配送中心

连锁企业配送模式的选择，直接关系到企业的投资回报、经营风险和经济效益，是一个重大的决策问题。各连锁企业应根据自身的经济实力、销售规模、连锁店的数量，以及业务发展的需要作出正确的选择。正确的配送模式是提高连锁企业配送经济效益的重要前提。

对于自建或合建配送中心的连锁企业来讲，合理地设置配送中心，正确地进行配送中心的规划，加强配送中心的作业管理，提高配送中心的运作水平是提高配送经济效益的重要条件。

复习思考

一、填空题

1. 快递业，是指以网络为中心快速地提供投递业务的行业，是以商务文件、小包裹为主要递送对象，具有_____的特点，是与传统邮政体系不同的一套运作模式。
2. 快递业配送是指在一定的区域范围内，按照客户的要求，对快递货物进行_____、_____、_____等作业，并以最快的速度、最短的时间投递到特定地点的配送活动。
3. 快递业配送对时间要求很高，主要体现一个"_____"字。
4. 小型快递公司由于资金有限，不可能配备完备的_____，也无力开发先进的物流配送解决方案，价格方面又无法与无照经营者媲美。因此对这些小型快递公司，所形成的配送模式是"_____"模式。

二、判断题

1. 快递业，是指以邮局普通邮寄为中心快速地提供投递业务的行业。（　　）
2. 小型快递公司的配送模式是：自建配送中心。（　　）
3. 小规模的快递企业已拥有较稳定的客户群。（　　）
4. 农业物流配送是在农业生产资料和农副产品的送货基础上产生和发展起来的，是一种特殊的、综合的农业物流活动。（　　）
5. 按照工艺过程的特点，可以把制造业生产分为三种：连续性生产、半连续生产与离散性生产。（　　）

6. 在制造业配送中，进行流通加工的主要目的是衔接产需。（　　）

7. 订货型生产是指按已有的标准产品或产品系列进行生产，生产的直接目的是补充成品库存，通过维持一定量的成品库存来满足客户的需要。（　　）

8. 备货型生产又称"按订单制造"式生产，是指按客户的订单进行的生产，生产的是客户所要求的特定产品。（　　）

9. 即时配送是按照规定的配送时间和配送数量进行配送的方式。（　　）

10. 单项服务外包型配送模式主要是由具有一定规模的物流设施设备（库房、站台、车辆等）及专业经验、技能批发、储运或其他物流业务的经营企业，利用自身业务的优势，承担其他生产性企业在该区域内市场开拓、营销而开展的纯服务性的配送。（　　）

三、选择题

1. 快递业配送的货物一般较特殊，有"不可替代"性。如药品、书籍、信函、零配件等，此对货物的安全性提出了更高的要求，不能损毁、变形、泄密等，所以，快递业配送的第二特征是（　　）。

　　A. 安全性低　　　　　B. 安全性高　　　　　C. 可靠性高

2. 按配送的客体不同可分为农业生产资料配送和（　　）配送。

　　A. 农副产品　　　　　B. 生活用品　　　　　C. 化学品

3. 畜产品配送是指以畜产品为配送（　　），对其进行备货、储存、分拣、配货、分放、配装、送货等作业，并按时送达指定地点的农业物流活动。

　　A. 活禽　　　　　　　B. 主体　　　　　　　C. 客体

4. 水果配送的流程包括预冷、储藏、洗果、涂蜡、分级和（　　）运输等内容的规范配套的流通方式。

　　A. 冷链　　　　　　　B. 保鲜　　　　　　　C. 普通

5. 现代批发业配送系统的机能就是在流通过程中起中介作用，减少单个厂商与零售商间的交易次数，在降低流通整体成本的同时，实现零售业一定程度的多样化（　　）要求。

　　A. 出货　　　　　　　B. 进货　　　　　　　C. 配货

6. 供应商大包装供货，配送中心需要按照店铺的订货量进行（　　）、分拣。

　　A. 拆零　　　　　　　B. 整合　　　　　　　C. 组配

7. 零售企业的配送是在百货商店、连锁商店、超级市场、大卖场、（　　）等商业企业的物流过程中产生的。

　　A. 百货商店　　　　　B. 邮购商店　　　　　C. 货场

8. 随着物流配送的社会化，连锁企业引入（　　）物流将是一个发展趋势。

　　A. 第三方　　　　　　B. 第四方　　　　　　C. 第五方

9. （　　）是一种配送企业之间为实现总体的配送合理化，以互利互惠为原则，互相提供便利的配送服务的协作型配送方式。

　　A. 第三方　　　　　　B. 第四方　　　　　　C. 共同配送模式

10. （　　）配送中心（一般称为发货中心，简称DC），根据总部的决策预先大量采购周转速度快的生活日用品、加工食品，并储存起来，再依照各门店的订货要求进行配送。

　　A. 发货模式　　　　　B. 加工模式　　　　　C. 共同配送模式

四、简答题

1. 快递业配送的含义是什么，今后快递业配送的趋势如何？
2. 农业配送有哪些？与其他配送相比，农业配送有什么不同？
3. 制造业配送与一般配送比较，有哪些相同点和不同点？
4. 制造业配送的特点是什么？
5. 分析制造业企业可以采取的配送策略。
6. 统一配送在商贸企业经营中的作用主要体现在哪些方面？
7. 简述批发零售业的配送类型主要有哪几种？
8. 试述连锁业商品配送管理的主要特点。
9. 你认为连锁业配送管理的发展趋势如何？
10. 简述连锁企业的配送中心的主要功能。

五、项目练习题

配送中心订单处理流程与出库单设计

P市医药配送中心接到A、B、C三个医药经销商的订单。A经销商需青霉素V钾片（2片装）1 200盒，化痔灵片（4片装）500盒，乳康片（10片装）200盒；B经销商需青霉素V钾片（2片装）800盒，乳康片（10片装）500盒，硫糖铝片600瓶；C经销商需青霉素V钾片（2片装）800盒，前列康普乐安片1 000瓶；现已知P医药配送中心的药品是分区存放的。

问题：（1）配送中心订单处理人员应采取哪种拣货作业方式、拣货策略？需制作哪几种拣货单？

2. 绘制订单处理作业流程图。

3. 如该配送中心药品出库单需要设计，应如何设计，以A经销商为例设计出库单。

六、案例分析题

沃尔玛的配送运作

沃尔玛公司是全美零售业务年销售收入居第一的著名企业，目前，沃尔玛已经在美国本土建立了70个由高科技支持的物流配送中心，并拥有自己的送货车队和仓库，可同时供应700多家商店，向每家分店送货频率通常是每天一次。配送中心每周作业量达120万箱，每个月自理的货物金额大约为5 000万美元。

在配送运作时，大宗商品通常经由铁路送达自己的配送中心，再由公司卡车送达商店。每店一周约收到1~3卡车货物。60%的卡车在返回自己的配送中心途中又捎回从沿途供应商处购买的商品。

全部配送作业实现自动化，是当今公认最先进的配送中心，实现了高效率、低成本的目的。

资料来源：http://www.mywoo.cn/bbsAndex.php.

思考与讨论

（1）沃尔玛公司凭借什么使其能达到高效率、低成本的目的？

（2）从中可得到哪些启示？

第5章 配送中心实用技术

【学习目标】

通过本章的学习,能够使用条形码和射频识别系统;熟悉EDI系统的构成和工作流程;掌握GPS和GIS系统的构成和工作流程;熟悉自动分拣系统的工作流程;了解冷链配送特征和构成;了解我国冷链配送发展趋势。

【本章要点】

本章主要介绍条形码和射频识别系统、EDI系统的构成和工作流程、GPS和GIS系统的构成和工作流程、自动分拣系统的工作流程、冷链配送温度要求、冷链配送管理和冷链配送技术。

海尔高效的物流系统

建立高效、迅速的现代物流系统，才能建立企业核心的竞争力。海尔需要这样的一套信息系统，使其能够在物流方面一只手抓住用户的需求，另一只手抓住可以满足用户需求的全球供应链。

1. 实施信息化管理的目的

海尔实施信息化管理的目的主要有以下两个方面。

（1）现代物流区别于传统物流的主要特征是速度，而海尔物流信息化建设需要以订单信息流为中心，使供应链上的信息同步传递，能够实现以速度取胜。

（2）海尔物流需要以信息技术为基础，能够向客户提供竞争对手所不能给予的增值服务，使海尔顺利从企业物流向物流企业转变。

2. 解决方案

海尔采用了 EOS、EDI、GPS、GIS 等技术，组建自己的物流管理系统（LMIS）。

LMIS 实施后，打破了原有的"信息孤岛"，使信息同步而集成，提高了信息的实时性与准确性，加快了对供应链的响应速度。如原来订单由客户下达传递到供应商需要 10 天以上的时间，而且准确率低，实施 EOS 后订单不仅 1 天内完成"客户—商流—工厂计划—仓库—采购—供应商"的过程，而且准确率极高。

思考：

你认为信息化对企业意味着什么？

5.1 自动识别与 EDI 技术

5.1.1 条形码识别技术概述

条形码技术（Bar Code，条码）最早出现在 20 世纪 40 年代，是实现物流信息自动采集与输入的重要技术。通过对货物上条形码的阅读获取信息资料，迅速、正确并简单地把货物信息输入计算机，实现货物信息的交流和传递。我国于 1988 年 12 月 28 日经国务院批准，国家技术监督局成立了中国物品编码中心，负责研究并在我国推广条形码技术。

1. 条形码的概念

条形码是一组规则排列的条、空及相应字符组成的用以表示一定信息的图形符号。条码中的条、空通常是深浅不同、粗细不同的黑、白两色，以满足一定光学对比度要求，其中"条"对光线反射率较低，而"空"对光线反射率较高。

2. 条形码的构成

一组完整的条形码依次由首静区、起始符、数据符、校验符、终止符和尾静区组成，如图 5.1 所示。

图 5.1 条形码构成

（1）首静区和尾静区是分别位于条形码左右端，与空的反射率相同的限定区域，即无任何符号和信息的白色区域，是保证条形码阅读光束到达第一个线条前有器的一个稳定的速度。由于首、尾静区相同，故条形码可以双向阅读。

（2）起始符是位于条形码起始位置的若干条与空，表示扫描器从这里开始阅读，避免连续阅读时几组条形码互相混淆或阅读不当丢失前面的条形码。

（3）数据符是所要传递的主要信息，是条形码的核心部分。它是位于条形码中间的条、空结构。条形码的基本单位是模块，即条形码中最窄的条或空，通常为千分之一英寸。条形码的每一个条或空为一个单元，一个单元由若干模块组成。例如 EAN 码，所有单元由一个或多个模块组成；标准 39 码的所有单元由宽单元和窄单元组成，其中窄单元为一个模块。

（4）校验符是位于数据符之后，对译出的条形码进行校验，确认阅读信息的正确性。

（5）终止符是最后一个字符，标志一组条形码的结束。

3. 条形码系统的工作原理

条形码识别技术是利用光电扫描设备识读，完成对条形码数据的自动采集和光电信号的自动转换。整个系统由扫描、信号整形和译码三部分组成。扫描系统主要具有扫描光路完成对条形码的条、空及字符扫描，并接收从条形码上反射来的反射光；信号整形系统将扫描系统传来的光信号转换成电信号，经放大和滤波后再进行整形；译码系统是由计算机软硬件组成，可以将信号整形系统输出的信息，按照标准数字信号电压的大小进行量化，由译码器译出其中所包含的信息，如图 5.2 所示。

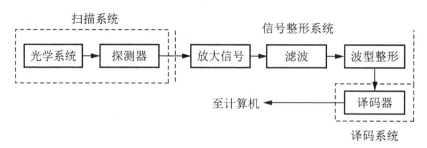

图 5.2 条形码识别系统组成

4. 条形码识别装置和设备

条形码自动识别系统是由扫描器（阅读器）、译码器、计算机等硬件系统和系统软件、应用软件等软件系统组成。其中应用软件的功能具有扫描器输出信号的测量、条形码码制及扫描方向的识别、逻辑判断，以及阅读器与计算机之间的通信。

条形码阅读器的种类较多，可以适用于不同的作业要求、环境和场合。条码读码器有如图 5.3 所示的几种。

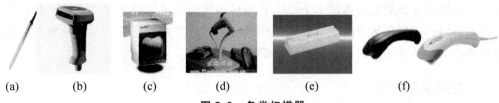

图 5.3　各类扫描器
(a) 光笔条形码扫描器；(b) 手持式条形码扫描器；(c) 台式条形码自动扫描器；
(d) 激光自动扫描器；(e) 卡式条形码阅读器；(f) 便携式条形码阅读器

5.1.2　条码在配送管理中的应用

1. 配送中心入库作业

入库时，搬运工或叉车司机只需扫描准备入库的物料箱上的标签和准备存放此箱的货架的标签即可。入库可分间接和直接两种：间接入库指物料堆放在任意空位上后，通过条码扫描记录其地址；直接入库指将某一类货物存放在指定货架，具体操作为：商品到库时，通过条形码识读器将商品基本信息输入计算机，在此基础上录入商品的入库信息，计算机系统根据预先确定的入库原则、商品库存数量，确定该种商品的库存位置，然后根据商品的数量发出条形码标签，作为该种商品对应仓库内相应货架的记录。对整箱进货的商品，其包装箱上有条形码，放在输送带上经过固定式条形码扫描仪的自动识别，按照指令传送到存放位置附近。如果拟入库的商品集装在托盘上，则需要通过叉车等机械操作入库，这种情况下，托盘一般都贴有条形码，叉车驾驶员通过安装在叉车前面的激光扫描仪，扫描贴于托盘面向叉车的一侧的条形码，按照计算机与射频数据通信系统所得到下载到叉车的终端机上的存放指令将托盘放置在指定的库位，并通过叉车上装有的终端装置，将作业完成的信息传送到主计算机，由计算机更新库存资料。

2. 订货作业

在配送中心、超市、商店的货架上对应商品标贴有信息卡，这些卡除了标示商品的价格、产地、名称、规格型号等信息以外，一般还有该商品的订货点，若该商品目前的陈列量低于订货点，即提示工作人员以掌上型条形码扫描仪读取卡上的商品条形码，并输入订货量。回到办公室后，通过网络发送给供货商供货。

3. 拣货作业

对于摘果式拣货作业，在拣取后用条形码扫描仪读取刚拣取商品上的条形码，即可确认拣货的正确性；对于播种式拣货作业，可使用自动分货机，当商品在输送带上移动时，由固定式条形码扫描仪判别商品货号，提示移动路线与位置。

4. 配货作业

在配货过程中采用条形码管理。在传统的物流作业中，分拣、配货要占去全部所用劳动力的 50% 以上，且容易发生差错。在分拣、配货中应用条形码，能使拣货迅速、正确，并提高生产率。

5. 补货作业

由于商品条形码和货架是一一对应的，基于条形码进行补货能确保补货不出现差错。

补货时，预先在货架的相应储位卡上贴上有商品码与储位码的条形码。商品到位以后，通过手持条形码扫描仪采集商品条形码和储位码的信息，并由计算机核对，判断商品是否是所要找的商品，从而达到保证补货作业正确的目的。

5.1.3 射频识别技术

射频识别技术（Radio Frequency Identification，RFID）是无线电频率识别的简称。它是利用无线电波对记录媒体进行读写。与一般的接触式识别技术（POS）条码系统不同，射频识别属于非接触式识别技术，是对条码技术的补充和发展。它避免了条码技术的一些局限性，可实现非接触目标、多目标和运动目标识别，为大量信息的储存、改写和远距离识别奠定了基础，在物流、交通运输、证照防伪、电子支付、出入控制等行业显现出较好的应用前景。

1. 射频识别技术概述

射频（RadioFrequency，RF）技术是一种无线电通信技术，具有不局限于视频、更宽的覆盖面和低成本的优点，RF扫描枪如图5.4所示。

图5.4　RF扫描枪

射频识别技术主要用于对运动或静止的标签进行不接触的识别，其技术基础是射频技术，通过在物流主体（如货架、汽车、自动导向车辆、宠物等）上贴置电子标签（又称"标签"），用射频技术进行电磁波射频扫描，就可以从标签上识别物流对象的有关信息，以进行直接读写或通过计算机网络将信息传输。

射频识别的距离可达几十厘米至几米，根据读写方式的不同，可输入数千字节的信息，而且保密性好。射频识别系统的传输距离取决于许多因素，如传输频率和天线设计等。运用RFID还应考虑反射距离、工作频率、标签的数据容量、尺寸、重量、定位、响应速度和选择能力等。

射频识别技术同其他自动识别技术的比较。自动识别技术是信息数据自动识读、自动输入计算机的重要方法和手段，近几十年来在全球范围内得到了迅猛发展，初步形成了一个包括条码技术、磁条（卡）技术、光学字符识别、射频识别、IC卡识别和声音识别等集计算机、光、机电、通信技术为一体的高新技术比较。

 小贴士　沃尔玛RFID应用

美国零售商巨头沃尔玛的配送系统主要是采用射频识别技术标签（RFID）。RFID标签就是一种贴在每一件商品上的技术含量较高、信息独一无二的射频标签。在货物进出通道口时，RFID标签发出无线信号，把信息立即传递给无线射频机阅读器，并将信息传递到供应链经营管理部门的各个环节上，于是仓库、堆场、配送中心，甚至商场货架上的有关商品的存货动态都可以一目了然。

2005年10月底，沃尔玛已经把RFID等现代化供应链管理技术，推广到全球500多家沃尔玛零售商场和连锁店，2006年年底扩大到1 000余家。通过使用射频识别技术标签和电子信息网络，在第一时间和第一现场全面掌握有关超市货架上、托盘上、仓库中和运输途中的货物动态，其操作精确度可以达到99%以上。

目前，沃尔玛供货商提供不超过5天销量的商品。快充货架的物流战略，虽会引起货车货运成本的增加，但运输成本可通过先进的物流技术功能效益得到补偿——降低存货成本。供货商和制造商等合作伙伴的紧密合作，从供货源头开始就致力于物流成本的降低，最终达到零售行业整体利好平衡。

光学字符识别由于首读率（即一次性识读成功的概率）不高，输入速度和可靠性不如条码，正逐步被条码技术所取代；视觉和声音识别目前还没有被很好地推广应用。以下就条码技术、磁条（卡）技术、IC卡识别技术和射频识别技术进行简单比较。

（1）条码技术。条码成本最低，适用于大量需求，而且数据不必更改的场合。多数条码采用纸制材料，较易磨损，而且数字量小。

（2）磁条（卡）技术。磁条（卡），如信用卡、银行ATM卡、电话磁卡等，其数据可读写，即具有现场改造数据的能力，且成本低廉，但易被伪造。

（3）IC卡识别技术。IC卡具有独立的运算和存储能力，数据安全性和保密性好，但价格稍高。

（4）射频识别技术。其最大的优点是具有非接触式识读能力，射频标签要比条码标签具有放置方面的灵活性，允许"在飞行中识别"物品，且能同时识别多个物品，射频标签是封装式的，不易损坏，适合于恶劣环境下使用，故而几乎不需要任何保养工作。

2. RFID系统的工作原理

读写器通过其天线在一个区域内发射能量形成电磁场，区域大小取决于发射功率、工作频率和天线尺寸。当储存信息编码的标签处于此区域时，利用所吸收到的电磁场能量供电，并根据读写器发出的指令对储存器进行相应的实时读写操作再通过收发模块将数据发送出去。读写器接收到返回的数据后，解码并进行错误校验以决定数据的有效性，继而通过计算机网络将采集的数据进行数据转换、处理和传输。

3. RFID技术的应用

（1）射频技术已广泛应用到EAS（Electronic Article Surveillance）系统、便携式数据采集系统、网络系统和定位系统中。生活当中常见的EAS系统，是一种设置在出入门口的控制物品进出的RFID技术，典型的应用场合是超市、商场、图书馆、数据中心等地方。在物品上粘附EAS标签，当物品被合法取得时EAS标签通过一定的装置便失去活性，物品经过装有EAS系统的门口时，EAS装置检测不到标签的活动性，便可以允许物品顺利离开门口，否则EAS就会发出警告提示。

（2）物流行业中射频技术多数用于物流控制方面，在特定区域内分散布置RFID阅读器，阅读器直接与数据管理信息系统相连，标签可以安装在移动的货物或物流器具上。当货物或物流器具活动经过阅读器时，阅读器就会自动扫描标签上的数据信息，并输入数据管理信息系统中存储、分析和处理，以达到控制物流的目的。在智能托盘系统中，将射频阅读器安装在托盘进出仓库的必经通道口上方，同时每个托盘上也安装了射频标签，当叉车装载着托盘货物通过通道时，阅读器接收射频标签发射的数据信号并将信息传递到中心数据库，以了解哪个托盘货物已经通过。当托盘装满货物时，自动称重系统自动比较装载货物的总重量与存储在计算机中的单个托盘重量，获取差异，协助工作人员准确可靠地了解货物的实时信息。

（3）配送流水线自动化。在配送流水线上应用RFID技术可实现自动控制，提高了配送效率，改进了配送方式，节约了成本。

德国宝马汽车公司在装配流水线上应用射频技术，实现了由用户定制产品的生产方式。他们在装配流水线上安装 RFID 系统，使用可重复使用带有详细的汽车定制要求的标签，在每个工作点都设有读写器，以保证汽车在每个流水线工作站上都能按定制要求完成装配任务，从而得以在装配线上装配出上百种不同款式和风格的宝马汽车。

（4）仓储管理。在仓储管理中应用 RFID 系统，实现了实时货位查询和货位动态分配的功能，大幅度减少了查找货位信息的时间，提高了查询和盘点精度，大大加快了出、入库单的流转速度，从而大幅度提高了仓储运作与管理的工作效率，满足了现代物流管理模式下仓储管理系统的要求。

5.1.4 销售时点信息系统

1. 销售时点信息系统概述

销售时点信息系统（Point of Sale，POS），是指通过能够自动读取信息的设备，如收银机又称 POS 机，在销售商品时，直接读取和采集商品销售的各种信息，如商品名称、单价、销售数量、销售时间、销售的店铺和购买的顾客等，然后通过通信网络或计算机系统将读取的信息，传输至管理中心进行数据的处理和使用。POS 系统是信息采集的基础系统，是整个商品交易活动或物流活动的信息传输的最基本的环节。POS 系统最早应用于零售业，现在其应用范围从企业内部扩展到整个供应链。

2. POS 系统的运行

POS 系统的运行由以下 5 个步骤组成。

（1）店铺销售商品都贴有表示该商品信息的条码或 OCR（Optical Character Recognition）标签。

（2）在顾客购买商品结账时，收银员使用扫描读数仪自动读取商品条码标签或 OCR 标签上的信息，通过店铺内的微型计算机确认商品的单价，计算顾客购买总金额等，同时反馈给收银机，打印出顾客购买清单和付款总金额。

（3）各个店铺的销售时点信息，通过 VAN 以在线联结方式即时传送给总部或物流中心。

（4）在总部、物流中心和店铺利用销售时点信息，进行库存调整、配送管理、商品订货等作业。通过对销售时点信息进行加工分析来掌握消费者购买动向，找出畅销商品和滞销商品，以此为基础，进行商品品种配置、商品陈列和价格设置等方面的作业。

（5）在零售商与供应链的上游企业（批发商、生产厂家和物流业者等）结成协作伙伴关系（也称为战略联盟）的条件下，零售商利用 VAN 以在线联结的方式，把销售时点信息及时传送给上游企业。这样，上游企业可以利用销售现场最及时准确的销售信息制订经营计划，进行决策。例如，生产厂家利用销售时点信息进行销售预测，掌握消费者购买动向，找出畅销商品和滞销商品，把销售时点信息和订货信息进行比较分析来把握零售商的库存水平，以此为基础制订生产计划和零售商库存连续补充计划（Continuous Replenishment Program，CRP）。

3. POS 系统在现代物流中的应用

(1) 单品管理是指对店铺陈列、展示、销售的商品，以单个商品为单位进行销售跟踪和管理的方法。

(2) 职工管理是指通过 POS 终端机上的计时器的记录，依据每个职工的出勤状况、销售状况(以月、周、日甚至时间段为单位)进行考核管理。

(3) 顾客管理是指在顾客购买商品结账时，通过收银机自动读取零售商发行的顾客 ID 卡或顾客信用卡，来把握每个顾客的购买品种和购买额，从而对顾客进行分类管理。

(4) 自动读取销售时点的信息。在顾客购买商品结账时，POS 系统通过扫描读数仪自动读取商品条码标签或 OCR 标签上的信息，在销售商品的同时获得实时的销售信息，这是 POS 系统的最大特征。

(5) 信息的集中管理。在各个 POS 终端获得的销售时点信息，以在线联结方式汇总到企业总部，与其他部门发送的有关信息一起由总部的信息系统加以集中，并进行分析加工。

5.1.5 电子数据交换技术

1. EDI

电子数据交换(Electronic Data Interchange，EDI)，是一种在公司与公司之间传输订单和发票等商业文件的电子化手段。它通过计算机通信网络将贸易、运输、保险、银行和海关等行业信息，用一种国际公认的标准格式，实现各有关部门或公司与企业之间的数据交换和处理。EDI 包含了三个方面的内容，即计算机应用、通信网络和数据标准化。其中计算机应用是 EDI 的条件，通信网络是 EDI 应用的基础，标准化是 EDI 的特征，这三个要素互相衔接、互相依存，构成了 EDI 的基础框架。

对于物流领域而言，通过电子数据交换系统，已经成为物流管理信息系统和决策支持系统的重要组成部分，由于它的运用大大地提升了物流管理水平，在物流国际化趋势下，该系统又成为支撑经济全球化和物流国际化的重要手段。

 广角镜 关于 EDI

EDI 是英文 Electronic Data Interchange 的缩写，中文可译为"电子数据交换"，简单地说就是企业的内部应用系统之间，通过计算机和公共信息网络，以电子化的方式传递商业文件的过程。现实中，供应商、零售商、制造商和客户等在其各自的应用系统之间利用 EDI 技术，通过公共 EDI 网络，自动交换和处理商业单证。EDI 是按照国际统一的语法规则进行处理，使其符合国际标准格式，并通过通信网络来进行数据交换，是一种用计算机进行商务处理的新业务。

2. EDI 的组成

EDI 系统由 EDI 的标准、EDI 的软件和 EDI 的硬件三部分构成。

1) EDI 的标准

为了使计算机能够识别和处理用户输入的资料内容，需要按照事先的规定，将有关信息转化成一定的格式和顺序排列，这就是 EDI 的标准。实际上 EDI 的标准是指它的数据标准。即当采用 EDI 方式时，计算机无法读懂各种单据或文件上的文字内容，所以将所要传递的信息以数码的形式按照既定的表达方式排列,才能使计算机读懂并传送这些信息。EDI的标准主要包括语法规则、数据结构定义、编辑规则与转换、公共文件规范、通信协议和计算机语言。

目前,按照EDI标准的实施范围主要分为四种,即企业专用标准、行业标准、国家标准和国际标准。EDI标准主要内容是基础标准、代码标准、报文标准、单证标准、管理标准、应用标准、通信标准、安全保密标准,其中首先要实现的就是单证标准化。它承载着需要传输的数据和信息的主要内容,一般被称为EDI电子单证或电子票据。单证标准化包括单证格式标准化、所记载信息标准化和信息描述标准化三部分。以对外贸易为例,单证格式的标准化是指按照国际贸易基本的单证格式设计出的各种商务往来的单证样式,参与EDI贸易各方所填制的各种单证表格都要符合标准化要求。在单证上利用代码来表示信息时,代码所处的位置也要标准化。我国已对中华人民共和国进出口许可证、原产地证书、装箱单等与国际贸易相关的单证制定出了标准。

2) EDI的软件

EDI的软件主要是指转换软件、翻译软件和通信软件。由于每个参与EDI的公司或单位都有自己规定的信息内容和格式,当要发送信息资料时,就必须利用一些相关软件从公司的专有数据库中提取,并把它们翻译成符合EDI标准格式,从而完成各公司或单位之间的信息往来。

(1) 转换软件可以帮助用户将自有计算机系统的文件转换成翻译软件能够理解的平面文件(Flat File),或把从翻译软件接收到的平面文件转换成自有计算机系统的文件,是对将自有文件翻译成标准文件过程中起过渡作用,该过程被称为映射。

(2) 翻译软件可以将平面文件翻译成EDI标准格式,或将接收到的EDI标准格式翻译成平面文件。它是按照EDI数据交换标准的要求,将平面文件中的目录项,加上特定的分割符、控制符和其他信息,生成一种包括控制符、代码和单证信息在内的ASCII码文件,供计算机阅读。

(3) 通信软件是将通过翻译软件翻译而成的EDI标准格式的报文外加上通信信封、信头、信尾、投递地址、安全要求及其他辅助信息,送递到EDI系统交换中心的邮箱(Mail Box),或从EDI系统交换中心将收到的文件取回。

3) EDI的硬件

EDI的硬件主要包括计算机及其网络设备等。EDI的通信方式有多种,如点对点方式、增值网络方式、报文处理系统和Internet等方式。

(1) 点对点方式(Point to Point,PTP)中包括一点对一点、一点对多点和多点对多点几种形式,主要是指用户之间直接连接通信,适用于贸易量不多、用户较少的情况。如一点对多点适用于大企业的分支机构与总部之间的联系,而多点对多点适用于平等机构之间的往来通信。

(2) 增值网络方式(Value Added Network,VAN)是贸易伙伴之间通过第三方网络(如通信网络公司)所提供的EDI服务来传输信息的方式。它可以大大提高通信效率,降低通信费用,但是增值网络中存在全部互通、保密性差、缺少跟踪能力等不足之处。

(3) 报文处理系统(Message Handle System,MHS)是国际基于X.400(或X.435)系列协议基础之上传送报文的主要工具之一,它包括电子邮箱、报文传输系统和用户代理等几部分。任何一个用户通过申请加入 MHS 系统，就可以通过 MHS 向全球任何一个用户代理进行报文交换。它是一个基于广域网的系统，对用户所在地域的网络环境和用户对网络知识有一定的要求。

（4）Internet 方式是通过 Internet 的 E-mail 功能来传输 EDI 报文。随着 Internet 的迅速发展和越来越多的人对它的了解，通过 E-mail 可以更快捷、灵活地在全球范围内传送电子数据。其费用很低，操作简单，更适合中小企业使用。

3．EDI 流程

EDI 流程大致可以分为三个主要步骤，即文件的标准化处理、传输和交换及文件的接收和处理。现以商品贸易为例来说明 EDI 系统的工作流程。

假定有一个由发送货物业主（如生产厂家）、物流运输业主和接收货物业主（如零售商）三方组成的物流模型，此模型在实施 EDI 过程中运作流程如图 5.5 所示。

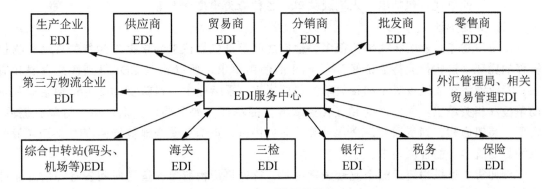

图 5.5　EDI 的运作流程

（1）发送货物业主在接到订货后制订货物运送计划，并把运送货物的清单及运送时间安排等信息，通过 EDI 发送给物流运输业主和接收货物业主，以便物流运输业主预先制订车辆调配计划，接收货物业主制订货物接收计划。

（2）发送货物业主依据顾客订货要求和货物运送计划，下达发货指令，分拣配货，将物流条码标签贴在货物包装箱上，同时把运送货物品种、数量、包装等信息，通过 EDI 发送给物流运输业主和接收货物业主。

（3）物流运输业主从发送货物业主处取运货物时，利用车载扫描读数仪读取货物标签的物流条码，核实与先前收到的货物运输数据是否一致，以确认运送货物。

（4）物流运输业主对货物进行整理、集装、制作送货清单，并通过 EDI 向接收货物业主发送发货信息。在货物运抵接收方后，物流运输业主通过 EDI，向发送货物业主发送完成运送业务信息和运费请示信息。

（5）接收货物业主在货物到时，利用扫描读数仪读取货物标签的物流条码，并与先前收到的货物运输数据核对确认，开出收货发票，货物入库。同时，通过 EDI 向物流运输业主和发送货物业主发送收货确认信息。

物流 EDI 的优点在于，与供应链组成各方基于标准化的信息格式、处理方法，通过 EDI 分享信息、提高流通效率、降低物流成本。例如，在上述流程中，生产厂家可按市场订单来组织生产，有可能实现零库存生产；运输商能根据生产厂家及用户信息主动安排运输计划，迅速有效地组织运输；对零售商来说，应用 EDI 系统可大大降低进货作业的出错率、节省进货时间、成本，能迅速核对订货与到货的数据，易于发现差错。EDI 使产、供、销更紧密有效，使物流企业能更合理、有效地进行管理。

5.1.6 EDI 系统的应用

EDI 适用于需要大量地处理日常表、单证业务且对业务操作具有严格规范要求的企事业单位之间，物流业通过 EDI 系统可处理以下物流单证。

(1) 运输单证，包括海运提单、托运单、多式联运单据、陆运单、空运单、装货清单、载货清单、集装箱单和到货通知书等。

(2) 商业单证，包括订单、发票、装箱单、重量单、尺码单和装船通知等。

(3) 海关单证，包括进出口货物报关单、海关转运报关单、船舶进出港货物报关单和海关发票等。

(4) 商检单证，包括出、入境通关单，各种检验检疫证书等。

(5) 其他单证。

由于与物流企业的相关单位很多，他们之间都是依靠往来的单据作为货物移动和物权转移的凭证，这些行业特征正好符合 EDI 的使用要求，所以物流 EDI 得到快速发展和应用。专业物流企业服务对象和相关单位包括货主、承运业主、运输货的交通运输企业及协助单位和相关单位，他们之间相互传递着各类的单证，如采购单、询价单、订单、提单、发票、装船通知、到货通知、交货单等。通过快速、正确和安全地被传递，物流 EDI 就可以满足物流链上的各项要求。

例如货主委托物流运输企业运送货物时，首先将货物清单、运送时间安排等信息通过 EDI 发送物流运输企业和收货人；物流企业根据要求上门收货、组织包装、刷唛、入盘等操作，并进行车辆调度安排将货物运送到物流中心；在物流中心对货物进行整理、集装，并通过 EDI 向海运代理等有关单位询问航班船次，进行定船包舱，并向货主发送运输相关信息等待确认；货主同意后以 EDI 方式向物流运输企业确认；物流运输企业接收确认信息，组织通关发货，通过 EDI 将报关单、提单等单证发给货主和收货人，并对货物进行实时跟踪直至货物顺利交付给收货人；最后，物流企业将收货人的接货单传递给原货主，完成运输业务，根据事先协议进行财务结算。

5.2 GPS 和 GIS 技术

5.2.1 全球定位系统

1. 全球定位系统概述

全球定位系统(Global Positioning System，GPS)是美国于 20 世纪 70 年代开始研制的新一代卫星导航和定位系统，是继美国阿波罗登月飞船和航天飞机之后的第三大航天工程，耗资 200 亿美元，历时 20 年于 1994 年全面建成。GPS 可以对海、陆、空提供实时、全天候和全球性的导航定位、测速服务。由于该系统的定位精度高，对用户可以提供无偿服务，所以该系统很快就被用于汽车自定位、非军用内河和远洋船只的导航和调度、在途货物的信息收集和跟踪与控制管理等民用领域内。

2. GPS系统的基本构成

GPS是美国从20世纪70年代开始研制，历时20年，耗资200亿美元，于1994年全面建成，具有在海、陆、空进行全方位实时三维导航与定位能力的新一代卫星导航与定位系统。

GPS系统包括三大部分：空间部分——GPS卫星星座；地面控制部分——地面监控系统；用户设备部分——GPS信号接收机，如图5.6所示。

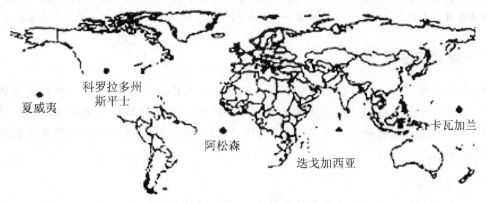

图 5.6　GPS卫星监控系统

(1) GPS工作卫星及其星座。由21颗工作卫星和3颗在轨备用卫星组成GPS卫星星座，记作(21+3)GPS星座。

(2) 地面监控系统。对于导航定位来说，GPS卫星是一个动态已知点。卫星的位置是依据卫星发射的星历——描述卫星运动及其轨道的参数算得的。每颗GPS卫星所播发的星历，是由地面监控系统提供的。卫星上的各种设备是否正常工作，以及卫星是否一直沿着预定轨道运行，都要由地面设备进行监测和控制的。

(3) 信号接收系统。GPS信号接收机的任务是：能够捕获到按一定卫星高度截止角所选择的待测卫星的信号，并跟踪这些卫星的运行，对所接收到的GPS信号进行变换、放大和处理，以便测量出GPS信号从卫星到接收机天线的传播时间，解译出GPS卫星所发送的导航电文，实时地计算出测站的三维位置，甚至三维速度和时间。

3. GPS在现代物流中的应用

GPS系统的建立给导航和定位技术带来了巨大的变化，它从根本上解决了人类在地球上的导航和定位问题，可以满足不同用户的需要。

(1) 对舰船的作用。对舰船而言，它能在海上协同作战，在海洋交通管制、海洋测量、石油勘探、海洋捕鱼、浮标建立、管道铺设、浅滩测量、暗礁定位、海港领航等方面作出贡献。

(2) 对飞机的作用。对飞机而言，它可以在飞机进场、着陆、中途导航、飞机会合、空中加油、武器准确投掷及空中交通管制等方面进行服务。

(3) 用于陆地时的作用。在陆地上，可用于各种车辆、坦克、陆军部队、炮兵、空降兵和步兵等的定位，还可用于大地测量、摄影测量、野外调查和勘探的定位，甚至可以深入到每个人的生活中去，例如，用于汽车、旅行、探险、狩猎等方面。

（4）用于空间技术时的作用。在空间技术方面，可以用于弹道导弹的引航和定位、空间飞行器的导航和定位等。

 小贴士　DGPS、WADGPS、LADGPS

DGPS即差分GPS(Differential GPS)就是把高精度的GPS接收机安装在位置准确测定的地点组成基站。WADGPS即广域差分GPS(Wide Area Differential GPS)不在地面设有基站，而是利用通信卫星通过多个基站网络发送生成的位置纠正信号。LADGPS即局域差分GPS(Local Area Differential GPS)是在局部区域内布设一个GPS差分网，网内由若干个差分GPS基准站组成，通常还包含至少一个监控站。

5.2.2 地理信息系统

地理信息系统(Geographic Information System，GIS)，是20世纪60年代开始迅速发展起来的地理学研究新成果，是多种学科交叉的产物，它以地理空间数据为基础，采用地理模型分析方法，适时地提供多种空间的和动态的地理信息，是一种为地理研究和服务的计算机技术系统。

1. GIS的特征

（1）GIS具有采集、管理、分析和输出地理空间信息的能力。

（2）GIS以地理研究和地理决策为目的，以地理模型方法为手段，具有区域空间分析、多要素综合分析和动态预测能力，产生高层次的地理信息。

（3）由计算机系统支持进行空间地理数据管理，并由计算机程序模拟常规的或专门的地学分析方法或模型，作用于空间数据，产生有用信息，完成人类难以完成的任务。

2. GIS系统的组成

GIS系统由计算机硬件、软件、地理数据、人员，以及GIS模型组成。

（1）计算机硬件设备是GIS系统的硬件环境，用于数据存储、处理、输入输出，以及数据通信传输等。GIS可以在很多类型的硬件设备上运行，从中央计算机、服务器到桌面PC机，从单机到网络环境等。数据存储设备有磁盘、磁带、光盘和硬盘等。

数据输入设备有数字化仪、扫描仪、测绘仪器、键盘、数码相机等，通过数字接口与计算机相连接。数据输出设备主要有绘图仪、打印机、图形终端等，以图形、图像、文件或报表等不同的形式来显示数据的分析结果。GIS需要与网络、网卡和其他网络专用设施连接，便于数据和分析结果的交流和传输。

（2）GIS软件是指系统的软件环境，由计算机系统软件和GIS系统应用软件组成，负责执行系统的各项操作与分析功能，它构成了GIS的核心部分。在GIS软件环境中，除了计算机系统软件和基础软件外，还包含数据输入子系统、数据编辑子系统、空间数据库管理系统、空间查询与空间分析系统、数据输出子系统。这些软件系统支持接收用户的各项指令，运用程序实现人机交互，使GIS成为开放式的系统，其功能得到进一步的扩充。目前功能较为完善的国外软件有Arc/Info、MapInfo、MicroStation、Genemap等。

（3）地理数据是GIS系统的重要管理内容，通过外业采集和从提供商处购得空间数据和属性数据，并与其他数据库互相连接，形成雄厚的地理数据基础。基本地理信息包括土地资源、森林资源、水资源、矿业资源、各级行政区服务和区域信息等数据。

（4）GIS 人员包括负责 GIS 系统研发人员和日常工作管理人员。GIS 系统实施和应用的质量高低取决于 GIS 人员的整体素质。

（5）GIS 模型组成。GIS 模型组成如图 5.7 所示。

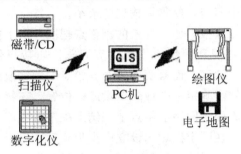

图 5.7　GIS 模型组成

5.2.3　物流 GIS

1. 物流 GIS 应用原理

在物流信息管理中有相当多内容都与地理因素有关，如仓库的选址、配送路线的选择等。在 GIS 数据库中，利用卫星和空间的照相将某一区域的地形地貌等基本信息扫描到计算机，或是将纸制地图扫描输入计算机并以网格的形式表示；再利用点来表示物流客户的所在位置，以线或多组线来表示公路网和铁路网，以多边形的各边表示仓库服务的区域边界等。利用 GIS 数据库中的地域网格，并将相关的数据、点、线和多边形调入，形成数字、图形、文字等地理和空间分布信息特征。一般而言，用户会购买专业数据提供商所提供的地图。

2. GIS 的组成

GIS 主要由两个部分组成：一个部分是桌面地图系统；另一个部分是数据库，用来存放地图上的特征点、线、面和相关的数据。

GIS 的基本功能是将表格型数据（无论它来自数据库、电子表格文件还是直接在程序中输入）转换为地理图形显示，然后对显示的结果浏览、操作和分析。其显示范围可以从洲际地图到非常详细的街区地图，显示对象包括人口、销售情况、运输线路，以及其他内容。

3. GIS 技术的应用

GIS 应用于物流分析，主要是指利用 GIS 强大的地理数据功能来完善物流分析技术。国外公司已经开发出利用 GIS 为物流分析提供专门的工具软件。完整的 GIS 物流分析软件，集成了车辆路线模型、最短路径模型、网络物流模型、分配集合模型和设施定位模型等。

（1）车辆路线模型。用于解决一个起始点、多个终点的货物运输中，如何降低物流作业费用，并保证服务质量的问题。它包括决定使用多少辆车，每辆车的行驶路线等。

（2）最短路径模型。用于解决寻求最短路径问题，也就是物流运输线路优化问题。如

将货物从 N 个仓库运往到 M 个商店,如何走使得总路线最短?最短路径是多少?因此需要确定走哪条线路送给哪个商店,使得运输成本最低。

(3) 网络物流模型。用于解决寻求最有效的分配货物路径问题,也就是物流网点布局问题。如将货物从 N 个仓库运往到 M 个商店,每个商店都有固定的需求量,因此需要确定由哪个仓库提货送给哪个商店,使得运输代价最小。

(4) 分配集合模型。可以根据各个要素的相似点把同一层上的所有或部分要素分为几个组,用以解决确定服务范围和销售市场范围等问题。如某一公司要设立 X 个分销点,要求这些分销点要覆盖某一地区,而且要使每个分销点的顾客数目大致相等。

(5) 设施定位模型。用于确定一个或多个设施的位置。在物流系统中,仓库和运输线共同组成了物流网络,仓库处于网络的结点上,结点决定着线路,如何根据供求的实际需要并结合经济效益等原则,在既定区域内设立多少个仓库,每个仓库的位置,每个仓库的规模,以及仓库之间的物流关系等,运用此模型均能很容易地得到解决。

5.3 EOS 技术

5.3.1 EOS 概述

1. EOS 的概念

EOS(Electronic Ordering System)即电子订货系统,是指企业间利用通信网络(VAN 或因特网)和终端设备以在线连接(On-Line)方式,进行订货作业和订货信息交换的系统。根据 EOS 所涵盖的范围不同分类,可分成狭义的 EOS 与广义的 EOS。狭义的 EOS 是指零售商将订单传送到批发商、供应商为止的自动化订货系统;广义的 EOS 则是从零售点下单开始经批发商接单后,再经验货、对账、转账等步骤,完成所有商品交易动作为止。

EOS 可适用于企业内部,零售商和批发商之间,以及零售商、批发商和生产商之间建立的 EOS 系统。

2. EOS 的配备

(1) 计算机设备和附有数据机的通信设备,可以将手持式终端机(Handy Terminal,HT)的订货信息,通过数据机的转换,经由网络系统传递给供货商或总部。

(2) 应用的网络系统主要为 Internet 和 VAN。采用 Internet 可以在全球范围内传递订货信息,同时 Internet 网上的潜在供应商和零售商也可为货源和销售提供更多的机会,但是 Internet 的安全性和保密性制约了 EOS 广泛应用。

商业增值网络(Value Added Network,VAN)是用于转发和管理订货信息的增值服务提供者。基于此网络的 EOS 通过 EDI 方式来传递订货信息。VAN 可以分为地区 VAN 网络和专业 VAN 网络。VAN 网络不参与实际交易活动,只提供用户连接界面,具有信息存储功能、信息传递功能和加值功能。

(3) 其他配备包括订货簿、标签、电子订货书、手持终端机和扫描器等。

3. EOS 的特点

EOS 是商业企业内部或许多零售商、批发商和供应商之间的整体运作系统,而不是单个企业或单个部门之间的系统；它是通过网络传递订货信息，信息传递及时准确；可以保证商品的及时供应，加速资金的周转。EOS 具有以下特点。

（1）可以缩短订货期和交货期，减少商品订单的出错率，节省人工费。

（2）有利于减少企业的库存水平，提高企业的库存管理效率，同时也能防止商品特别是畅销商品缺货现象的出现。

（3）对于生产厂家和批发商来说，通过分析零售商的商品订货信息，能准确判断畅销商品和滞销商品，有利于企业调整商品生产和销售计划。

（4）有利于提高企业物流信息系统的效率，使各个业务信息子系统之间的数据交换更加便利和迅速，丰富企业的经营信息。

5.3.2 EOS 工作方式

EOS 的作业方式主要有以下 3 种。

1. 利用商品标签，用扫描器和手持终端机进行订货信息的发送

订货工作人员携带订货簿和手持终端机对仓库或货架中的商品进行检查，如发现某种商品缺货时，用扫描器扫描订货簿上或货架上的标签，将需要补货的数量输入手持终端机，并把订货信息发送给总部或供应商，完成订货需求。

2. 利用销售时点管理系统进行电子订货

销售时点（Point of Sale，POS）管理系统是指在销售商品时通过自动读取设备获得商品的销售信息，并通过计算机和网络将销售信息传送到后台计算机进行分析加工，以提高经营效率的管理系统。也就是在顾客购买商品付账时，收银员用扫描器读取商品上的条形码或标签上的信息，这些信息包括品名、型号、单价、销售数量、金额、销售店铺等，并经确认后以在线的方式通过 VAN 即时传送给总部或配送中心，总部或配送中心根据各店发来的销售信息完成库存调整、订货和配送等作业。POS 系统主要适用于零售、物流、金融、旅馆等服务性行业。

3. 利用订货应用系统进行电子订货作业

订货应用系统产生的订货信息，通过订单处理系统处理之后，迅速传递出去。

5.3.3 EOS 组成及作业流程

1. EOS 的组成

从 EOS 结构上看包括订货系统、通信网络系统和接单系统三大部分。

（1）在零售店的终端利用条码阅读器获取准备采购的商品条码，并在终端机上输入订货材料。

（2）利用电话线通过调制解调器传到批发商的计算机中。

（3）批发商开出提货传票，并根据传票，同时开出拣货单，实施拣货，然后依据送货传票进行商品发货。

（4）送货传票上的资料便成为零售商的应付账款资料及批发商的应收账款资料，并接到应收账款的系统中去。

（5）零售商对送到的货物进行检验后，便可以陈列与销售了。

2. EOS 的作业过程

1）销售订货作业过程

EOS 销售订货业务的流程，如图 5.8 所示。

（1）各批发、零售商或社会网点根据自己的销售情况，确定所需货物的品种、数量，同体系商场根据实际网络情况，把补货需求通过增值网络中心，或通过实时网络系统发送给总公司业务部门；不同体系的商场或社会网点通过商业增值网络中心发出 EOS 订货需求。

（2）商业增值网络中心将收到的补货、订货需求资料发送至总公司业务管理部门。

（3）业务管理部门对收到的数据汇总处理后，通过商业增值网络中心向不同体系的商场或社会网点发送批发订单确认。

（4）不同体系的商场或社会网点从商业增值网络中心接收到批发订单确认信息。

（5）业务管理部门根据库存情况通过商业增值网络中心或实时网络系统向仓储中心发出配送通知。

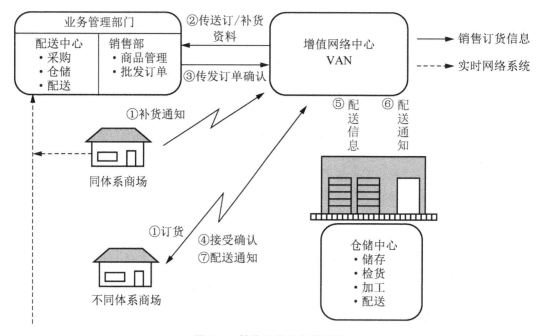

图 5.8　销售订货业务的流程

（6）仓储中心根据接收到的配送通知安排商品配送，并将配送通知通过商业增值网络中心传送到客户。

（7）不同体系的商场或社会网点，从商业增值网络中心接收到仓储中心对批发订单的配送通知。

（8）各批发、零售商、仓储中心根据实际网络情况，将每天进出货物的情况通过增值网络中心或实时网络系统，报送总公司业务管理部门，让业务部及时掌握商品库存数量，以确定合理库存；并根据商品流转情况，做好调整商品结构等工作。

以上 8 个步骤组成了一个基本的电子批发、订货流程，通过这个流程，将某店与同体系商场（某店中非独立核算单位）、不同体系商场（某店中独立核算单位）和社会网点之间的商流、信息流结合在一起。

2）采购订货作业过程

采购订货业务的流程如图 5.9 所示。

（1）业务管理部门根据仓储中心商品库存情况，向指定的供货商发出商品采购订单。

（2）商业增值网络中心将总公司业务管理部发出的采购单发送至指定的供应商处。

（3）指定的供应商在收到采购订货单后，根据订单的要求通过商业增值网络中心对采购订单加以确认。

（4）商业增值网络中心将供货商发来的采购订单确认发送至业务管理部门。

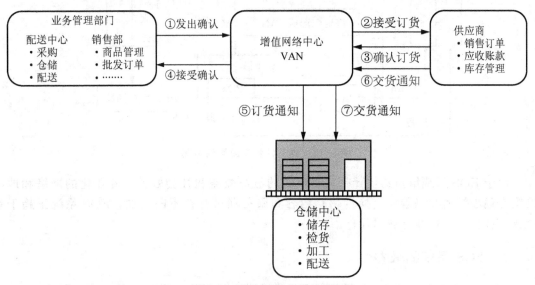

图 5.9 采购订货业务的流程

注：——→采购订货信息。

5.3.4 实施 EOS 系统的要求——标准化、网络化

要实施 EOS 系统，必须做一系列的标准化准备工作。以日本 EOS 的发展为例，从 20 世纪 70 年代起即开始了包括对代码、传票、通信及网络传输的标准化研究，如商品的统一代码、企业的统一代码、传票的标准格式、通信程序的标准格式，以及网络资料交换的标准格式等。

在日本，许多中小零售商、批发商在各地设立了地区性的 VAN 网络，即成立区域性的 VAN 营运公司和地区性的咨询处理公司，为本地区的零售业服务，支持本地区的 EOS 系统的运行。在贸易流通中，常常是按商品的性质划分专业的，如食品、医药品、玩具、衣料等，因此形成了各个不同的专业。1975 年，日本各专业为了流通现代化的目标，分别制定了自己的标准，形成专业 VAN。目前已提供服务的有食品、日用杂品、医药品等专业。电子订货系统网络应用如图 5.10 所示。

EOS 系统在日本应用已相当普及，目前已有日用杂品、家庭用品、水果、医药品、玩具、运动用品、眼镜钟表、成衣 8 个专业网络的用户。用户可通过自己商店内标准的零售店终端机向网内的批发商订货，订货的依据就是统一的通用商品条形码，这个商品条形码可以直接从商品上通过条形码的扫描而获得，既快速又准确无误。

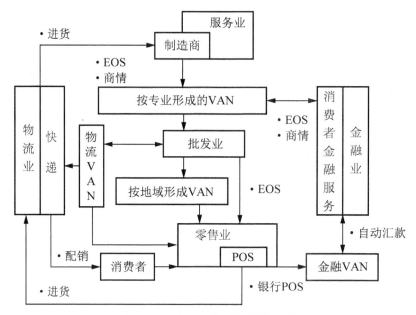

图 5.10 电子订货系统网络应用

由于 EOS 系统给贸易伙伴带来了巨大的经济效益和社会效益,专业化的网络和地区网络在逐步扩大和完善,交换的信息内容和服务项目都在不断增加,EOS 系统正趋于系统化、社会化、标准化和国际化。

5.3.5 EOS 系统的效益

EOS 系统的效益可以从给零售业和批发业带来的好处中明显看出。

1. EOS 系统给零售业带来的好处

EOS 系统给零售业带来以下好处。

(1) 压低库存量。零售业可以通过 EOS 系统将商店所陈列的商品数量缩小到最小的限度,以便使有限的空间能陈列更多种类的商品,即使是销量较大的商品也无须很大库房存放,可压低库存量,甚至做到无库存。商店工作人员在固定时间去巡视陈列架,将需补足的商品以最小的数量订购,在当天或隔天即可到货,不必一次订购很多。

(2) 减少交货失误。EOS 系统是根据通用商品条形码来订货的,可做到准确无误。批发商将详细的订购资料用计算机处理,可以减少交货失误,迅速补充库存,若能避免交错商品或数量不足,那么,把对商品的检验由交货者来完成是十分可取的,零售商店只做抽样检验即可。

(3) 改善订货业务。由于实施 EOS 系统,操作十分方便,任何人都可正确迅速地完成订货业务,并根据 EOS 系统获得大量的有用信息。如订购的控制、批发订购的趋势、紧俏商品的趋势、其他信息等。若能将订货业务管理规范化,再根据 EOS 系统就可更加迅速准确地完成订货业务。

(4) 建立商店综合管理系统。以 EOS 系统为中心确立商店的商品文件,商品货架系统管理,商品货架位置管理,进货价格管理等,便可实施商店综合管理系统。如将所订购的商品资料存入计算机,再依据交货传票,修正订购与实际交货的出入部分,进行进货管理分析,可确定应付账款的管理系统;而批发业运用零售商店中商品的货架标签来发行,也可据此提供商品咨询等,大大改善了交货体系。

2. EOS系统给批发业带来的好处

EOS系统给批发业带来以下好处。

(1) 提高服务质量。EOS系统满足了顾客对某种商品少量、多次的要求,缩短交货时间,能迅速、准确和廉价地出货并交货。EOS系统提供准确无误的订货,因此减少了交货失误,减少了退货。计算机的库存管理系统可以正确、及时地将订单输入,并因出货资料的输入而达到正确的管理,从而减少了缺货现象的出现,增加了商品品种,并为顾客提供商品咨询。由于共同使用EOS系统,使得零售业和批发业建立了良好的关系,做到业务上相互支持,相辅相成。

(2) 建立高效的物流体系。EOS系统的责任制避免了退货、缺货现象,缩短了交货时检验时间,可大幅度提高送货派车的效率,降低物流的成本,同时,可使批发业内部的各种管理系统化、规范化,大幅度降低批发业的成本。

(3) 提高工作效率。实施EOS系统可以减轻体力劳动,减少事务性工作,减少以前专门派人去收订购单、登记、汇总等繁杂的手工劳动。以前3小时至半天的手工工作量,现在实施EOS系统后,十分钟即可完成。通常退货处理要比一般订货处理多花5倍的工时,实施EOS系统后,避免了退货,减少了繁杂的事务性工作。

(4) 销售管理系统化。EOS系统使得销售管理系统化、一体化,大大提高了企业的经济效益。

5.4 分拣技术

5.4.1 分拣的概念、特征和过程

1. 分拣的概念

分拣作业是根据输送或配送要求,迅速准确地将货物从储位中拣选出来,并进行分类、集中,等待配装送货的作业过程。

在物流配送活动当中,分拣作业是整个仓储配送的核心部分。经验证,物流成本占商品总成本的30%。其中拣货成本是配送、搬运和储存等成本总和的9倍,占物流搬运成本的绝大部分。同时,分拣作业的速度、效率和出错率直接影响配送中心的效率和客户的满意度,促使由劳动力密集性的人工分拣向机械分拣发展。

2. 分拣的特征

(1) 自动分拣系统能够连续、大批量地分拣货物。由于采用室内流水线自动作业方式,不受外界自然环境变化的干扰,操作环节大都由机械装置完成,可以连续运行,分拣能力远远大于人工分拣和机械分拣,能够满足大批量货物的连续分拣作业的要求。

(2) 自动分拣的误差率极低。分拣的误差率主要取决于所输入分拣信息的准确性大小,条形码识别技术的误差率极低,而键盘输入或声控识别还有3‰的误差率。

(3) 分拣作业基本实现无人化。由于在自动化分拣系统中,原来完全由人力完成的作

业环节,能用机械装置所替代的都已完全替代,最大限度地减少了人员的使用,同时大大减轻了操作人员的劳动强度,基本实现了无人化。

3. 分拣的过程

分拣是一种复杂且工作量大的作业,是将需要配送的货物准确迅速地集中起来,它主要包括行走、搬运、拣取和分类四个重要过程。

(1) 行走和搬运。行走和搬运是指对要进行分拣货物进行装卸、运送和工作人员或机械设备进行运动的过程。缩短行走和货物运送距离,节约行走和搬运时间是提高分拣作业效率的关键之一。

(2) 拣取。经与拣货信息确认核对后,利用人力或分拣设备准确地找到储位,并对所需要的货物和数量进行拣取作业。

(3) 分类。分拣作业可分为按照每个拣货信息进行分拣操作的单一分拣和先汇总多个分拣信息一起分拣,再按不同的客户分货的批量分拣。当进行批量分拣或两种分拣方法组合操作时,就需要对货物进行分类。货物分类集中的时间快慢也是决定分拣作业效率的高低因素之一。

5.4.2 自动分拣系统

自动分拣系统(Automated Sorting System)可以在最短的时间内从庞大的储存系统中准确地找到所要出库货物的储位,并按所需配送货物的数量、品种、规格分类集中货物。

自动分拣系统是由硬件设备和计算机网络、软件连接在一起,同时配合人工操作构成的一个完整的系统。一般分拣系统由四个主要装置组成,即控制装置、分类装置、输送装置和分拣道口,如图 5.11 所示。

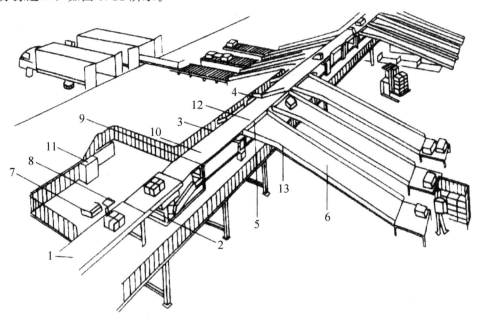

图 5.11 分拣系统

1—输入输送带;2—喂料输送机;3—钢带输送机;4—刮板式分流器;5—送出辊道;
6—分拣道口;7—信号给定器;8—激光读码器;9—通过检出器;10—磁信号发生器;
11—控制器;12—磁信号读取器;13—满量检出器

（1）控制装置是整个分拣系统的指挥中心，主要是用于识别、接收和处理拣货信号，指示自动分拣机上其他装置进行相应的操作。通过条形码扫描、色码扫描、重量检测、形状识别等方式识别信号，通过 LAN、总线技术或 RF 技术将分拣要求传送给分类装置，决定某种货物的流向，并将分拣的货物导入相应的分拣道口。

（2）分类装置是分拣机的主要部分，当具有同类分拣信号的货物经过该装置时，能够使其改变运行方向进入分拣道口。

（3）输送装置是输送货物的传送带，将待拣货物鱼贯地通过分类装置。

（4）分拣道口是货物脱离输送机滑向集货区的通道，待以配送。当分拣道口满载时，由控制系统阻止货物被分拣入道口。

5.4.3 自动分拣系统的工作流程

自动分拣系统的作业过程是按照配送要求在信息流指引下的物流"合"与"分"的过程。物流中心要对不同客户的数以万计的货物归类上架储存，这是货物的"合"；之后按客户的需求及时准确地配送发货，这是货物的"分"。在这"合"与"分"的过程中，自动分拣系统承担了绝大部分作业量。

1. 自动分拣系统的拓扑结构

自动分拣系统的拓扑结构取决于安装的场地、所拣货物的特性、同时处理拣货单数、拣货终端数和分类装置的类型等多种因素。

自动分拣系统的结构分为线状结构和环状结构。线状结构适宜拣货量多且拣货终端数少的系统，环状结构适宜于拣货量小且拣货终端较多的系统，如图 5.12 所示。环状结构的分拣系统具有一定的储货能力，可以支持批处理方式。

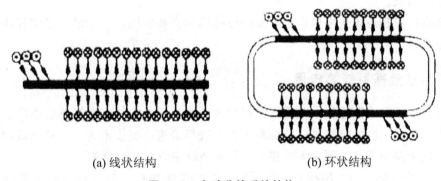

(a) 线状结构　　　　　　　　(b) 环状结构

图 5.12　自动分拣系统结构

2. 自动分拣系统的工作流程

自动分拣系统的工作流程主要是先对货物进行合流，对所需分拣货物的信息输入和确认，然后再对货物进行分拣和分流，集中已分拣好的货物进行配送的全过程。

（1）合流。货物从货架或其他储存区域经过人工搬运、机械搬运、自动搬运车或分支输送线路几种搬运方式进入分拣系统，依次地合并汇集到主输送机，并经过方向的调整，以适应分拣信号输入和分拣的要求。

（2）分拣信号输入。输入被分拣货物的品名、规格、数量、送达地址、客户名称等信息，以确保货物能够准确无误地送抵客户手中。目前，分拣信号的输入方式主要有人工键盘输入、声控方式、条形码和激光扫描及计算机程序控制等。

① 人工键盘输入。利用键盘将货物的分拣编码直接输入，形成分拣信号。一般常用十键式，键盘上有0~9数字键和重复、修正等键。键盘输入的操作简单、用费最低，但是输入的准确率受操作人员的人为因素影响过大，如注意力不集中、看错或按错容易发生，并且输入的速度也不高。

② 声控方式。首先要采集操作人员的声音输入计算机中，当进行分拣作业时，操作人员读出被拣货物的基本信息，据此计算机将声音变换成编码发出指令，启动分拣装置。声音输入速度要比键盘输入快，并且操作更为简单。但是如果操作人员偶尔咳嗽或声哑就会导致差错发生。

③ 条形码和激光扫描。在被拣货物上粘贴条形码，分拣机上的激光扫描器可以快速读出分拣信息并输送给控制装置。激光扫描器的扫描速度非常高，并可以从货物的各个侧面进行扫描，对快速移动的货物也能正确地读出条形码，出错率极低，规模较大的配送中心都采用这种输入方式。但是制作和粘贴条形码标签需要花费一定的时间和费用，如果货物在进入配送中心之前就已经粘贴好了条形码，便可大大降低费用。

④ 计算机程序控制。根据客户对货物的品种和数量的需求，预先将货物的全部信息一次性输入计算机中，然后将被分拣货物的分拣信号传送至控制器，控制器按程序执行，将货物逐件连续投入分拣机。

（3）分拣和分流。当货物行走到分拣道口时，分拣装置根据指令将货物排离主输送机，进入滑道排出。

（4）分运。货物一般依靠自重从分流滑道上顺滑到终端，由操作人员按客户或配送路线进行分类发货。

分拣机的控制系统采用程序逻辑控制分拣机的全部功能，目前最为普遍使用的是计算机控制方式。

5.4.4 自动分拣系统的应用

分拣技术不断改进提高，分拣规模和能力不断发展，它的应用领域也不断扩大。邮政系统和机场、火车站的行李自动分拣系统都是最早采用分拣技术的，此后物流中心、配送中心也广泛地采用了该技术，大大提高了作业效率和客户的满意度。

在机场的行李自动分拣作业过程中，首先在旅客登机之前将行李贴上条码标签，旅客抵达后，采用条码识别系统进行行李的自动分拣。香港新国际机场内安装了28套行李自动分拣系统，共有400多个条码阅读器，以高效准确地传递分拣信息。每一套自动分拣系统用于检测T形码，包括360°环绕安装的16个条码阅读器、一个控制器和安装构架等。机场行李输送带采用皮带式，宽为1m，运行速度为1.8m/s，完全可以满足国际机场对大量行李分拣的需求。日本佐川急便信函包裹物流配送中心建立了日本最大的信函包裹中心，配置了能处理300个去向、处理能力为30万件/h的日本最高速、最大规模的OCR信函包裹自动分拣系统，该系统能够同时进行货物高速处理和跟踪信息数据的收集。

5.5 冷链配送技术

5.5.1 冷链配送的含义、特征及构成

1. 冷链配送的含义

冷链(Cold Chain)是指易腐食品从产地收购或捕捞之后,在产品加工、储藏、运输、分销和零售,直到消费者手中,其各个环节始终处于产品所必需的低温环境下,以保证食品质量安全,减少损耗,防止污染的特殊供应链系统。冷链所适用的食品范围,包括蔬菜、肉类、水产品、奶制品和速冻食品等。

冷链配送是冷链的一个重要环节,是农业配送的一种特殊形式,它的运用可以有效地提高农产品的安全性,提高农产品生产的经济效益和生态效益。

冷链配送指冷藏冷冻类物品在配送、流通加工、储藏运输、销售,到消费前的各个环节中始终处于规定的低温环境下,以保证物品质量和性能的一项系统工程。它是随着科学技术的进步、制冷技术的发展而建立起来的,是以冷冻工艺学为基础、以制冷技术为手段的低温物流过程。

冷链配送应遵循"3T 原则",即产品最终质量取决于载冷链的储藏与流通的时间(Time)、温度(Temperature)和产品耐藏性(Tolerance)。

"3T 原则"指出了冷藏食品品质保持所允许的时间和产品温度之间存在的关系。由于冷藏食品在流通中因时间—温度的经历而引起的品质降低的累积和不可逆性,因此对不同的产品品种和不同的品质要求都有相应的产品控制和储藏时间的技术经济指标。

2. 冷链配送的特性

现代物流集信息化、自动化、网络化、柔性化和智能化为一体,冷链配送更是因为产品在时间、品质、温度、湿度和卫生环境的特殊性,在这方面能够体现更大的增值潜力和能量。

冷链是一项复杂的系统工程,为达到以较低成本满足较高服务水平,进而促进销售的目的,需要供应链各环节之间高度的协调、通畅的信息流通、高效的运作、优化的资源管理等。针对不同货物的特性进行合理配送在冷链中起着重要作用。与常温配送比较而言,冷链配送具有以下特征。

1) 冷链配送货物的易腐性

冷链配送的货物通常是生鲜产品,属于易腐(Perishable)性食品。在配送的过程中,由于各种原因会使货物品质逐渐下降。生鲜食品在配送时,保存环境的温度越低,品质越能保持长久。生鲜产品品质随时间推移而变化的过程中,"温度"是影响其品质最重要的因素。生鲜产品的储藏时间依储藏环境的温度而定,温度越低,则能保持品质不变的时间越长。而冷藏产品从生产到消费的过程中,经过工厂制造加工、冷藏、配送,到销售点的冷藏,各阶段的冷藏温度皆不相同。如果能将产品品质可能维持的时间与冷藏温度的关系进行量化,则实际运作过程中将会相当便利。冷藏产品需求量相当大的美国,针对多种食品调查保存温度和所经过的时间对食品品质所造成的影响,即"时间—温度变化下的品质

耐性"（Time-Temperature Tolerance，TTT）。在实际操作时，可按照简单公式推算冷藏产品的品质下降情形。

（1）了解冻藏产品物料在不同温度 T 下的品质保持时间（储藏期）D_i。

（2）计算在不同温度下产品物料在单位储藏时间（如1天）所造成的品质下降程度 $d_i = 1/D_i$。

（3）根据冻藏产品物料在冷链中不同环节停留的时间 t_i，确定冻藏产品物料在冷链各个环节中的品质变化 $t_i \times d_i$。

（4）确定冻藏产品物料在整个冷链中的品质变化 $\sum t_i \times d_i$，$\sum t_i \times d_i = 1$，即允许的储藏期限。

2）冷链配送货物的时效性

易腐性货物在配送过程中由于运送时间的长短而造成货物的品质下降，人们在购买时从表面上无法区别。但从另一个角度来看，生命周期较短的生鲜货物，如果配送时间延长，虽然品质不至于达到不可食用的地步，但人们在购买过程中，该类货物被销售出去的概率会降低，销售量会减少，从而造成损失。这部分虽然是销售商的损失，但是因为配送时间的延误而造成销售上的损失，理应由配送商承担。

因此，生鲜货物销售商为了达到较高的服务水准，在货物到达销售端时，往往会有时间窗（Time Windows）的限制，限制配送商必须在事先约定的时段内送达。因此，事先规划配送路线，考虑时间窗的限制，不仅可以降低配送企业的营运成本，还可以提高销售商的服务水平，满足客户的需求。

3）冷链配送装备要求的特殊性

一天之中气温会随着时间的变化而变化，在不同气温下为维持货物在适宜的低温，冷藏运输车的油耗会随着温度的上升而增加，这就使得冷链配送商在配送时必须额外考虑气温的变化。

3. 冷链的构成

食品冷链由冷冻加工、冷冻储藏、冷藏运输及配送、冷冻销售四个方面构成。

（1）冷冻加工：包括肉禽类、鱼类和蛋类的冷却与冻结，以及在低温状态下的加工作业过程；也包括果蔬的预冷；各种速冻食品和奶制品的低温加工等。在这个环节上主要涉及冷链装备有冷却、冻结装置和速冻装置。

（2）冷冻储藏：包括食品的冷却储藏和冻结储藏，以及水果蔬菜等食品的气调储藏。它是保证食品在储存和加工过程中的低温保鲜环境。在这个环节主要涉及各类冷藏库/加工间、冷藏柜、冻结柜及家用冰箱等。

（3）冷藏运输及配送：包括食品的中、长途运输及短途配送等物流环节的低温状态。它主要涉及铁路冷藏车、冷藏汽车、冷藏船、冷藏集装箱等低温运输工具。在冷藏运输过程中，温度波动是引起食品品质下降的主要原因之一，所以运输工具应具有良好性能，在保持规定低温的同时，更要保持稳定的温度，远途运输尤其重要。

（4）冷冻销售：包括各种冷链食品进入批发零售环节的冷冻储藏和销售，它由生产厂家、批发商和零售商共同完成。随着大中城市各类连锁超市的快速发展，各种连锁超市正在成为冷链食品的主要销售渠道，在这些零售终端中，大量使用了冷藏/冻陈列柜和储藏库，由此逐渐成为完整的食品冷链中不可或缺的重要环节。

5.5.2 我国冷链配送的现状及趋势

1. 我国冷链配送的现状

冷链配送是冷链的薄弱环节，我国在冷链配送的发展过程中，存在以下比较突出的问题。

（1）冷链配送没有处于一个完善的冷链体系中。从整体冷链体系而言，我国的冷链还未形成体系，无论是从我国经济发展的消费内需来看，还是与发达国家相比，差距都十分明显。

（2）农产品冷链配送的市场化程度很低，第三方介入很少。我国农产品除了外贸出口的部分以外，大部分在国内流通的农产品的配送业务多数都是由生产商和经销商完成的，冷链的第三方物流发展十分滞后，服务网络和信息系统不够健全，大大影响了农产品冷链配送的在途质量、准确性和及时性。同时，农产品冷链配送的成本和产品损耗都很高。

（3）农产品冷链配送的硬件设施建设不足。我国目前的冷链设施和冷链装备不足，原有设施设备陈旧，发展和分布不均衡，无法为易腐农产品流通系统地提供低温保障。

因此，易腐农产品特别是初级农产品存在大量损耗，并且在产品安全方面也存在巨大隐患。

2. 我国冷链配送的发展趋势

我国的冷链配送呈现以下新特征。

（1）客户对农产品的要求越来越显个性化、方便化趋势。不同消费者对同一产品的要求有很大差异，因此，很难预测消费者需求，这种消费特点要求冷链配送必须及时，向小批量、多品种方向发展。

（2）对冷链配送设备和管理的要求提高，"速度快、质量好"成为冷链配送的新要求。最近，一些大型企业进军冷链物流市场，这些实力雄厚的企业可以为农产品冷链配送提供先进的设备和技术，从而可以大大降低我国农产品行业在冷藏和冷链配送方面的损耗。

5.5.3 冷链配送使用的技术

1. 冷链配送所涉及的技术及专用设备

冷链配送由于在整个配送过程中货物始终处于维持其品质所必需的可控温度环境下，因此冷链配送必须有相应的技术和专用设备支持。在冷链配送中所使用的技术主要有制冷、蓄冷技术、农产品储藏技术、空气幕技术及农产品加工技术等。所使用的专用设备主要涉及大中小型冷藏、冷冻、冰温库、冷藏保温车、速冻机、差压预冷设备和解冻设备等。冷链配送的各个阶段所需的相关技术及专用设备见表5-1。

目前，我国的冷链配送中正努力采用易于清洁、更为灵活的设备，采用更为合理和先进的生产工艺，使生产与外部环境更加协调，以及更好的接口管理、更令人满意的储运温度和更及时的消费者信息反馈，加强建设农产品的可追溯性和相关的标准化管理。

表 5-1 冷链配送所涉及的技术及专用设备

内容	关键技术	相关技术	核心技术	相关专用设备
农产品储藏	储藏工艺、制冷技术（设备、系统设计）、隔热层（保温板）技术、空气幕技术	机械设计、制造、自动控制技术、传感器技术、外观设计、制冷剂、发泡剂替代技术	制冷技术、隔热层技术、农产品储藏技术、空气幕技术	大中小型冷藏、冷冻、冰温库、陈列柜、展示柜、零售冷藏柜
流通设备	制冷技术、蓄冷技术、隔热层（保温板）	汽车技术、加工技术、新材料技术	制冷技术、蓄冷技术	冷藏保温车、集装箱、冷藏保温箱、保温盒（袋）
加工设备	农产品加工工艺、制冷技术、冰温技术、蓄冷技术、解冻技术（高湿度空气解冻、喷淋冲击解冻）	机械设计、制造、自动控制、传感器、外观设计、包装材料与机械、电解冻技术（红外解冻、电阻型解冻、高频解冻、微波解冻、高压静电解冻）	农产品加工工艺、制冷技术、机械设计、制造	速冻机、差压预冷设备、解冻设备、干燥设备、发酵设备

2. 不同农产品的冷链配送

不同的农产品，由于其自身特点而对储藏温度、配送温度要求不一样，而且不同农产品的销售渠道也不尽相同，因而不同农产品的冷链配送有很大区别。

1）奶制品冷链配送

近几年，国内消费者对牛奶的需求量呈直线上升，采用低温灭菌技术的巴氏奶能保证牛奶的营养成分且能保持新鲜，成为鲜奶的发展趋势。奶制品对冷链的要求比较高，目前国外发达国家奶制品冷链方面发展已经较为成熟，巴氏奶占据了95％的鲜奶市场。与之相比，我国奶制品冷链的发展还有很多不足，需要吸收借鉴国外的先进经验。巴氏奶冷链要求从原牛奶的取得到奶站集中检测、杀菌、加工直至最终的消费，在生产、运输、配送、销售和储藏的全过程中，都将牛奶温度控制在0～4℃范围内，以此来保持牛奶的新鲜口味和营养价值。奶制品的冷链配送结构如图5.13所示。

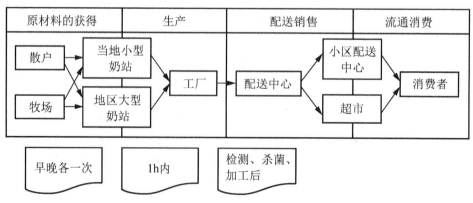

图 5.13 奶制品的冷链配送结构

2) 蔬菜冷链配送

近年来,我国果蔬业发展迅速,果蔬年产量达3亿吨,其中水果产量达6 000万吨,位居世界前列。但是我国果蔬损耗率为25%～30%,每年因果蔬腐烂而造成的经济损失高达800亿元左右。因此,形成鲜明对比的是发达国家的农产品因为采用了先进的保鲜储藏技术,甚至已经形成了完整的冷链系统,损失率仅为1.7%～5%。蔬菜冷链的完整流程为:田间采摘冷藏运输—冷藏批发—冷链配送—生鲜超市冷藏销售—最终消费者。在这个过程中,要求加工处理及时到位,冷链配送及时准确,才能保证蔬菜的质量,维持其最佳品质,延长储藏期。经真空预冷蔬菜的冷链配送结构如图5.14所示。

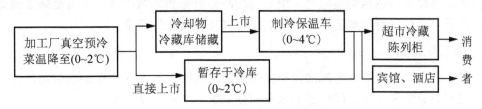

图5.14 蔬菜冷链配送结构

3) 冷却肉冷链配送

由于热鲜肉未经处理,卫生健康方面很难达标,而冷冻肉在卫生方面符合了要求但味道却发生了改变,而冷却肉具有安全卫生、柔嫩味美、便于切割等特点,正逐渐成为人们对肉类消费的主体。冷却肉是在生产销售的过程中,采取低温冷却、低温加工、低温配送、低温流通和定量包装的手段,特别是在冷藏中温度需要始终保持在0～4℃之内,冷却肉才会有新鲜、卫生和方便的特点。屠宰场进行屠宰后,在18～24h内对初期的胴体进行充分冷却,之后进行排酸处理、分割剔骨、包装、冷藏、运输送至配送中心,通过验收后进行保鲜处理、商品化处理,以及分级包装,直至最后冷藏、标价、陈列和销售,每个环节对于温度和时间都有严格的要求,整个过程的时间应控制在两天内。冷却肉的冷链配送结构如图5.15所示。

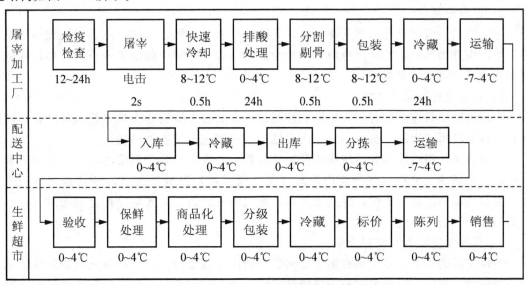

图5.15 冷却肉冷链配送结构

5.5.4 冷链配送的要求

1. 温度要求

食品预冷到适宜的储藏温度是易腐食品在低温运输之前要进行的预处理过程。如果将生鲜、易腐食品在冷藏运输工具上进行预冷,则存在许多缺点:预冷成本成倍上升,运输工具所提供的制冷能力有限,不能用来降低产品的温度,只能有效地平衡环境传入的热负荷,维持产品的温度不超过所要求保持的最高温度。

因此,易腐食品在运输前应当采用专门的冷却设备和冻结设备,将温度降低到最佳储藏温度以下,然后进行冷藏运输,才有利于保持储运食品的质量。

2. 湿度要求

运输过程中,用能透过蒸汽的保护膜包装的或表面上并无任何保护膜包装的食品。其表面不但有热量散发出来,同时还有水分向外蒸发,造成失水干燥。

例如,水果、蔬菜中水分蒸发会导致其失去新鲜的外观,出现明显的萎蔫现象,影响其柔嫩性和抗病性,肉类食品除导致重量减轻外,表面还会出现收缩硬化,形成干燥膜,肉色也会发生变化,鸡蛋会因水分蒸发造成气室增大、重量减轻、品质下降。

因此,只有控制车厢内的相对湿度大于食品的水分活度才是合理的。相对湿度过高或过低对食品的质量及其稳定性都是不利的。在运输过程中,含水量少水分活度低的干燥食品可在相对湿度低的车厢环境中储存,以防止吸附水分;含水量充足、水分活度高的新鲜食品应在相对湿度较大的车厢环境中储存,以防止水分散失。

3. 运转工具的要求

运输工具的质量直接影响到冷藏运输质量,也就直接影响到冷藏货物的质量,因此运输工具是冷藏运输环节中最重要的设施。对于不同的运输方式,有不同的运输工具,但都应该满足以下几个方面的要求。

1)设有冷源

运输工具上应当具有适当的冷源,如干冰、冰盐混合物、碎冰、液氮或机械制冷系统等,能产生并维持一定的低温环境,保持食品的品温,利用冷源冷量来平衡外界传入的热量和货物车身散出的热量。

2)具有良好的隔热性能

冷藏运输工具应当具有良好的隔热性能,这样能够有效地减少外界传入的热量,同时保持机械制冷所产生的冷源,避免车内温度的波动和防止设备过早老化。

车辆或集装箱的隔热外侧应采用反射性材料,并应保持其表面清洁,以降低对辐射热的吸收。车辆或集装箱的整个使用期间应避免箱体结构部分的损坏,特别是箱体的边和角,要保持隔热层的气密性,并且应该对砖藏门的密封条、跨式制冷剂组的密封、排水耐和其他孔洞等进行检查。

3)具有温度检测和控制设备

运输工具的货物间必须具有温度检测和控制设备温度检测仪,必须能准确并连续地记录货物间内的温度。温度控制器的精度要求高,为±0.25%,保证满足易腐食品在运输过程中的冷藏工艺要求,防止食品温度过分波动。

4）车厢应当卫生并能保证货物安全

车厢自有可能接触食品的所有内壁必须采用对食品味道和气味无影响的安全材料。箱体内壁包括顶板和地板要光滑、防腐蚀、不受清洁剂影响，不渗透，不腐烂，便于清洁和消毒。

箱体内壁不应有凸出部分，箱内设备不应有尖角和褶皱，以便于清除脏物和水分。在使用中，车辆和集装箱内碎渣屑应及时清扫干净，防止产生异味污染货物并阻碍空气循环。

5.5.5 冷链配送的管理

冷链运输的组织管理工作是一项复杂细致而又责任重大的工作，必须对各种冷藏运输工具的特性、装车方法、易腐货物的冷藏条件，以及货源的组织、调度工作等加强管理。

1. 运输管理的原则

（1）及时。及时的原则是运输管理中的基本原则。按时把货物送到指定地点是最重要的，同时也是最难做到的。

而在实际的运输过程中经常出现货物迟到的现象，这对于企业的销售影响很大，甚至因此失去客户。尤其是对于冷藏运输来说，不及时送到对于货物的质量有很大的影响。没有机械制冷装置的运输工具对货物质量的影响会更加显著。

（2）准确。在运输的整个过程中，要防止各种差错的出现。在冷藏运输开始之前，承运人应该掌握准确的装卸货点，核对联系人的姓名电话等，防止冷藏货物长时间存放在运输工具上。

（3）经济。经济是运输的成本问题。在运输方式和路线的选择、运量和运价的确定等各个环节都要考虑运输成本。尤其是在高温季节，冷藏运输的运价都比较高，所以应该从运输组织的角度采用正确的包装、合理地组织货源、提高装卸效率、选用正确的运输方式等。

（4）安全。安全就是要顺利地把货物送到客户手中，保证车辆的运行安全和货物的安全。对于车辆的安全来说，应该保持运输车辆良好的性能，选用驾驶技术好且经验多的司机；对于货物的安全来说，要做好防盗防损等措施。

2. 承运人的选择

在冷藏运输中，有部分企业是采用第三方冷藏物流公司进行运输的。在采用第三方运输时，最重要、最核心的工作就是承运人的选择。

承运人的选择可以分为以下4步。

（1）问题识别。问题识别要考虑的因素包括：客户要求现有模式的不足之处及企业的分销模式的改变，通常最重要的是与服务相关的一些因素。

（2）承运人分析。承运人分析主要包含：过去的经验、企业的运输记录及客户意见等。

（3）选择决策。根据企业的实际要求，选择一家最好的运输企业作为今后的承运人。可采用各种方式向多家运输企业发出合作意向，进行招标。

（4）选择后评价。企业选择之后，必须制定评估机制来评价运输方式及承运人的表现。评估技术有成本研究、审计、适时运输和服务性能的记录等。

复习思考

一、填空题

1. 我国于 1988 年 12 月 28 日经国务院批准，国家技术监督局成立了_____，负责研究并在我国推广条形码技术。

2. 一组完整的条形码依次由_____、_____、_____、_____、终止符和尾静区组成。

3. 入库时，搬运工或叉车司机只需扫描准备入库的物料箱上的_____和准备存放此箱的货架的_____即可。

4. 对于摘果式拣货作业，在拣取后用_____读取刚拣取商品上的条形码，即可确认拣货的正确性。

5. _____是无线电频率识别的简称。

二、判断题

1. 通用商品的条码采用的是 UCC/EAN128 条码，而物流条码主要采用 EAN/UPC 码制，EAN/UPC 码的长度比较固定，信息量少；而 UCC/EAN128 条码的长度不固定，信息容量较大，容易制作与推广。（　　）

2. 通用商品条码的唯一标识是货运单位，而物流条码的唯一标识是最终消费单位。（　　）

3. 通用商品条码的应用主要用于物流现代化的管理，贯穿于物流的整个过程之中，包括包装、仓储、分拣、配送等环节，而物流条码主要用在对零售业现代化管理上。（　　）

4. 交插二五码是一种连续、非定长、具有自校验功能，且条空都表示信息的双向条码，ITF(Interleaved Two of Five)条码是在交插二五条码的基础上扩展形成的一种应用于储运包装箱上的固定长度的条码，在物流管理中被广泛采用。（　　）

5. 贸易单元 128 条码是一种连续型、非定长、有含义的高密度代码，它能够更多地标识贸易单元的信息，如产品批号、数量、规格、生产日期、有效期、交货地等。（　　）

6. 贸易单元 128 条码的使用是物流条码实施的关键，它可以弥补商品通用代码和交插二五码的不足，并且印刷要求更为宽松，在许多粗糙、不规则的包装上都可以印刷，它的识别要比商品条码和交插二五条码两种码制的识别容易得多。（　　）

7. 当大件商品的储运单元又是消费单元时，其代码就是通用商品代码，应使用 EAN-13 条码表示。（　　）

8. 由于 EDI 是以事先商定的报文格式进行数据传输和信息交换的，因此，制定统一的 EDI 标准并不重要。（　　）

9. 冷链配送的货物通常是生鲜产品，属于易腐(Perishable)性食品。（　　）

10. 巴氏奶冷链要求从原牛奶的取得到奶站集中检测、杀菌、加工直至最终的消费，在生产、运输、配送、销售和储藏的全过程中，都将牛奶温度控制为 10～14℃，以此来保持牛奶的新鲜口味和营养价值。（　　）

三、选择题

1. 在物流管理中应用较多的条码是( )。
   A. ITF25 码　　　　　B. EAN 码　　　　　C. UCC 码

2. 一般安装在物品运动的通道边，对物品进行逐个扫描的扫描器是( )。
   A. 光笔扫描器　　　B. 台式扫描器　　　C. 固定式光电及激光快速扫描器

3. 中国物品编码中心将国际物品编码协会分配给中国( )标识码作为位置码的前缀码。
   A. 690　　　　　　　B. 691　　　　　　　C. 692

4. 内含预先确定的、规则数量商品的储运单元是( )。
   A. 定量储运单元　　B. 变量储运单元　　C. 两者均可

5. 箱式包装一般应把物流条码置于包装箱的侧面，条码符号下边缘距印刷面下边缘的最小距离为32毫米，条码符号保护框外边缘距垂直边的最小距离为( )。
   A. 19 毫米　　　　　B. 20 毫米　　　　　C. 29 毫米

6. PDF417(Portable Data Files，便携数据文件)是( )。
   A. 一维条码　　　　B. 二维条码　　　　C. 三维条码

7. 信息容量大、编码应用范围广、保密防伪性能好、译码可靠性高、修正错误能力强、条码符号的形状可变，这种条码是( )。
   A. ITF25 码　　　　B. PDF417　　　　　C. UCC 码　　　　　D. EAN 码

8. 由于标签成本偏高，目前在物流过程，很少用于消费品标志，多数用于物流器具，如可回收托盘、包装箱的标志，这种标签是( )。
   A. EAN 码标签　　　B. ISBN 码标签　　　C. 射频标签

9. 结合了卫星及无线技术的导航系统，具备全天候、全球覆盖、高精度的特征，能够实时、全天候为全球范围内的陆地、海上、空中的各类目标提供持续实时的三维定位、三维速度及精确时间信息，这种信息技术是( )。
   A. GIS　　　　　　　B. GPS　　　　　　　C. EDI

10. EDI 系统由( )、EDI 的软件、EDI 的硬件三部分构成。
    A. EDI 框架　　　　B. EDI 的文件　　　　C. EDI 标准

四、思考题

1. 常见条形码有哪几种？
2. 射频技术和条形码技术在识别功能上有哪些区别？
3. 简述 POS 系统的功能。
4. 什么是 EDI？EDI 系统的工作流程是什么？
5. 简述 EDI 的作用。
6. GPS 系统包括哪几部分？各部分的功能是什么？
7. GIS 系统能解决哪些问题？
8. 应用 EOS 的注意事项是什么？
9. 简述冷链配送的含义和特征。
10. 简述我国冷链配送的现状及趋势。

五、项目练习题

连锁超市生鲜食品配送方案

某配送中心经过多年努力,建立了自动仓库与卸栈(托盘)工作站间的托盘出库拣货、货箱自动拣货、单件拣货三套高质量拣货服务系统。目前配送中心工作任务之一就是负责给该城市内某品牌的六个连锁超市($P_1 \sim P_6$)生鲜食品日常配送。现已知该配送中心有两台3吨卡车和两台4吨卡车两种车辆可供使用。每天超市上午8:00给配送中心下订单,要求每天下午6:00前配送中心把所需物品送到各连锁超市。六个连锁超市某天的需求量及其路线、距离情况如图5.16所示(需求量单位为吨;距离单位为千米)。

需求量/吨	P_0						
1.2	12km	P_1					
1.9	6km	14km	P_2				
0.6	8km	16km	4km	P_3			
1.4	7km	13km	8km	10km	P_4		
2.5	11km	12km	17km	16km	9km	P_5	
3	10km	2km	10km	10km	7km	11km	P_6

图5.16 各超市需求量和距离

问题:
1. 配送中心给连锁超市生鲜食品配送采取的是哪种服务方式?该方式对哪些情况特别适合?
2. 用节约里程法制订最优的配送方案。

六、案例分析题

蒙牛的冷链管理

近几年的乳业市场风起云涌,在常温市场竞争风靡之后,低温市场又逐渐成为一个企业发展冷链运营的一个新的亮点。国内以伊利、蒙牛、光明等为代表的三家企业在各自的冷链运作方面又都略胜一筹。低温产品的市场被公认为是企业在其发展冷链运作的一个新的挑战。在众多的乳业品牌中,蒙牛的低温市场增长率是同行业的5倍。蒙牛是如何做到这一巨大的市场份额的呢?下面来分析蒙牛在低温市场上的运作。

低温市场首先看的是产品,在乳业市场主要产品就是酸奶。运作酸奶产品,考验的是企业新品研发、冷链建设、渠道管理三大能力。蒙牛酸奶来自大草原,蒙牛要如何突破冷链配送的瓶颈呢?把产自大草原的酸奶送到更广阔的市场呢?这是蒙牛企业值得考虑的问题。酸奶的保质期短,一般是14~21天,而且对冷链要求非常高。从牛奶挤出运送到车间加工,直到运到市场销售,全过程都必须保持2~6℃储存。建设冷链配送系统要求冷藏罐、冷藏车等,人力和物力成本投入非常大,但也有企业将此项业务外包给物流公司,从而降低投入、运作成本,风险相对也能降低。

(1)先投入软件设施,再结合软件对硬件设备进行建设。蒙牛通过建立覆盖全国的虚拟冷链物流网络,有了全面的冷链物流网络,通过虚拟联合,蒙牛投入品牌、管理、技术和配方,完善冷链物流体系自然就事半功倍。

(2)生产商自行配送,整合资源,建立起科学的、固定化的冷链物流管理和运作体系。目前一些大型超市与蒙牛建立长期的合作关系,由蒙牛直接配送,利用蒙牛运输要求和运输工具直接到达超市的冷柜,避免在运输过程中的鲜奶变质,给超市造成重大损失,因此影响蒙牛的信誉度。随着合作的进展,与客户建立起的合作关系趋向稳固,以及操作经验的不断积累,通过对生产商自有冷链资源、社会资源和自身资源的不断整合,完善冷链物流运作体系。

(3) 加大硬件设施投入,保证质量,减少损耗。蒙牛在其每个小店、零售店、批发店等零售终端投放冰柜,以保证其低温产品的质量。至于由北京销往各地的低温产品,全部走汽运,虽然成本较铁运高出很多,但在时间上能有保证。通常,超市在低温产品超过生产日期3天后就会拒绝进货,所以蒙牛必须保证其产品在2~3天内到达终端。蒙牛减少物流费用的方法是尽量使每一笔单子变大,形成规模后,在运输的各个环节上就都能得到优惠。

资料来源:RFID资讯网. http://case.rfid360.cn/200704/3726.html.

思考与讨论

(1) 试分析蒙牛在低温市场的市场份额率能达到同行业的5倍是借助于什么来实现的。

(2) 试分析乳产品冷链物流的主要特点。

第 6 章　电子商务配送

【学习目标】

通过本章的学习,了解电子商务的概念、产生和发展、电子商务的分类、电子商务与物流的关系、电子商务的应用领域。掌握电子商务配送的概念、电子商务下物流配送作业流程。掌握 B2C 电子配送模式、B2B 电子配送模式、B2C 电子配送方案提供商选择。

【本章要点】

本章主要介绍电子商务的概念、电子商务与物流的关系、电子商务下物流配送作业流程、B2C 电子配送模式等。

引导案例

Cisco 的电子商务

Cisco 自身就是成功应用电子商务的典范。

总部位于美国加利福尼亚州的 Cisco(思科系统公司)是全球领先的互联网设备供应商和互联网解决方案提供者。1984 年 12 月,思科公司在美国成立;1986 年,思科第一台多协议路由器面市;1993 年,世界上出现一个由 1 000 台思科路由器连成的互联网络。由此,伴随着互联网迅猛发展的浪潮,思科公司也扬帆启锚,驶入实践沟通理想的新航道。自 1986 年生产第一台路由器以来,Cisco 在其进入的每一个领域都占有第一或第二的市场份额,每天的网上营业额为 5 500 万美元左右,成为市场的领导者。目前思科公司在全球拥有 5 万多名雇员。目前思科公司在全球拥有 5 万多名雇员。1990 年 Cisco 刚上市时的年营业额从 6 900 万美元上升到 2013 财年的营业额 305 亿美元。互联网上 73% 的流量经由思科产品传递。

Cisco 是美国最成功的公司之一,曾获得 Internet Week 授予的最佳企业对企业(B2B)商务 Web 站点奖。

思考:

电子商务给企业带来哪些竞争优势?

资料来源:http://www.clnchina.com.cn/.

6.1 电子商务配送概述

6.1.1 电子商务的概念、产生和发展

1. 电子商务的概念

1997 年 11 月在法国举行的国际商会世界电子商务会议上给出了电子商务最有权威的概念阐述:电子商务,是指整个贸易活动实现电子化。

电子商务的英文名大部分用 Electronic Commerce,简写为 EC;有的也用 Electronic Business,简写为 EB。

广义上的电子商务 EB:各行各业,包括政府机构和企业、事业单位各种业务的电子化、网络化,可称作电子业务;狭义的电子商务 EC:人们利用电子化手段进行商品交换为中心的各种商务活动,可称作电子交易。

电子商务涵盖的业务包括:商务信息交换、售前售后服务(提供产品和服务的细节、产品使用技术指南、回答顾客意见)、广告、销售、电子支付(电子资金转账、信用卡、电子支票、电子现金)、运输(包括有形商品的发送管理和运输跟踪,以及可以电子化传送的产品的实际发送)、组建虚拟企业等。

2. 电子商务的产生

电子商务最早产生于 20 世纪 60 年代,发展于 90 年代,其产生和发展具备以下重要条件。

(1) 计算机的广泛应用。近 30 年来，计算机的处理速度越来越快，处理能力越来越强，价格越来越低，应用越来越广泛，这为电子商务的应用提供了基础。

(2) 网络的普及和成熟。由于 Internet 逐渐成为全球通信与交易的媒体，全球上网用户呈级数增长趋势，快捷、安全、低成本的特点为电子商务的发展提供了应用条件。

(3) 信用卡的普及应用。信用卡以其方便、快捷、安全等优点而成为人们消费支付的重要手段，并由此形成了完善的全球性信用卡计算机网络支付与结算系统，使"一卡在手、走遍全球"成为可能，同时也为电子商务中的网上支付提供了重要的手段。

(4) 政府的支持与推动。自 1997 年欧盟发布了欧洲电子商务协议，美国随后发布"全球电子商务纲要"以后，电子商务受到世界各国政府的重视，许多国家的政府开始尝试"网上采购"，这为电子商务的发展提供了有力的支持。

3. 电子商务的发展

1991 年网络向社会开放，1993 年随着 World Wide Web 和 Web 浏览器的出现，开启了 Internet 的商务浪潮。

(1) 1994—1996 年以新技术推动的资本市场运作。

例：Netscape(http://www.netscape.com/); Yahoo(http://www.yahoo.com/)。

(2) 1997—1999 年以新商业推动的商业模式运作。把虚拟的网络经济与现实的传统经济结合起来，创造全新的商业运作模式。

例：从网络走向传统产业的 Amazon(http://www.amazon.com/)。

创新的商业运营模式(网络购物、具有竞争力的价格折扣、完善的购物服务、灵活的支付手段)，获得了迅速的发展，但财务运作似乎存在争议。

从传统产业进军网络的 Dell(http://www.dell.com/)和 Cisco(http://www.CISCO.com/)。

(3) 2000 年—以新服务/应用推动的企业经营运作。网络公司的新服务；传统企业的新应用；在极大拓展其用户和市场资源的同时，不断提高自身的经营运作。

例：微软网站(http://www.microsoft.net/)，网络成为工具；联邦快递(http://www.fedex.com/)。客户服务的改善和客户关系的管理。

6.1.2 电子商务的分类

电子商务按电子商务交易涉及的对象、电子商务交易所涉及的商品内容和进行电子商务的企业所使用的网络类型等对电子商务进行不同的分类。

1. 按参与交易的对象不同分类

按参与电子商务交易涉及的对象不同分类，电子商务可以分为以下 3 种类型。

1) 企业与消费者之间的电子商务(Business to Customer，B2C)

B2C 方式是消费者利用因特网直接参与经济活动的形式，类同于商业电子化的零售商务。目前，在因特网上有许许多多各种类型的虚拟商店和虚拟企业，提供各种与商品销售有关的服务。通过网上商店买卖的商品可以是实体化的，如书籍、鲜花、服装、食品、汽车、电视等；也可以是数字化的，如新闻、音乐、电影、数据库、软件及各类基于知识的商品；还有提供的各类服务，有安排旅游、在线医疗诊断和远程教育等。

2）企业与企业之间的电子商务（Business to Business，B2B）

B2B方式是电子商务应用最多和最受企业重视的形式，企业可以使用Internet或其他网络对每笔交易寻找最佳合作伙伴，完成从定购到结算的全部交易行为，包括向供应商订货、签约、接受发票和使用电子资金转移、信用证、银行托收等方式进行付款，以及在商贸过程中发生的其他问题，如索赔、商品发送管理和运输跟踪等。

3）企业与政府方面的电子商务（Business to Government，B2G）

B2G商务活动覆盖企业与政府组织间的各项事务。例如企业与政府之间进行的各种手续的报批，政府通过因特网发布采购清单、企业以电子化方式响应；政府在网上以电子交换方式来完成对企业和电子交易的征税等。

2. 按交易涉及的商品内容不同分类

如果按照电子商务交易所涉及的商品内容不同分类，电子商务主要包括两类商业活动。

1）间接电子商务

电子商务涉及商品是有形货物的电子订货，如鲜花、书籍、食品、汽车等，交易的商品需要通过传统的渠道，如邮政业的服务和商业快递服务来完成送货，因此，间接电子商务要依靠送货的运输系统等外部要素。

2）直接电子商务

电子商务涉及商品是无形的货物和服务，如计算机软件、娱乐内容的联机订购、付款和交付，或者是全球规模的信息服务。直接电子商务能使双方越过地理界线直接进行交易，充分挖掘全球市场的潜力。

3. 按电子商务使用的网络类型不同分类

根据开展电子商务业务的企业所使用的网络类型框架的不同，电子商务可以分为以下3种形式。

1）EDI网络电子商务（Electronic Data Interchange，电子数据交换）

EDI是按照一个公认的标准和协议，将商务活动中涉及的文件标准化和格式化，通过计算机网络，在贸易伙伴的计算机网络系统之间进行数据交换和自动处理。

2）因特网电子商务

它是指利用连通全球的Internet网络开展的电子商务活动，在因特网进行各种形式的电子商务业务，其所涉及的领域广泛，全世界各个企业和个人都可以参与，是目前电子商务的主要形式。

3）内联网络电子商务

它是指在一个大型企业的内部或一个行业内开展的电子商务活动，形成一个商务活动链，可以大大地提高工作效率并降低业务的成本。

6.1.3 电子商务配送的变革

1. 电子商务对传统的配送观念带来深刻的革命

传统的物流配送企业需要置备大面积的仓库，而电子商务系统网络化的虚拟企业将散置在各地的分属不同用户的仓库通过网络系统连接起来，使之成为"虚拟仓库"，进行统一管理和调配使用,服务半径和货物集散空间都放大了,而相应的物流观念也必须是全新的。

2．网络对配送的实时控制代替了传统的物流配送管理程序

传统的物流配送过程是由多个业务流程组成的,受人为因素和时间的影响很大。网络的应用可以实现整个过程的实时监控和实时决策。新型的物流配送业务流程都由网络系统连接,当系统的任何一个神经末端收到一条需求信息的时候,该系统都可以在极短的时间内作出反应,并可以拟订详细的配送计划,通知各环节开始工作。

3．配送的持续时间在网络环境下会大大缩短

在传统的物流配送管理中,由于信息交流的限制,完成一个配送过程的时间比较长,但该时间随着网络系统的介入会越来越短,任何一条有关配送的信息和资源都会通过网络管理在几秒钟内传到相关环节,从而对提高物流配送速度起到促进作用。

4．系统的介入简化了配送的过程

网络化的新型物流配送中心可以大大缩短物流配送过程;物流配送周期会缩短,其组织方式也会发生变化。计算机系统管理可以使整个物流配送管理过程变得简单,从而可以提高物流配送企业的竞争力。

5．配送模式从少品种、大批量向多品种、小批量转变

传统配送的对象主要是生产资料,而生活资料所占的比例较小。因此,品种规格单一、需求量大,多采用少品种、大批量的配送模式。在电子商务的条件下,网络化的商务模式使企业之间及企业与消费者之间的交易都更加活跃,生活资料的配送量增多,成为电子商务下物流配送的主流,品种规格繁多,每次需求量小、用户多,故要求多品种、小批量、多批次的配送。

6.1.4 电子商务配送的地位和特点

1．电子商务配送的地位

在电子商务条件下,物流配送处于决定性的核心地位。电子商务能否实现快速便捷的服务主要取决于将客户所需要的产品、货物能否及时准确地送到客户手中。电子商务是信息传送保证,而物流配送是执行保证。

2．电子商务配送的特点

与传统的配送相比较,电子商务配送具有以下几个方面的特点。

1) 虚拟化

虚拟化是电子商务配送的一个重要特点。它是指在信息网络构筑的虚拟空间中进行的配送活动,通过对配送活动的现实虚拟,生成各种虚拟的环境,作用于人的视觉和听觉等,使人们不仅可以看到配送活动的图像,而且可以进行配送的操作演示,产生身临其境的感觉。虚拟现实(Virtual Reality,VR)是一种可创建和体验虚拟世界的计算机系统,它使企业对配送可以进行虚拟性的管理和操作,可以有效地通过虚拟现实的方法合理地调配资源,实现配送的高效率和合理化,还可以实现书写的电子化及传递的数据化,使配送双

方均可在不同的地域实现快速、准确、双向式数据的信息交换和电子支付。此外，电子商务的虚拟性特点可使企业有效地对配送活动进行实时监控，保证配送环节的合理衔接，提高配送效率。

2）信息化

信息化表现为物流配送信息的商品化、信息收集的数据库化和代码化、信息处理的电子化和计算机化、信息传递的标准化和实时化、信息存储的数字化等。条码技术（Bar Code）、数据库技术（Database）、电子订货系统（Electronic Ordering System，EOS）、电子数据交换（Electronic Data Interchange，EDI）、快速反应（Quick Response，QR）及有效的客户反应（Effective Customer Response，ECR）、企业资源计划（Enterprise Resource Planning，ERP）等在物流管理中得到广泛应用，信息技术在物流中的应用将会彻底改变世界物流的面貌。

3）自动化

自动化的基础是信息化，核心是机电一体化，外在表现是无人化，效果是省力化。另外自动化的物流配送系统还可以扩大物流作业能力、提高劳动生产率、减少物流作业的差错等。物流自动化系统包括：条码、语音、射频自动识别系统；自动分拣系统；自动存取系统；自动导向车；货物自动跟踪系统等。这些设施在发达国家已普遍用于物流作业流程中。

4）高效性

高效性的特点是企业根据现状建立一套完整有效的自动信息系统，将一些程序化的活动通过自动信息传递系统来实现，企业可以根据用户的需求情况，通过自动信息传递系统调整库存数量和结构，调节订货数量和结构，进而调整配送作业活动，而对于一些非程序的活动，可通过自动信息传递系统进行提示或预报，进行调节配送，提高信息的传输和配送效率。高效性的特点还可以通过电子商务迅速有效地完成信息的交流、单证的传输，以及提高配送过程中的支付效率。

5）网络化

物流领域网络化有两层含义：一是物流配送系统的计算机通信网络，包括物流配送中心与供应商或制造商的联系要通过计算机网络，如配送中心向供应商提供订单这个过程，就可以使用计算机通信方式，借助于增值网（Value-Added Net，VAN）上的电子订货系统（EOS）和电子数据交换技术（EDI）来自动实现。另外与下游顾客的联系也要通过计算机网络通信，物流配送中心通过计算机网络收集下游客户的订货过程也可以自动完成。二是组织网络化即所谓的企业内联网（Intranet）。如我国台湾省的电脑业在20世纪90年代创造的"全球运筹式产销模式"，其基本点是按照客户订单组织生产，生产采取分散形式，将全世界的电脑资源都利用起来，采取外包的形式将一台电脑的所有零部件、元器件、芯片外包给世界各地的制造商去生产，然后通过全球的物流网络将这些零部件、元器件、芯片发往同一个物流配送中心进行组装，由该物流配送中心将组装的电脑迅速发给订户。

6）柔性化

柔性化原是生产领域为实现"以顾客为中心"而提出的，但要真正做到柔性化即真正根据消费者需求的变化来灵活调节生产工艺。没有配套的柔性化，物流配送系统是不可能实现的。20世纪90年代以来，生产领域提出的FMS、CIMS、MRP、ERP等概念和技术的实质就是将生产、流通进行集成，根据需求组织生产，安排物流活动。柔性化物流正是适应生产、流通与消费的需求而发展起来的新型物流模式。它要求物流配送中心根据消费需求"多品种、小批量、多批次、短周期"的特点，灵活组织和实施物流作业。

6.1.5 电子商务配送的意义和作用

与传统的配送相比较，电子商务配送的发展具有以下几个方面的意义和作用。

1. 对于配送企业的意义和作用

对于配送企业来说，电子商务配送的意义和作用主要表现在以下几点。

（1）电子商务配送将会大幅度地提高配送企业的配送效率。首先，配送企业通过电子商务技术在配送中的应用及信息传递与处理技术的应用，可以提高单证的传递效率；二是计算机辅助决策系统的建立和完善可以提高配送决策的效率和准确性；三是计算机与其他自动化装置操作控制系统的建立可提高各作业环节的效率，如无人搬运与自动分拣系统等；四是通信与计算机系统的建立和完善可以使配送企业能有效地对配送活动进行实时监控，促进配送作业环节的合理衔接，减少失误，更好地完成配送的职能。

（2）电子商务配送将会大幅度地提高货物供应的保证程度，降低用户因缺货而产生的风险，提高配送企业的客户满意度。

（3）电子商务配送将会大幅度地提高配送企业的经济效益。一方面，货物供应保证程度和客户满意度的提高，将会提高配送企业的信誉和形象，吸引更多的客户；另一方面，将会使企业更科学合理地选择配送的方式及配送线路，保持较低的库存水平，从而降低成本。

（4）电子商务配送有利于提高配送企业的管理水平。

2. 对于用户的意义和作用

对于用户来说，电子商务配送的意义和作用主要表现在以下几点。

（1）对于需求方用户来说，电子商务配送可降低这些用户的库存，甚至可实现这些企业的零库存，减少用户的库存资金，改善用户的财务状况，实现用户经营成本的降低。

（2）对于供应方用户来说，如果供应方式是自身配送模式，电子商务配送可提高其配送效率，降低配送成本。如果供应方采取委托配送模式，可节约在配送系统方面的投资和人力资源的配置，提高资金的使用效率，降低成本开支。

3. 对于物流系统的意义和作用

对于物流系统来说，电子商务配送的意义和作用主要表现在以下几点。

（1）完善了整体物流系统。配送是构成整体物流系统的一个重要系统，处于物流活动末端，其完善和发展将会使整个物流系统得以完善和发展。

（2）强化了整体物流的功能。

（3）提高了整体物流的效率。

 小知识　电子商务采购系统

在计算机专家和高速局域网的支持下，麻省理工学院建起了世界上最先进的采购系统之一——电子商务采购系统。工作人员可以通过单击网上的产品目录来订购铅笔和试管，这种方式保证任何人都不能超越授权的支出限额。所有的支付都通过美国快递公司（American Express Co.）的采购卡车来进行。麻省理工学院还与两家主要的供应商办公用品仓储式销售有限公司（Office Depot，Inc. s）和 VWR 公司签署了协议，在一两天内就能将绝大多数货物直接送到购买者的办公桌上，而不仅仅送到办公楼的存货间。

6.1.6 电子商务优势

与传统的商务活动方式相比，电子商务具有以下几个优势。

1. 功能更齐全，服务更周到

电子商务可以全面支持不同类型的用户实现不同层次的商务目标，如发布电子商情、在线洽谈、建立虚拟商场或网上银行等，如图 6.1 所示。

图 6.1 电子商务功能更齐全，服务更周到

2. 交易成本低

使用费用低廉的互联网进行信息传递的成本相对于传统的信件、电话、传真的成本就越低，缩短时间及减少重复的数据录入也降低了信息成本。另外，通过互联网进行产品介绍、宣传，避免了在传统方式下做广告、发印刷品等大量费用。

3. 交易效率高

买卖双方通过网络进行商务活动，无需中介者参与，减少了交易环节，交易效率高，也降低了双方交易成本。电子商务克服了传统贸易方式费用高、易出错、处理速度慢等缺点，极大地缩短了交易时间，使整个交易非常快捷与方便。

4. 灵活、方便、交易透明化

基于因特网的电子商务可以不受特殊数据交换协议的限制，任何商业文件或单证可以直接通过填写与现行的纸面单证格式一致的屏幕单证来完成。

5. 协调性

互联网有利于买卖双方及时沟通供需信息，使无库存生产和无库存销售成为可能，从而使库存成本大大降低；同时，电子商务使企业之间的沟通与联系更加便捷，信息更加公开与透明，极大地降低了企业间的交易成本。

6. 全面增强企业的竞争力

电子商务扩大了企业的竞争领域，商务活动成本和费用的降低、工作效率的提高，24小时营业增加更多商机，使得企业变得更有竞争力，如图6.2所示。

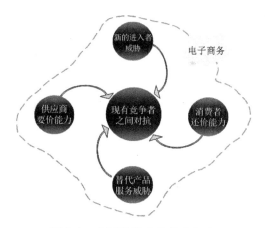

图6.2 全面增强企业的竞争力

7. 优化社会资源配置

由于一个行业的所有企业不可能同时采用电子商务，所以，那些率先使用电子商务的企业会有价格上的优势、产量上的优势、规模扩张上的优势、市场占有上的优势和规则制定上的优势，而那些后来使用者或不使用者的平均成本则有可能高于行业的平均成本。这样，社会的资金、人力和物力等资源会通过市场机制和电子商务的共同作用，从成本高的企业向成本低的企业流动，从利用率低的企业向利用率高的企业流动，从亏损的企业向赢利的企业流动，从而使社会资源得到更合理和更优化的配置。

8. 有利于企业的技术创新活动与市场进行无缝链接

电子商务促使中小企业更新生产技术，提高市场应变能力。Internet的飞速发展为产品的研发提供了快捷的方式，在企业技术创新和产品升级方面电子商务发挥了一定的积极作用。因为电子商务使新技术、新创意在网上迅速传播，为企业开发新产品提供了准确、及时的信息，开发者可以利用网络快速调研，了解顾客最新的需求。

6.1.7 电子商务配送系统

电子商务配送系统结构示意图如图6.3所示。

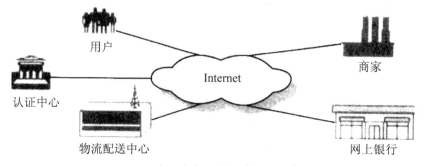

图6.3 电子商务配送系统结构示意图

1. 网络

网络包括 Internet、Intranet 和 Extranet。Internet 是电子商务的基础，是商务、业务信息传送的载体；Intranet 是企业内部商务活动的场所；Extranet 是企业与企业及企业与个人进行商务活动的纽带。

2. 用户

用户分为个人用户和企业用户。个人用户，使用浏览器、电话等接入 Internet；企业用户，通过建立企业内联网、外部网和企业管理信息系统，对人、财、物、供、销、存进行科学管理。企业利用 Internet 网页站点发布产品信息、接收订单等，如要在网上进行销售等商务活动，还要借助电子报关、电子报税、电子支付系统与海关、税务局、银行进行有关商务和业务处理。

3. 认证中心

认证中心是受法律承认的权威机构，负责发放和管理电子证书，使网上交易的各方能互相确认身份。数字证书是一个包含证书持有人、个人信息、公开密钥、证书序号、有效期、发证单位的电子签名等内容的数字文件。

4. 物流配送中心

物流配送中心接受商家的送货要求，组织运送无法从网上直接得到的商品，跟踪产品的流向，将商品送到消费者手中。

5. 网上银行

网上银行在 Internet 上实现传统银行的业务，为用户提供 24 小时实时服务。与信用卡公司合作，发放电子钱包，提供网上支付手段，为电子商务交易中的用户和商家服务。

6.2 电子商务与物流

6.2.1 电子商务对物流的影响

随着电子商务的进一步推广与应用，物流的重要性对电子商务活动的影响日益明显。近几年来，随着电子商务环境的改善及电子商务所具备的巨大优势，电子商务受到了政府、企业界的高度重视，纷纷以不同的形式介入电子商务活动中，使电子商务在短短几年中以惊人的速度在发展。在电子商务改变传统产业结构的同时，物流业不可避免地受到影响。

1. 对物流基础的影响

把电子商务作为商业竞争环境时，它对物流理念的影响，可以从以下几个方面来理解。

(1) 物流系统中的信息变成了整个供应链运营的环境基础。网络是平台，供应链是主体，电子商务是手段。信息环境对供应链的一体化起着控制和主导的作用。

(2) 企业的市场竞争将更多地表现为以互联网所代表的企业联盟的竞争。换句话说，网上竞争的直接参与者将逐步减少。更多的企业将以其商品或服务的专业化比较优势，参加到以核心企业——或有品牌优势，或有知识管理优势——为龙头的分工协作的物流体系中去，在更大的范围内建成一体化的供应链，并作为核心企业组织机构虚拟化的实体支持系统。供应链体系在纵向和横向的无限扩张的可能性，将对企业提出更广泛的联盟化或更深度的专业化。显然，在电子商务的框架内，联盟化和专业化是互为表里并统一在物流一体化的体系之中的。

（3）市场竞争的优势将不再是企业拥有的物质资源有多少，而在于它能调动、协调、整合多少社会资源来增强自己的市场竞争力。因此，企业的竞争将是以物流系统为依托的信息联盟或知识联盟的竞争。物流系统的管理也从对有形资产存货的管理转为对无形资产信息或知识的管理。

（4）物流系统面临的基本技术经济问题，是如何在供应链成员企业之间有效地分配信息资源使得全系统的客户服务水平最高，即追求物流总成本最低的同时为客户提供个性化的服务。

（5）物流系统由供给推动变为需求拉动，当物流系统内的所有方面都得到网络技术的支持时，产品对客户的可得性将极大地提高。同时，将在物流系统的各个功能环节上极大地降低成本。如降低采购成本、减少库存成本、缩短产品开发周期、为客户提供有效的服务、降低销售和营销成本及增加销售的机会等。

2. 对物流系统结构的影响

电子商务对物流系统结构的影响，主要表现在以下几个方面。

（1）由于网上客户可以直接面对制造商并可获得个性化服务，故传统物流渠道中的批发商和零售商等中介将逐步淡出，但是区域销售代理将受制造商委托逐步加强其在渠道和地区性市场中的地位，作为制造商产品营销和服务功能的直接延伸。

（2）由于网上时空的"零距离"特点与现实世界的反差增大，客户对产品的可得性的心理预期加大，以致企业交货速度的压力变大。因此，物流系统中的港、站、库、配送中心、运输线路等设施的布局、结构和任务将面临较大的调整。在企业保留若干地区性仓库以后，更多的仓库将改造为配送中心。由于存货的控制能力变强，物流系统中仓库的总数将减少。随着运管政策的逐步放宽，更多的独立承运人将为企业提供更加专业化的配送服务。配送的服务半径也将加大。

（3）由于信息共享的即时性，使制造商在全球范围内进行资源配置成为可能，故其组织结构将趋于分散并逐步虚拟化。当然，这主要是那些拥有品牌的、产品在技术上已经实现功能模块化和质量标准化的企业。

（4）大规模的电信基础设施建设，将使那些能够在网上直接传输的有形产品的物流系统隐形化。该类产品主要包括书报、音乐、软件等，即已经数字化的产品的物流配送管理与实务系统将逐步与网络系统重合，并最终被网络系统取代。

3. 对客户服务的影响

（1）要求在客户咨询服务的界面上，能保证企业与客户间的及时互动。网站主页的设计不仅要宣传企业和介绍产品，而且要能够与客户一起就产品的设计、质量、包装、改装、交付条件、售后服务等进行一对一的交流，帮助客户拟定产品的可得性解决方案，帮助客户下订单。这就要求得到物流系统中每一个功能环节的及时的信息支持。

（2）要求客户服务的个性化。只有当企业对客户需求的响应实现了某种程度的个性化对称时，企业才能获得更多的商机。因此，第一，要求企业网站的主页设计个性化。除了视觉感官的个性化特点外，最主要的是网站主页的结构设计应当是针对特定客户群的。这里要把握一项原则，即"并不是把所有的新衣服都穿上身就一定漂亮"。所以，传统市场营销学的对客户和市场细分的一般性原则和方法仍然是企业设计和变换网站主页的基本依据。第二，要求企业经营的产品或服务的个性化。专业化经营仍然是企业在网络经济环境下竞争发展的第一要求。企业只有专业化经营，方能突出其资源配置的比较优势所在，为向客户提供更细致、更全面，更为个性化的服务提供保证。同样，按照供应链增值服务的一般性原则，把物流服务分成基本的和增值的两类，并根据客户需求的变化进行不同的服务营销组合将是适用的。第三，要求企业对客户追踪服务的个性化。网络时代客户需求的个性化增大了市场预测的离散度，故发现客户个性化服务需求的统计特征将主要依赖对客户资料的收集、统计、分析和追踪。虽然从技术层面讲并没有什么困难，但是要涉及文化的、心理的、法律的等诸多方面，因此建立客户档案并追踪服务本身，就是一项极富挑战性的工作。

4．对物料采购的影响

企业在网上寻找合适的供应商，从理论上讲具有无限的选择性。这种无限选择的可能性将导致市场竞争的加剧，并带来供货价格降低的好处。但是，所有的企业都知道频繁地更换供应商，将增加资质认证的成本支出，并面临较大的采购风险。所以，从供应商的立场来看，作为应对竞争的必然对策，是积极地寻求与制造商建成稳定的渠道关系，并在技术或管理或服务等方面与制造商结成更深度的战略联盟。同样，制造商也会从物流的理念出发来寻求与合格的供应商建立一体化供应链。作为利益交换条件，制造商和供应商之间将在更大的范围内和更深的层次上实现信息资源共享。如 LOF 公司在建立信息共享机制后，将其产品承运人的数目从 534 位减少为 2 位：一个物流服务公司为其安排所有的货运事项；另一家物流公司则为其提供第三方付款服务，负责用电子手段处理账单信息，这不仅可减少运费 50 万美元，而且消除了 7 万件文案工作。事实上，电子商务对物料采购成本的降低，主要体现在诸如缩短订货周期、减少文案和单证、减少差错和降低价格等方面。因此，虚拟空间的无限选择性将被现实市场的有限物流系统即一体化供应链所覆盖。

5．对存货的影响

一般认为，由于电子商务增加了物流系统各环节对市场变化反应的灵敏度，可以减少库存、节约成本。相应的技术手段也由看板管理(JIT)和物料需求计划(MRP)等，转向配送需求计划(DPR)重新订货计划(ROP)和自动补货计划(ARP)等基于对需求信息作出快速反应的决策系统。但从物流的观点来看，这实际是借助于信息分配对存货在供应链中进行了重新安排。存货在供应链中总量是减少的，但结构上将沿供应链向下游企业移动。即经销商的库存向制造商转移，制造商的库存向供应商转移，成品的库存变成零部件的库存，而零部件的库存将变成料的库存等。因存货的价值沿供应链向下游是逐步递减的，将引发一个新的问题：上游企业由于减少存货而带来的相对的经济利益如何与下游企业一起来分享。供应链的一体化不仅要分享信息，而且要分享利益。如最著名的虚拟企业耐克公司，准备改用电子数据交换(EDI)方式与其供应商联系，直接将成衣的款式、颜色和数量等条件以 EDI 方式下单，并将交货期缩短至 3～4 个月。它同时要求供应布料的织布厂先到美国总公司上报新开发的布样，由设计师选择合适的布料设计为成衣款式后，再下单给成衣厂商生产；而且成衣厂商所使用的布料也必须是耐克公司认可的织布厂生产的。这样一来，织布厂必须提早规划新产品供耐克公司选购。但由于布料是买主指定，买主给予成衣厂商订布的时间缩短，成衣厂商的交货期也就越来越短，从以往的 180 天缩短为 120 天甚至 90 天。显然，耐克公司的库存压力减轻了，但成衣厂商为了提高产品的可得性就必须对织布厂提出快速交货的要求。这时织布厂将面临要么增加基本原材料的存货，要么投资扩大其新产品的开发能力。

6. 对运输的影响

在电子商务条件下，速度已上升为最主要的竞争手段。物流系统要提高客户对产品的可得性水平，在仓库等设施布局确定的情况下，运输将是决定性的。由于运输活动的复杂性，运输信息共享的基本要求就是运输单证的格式标准化和传输电子化。由于基本的 EDI 标准难以适应各种不同的运输服务要求，且容易被仿效，以至不能作为物流的竞争优势所在，所以在物流体系内必须发展专用的 EDI 能力才能获取整合的战略优势。专用的 EDI 能力实际上是要在供应链的基础上发展增值网(VAN)，相当于在供应链内部使用的标准密码，通过管理交易、翻译通信标准和减少通信连接数目来使供应链增值，从而在物流联盟企业之间建立稳定的制度化渠道关系。为了实现运输单证，主要是货运提单、运费清单和货运清单的 EDI 一票通，实现货运全程的跟踪监控和回程货运的统筹安排，将要求物流系统在相关通信设施和信息处理系统方面进行先期的开发投资，如电子通关、条形码技术、在线货运信息系统、卫星跟踪系统等。

7. 对物流环节的影响

首先，电子商务可使物流实现网络的实时控制。传统的物流活动在其运作过程中，不管其是以生产为中心，还是以成本或利润为中心，其实质都是以商流为中心，从属于商流活动，因而物流活动的运动方式是紧紧伴随着商流来运动的。而在电子商务下，物流的运作是以信息为中心，信息不仅决定了物流的运动方向，而且也决定着物流的运作方式。在实际运作过程中，通过网络上的信息传递，可以有效地实现对物流的实时控制，实现物流的合理化。如在电子商务方案中，可以利用电子商务的信息网络，尽可能地通过信息沟通，将实物库存暂时用信息代替，即将信息作为虚拟库存，建立需求端数据收集系统(Automated Data Collection，ADC)，在供应链的不同环节采用 EDI 交换数据，建立基于 Internet 的 Intranet，为用户提供 Web 服务器，便于数据时时更新和浏览查询。一些生产厂商和下游的经销商、物流服务商共用数据库，共享库存信息等，目的都是尽量降低实物库存水平，但并不降低供货服务水平。

其次，网络对物流的实时控制是以整体物流来进行的。在传统的物流活动中，虽然也有依据计算机对物流实时控制，但这种控制都是以单个的运作方式来进行的。如已实施计算机管理的物流中心或仓储企业中，所实施的计算机管理信息系统，大都是以企业自身为中心来管理物流的。而在电子商务时代，由于具有网络全球化的特点，可使物流在全球范围内实施整体的实时控制。

小贴士　电子订货系统

电子订货系统（Electronic Ordering System，EOS）的简称，是指将批发、零售商场所发生的订货数据输入计算机，即通过计算机通信网络连接的方式将资料传送至总公司、批发商、商品供货商或制造商处。因此，EOS能处理从新商品资料的说明直到会计结算等所有商品交易过程中的作业，可以说EOS涵盖了整个物流过程。在寸土寸金的情况下，零售业已没有更多空间用于存放货物，在要求供货商及时补足售出商品的数量且不能有缺货的前提下，则必须采用EOS系统。EOS因具备许多先进的管理手段，因此在国际上使用非常广泛，并且越来越受到商业界的青睐。

6.2.2　电子商务配送的影响因素

推行电子商务的关键之一是制定和执行一套合理的物流方案。在制定物流方案时，应该重点考虑以下因素。

1. 电子商务消费者的地区分布

因特网是电子商务的最大信息载体，其物理分布范围正在迅速扩展，是否凡是它所及的地区都是电子商务的销售区域呢？在电子商务发展的初级阶段是不可能的。一般商务活动的有形销售网点按销售区域来配置，每一个销售点负责一个特定区域的市场。如把全国划分为7个销售大区，每个大区内有若干销售网点，再设立一个配送中心，负责向该大区内的销售网点送货，销售点向配送中心订货和补货，配送中心则在规定的时间内将订货送达。电子商务也有可能按照这种方式来操作，但问题在于，电子商务的客户可能在地理分布上是十分分散的，要求送货的地点不集中，物流网络并没有像因特网那样广的覆盖范围，无法经济合理地组织送货。所以，提供电子商务服务的公司也需要像有形店铺销售一样，要对销售区域进行定位，对消费人群集中的地区提供物流承诺，否则是不经济的。

2. 商品的品种

是否所有的商品都适合采用电子商务这种形式？在电子商务发展的初期答案是否定的。有没有最适合采用电子商务进行销售的商品？当然有。以上两个问题要考虑不同商品的消费特点及流通特点，尤其是物流特点。音乐、歌曲、电影、游戏、图片、图书、计算机软件、电子邮件、新闻、评论、教学节目、医疗咨询、汇款等，可以通过信息传递完成物流过程的商品最适合采用电子商务销售。因为，不仅商品信息查询、订货、支付等商流、信息流、资金流可以在网上完成，而且物流也可以在网上完成，也就是这些品种可以实现商流、物流、信息流、资金流的完全统一。

从理论上讲，没有什么商品特别不适合于采用电子商务的销售模式。单从流通本身的规律来看，需要有商品定位，现在的商品品种有40~50万种之多，一个大型百货商店至多经营10万种商品，没有一个公司能够经营所有的商品，总是要确定最适合于自己销售的商品。电子商务也一样，为了将某一商品的销售批量累计得更大，就需要筛选商品品种。同时，电子商务也要有一定的销售渠道配合，不同的商品进货和销售渠道可能不同。品种越多、进货渠道及销售渠道越复杂，组织物流的难度就越大，成本也就越高。因此为了考虑在物流环节不增加过多的费用，也需要将品种限制在一定范围之内。也就是说，对于一个推行电子商务的公司来说,有些商品显然不适合采用电子商务的方式销售。如销售批量不大、不易保管或散装货物等。一般而言,商品如果有明确的包装、质量、数量、价格、储存、保管、运输、验收、安装及使用标准,对储存、运输、装卸等作业无特殊要求,就适合于采用电子商务的销售方式。

3. 配送细节

同有形市场一样,电子商务这种无店铺销售方式的物流方案中,配送环节是完成物流过程并产生成本的重要环节,需要精心设计配送细节。一个好的配送方案应该考虑以下内容:库存的可供性、反应速度、送货频率、送货的可靠性、配送文档的质量。同时还要设计配套的投诉程序,提供技术支持和订货状况信息等。配送是国内电子商务发展的瓶颈,为了突破该瓶颈,许多公司煞费苦心,想出了许多解决方案。如时空网(http://www.shikong.com)于1999年12月3日宣布,将在北京中视红叶电子科技有限公司原遍布全国的27个分公司或办事处及大约2 500个销售网点的基础上,建立覆盖全国地级以上城市的专业电子商务配送网络,该网络将接受国内外企业的网络销售业务。有可能这样做的公司肯定也不会太少,该类公司成功的关键不在于是否能有这样大的配送网络,而在于能否在完成配送服务的同时,保证配送系统高效、低成本地运作,这是一项专业性很强的工作,公司必须聘请专业人员对系统的配送细节进行精心设计。

4. 电子商务服务提供者

传统零售商店、传统批发企业、制造企业等均有条件开展电子商务业务,但不同的电子商务提供商具有不同的组织商流、物流、信息流、资金流的能力。从物流的角度来看,传统的零售商、批发商的物流能力要优于纯粹的ISP、ICP,也优于一般的制造商,单从商流、信息流和资金流的角度来看可能正好相反。因此,设计物流配送方案时,要根据电子商务服务提供商的不同,扬长避短,发挥各自优势,实现供应链集成,共同完成向消费者提供电子商务服务的工作。

5. 物流成本与库存控制

电子商务的物流成本可能比有店铺销售方式的物流成本高,因为电子商务的物流更加具有多品种、小批量、多批次、短周期的特点,由于很难单独考虑物流的经济规模,因此物流成本较高。当采用电子商务时,公司很难像传统的零售店一样将相同的商品配装在一个送货车里一次完成送货,因此会造成送货次数的分散、送货批量的降低,直接导致物流成本的提高,该物流成本只能由单个的消费者负担,而这是对电子商务这种形式的威胁,所以电子商务服务上必须扩大在特定的销售区域内消费者群体的基数,如果达不到一定的物流规模,物流成本肯定会居高不下。

在库存控制上,电子商务经营者也面临挑战,因为经营者很难预测某种商品的销售量,库存控制历来是销售管理中最难的问题。回避库存问题的最佳办法就是像Dell公司那样搞直销,先拿到订单,按照订单组织生产,再将货物送到消费者手中。但在直销中,消费者处于不利位置,因为要等待并且要多花钱,万一经营者送货上门但要退货,还面临难为情的尴尬局面,另外有的可能还要预付款等,如果经营者不给消费者提供特殊的附加价值,消费者就不会去冒这些风险。同时,在采用直销时,对生产环节要求更加严格,一般制造企业不具备进行按单生产的条件,因此并非任何经营者都可成功地采取直销的方式来规避库存风险。

世界上制造和销售企业普遍采用的库存控制技术还是根据对历史数据的分析，依照一定模型预测未来的需求，有的企业进行长期预测，有的只进行短期预测或侧重于对时点数据进行分析，有的则不进行预测或不相信预测结果，这样采取的库存政策会有很大的区别，库存对销售的保障程度及库存成本也会不同。因此，电子商务经营者将会遇到比店铺销售更加复杂的库存控制问题。

6.2.3 电子商务下商流与物流的一般流程

电子商务下商流与物流的一般流程如图 6.4 所示。

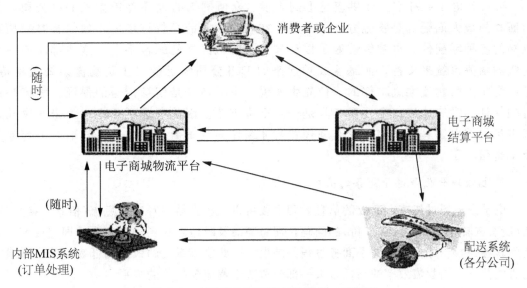

图 6.4 电子商务下商流与物流的一般流程

（1）企业将商品信息通过网络展示给客户，客户通过浏览器访问网站，选择需要购买的商品，并填写订单。

（2）厂方通过订单确认客户，告之收费方法，同时通知自己的应用系统组织货源程序。

（3）通过电子结算与金融部门交互执行资金转移。

（4）金融部门通过电子邮件（或其他方式）通知买卖双方资金转移的结果。

（5）厂方组织货物，并送达到客户手中。

6.2.4 物流对电子商务的作用

1. 物流是电子商务的支点

如果电子商务能够成为 21 世纪的商务工具，它将像杠杆一样撬起传统产业和新兴产业，在该过程中，现代物流产业将成为这个杠杆的支点。

世界上最大的网上书店——亚马逊网上书店可谓是电子商务领域的先锋，然而它也隐隐感到一个强有力对手的存在：零售业巨头沃尔玛也开始涉足网上销售，虽然沃尔玛只把它的网站当作信息浏览的窗口，并未大规模开展网上销售，但亚马逊已看到最大的挑战来自于沃尔玛拥有遍布全球的由卫星通信连起的商品配送体系。尽管沃尔玛网上业务开展的时间比亚马逊晚了3年,但沃尔玛网上商店的送货时间却比亚马逊早了许多。亚马逊意识到该对手的可怕,立刻奋起直追,一改以零库存著称的商业作风,开始兴建大规模的储物仓库,并在全球分设配送中心,用物流体系的完善来为自己的网上销售锦上添花。

正是信息技术的进步,才使人们更加意识到物流体系的重要,现代物流产业的发展也才被提到日程上来。当可以实现网上订货、网上支付的便利同时,也为网上订货、账单被划掉,货却迟迟不来而担忧。为了送货,有的网站联合EMS和快递公司,甚至打起了居委会老大妈的主意,而这只是电子商务在网上购物过程中遭遇的尴尬。

再看看电子商务在企业供应链上的表现。众所周知的世界直销大王Dell公司,目前面临的最大问题也是物流方面的难题。在收到顾客的要货订单后,如何及时采购到电脑的各种零配件,电脑组装好了以后如何及时地配送到顾客手上,这些都需要一个完整的物流系统来支持,而迅速成长起来的Dell公司缺乏的也正是物流系统的支持。正如海尔集团物流推进本部的一位先生所说,电子商务是信息传送的保证,物流是执行的保证。没有物流,电子商务只是一张空头支票。因此电子商务将成为企业决胜未来市场的重要工具,但如果没有现代物流体系作为电子商务的支点,恐怕电子商务什么事也做不了。

2. 物流现代化是电子商务的基础

电子商务通过快捷、高效的信息处理手段可以比较容易地解决信息流(信息交换)、商流(所有权转移)和资金流(支付)的问题,而将商品及时地配送到用户手中,即完成商品的空间转移(物流)才标志着电子商务过程的结束,因此物流系统的效率高低是电子商务成功与否的关键,而物流效率的高低很大一部分取决于物流现代化的水平。

物流现代化包括物流技术和物流管理两个方面的现代化。物流技术现代化包括软技术和硬技术两个方面的现代化。在物流软技术方面,现代化内容包括:无损监测和抽样检验技术、商品科学养护技术、条码技术、信息处理技术、安全装载技术等;在物流硬技术方面,现代化内容包括:发展自动化程度高的仓库,运输设备的专用化、大型化,保管设备的多样化、组合化,装卸搬运设备的效率化,信息处理设备的电脑化等。

物流管理现代化就是应用现代经营管理思想、理论和方法,有效地管理物流。在管理人才、管理思想、管理组织、管理方法、管理手段等方面实现现代化,并把这几方面的现代化内容同各项管理职能有机地结合起来,形成现代化物流管理体系。物流管理现代化的目标是实现物流系统的整体优化。

物流现代化中最重要的是物流信息化,物流信息化是电子商务的基本要求,是企业信息化的重要组成部分,表现为物流信息的商品化、物流信息收集的数据化和代码化、物流信息处理的电子化和计算机化、物流信息传递的标准化和实时化、物流信息储存的数字化等。物流信息化能更好地协调生产与销售、运输、储存等环节的联系,对优化供货程序、缩短物流时间及降低库存都具有十分重要的意义。

3. 物流是实现电子商务的关键

(1)物流保障生产。合理化、现代化的物流,通过降低费用从而降低成本、优化库存结构、减少资金占压、缩短生产周期，保障现代化生产的高效进行；相反，缺少了现代化的物流，生产将难以顺利进行，无论电子商务是多么便捷的贸易方式，仍将是无米之炊。

（2）物流服务于商流。在商流活动中，商品所有权在购销合同签订的那一刻起，便由供方转移给需方，而商品实体并没有因此而移动。在传统的交易过程中，除了非实物交割的期货交易，一般的商流都必须伴随相应的物流活动，即按照需方（购方）的需求将商品实体由供方（卖方）以适当的方式向需方（购方）转移。在电子商务下，消费者通过上网单击购物，完成了商品所有权的交割过程，即商流过程。但电子商务的活动并未结束，只有商品和服务真正转移到消费者手中，商务活动才告以终结。在整个电子商务的交易过程中，物流实际上是以商流的后续者和服务者的姿态出现的。没有现代化的物流，任何情形的商流活动都仍会退化为一纸空文。

（3）物流是实现"以顾客为中心"理念的根本保证。物流是电子商务中实现以"以顾客为中心"理念的最终保证，缺少了现代化的物流技术，电子商务给消费者带来的购物便捷等于零，消费者必然会转向他们认为更为安全的传统购物方式，网上购物便丧失了存在的基础。

由此可见，物流是电子商务重要的组成部分。我们必须摒弃原有的"重信息流、商流和资金流的电子化，而忽视物流电子化"的观念，大力发展现代化物流，以进一步推广电子商务。

6.2.5 电子商务环境下的物流配送

1. 电子商务物流配送的概念

电子商务物流配送，就是信息化、现代化、社会化的物流配送。它是指物流配送企业采用网络化的计算机技术和现代化的硬件设备、软件系统及先进的管理手段，针对社会需求，严格守信地按用户的订货要求，进行一系列分类、编配、整理、分工、配货等理货工作，定时、定点、定量地交给没有范围限度的各类用户，满足其对商品的需求。

2. 电子商务物流配送的特征

电子商务环境下，顾客分布分散且不确定，所购商品的品种多、购买量小、多批次，要求全天候准时服务、安全、快捷、信息反馈快、多项目服务，以及门到门的延伸服务。如果物流企业仍然采用传统的配送方式来应对这些要求，势必造成物流配送成本的提高和物流配送难度的增加。

因此，电子商务模式下的物流配送，应具有以下新特征。

1) 全面信息化

首先，企业内部要全面进行信息化建设，实现物流配送信息处理的电子化和计算机化：物流信息传递的标准化和适时化，物流信息存储的数字化。其次，物流配送要嵌入到电子商务中，与参与电子商务的企业，如制造商、供应商、客户进行信息整合，实现信息资源与数据资源的共享。把先进的信息技术和管理思想，如电子数据交换（EDI）、电子订货系统（EOS）、有效的客户反应（ECR）等运用到物流配送系统中，从而降低成本并提高效率。没有物流配送的全面信息化，任何先进的技术都不可能用于物流领域，所以物流配送信息化是电子商务发展的必然要求。

2) 网络一体化

网络一体化有两层含义：一是物流实体网络化，指电子商务物流配送企业、物流设施、交通工具、交通枢纽在地理位置上的布局网络化；二是物流信息网络化，指物流配送企业、制造业、分销企业、客户等通过 Internet/Intranet 等信息技术连接而形成的信息网络。通过电子数据交换系统、电子订货系统向供应商订货，收集下游顾客的订货信息也可通过该信息网络自动完成。

3) 配送柔性化

柔性化的物流配送正是为了适应生产、流通和消费的需求而发展起来的新模式，它要求物流配送中心根据客户需求"多品种、小批量、多批次、短周期"的特点灵活组织和实施配送作业，从而实现全天候准时、安全、快捷、门到门的延伸服务。

4) 系统智能化

电子商务物流配送必须使用先进的技术设备为销售提供服务，这些技术包括条码、语音、射频自动识别系统、自动分拣系统、自动存取系统、自动导向、货物自动跟踪系统等。只有采用智能化的配送设施和技术才能提高配送的反应速度，缩短配送时间。

6.3 电子商务下的配送中心

6.3.1 新型物流配送中心特征

在电子商务时代，B2C 的物流支持都要靠配送来提供，B2B 的物流业务会逐渐外包给第三方物流，其供货方式也是配送制。没有配送，电子商务物流就无法实现，电子商务的命运与配送业联系在一起。

新型物流配送中心可归纳为以下几个特征。

1. 物流配送反应速度快

电子商务下，新型物流配送服务提供者对上游、下游的物流配送需求的反应速度越来越快，前置时间越来越短，配送时间越来越短，物流配送速度越来越快，商品周转次数越来越多。

2. 物流配送功能集成化

新型物流配送着重于将物流与供应链的其他环节进行集成，包括：物流渠道与商流渠道的集成、物流渠道之间的集成、物流功能的集成、物流环节与制造环节的集成等。

3. 物流配送服务系列化

电子商务下，新型物流配送除强调物流配送服务功能的恰当定位与完善化、系列化，除了传统的储存、运输、包装、流通加工等服务外，还在外延上扩展至市场调查与预测、采购及订单处理、向下延伸至物流配送咨询、物流配送方案的选择与规划、库存控制策略建议、货款回收与结算、教育培训等增值服务；在内涵上提高了以上服务对决策的支持作用。

4. 物流配送作业规范化

电子商务下的新型物流配送强调功能作业流程、作业、运作的标准化和程序化，使复杂的作业变成简单的易于推广与考核的运作。

5. 物流配送目标系统化

新型物流配送从系统角度统筹规划一个公司整体的各种物流配送活动，处理好物流配送活动与商流活动及公司目标之间、物流配送活动与物流配送活动之间的关系，不求单个活动的最优化，但求整体活动的最优化。

6. 物流配送手段现代化

电子商务下的新型物流配送使用先进的技术、设备与管理为销售提供服务，生产、流通、销售规模越大、范围越广，物流配送技术、设备及管理越现代化。

7. 物流配送组织网络化

为了保证对产品促销提供快速、全方位的物流支持，新型物流配送要有完善、健全的物流配送网络体系，网络上点与点之间的物流配送活动保持系统性、一致性，这样可以保证整个物流配送网络有最优的库存总水平及库存分布，运输与配送快捷、机动，既能铺开又能收拢。

8. 物流配送经营市场化

新型物流配送的具体经营采用市场机制，无论是企业自己组织物流配送，还是委托社会化物流配送企业承担物流配送任务，都以"服务—成本"的最佳配合为目标。

9. 物流配送流程自动化

物流配送流程自动化是指运送规格标准、仓储货、货箱排列装卸、搬运等按照自动化标准作业，商品按照最佳路线配送等。

10. 物流配送管理法制化

宏观上，要有健全的法规、制度和规则；微观上，新型物流配送企业要依法办事，按章行事。

6.3.2 电子商务配送中心的条件

1. 高水平的企业管理

新型物流配送中心作为一种全新的流通模式和运作结构，其管理水平要求其达到科学化和现代化。只有通过合理的科学管理制度、现代化的管理方法和手段，才能确保物流配送中心基本功能和作用的发挥，从而保障相关企业和用户整体效益的实现。管理科学的发展为流通管理的现代化、科学化提供了条件，促进流通产业的有序发展。同时要加强对市场的监管和调控力度，使之有序化和规范化。

2. 高素质的人员配置

新型物流配送中心能否充分发挥其各项功能和作用，完成其应承担的任务，人员配置是关键。为此，新型物流配送中心的人员配置要求必须配备数量合理，具有一定专业知识和较强组织能力，结构合理的决策人员、管理人员、技术人员和操作人员，以确保新型物流配送中心的高效运转。

因此必须加大人才培养的投入，培养和引进大批掌握先进科技知识的人才，并给其以施展才华的机会；还应对现有职工进行有计划的定期培训，形成系统的学习科技知识的制度；在企业引入竞争机制，形成能上能下的局面。要提高员工的科技创新意识，培养企业对知识的吸纳能力，促进物流产业的人力资源得到开发和利用，造就大批符合知识经济时代要求的物流配送人才，利用各种先进的科学技术和科学方法，促进物流配送产业向知识密集型方向发展。

3. 高水平的装备配置

新型物流配送中心面对着成千上万的供应厂商和消费者及瞬息万变的市场，承担着为众多用户的商品配送和及时满足他们不同需要的任务，这就要求必须配置现代化装备和应用管理系统，具备必要的物质条件，尤其是要重视计算机网络的运用。通过计算机网络可以广泛收集信息，及时进行分析比较，通过科学的决策模型，迅速作出正确的决策，这是解决系统化、复杂化和紧迫性问题最有效的工具和手段。同时采用现代化的配送设施和配送网络，将会逐渐形成社会化大流通的格局。专业化的生产和严密组织起来的大流通，对物流手段的现代化提出了更高要求，如对自动分拣输送系统、立体仓库、水平垂直、分层、分段旋转货架、AGV自动导向系统、商品条码分类系统、悬挂式输送机这些新型高效大规模的物流配送机械系统有广泛而迫切的需求。

6.3.3　电子商务物流配送作业流程

根据服务功能不同的特点，可将电子商务配送的作业流程分为以下3个部分。

1. 整个物流过程中各个环节的连接点

公路货物集散中心，它是连接长途运输和短途配送的中转基地；港口码头、货运站、机场等则是公路与铁路、水路、空运等各种运输手段的连接据点。在这种情况下，物流配送中心必须具有接单、拣货、分装、倒装、调运的综合功能。

（1）接单功能。物流配送中心从电子商务网站接到用户订单后，即开始着手从供货商处取货。该功能完全依靠网络手段来进行。

（2）拣货功能。每张用户订单中都至少包含一项以上的商品，将这些不同种类数量的商品由物流配送中心取出集中起来，就是拣货作业。由于用户在同一时间提出的订货在品种上不完全相同，订货数量也不等，同时中心提供商品的时间不尽一致，这就要求物流配送中心将专门供货系统提供的商品进行汇集后，根据各用户的要货进行分拣，然后进行分送。

（3）分装功能。对于小商品往往为了降低进货价格和进货费用，采取大批量进货的办法，或者供应厂商提供的商品一个包装的数量较大，这样，物流配送中心根据用户的要求，必须对这些商品进行分装，缩小包装以满足用户的需要。

（4）倒装功能。所谓倒装，就是在物流流程中，为了提高下一流程的效益，从前一包装形式转换成另一包装形式的作业。倒装作业是电子商务下配送中心的主要工作内容之一。倒装一般分为两大类：商品包装和运输包装。

（5）调运功能。由于电子商务网站客户数量多、分布地域广，要求物流配送中心具备调运功能。物流配送中心应根据信息网络所得到的各用户的要货信息，合理安排调运力量，及时向用户送货，充分满足用户的购买要求，需在其服务范围内按时按量，迅速地将商品送往各个用户。

2. 商流活动的连接点

物流配送中心是生产厂、批发商和零售商之间的连接点，具有流通加工（拆零、配货、贴标签）、保管、库存调节、信息处理、售后服务等功能。

（1）加工功能。加工功能就是物流配送中心先根据用户的需要把货物进行生产前的准备性加工，然后再根据要求定点、定量、定时送交用户。它融产品加工于流通业，是生产和流通两大领域高度专业化分工与协作的必然产物。

（2）保管功能。保管功能是物流配送中心的主要内容之一，它可使商品创造时间效益；同时稳定商品价格，加强售后服务。物流配送中心与上、下有关部门的信息交换在电子商务环境下使用计算机网络化管理。

（3）仓储功能。物流配送中心一定要拥有一个至数个巨型仓库，在一个局域网里进行管理。作为一个社会化的物流配送中心，其仓库面积再大，也无法容纳过往的所有货物，还需要有大量的大小不等、用途不等、分布均匀的属外界所有的仓库，通过广域网进行统一的虚拟化管理，为己所用。更大量货物应当是保存在散布在地区的周边各地的供货厂商的仓库和运输途中等这些"虚拟仓库"里，由物流配送中心通过计算机管理系统对这些"虚拟仓库"进行网络化管理。

（4）信息处理功能。为了与供应商对接业务，并进行必要的理货，然后及时地向众多的用户提供满意的服务，并最大限度地减少物流配送中心的库存；提高工作效率，物流配送中心的信息管理功能是必不可少的，该功能在整个物流配送中心的各项服务功能中作用十分突出，是核心功能。现代计算机技术和通信技术在我国的迅速发展，已为物流配送中心管理的信息化提供了条件。

（5）售后服务功能。作为唯一直接和最后面对用户的运营实体——物流配送中心，应当随时向供应商反馈用户对所送货物的意见，并协调供应商根据售后服务规则和用户的要求，解决好产品的安装、使用、维护、维修、更换、退货，处理用户投诉等售后服务工作，让用户感到网上购物不仅物有所值，而且让人放心。

3. 国际物流活动的连接点

电子商务下配送中心是连接国内物流和国际物流的据点，具有进口代理和通关报检功能及保税等特殊功能。

电子商务下物流配送作业流程如图 6.5 所示。

电子商务下顾客、商家、厂家与配送中心关系如图 6.6 所示。

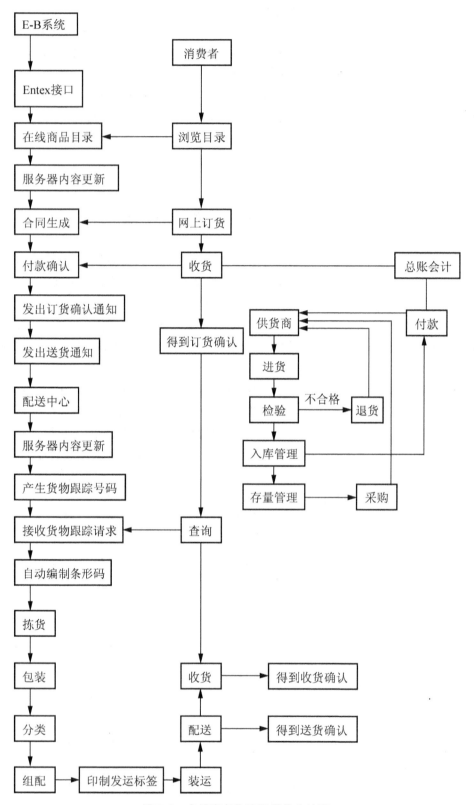

图 6.5　电子商务物流配送作业流程

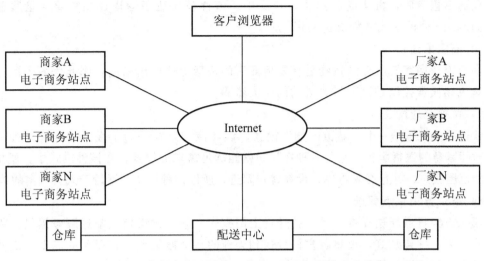

图 6.6　电子商务下顾客、商家、厂家与配送中心关系

6.4　电子商务配送模式

6.4.1　B2C 电子商务配送模式及实施

1. B2C 电子商务配送模式

1）集成配送

集成配送是在一个现有的大型分销中心内建立电子配送能力。实施该配送方案的关键，是将因特网的挑选和包装与零售商店的送货方式统一起来，但这一点对许多零售商而言是十分麻烦的，因此该模式运作起来是比较艰难的。

2）专用配送

专用配送中心是建立或者收购一种专门用于贸易的配送能力。对大部分传统的零售企业而言，该模式的主要障碍在于成本问题。

3）外包配送

第三方外包配送模式比其他方式能更快地建立起来，因此它对新的电子商务公司有很强的吸引力。该种模式成功的关键是零售商对第三方提供商能力的信任和它们之间的战略联盟。大部分小包装运送商，如 UPS 和 Fedex，都能提供一定水平的电子配送服务能力。

4）货仓直送

货仓直送作为一种比较经济的增长模式，长期得到供应商的宠爱。如果分销商有能力进行一对一运输，那么这种模式就拥有了许多第三方模式的优点。但是，产品销售和分销商配送服务的联合实际上会使企业丧失判断能力。

5）流动配送

流动配送是将因特网客户订单在分销中心作为特殊订单被挑选出来，并作为特殊客户订单到达零售商店,再从商店到达客户手中。该种模式适于运送那些需要大量服务的产品,如 Sears 公司在线销售高价物资。

6) 商店配送

由于因特网客户所订的货物是从零售商店的货架上选择出来的,因此跨多个配送点的技术集成和质量控制是该种模式成功的巨大障碍。

7) 快速响应配送

快速响应配送是一个"城市购物"模式。设计该种模式是为了在限定时间内处理费用高、时间紧急的送货服务。它是一种在瞬间就能满足需求的模式。在该种模式中,所提供的产品的范围很广,并且必须将库存设在客户附近,所以该种模式只适用于人口稠密的地方。

8) 第三方集货点配送

第三方集货点配送提供了另一种送货上门模式。第三方集货点配送服务提供商将客户订货收上来,并包装好,再将客户订货送到当地的一个搜集点,其以低的成本给消费者提供了没有送货界限的柔性。

2. B2C 电子商务配送模式的实施

1) 建立呼叫中心

以上 8 种 B2C 电子配送模式可以通过自建呼叫中心和外包呼叫中心这两种选择来支持实施。对那些销售或者客户服务情况都很复杂,或者拥有足够业务量来承担高额固定成本的企业而言,自建呼叫中心是很理想的选择。

2) B2C 电子配送方案提供商

(1) 邮政服务。国家邮政公司都有密度很大的投递网络,在 B2C 送货中占有明显的优势。但是由于大部分传统的邮政运作模式是只能投递标准尺寸的包裹、只能白天进行投递等缺陷,因此必须对现有的模式进行改进。

(2) 第三方物流和服务提供商。第三方物流和服务提供商依赖其在运输和分销中拥有的专业技术,正主宰着新的电子配送世界。

(3) 全球包裹运送商。全球包裹运送商通过网络,投入巨额资金来集成他们提供给客户的服务。全球包裹运送商开发的技术使网络能为 B2C 市场提供可靠、公开且可跟踪的送货业绩,以实现远距离包裹运送。

(4) 电子配送专家。电子配送专家有两种提供商:一种将精力集中在基于资产的服务上,另一种则将精力集中在信息的互动上。

基于资产的服务提供商除了提供具体的网络外,还提供一系列与配送有联系的服务。

6.4.2 B2B 电子商务配送模式

1. 设立能覆盖市场的物流中心和配送中心

为了便于管理,可以将 B2B 电子商务公司的销售预测、采购、库存控制、订单处理、网上促销等商务运作部门与物流中心的仓库设在一起,还可将呼叫中心(Call Center)及其他相关客户服务部门设在此处。物流中心的覆盖半径一般为 1 000km 以上,这样,覆盖全国市场也只需要一个或少数几个物流中心。为了提高整个物流系统的响应能力,将供应链渠道的重心下移到接近市场的地点，还必须设立配送中心。一个配送中心可能覆盖的市场范围要视配送中心与物流中心的信息沟通方式、可用的交通运输工具及运输的效率、公司的存货政策及配送预算、对客户送货及相关服务承诺的规格等而定。

2．选择合理的物流中心和配送中心建设模式

大多数 B2B 电子商务经营者都将物流与配送外包给第三方物流和配送公司。从实际运作和财务状况的角度考虑，将物流与配送业务外包应为最佳选择，其次是电子商务配送与普通商务配送结合，但后者的条件是，资金充裕，同时还要保证电子商务公司本身的经营管理不出问题。在没有自己的物流中心或配送中心的情况下，电子商务公司应在明确自己的物流与配送需求后，再去与物流和配送服务商合作。因此如果 B2B 电子商务在物流渠道的建立上借鉴传统商务渠道重构和改造的经验，或者能够与这种重构和改造结合起来，将会大大缩短电子商务配送体系建立的时间，同时也会降低 B2B 电子商务配送的门槛。

6.5 电子商务配送系统

6.5.1 电子商务配送系统概述

1．电子商务配送系统的含义

电子商务配送系统是依据电子商务技术（网络技术、通信技术和计算机技术）把配送活动各要素联系在一起，为实现配送目的、功能和作用所形成的一个有机统一体。

电子商务的发展及电子商务技术的完善，不仅为电子商务配送系统的建立提供了技术基础，而且也为电子商务系统的建立提供了市场基础。

2．电子商务配送系统的功能

电子商务配送系统主要具有以下功能。

1）物流配送实时性

首先，电子商务技术可使企业对配送实施有效的实时控制。传统的配送活动在运作过程中，其实质都是以商流为中心，从属于商流活动，因而配送的方式是伴随着商流来运动的。在电子商务配送中，配送的运作是以信息为中心的，信息不仅决定配送的运动方向，而且也决定配送的运动方式。在实际的配送过程中，可以有效地依靠电子商务技术对配送过程的各个环节和各个层次进行实时监控，实现配送的合理化。其次，电子商务对配送的实时控制是以整体配送为中心来进行的。在传统的配送活动中，虽然也有依据计算机技术对配送进行控制，但这种控制是以单个的运作方式来进行的。如在实施计算机管理的配送企业中的控制是以整体运作方式，所实施的计算机管理信息化系统，大都是来进行总体控制的，这不仅包括企业的内部系统配送运作控制，而且也包括企业与外部配送运作的控制。

2）物流配送互动性

配送活动是一种多要素组合的活动。对于一个企业来说，它不仅存在企业与外部的配

送活动,而且也存在企业内部的配送组织活动。如何将这些复杂的要素联结在一起,并使其能有序运动,将是企业面临的一个重要问题。电子商务配送系统的建立和完善,将企业与外部(客户)的联系、企业内部各要素之间的联系有效地结合在一起,使其信息的交流具有多层次、全方位的互动性,并通过电子商务技术使内部与外部的协调,内部各层次、各环节的协调达到一致,实现配送的合理化。此外,互动性的特点,也为配送活动的个性化服务提供了有利的条件,将为企业赢得更多的客户和市场。

3) 物流配送标准化

要进行电子商务配送,实现配送的标准化不仅是十分必要的,而且也是非常重要的。配送的标准化主要包括配送货物信息的标准化和配送作业流程的标准化。

配送货物信息的标准化实质是将货物的各种特征和属性信息化,即用一组数据,如大类、品名、规格、型号、单位、厂家、品牌、使用说明期限等来描述货物,还可以用图像、声音等多种媒体形式来描述货物。信息标准化不仅有利于发、送双方对货物的理解和认可,便于货物的使用、统计和配送及管理。配送作业流程的标准化是指配送的各个环节、各个层次应按照统一规定的流程来进行标准化执行,以保证各作业环节的合理衔接和有序协调,如果不规范地进行作业,势必会产生网络信息系统与作业系统之间的脱节与不一致,给企业带来不应有的损失。

此外,电子商务配送的标准化还包括配送技术标准化和配送管理标准化等。

4) 物流配送低成本化

电子商务不仅使配送双方节约了成本,而且也降低了整个社会的配送成本。

(1) 电子商务配送节约了配送双方的库存成本。在电子商务配送的情况下,配送双方可以有效地利用电子商务技术及交易等优势,减少配送双方的库存规模。同时,对于整个社会来说,库存水平也得到了降低,使库存管理的成本和费用相对下降。

(2) 电子商务配送降低了配送双方的营销成本。提供配送的一方可实现促销成本及送货成本的降低,需要配送服务的一方可实现信息采集成本等的降低,节约自建配送系统的投资及相应的管理费用。

(3) 电子商务配送可使配送双方通过网上结算进行单证传输,实现了配送双方的结算成本及单证传输成本的降低。

(4) 电子商务配送降低了租金成本。一是它可使企业合理地确定配送场地的面积和地点,提高配送场所的利用率,降低配送场所的使用成本;二是它可使企业相应地减小办公场地的面积,因为在电子技术和电子工具高度发达的今天,企业可以充分地利用网络管理的方法与技术对配送活动进行管理,所以,需要的面积远远小于传统配送管理的面积。

6.5.2 电子商务配送系统的目标

电子商务配送系统的目标主要体现在以下几个方面。

1. 服务性目标

服务性目标是电子商务配送系统所要达到的一个主要目标,是指电子商务配送系统能向用户提供各种服务。服务性目标主要有:能向用户提供多种信息服务;能向企业的不同部门、不同层次和不同环节提供多种信息服务;具有信息的及时反馈功能。

2. 快捷性目标

电子商务配送系统要能依据客户的要求，把货物按质按量准时地送到用户所指定的地点。这就要求企业在配送系统中设立快捷反应系统，以实现快捷目标。快捷目标的构成主要包括：快捷的配发货系统；快捷灵活的运输系统；自动化的库存管理系统；自动化的分拣、理货系统；快捷、灵活的进货系统，包括订、收货系统；方便、灵活、及时的信息服务系统。

3. 低成本性目标

要有效地利用配送面积和空间；要科学合理地选择运送工具和线路；要保持合理的库存规模和结构；要选择合适的系统软件；要坚持科学的管理。

4. 安全性目标

Internet的开放性同时也带来安全性问题，根据中国互联网络信息中心（CNNIC）2014年7月21日发布的第34次《中国互联网络发展状况统计报告》，目前用户最关心的问题就是网上交易的安全问题。这说明了要进行电子商务配送，一个重要的前提就是必须保证电子商务配送系统的安全性，保证用户的商业机密不受到侵犯。电子商务系统的安全性目标主要包括以下几个方面：操作系统的安全性目标；防火墙系统的安全性目标。主要包括防火墙产品是否安全，功能是否完善，设置是否错误等；操作人员及内部人员的安全性目标；内部用户的安全性目标；程序的安全性目标；数据库的安全性目标等。

6.5.3 电子商务配送系统的构成

一般来说，电子商务配送系统主要由管理系统、作业系统和网络系统几部分组成。

1. 管理系统

管理系统是由配送系统的计划、控制、协调和指挥等所组成的系统，它是整个配送系统的支柱。管理系统包括配送系统的战略目标、功能目标、配送需求预测与创造，以及配送过程管理及网络管理等。

（1）战略目标。系统战略目标主要包括服务的对象、顾客的性质与地理位置，以及所提供的与此相适应的配送服务。

（2）功能目标。主要确定配送系统所达到的目标，配送能力的大小主要取决于企业投入人、财、物的数量及管理水平等。

（3）配送需求预测与创造。管理系统的另一个主要职能是对市场进行预测分析，以掌握和了解未来客户配送需求的规模即提供相应的服务。另一方面，要通过网络广泛收集用户的需求及要求的服务，开展促销业务，以满足系统的高效率、低成本和高质量的服务创造配送要求。

（4）存货管理。通过预测、创造需求及网络的特点，管理系统要合理地确立存货的规模和结构。一方面，存货的规模和结构要与客户的要求保持一致；另一方面，存货的规模和结构要与作业能力保持一致。

（5）作业过程管理。

（6）网络管理。

2. 作业系统

作业系统是配送实物作业过程所构成的系统。在电子商务时代，配送实物作业应接受管理系统下达的信息指令来进行。作业系统主要包括货物的接收、装卸、存货、分拣、配装及送货和交货等。

3. 网络系统

网络系统是由接受、处理信息及订货等所组成的系统。目前在配送应用较多的电子商务网络系统主要有以下几个。

(1) POS 系统(销售试点管理系统)企业收集、处理和管理配送试点上的各种配送信息和用户信息的系统。

(2) VAN 系统(增值网)。利用电信的通信线路将不同企业的不同类型的计算机连接在一起，构成共同的信息交流中心。

(3) EOS 系统(电子订货系统)。利用企业内终端电脑按货架或台账输入欲订购的货物，经网络传递到总部配送中心或供应商，完成订购手续，并验收货物。

(4) MIS 系统(管理信息系统)。负责货物的进、存及配送管理，并进行配送经营的辅助决策工作，如货物的自动补给系统等。

(5) EDI(电子数据交换系统)。即在不同的计算机应用系统之间依据标准文件格式交换商业单证信息。对于配送企业及需要进行配送的企业来说，在 Internet 上进行配送单证信息的传输不仅可以节约大量的通信费用，而且也可以有效地提高工作效率。

6.5.4 电子商务配送系统分析

1. 配送中心物流管理系统需求分析

(1) 实时跟踪商品在物流中心的相关信息，包括商品名称、商品编号、所在容器、库存数量、是否缺货、缺货原因、供货商信息等。

(2) 实时跟踪商品在物流中心流动的信息，包括入库、移位、并板、拆板、出库等。

(3) 需满足商品先入先出的原则。

(4) 实时跟踪并记录什么人在什么时候开机，做过一些什么操作，并在什么时候关机。

(5) 等操作人员的管理信息。

(6) 对日常业务要求手持终端机操作简单，对数据处理要求反应快。

(7) 对 RF 手持终端的程序开发要求简单，并方便维护。

(8) 对 RF 网络要求稳定，并便于安装和维护。

(9) 需连接配送中心数据库。

(10) 为减少工作强度，要求手持终端轻便，易于手握，并坚固耐用。

2. 配送中心物流管理系统设计思想

根据配送中心的实际情况，应本着准确、高效、高性能和低成本的设计原则和人性化的设计理念，设计以下管理系统方案。

(1) 通过采用 RF 高速无线网络系统来提高整个配送中心的数据传输的实时性。

(2) 通过使用手持式条码数据终端来减少人工干预、提高系统数据的准确性。

(3) 通过运用最先进的统一建模语言来提供人性化的交互界面和生成简洁的程序代码。

3. 配送中心物流管理系统方案

(1) 建立条码管理体系，所有商品、容器均对应唯一的条码编号，这样就可以通过使用条码对整个配送过程进行全面跟踪。

(2) 规范配送中间环节，使之标准化、合理化，使公司更加适合规模化发展。

(3) 规范配送中心数据流，使之能更加准确、实时地反映配送中心各环节的现状。

(4) 规范配送中心储位安排，使之更加合理、更加适合新流程的运作。

(5) 建立一个覆盖整个配送中心的无线网络，使配送中心变为一个时时在线的数据中心。

(6) 建立一套员工作业监管体系，可以记录作业员工所有的操作，以方便以后的流程改进。

以上几种电子商务方案中的物流方案各有不同，但物流与配送的基本流程相近，不同的是制造商、销售商、网站经营者及物流、配送企业之间的配合及衡量物流、配送业绩的标准等，为了使电子商务方案得以顺利实施，需要对物流、配送系统进行认真的设计。

复习思考

一、填空题

1. 电子商务涵盖的业务包括：_____、_____、_____、_____、_____（电子资金转账、信用卡、电子支票、电子现金）、运输、组建虚拟企业等。

2. 电子商务按参与交易的对象分类，电子商务可以分为以下三种类型：_____、_____、_____。

3. 与传统的配送相比较，电子商务配送具有以下几方面的特点：_____、_____、_____、_____、_____。

4. 电子商务配送系统由_____、_____、_____、_____、_____组成。

5. 一般而言，商品如果有明确的包装、质量、数量、价格、储存、保管、运输、验收、安装及使用标准，对储存、运输、装卸等作业无特殊要求，就适合于采用_____。

二、判断题

1. 电子商务的英文名大部分用 Electronic Commerce，简写为 EC；有的也用 Electronic Business，简写为 EB。					（　　）

2. 电子商务最早产生于 20 世纪 60 年代，发展于 70 年代。					（　　）

3. 真实性是电子商务配送的一个重要特点。					（　　）

4. 20世纪90年代以来，生产领域提出的JIT、CIMS、MRP、ERP等概念和技术的实质就是将生产、流通进行集成，根据需求组织生产，安排物流活动。（ ）

5. 顺装一般分为两大类：商品包装和运输包装。（ ）

6. 分散配送是在一个现有的大型分销中心内建立电子配送能力。（ ）

7. 如果按照电子商务交易所涉及的商品内容分类，电子商务主要包括三类商业活动。（ ）

8. 专用配送中心是建立或者收购一种专门用于贸易的配送能力。（ ）

9. 同有形市场一样，电子商务这种无店铺销售方式的物流方案中，配送环节是完成物流过程并产生成本的重要环节，需要精心设计配送细节。（ ）

10. 电子商务配送系统是依据电子商务技术（网络技术、通信技术和计算机技术）把配送活动各要素联系在一起，为实现配送目的、功能和作用所形成的一个有机统一体。（ ）

三、选择题

1. 广义上的电子商务EB（Electronic Business）：各行各业，包括政府机构和企业、事业单位各种业务的电子化、网络化，可称作（   ）。
   A. 电子业务   B. 电子操作   C. 电子方式

2. （   ）方式是电子商务应用最多和最受企业重视的形式，企业可以使用Internet或其他网络对每笔交易寻找最佳合作伙伴，完成从定购到结算的全部交易行为。
   A. B2C   B. B2B   C. B2G

3. （   ）是按照一个公认的标准和协议，将商务活动中涉及的文件标准化和格式化，通过计算机网络，在贸易伙伴的计算机网络系统之间进行数据交换和自动处理。
   A. B2C   B. B2B   C. EDI

4. 互联网有利于买卖双方及时沟通供需信息，使（   ）和无库存销售成为可能，从而使库存成本大大降低。
   A. 无库存生产   B. 无库存批发   C. 无库存零售

5. （   ）物流正是适应生产、流通与消费的需求而发展起来的新型物流模式。
   A. 传统   B. 协议   C. 柔性化

6. （   ）直送作为一种比较经济的增长模式长期得到供应商的宠爱。
   A. 货仓   B. 货场   C. 码头

7. 电子商务配送的标准化还包括配送技术标准化和配送（   ）标准化等。
   A. 组织   B. 管理   C. 操作

8. 一般来说，电子商务配送系统主要由管理系统、作业系统和网络系统输入、（   ）系统几部分组成。
   A. 输出环境   B. 输入环境   C. 网络环境

9. （   ）系统是由配送系统的计划、控制、协调和指挥等所组成的系统，它是整个配送系统的支柱。
   A. 网络   B. 输入   C. 管理

10. 规范配送中间环节，使之（   ）、合理化，使公司更加适合规模化发展。
    A. 大众化   B. 特殊化   C. 标准化

四、简答题

1. 什么是电子商务?
2. 简述电子商务发展过程。
3. 什么是电子商务下物流配送?
4. 制定 B2B 电子商务配送方案时应考虑哪些方面的因素?
5. 电子商务的物流服务内容有哪些?
6. 浅谈增值性物流服务的内容。
7. 简述 B2C 电子配送模式。
8. 电子商务下物流配送中心有哪些特点?
9. EDI 电子商务与 Internet 电子商务有什么不同?
10. 电子商务下配送中心应用信息技术的重要性有哪些?

五、项目练习题

基于储运总费用最低的配送运输决策

某制造企业从工厂向外省某地区配送中心运货,如果用铁路运输则平均需要运输时间 7 天,汽车运输时间为 4 天(节省 3 天),每节省 1 天可降低 3% 的库存。每天平均在途运输库存占用资金为 3%,平均仓储库存占用资金为 2%,铁路每吨货物运价为 0.2 元,公路为 0.3 元。为满足需求必须保持库存 500 吨,年需求量为 5 000 吨,每吨货物价值为 80 元。若用铁路运输,为满足需求一年需运 10 次,而公路要运 20 次。

问题:
确定采用哪种运输方式才能使总运费最低?

六、案例分析题

电子商务之物流配送解决方案

1. 设计思路

针对目前电子商务配送方面面临的问题,自建物流配送中心与第三方物流公司、配送公司相结合,加强内部管理与整合社会资源并举是本方案的设计思路。

2. 方案功能

方案分成三个层次:策略规划、系统功能和流程管理。

1) 策略规划

(1) 进行自建建物流体系与物流外包的分析、决策。

(2) 整合社会资源的具体方案。通常的物流外包方法是将需要外包的业务和区域内容交给一家物流公司,由物流公司去策划,原来物流公司有的业务和区域可能各方面协调起来比较容易,相反原来没有的业务和区域往往会有服务、费用等各方面的问题。

(3) 管理第三方物流资源:面对如此众多又层次不一的第三方物流资源,如何管理是个难题。

2) 系统功能

系统方面的总体特征是整个系统基于 Internet,这样既方便登录,又突破了 ERP 类软件的局域界限,使跨区域系统管理的成本降低,并为其进一步发展创造了条件。

(1) Web 系统。即电子商务网站的网页系统。

(2) 订单系统。订单系统是进行订单接收、检查、处理、反馈等业务活动的软件系统。

（3）库存管理系统。库存管理系统是对库存商品进行全面管理的系统。

（4）配货系统。配货系统是对客户的订单进行系统处理，是介于订单系统和库存系统之间的一个处理系统。

（5）运输系统。运输系统是配货系统的后续，是对运输相关业务进行处理的系统。包括运输安排、车辆调度、运输方式比较分析、运输结算等内容。

（6）追踪系统。追踪系统是一个全程追踪系统，对客户从提交订单到客户收到货的每一个环节，系统都进行了相应的记录，而且客户可以通过 Internet 登录查询。

（7）第三方系统。第三方系统是指第三方配送公司或第三方物流公司的系统，由于部分物流业务需要由物流公司处理，所以与合作方的系统进行连接实现资源共享是必需的。

3）流程管理

流程是根据实际业务过程进行策划，将整个业务过程分解成若干子流程，现在分别描述如下。

（1）提交订单。客户通过 Web 系统提交订单。

（2）订单处理：通过订单系统进行订单处理。

（3）配货处理：通过自动配货系统完成配货处理。订单进入配货系统以后，根据库存情况对货物进行自动分配。

（4）库房管理：通过进销存系统实现库房管理。

（5）运输安排：根据运输系统实现对运输方式进行选择和安排。

（6）全程跟踪：从客户提交订单—订单确认—财务确认—订单处理—库房配货—客户收货等各个环节，系统会记录操作时间并自动计算，可以调出进行运作分析。

（7）第三方管理：目前是通过系统方面的互联和相应的管理体系实现对第三方配送公司或物流公司的监控和管理。

资料来源：宋殿辉．配送管理商务［M］．北京：科学出版社，2013．

思考与讨论

（1）案例中的电子商务方案有哪些功能？

（2）试分析方案中的流程管理。

第7章 配送运输

【学习目标】

通过本章的学习，了解配送运输的特点和影响因素；掌握配送运输基本作业流程、配送车辆装载作业技术；能够熟练运用车辆调度方法；能够对配送运输线路进行简单优化设计；能根据具体业务要求，进行配送运输线路优化、车辆积载及车辆调度。

【本章要点】

本章主要介绍配送运输特点、影响因素；配送运输基本作业流程、配送车辆装载作业技术；车辆调度方法、配送运输线路优化设计。

引导案例

沃尔玛的配送运作

沃尔玛是全球最大的零售商,其集中配送中心是相当大的,而且都位于一楼,使用一些传送带,让这些产品能够非常有效地流动,对它处理不需要重复进行,都是一次性的。沃尔玛所有的系统都是基于一个 UNIX 的配送系统,并采用传送带,采用非常大的开放式平台,还采用产品代码,以及自动补发货系统和激光识别系统,由此沃尔玛节省了相当多的成本。其配送中心具有以下职能。

(1) 转运。沃尔玛把大型配送中心所进行的商品集中及转运配送的过程叫转运,大多是在一天当中完成进出作业。

(2) 提供增值服务。沃尔玛配送中心还提供一些增值服务,例如在服装销售前,需要加订标签,为了不损害产品的质量,加订标签需要在配送中心采用手工进行比较细致的操作。

(3) 调剂商品余缺,自动补进。每个商品都需要一定的库存,如软饮料和尿布等。在沃尔玛的配送中心可以做到这一点,每一天或者每一周他们根据这种稳定的库存量的增减来进行自动的补进。这些配送中心可以保持 8 000 种产品的转运配送。

(4) 订单配货。沃尔玛配送中心在对于新开业商场的订单处理上,采取这样的方法:在这些新商场开业之前,沃尔玛要对这些产品进行最后一次的检查,然后运输到这些新商场,沃尔玛把它称为新商场开业的订单配货。

沃尔玛公司作为全美零售业年销售收入位居第一的著名企业,素以精确掌握市场、快速传递商品和最好地满足客户需要著称,这与沃尔玛拥有自己庞大的物流配送系统并实施了严格有效的物流配送管理制度有关,因为它确保了公司在效率和规模成本方面的最大竞争优势,也保证了公司顺利地扩张。沃尔玛现代化的物流配送体系,表现在以下几个方面:设立了运作高效的配送中心;采用先进的配送作业方式;实现配送中心自动化的运行及管理。沃尔玛物流配送体系的运作具体表现为:注重与第三方物流公司形成合作伙伴关系;挑战"无缝点对点"物流系统;自动补发货系统;零售链接系统。

资料来源:http://www.chinawuliu.com.on//law/.

思考:

为什么沃尔玛能做到"每日低价"?难道仅仅是因为其规模大吗?

7.1 配送运输概述

7.1.1 配送运输基本知识

1. 配送运输的概念

配送运输是指将被订购的货物使用汽车或其他运输工具从供应点送至顾客手中的活动。其间可能是从工厂等生产地仓库直接送至客户,也可能通过批发商、经销商或由配送中心、物流中心转送至客户手中。配送运输通常是一种短距离、小批量、高频率的运输形式。如果单从运输的角度看,它是对干线运输的一种补充和完善,属于末端运输、支线运输。它以服务为目标,以尽可能满足客户要求为优先。从日本配送运输的实践来看,配送的有效距离最好在50km半径以内；国内配送中心、物流中心，其配送经济里程大约在30km以内。

2．配送与运输的区别

从配送活动的实施过程看，配送包括"配"和"送"两方面的活动。"配"是对货物进行集中、分拣和组配；"送"是将货物送达指定地点或用户手中。配送与运输的比较见表7-1。

表7-1 配送与运输的比较

比较项目	配　　送	运　　输
移动距离	短距离、少量货物的移动	长距离、大量货物的移动
服务功能	"配"与"送"的结合；货物送交客户	纯粹是"送"；结点间货物移动
运输工具	主要采用汽车运输	使用多种交通工具
货物特点	多品种、小批量、多批次的货物	少品种、大批量货物
价值取向	服务优先	效率优先

3．配送运输的特点

(1) 时效性。时效性是确保在客户指定的时间内交货，它是客户最重视的因素，也是配送运输服务性的充分体现。配送运输是从客户到交货的最后环节，也是最容易引起时间延误的环节。影响时效性的因素有很多，除配送车辆故障外，所选的配送线路不当、中途客户卸货不及时等均会造成时间上的延误，因此，必须在认真分析各种因素的前提下，用系统化的思想和原则，有效协调、综合管理，合理地选择配送线路、配送车辆、送货人员，使每位客户在其所期望的时间能收到所期望的货物。

(2) 安全性。配送运输的宗旨是将货物完好无损地送到目的地。影响安全性的因素有货物的装卸作业、运送过程中的机械振动和冲击及其他以外事故、客户地点及作业环境、配送人员的素质等，这些都会影响配送运输的安全性，因此，在配送运输管理中必须坚持安全性的原则。

(3) 沟通性。配送运输是配送的末端服务，通过送货上门服务直接与客户接触，是与客户沟通最直接的桥梁，代表着公司形象和信誉，在沟通中起着非常重要的作用，所以，必须充分利用配送运输活动中与客户沟通的机会，巩固和发展公司的信誉，为客户提供更优质的服务。

(4) 方便性。配送以服务为目标，以最大限度地满足客户要求为优先，因此，应尽可能地让顾客享受到最便捷的服务。通过采用高弹性的送货系统，如紧急送货、顺道送货与退货、辅助资源回收等，为客户提供真正意义上的便利服务。

(5) 经济性。实现一定的经济利益是企业运作的基本目标，因此，对合作双方来说，以较低的费用完成配送作业是企业建立双赢机制并加强合作的基础。

4．影响配送运输效果的因素

影响配送运输效果的因素很多。动态因素，如车流量变化、道路施工、配送客户的变动、可供调动的车辆变动等；静态因素，如配送客户的分布区域、道路交通网络、车辆运行限制等。各种因素互相影响，很容易造成送货不及时、配送路径选择不当、贻误交货时间等问题。因此，对配送运输的有效管理极为重要，否则不仅影响配送效率和信誉，而且将直接导致配送成本的上升。

7.1.2 配送运输的基本作业程序

1. 划分基本配送区域

为使整个配送有一个可循的基本依据，应首先系统统计客户所在地的具体位置，并将其作业区域进行整体划分，将每一客户囊括在不同的基本配送区域之中，以作为下一步决策的基本参考。如，按行政区域或依交通条件划分不同的配送区域，在该区域划分的基础上再做弹性调整以便安排配送。

2. 车辆配载

由于配送货物品种、特性各异，为提高配送效率，确保货物质量，在接到订单后，首先必须将货物依特性进行分类，然后分别选取不同的配送方式和运输工具，如按冷冻食品、速食品、散装货物、箱装货物等分类配载；其次，配送货物也有轻重缓急之分，必须遵循先急后缓的原则，合理组织运输配送。

3. 暂定配送先后顺序

在考虑其他影响因素，作出确定的配送方案前，应先根据客户订单要求的送货时间将配送的先后作业次序做一概括的预订，为后面车辆积载做好准备工作。计划工作的目的，是为了保证达到既定的目标，所以，预先确定基本配送顺序可以既有效地保证送货时间，又可以尽可能提高运作效率。

4. 车辆安排

车辆安排要解决的问题是安排什么类型、吨位的配送车辆进行最后的送货。一般企业拥有的车辆有限、车辆数量亦有限，当本公司车辆无法满足要求时，可使用外雇车辆。在保证配送运输质量的前提下，是组建自营车队还是以外雇车为主，则须视经营成本而定，成本分析如图 7.1 所示。

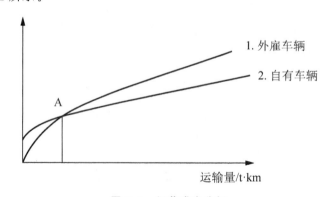

图 7.1 经营成本分析

曲线 1 表示外雇车辆的运送费用随运输量的变化情况；曲线 2 表示自有车辆的运送费

用随运量的变化情况。当运输量小于 A 时，外雇车辆费用小于自有车辆费用，所以应选用外雇车辆；当运输量大于 A 时外雇车辆费用大于自有车辆费用，所以应选用自有车辆。但无论自有车辆还是外雇车辆，都必须事先掌握有哪些车辆可以供调派并符合要求，即这些车辆的容量和额定载重是否满足要求；其次，安排车辆之前，还必须分析订单上货物的信息，如体积、重量、数量等对于装卸的特别要求等，综合考虑各方面因素的影响，作出最合适的车辆安排。

5. 选择配送线路

知道了每辆车负责配送的具体客户后，如何以最快的速度完成对这些货物的配送，即如何选择配送距离短、配送时间短、配送成本低的线路，这需根据客户的具体位置、沿途的交通情况等作出优先选择和判断。除此之外，还必须考虑有些客户或其所在地的交通环境对送货时间、车型等方面的特殊要求，如有些客户不在中午或晚上收货，有些道路在高峰期实行特别的交通管制等。

6. 确定最终的配送顺序

做好车辆安排及选择最好的配送线路后，依据各车负责配送的具体客户的先后，即可将客户的最终派送顺序加以明确的确定。

7. 完成车辆积载

明确了客户的配送顺序后，接下来就是如何将货物装车，以什么次序装车的问题，即车辆的积载问题。原则上，知道了客户的配送顺序先后，只要将货物依"后送先装"的顺序装车即可。但有时为了有效利用空间，可能还要考虑货物的性质（怕振、怕压、怕撞、怕湿）、形状、体积及重量等作出弹性调整。此外，对于货物的装卸方法也必须依照货物的性质、形状、重量、体积等来作具体决定。

7.2 配送运输方法

7.2.1 整车运输

配送运输一般是较小批量、较短距离、运送次数多的一种运输形式，它可能是从生产厂家直接到客户或其间再经过批发商、零售商，也可能是由配送中心送至客户。配送运输要由汽车运输进行，具有城市轨道货运条件的城市可以采用轨道运输，对于跨城市的配送可以采用铁路运输进行，或者在河道水域通过船舶进行。

汽车整车运输是指同一收货人、一次性需要到达同一站点，且适合配送装运、3t 以上的货物运输，或者货物重量在 3t 以下，但其性质、体积、形状需要一辆 3t 以上车辆一次或一批运输到目的地的运输。

1. 整车运输作业基本程序

按客户需求订单备货—验货—配车—配装—装车—发车—运送—卸车交付—运杂费结算—货运事故处理。

整车货物按一次配载的最大载重量计算，最大载重量不足车辆核定载重量时，按车辆核定载重量计算;未装足车辆核定载重量时,按车辆核定载重量核收运费。一个托运人托运整车货物的重量(毛重)低于车辆核定载重量时,为合理使用车辆的载重能力,可以拼装另一托运人托运的货物,即一车两票或多票,但货物总重量不得超过车辆核定载重量。

整车货物运输一般中间环节较少,送达速度快,运输成本较低。通常以整车为基本单位订立运输合同,以便充分体现整车配送运输的可靠、快速、方便、经济等特性。

广角镜　世界各地的主要运输方式

从江户时代开始,东京就是紧靠运河的城镇。后来,由于建设高速公路的缘故,运河被中断了。从前,东京的运输手段是以河运为主的;现在,由于日本有了像毛细血管一样发达的公路网络,因而卡车运输就成为主要的运输方式。

在美国,由于国土辽阔,航空费也比较便宜,空运就比较发达;在欧洲,从很久以前开始,河流就成为影响城市发展的主要因素,所以船运就很活跃。

作为核心的运输方式,主要是根据各地特点、交通基础设施条件等决定的。

2. 整车货物配送运输的生产过程

整车货物配送运输的生产过程是一个多工种的联合作业系统,是社会物流中必不可少的重要过程。该过程是货物运输的劳动者借助于运输线路、运输车辆、装卸设备、站场等设施,通过各个作业环节,将货物从配送地点运送到客户地点的全过程。它由相互关联又相互区别的4个过程构成,即运输准备过程、基本运输过程、辅助运输过程和运输服务过程。

(1) 运输准备过程。运输准备过程是指配送货物进行运输之前所做的各项技术性准备工作。它包括车型的选择、线路的组合与优化、装卸设备的配置,以及运输过程的装卸工艺方案的设计等。

(2) 基本运输过程。基本运输过程是运输生产过程的中心环节,是指直接组织货物,从配送地点至客户地点完成货物空间位置移动的生产活动。它包括起运点装货、车辆途中运行、终点卸货等作业环节。

(3) 辅助运输过程。辅助运输过程是指为保证基本运输过程的正常进行,而必须进行的各项辅助性生产活动。它主要包括运输车辆、装卸设备、基础设施的维护及修理作业,以及有关商务事故的预防、处理和费用的结算工作等。

(4) 运输服务过程。运输服务过程是指贯穿于基本运输过程和辅助运输过程中的各项服务性工作,如行车燃料、润滑材料及配件的供给,配送货物的包装、储存及保险业务等。

整车货物运输生产过程的各个构成部分既是相对独立,又是相互关联的。只有通过运输准备过程、基本运输过程、辅助运输过程和运输服务过程,才能使基本运输过程更快捷地与物流的其他环节有机衔接起来,从而保证配送业务的高质量。

7.2.2　多点分运

多点分运是在保证满足客户要求的前提下,集多个客户的配送货物进行搭配装载,以充分利用运能和运力,从而降低配送成本,提高配送效率。

1. 往复式行驶线路

一般是指由一个供应点对一个客户的专门送货。从物流优化的角度看，其基本条件是客户的需求量接近或大于可用车辆的核定载重量，需专门派一辆或多辆车一次或多次送货。可以说往复式行驶线路是指配送车辆在两个物流结点间往复行驶的路线类型。根据运载情况，具体可分为以下 3 种形式。

（1）单程有载往复式线路。该种行驶线路因为回程不载货，因此其里程利用率较低，一般不到 50%。

（2）回程部分有载往复式线路。车辆在回程过程中有货物运送，但货物不是运到线路的终点，而是运到线路的中间某一结点；或是中途载货运到终点。该种行驶线路因为回程部分有载，里程利用率比前一种有了提高，大于 50%，但小于 100%。

（3）双程有载往复式线路。指车辆在回程运行中全程载有货物运到始点，其里程利用率为 100%（不考虑驻车的调空行程）。

2. 环形行驶线路

环行行驶线路是指配送车辆在由若干物流结点间组成的封闭回路上，所作的连续单向运行的行驶路线。车辆在环形式行驶路线上行驶一周时，至少应完成两个运次的货物运送任务。由于不同运送任务其装卸作业点的位置分布不同，环形式行驶线路可分为四种形式，即简单环形式、交叉环形式、三角环形式和复合环形式。

3. 汇集式行驶线路

汇集式行驶线路是指配送车辆沿分布于运行线路上各物流结点间，依次完成相应的装卸任务，而且每一运次的货物装卸量均小于该车核定载重量，沿路装或卸，直到整辆车装满或卸空，然后再返回出发点的行驶线路。汇集式行驶线路可分为直线形的和环形的两类，一般环形的里程利用率可能要高一些。这两种类型的线路各自都可分为分送式、聚集式、分送—聚集式。汇集式直线形线路实质是往复式行驶线路的变形。

（1）分送式。指车辆沿运行线路上各物流结点依次进行卸货，直到卸完所有待卸货物返回出发点的行驶线路。

（2）聚集式。指车辆沿运行线路上各物流结点依次进行装货，直到装完所有待装货物返回出发点的行驶线路。

（3）分送—聚集式。指车辆沿运行线路上各物流结点分别或同时进行装、卸货，直到装或卸完所有待运货物返回出发点的行驶线路。

车辆在汇集式行驶线路上运行时，其调度工作组织较为复杂。有时虽然完成了指定的运送任务，但其完成的运输周转量却不尽相同。这是因为车辆所完成的运输周转量与车辆沿线上各物流结点的绕行次序有关。

4. 星形行驶线路

星形行驶线路是指车辆以一个物流结点为中心，向其周围多个方向上的一个或多个结点行驶而形成的辐射状行驶线路。

7.2.3 快运

1. 快运的含义

根据《道路货物运输管理办法》的有关规定,快件货运是指接受委托的当天 15 时起算,300km 运距内,24h 内送达;1 000km 运距内,48h 内送达;2 000km 运距内,72h 送达。

快运是对配送中运输基本方法的一种改进,主要有中、短距离的快件运输。送达时间、运费一般由双方协商而定,而且配送中心通常还应配有快速备货通道。有时货物运输量虽不足车辆的核定吨位,但仍需专门运输一趟。因此快运的送达特别及时。

2. 快运的特点

(1) 送达速度快。
(2) 配装手续简捷。
(3) 实行承诺制服务。
(4) 可随时进行信息查询。

3. 快运业务操作流程

通过电话、传真、E-mail 接受客户的委托—快速通道备货—分拣—包装—发货—装车—快速运送—货到分发—送货上门—信息查询—费用结算。

4. 快运的基本形式

(1) 定点运输。指按发货地点固定车辆,专门完成一些相对固定的货物配送任务的运输组织形式。在组织定点运输时,除了根据任务固定车辆或车队外,还应实行有关装卸人员和装卸设备的固定及调度员在该工作点固定。

(2) 定时运输。指根据客户的需求量计划,车辆按编制的运行计划所拟定的行车时刻表来进行工作的运输组织形式。

(3) 特快运输。指根据客户的临时需求,快速反应,快速备货,调用待发车辆,快速送达到客户手中。

(4) 联合快运。充分利用几种运输方式的网络优势进行优化配送运输,实现快捷性和经济性。

7.2.4 其他运输方式

1. 零担运输

1) 零担运输的特点

零担运输是汽车货物运输中相对独立的一个部分,相对于其他汽车运输,零担运输具有以下独有的特点。

(1) 货源不确定。零担运输的货物流量、货物数量、货物流向具有一定的不确定性,并且多为随机性发生,难以通过运输合同方式将其纳入计划管理范围。

(2) 组织工作复杂。零担运输货运环节多,作业工艺细致,对货物配载和装载要求也相对较高。因此,作为零担运输作业的主要执行者——货运站,要完成零担货物质量的确认，货物的积配载等大量的业务组织工作。

（3）单位运输成本较高。为了适应零担运输的需求，货运站要配备一定的仓库、货栅、站台，以及相应的装卸、搬运、堆置的机具和专用厢式车辆，此外，相对于整车货物运输而言，零担货物周转环节多，更易于出现货损、货差，赔偿费用相对较高，因此，导致零担运输成本较高。

正因为零担运输具有与整车货物运输不同的特点，零担运输是整车货物运输的重要补充，随着商品经济的发展，适应商品流通需要，零担运输不断完善，这主要表现在以下几个方面。

（1）零担运输非常适合商品流通中品种繁多、小批量、多批次、价高贵重、时间紧迫，到站分散的特点的货物。

（2）零担货物运输可承担一定的行李和包裹的运输，成为客运工作的有力支持者。

（3）零担货物运输机动灵活，对于具有竞争性、时令性和急需的零星货物运输具有尤为重要的意义，因为零担货物运输可以做到上门取货、就地托运、送货到家、代办中转、手续简便、运送快速，能有效地缩短货物的送达时间，加速资金周转。

2）零担运输的分类

零担车指装运零担货物的车辆，按照发送时间的不同可分成固定式和非固定式两大类。

（1）固定式零担车。固定式零担车通常称为汽车零担货运班车，这种零担货运班车一般是以营运范围内零担货物流量、流向，以及货主的实际要求为基础组织运行。运输车辆主要以厢式专用车为主，实行定车、定期、定线、定时运行。零担货运班车主要采取以下几种方式运行。

① 直达式零担班车。直达式零担班车是指在起运站将各个发货人托运的同一到站，且性质适宜配载的零担货物，同车装运后直接送达目的地的一种货运班车。

② 中转式零担班车。中转式零担班车是指在起运站将各个发货人托运的同一线路、不同到达站且性质允许配装的各种零担货物，同车装运至规定中转站，卸后复装，重新组成新的零担班车运往目的地的一种货运班车。

③ 沿途式零担班车。沿途式零担班车是指在起运站将各个发货人托运同一线路不同到达站，且性质允许配装的各种零担货物，同车装卸后，在沿途各计划停靠站卸下或装上零担货物再继续前进，直至最后终点站的一种货运班车。

在以上 3 种零担班车运行模式中，以直达式零担班车经济性最好，是零担班车的基本形式，它具有以下 4 个特点。

① 避免了不必要的换装作业，节省了中转费用，减轻了中转站的作业负担。

② 减少了在途时间，提高了零担货物的运送速度，有利于加速车辆周转和物资调拨。

③ 减少了货物在中转站作业，有利于运输安全和货物完好，减少事故，确保质量。

④ 在仓库内集结待运时间少，充分发挥仓库货位的利用程度。

（2）非固定式零担车。非固定式零担车是指按照零担货流的具体情况，临时组织而成的一种零担车，通常在新辟零担货运线路或季节性零担货物线路上使用。

2. 零担货运业务流程

零担货物运输业务是根据零担货运工作的特点，按照流水作业构成的一种作业程序，其主要业务包括以下流程。

1) 受理托运

受理托运是指零担货物承运人根据营运范围内的线路、站点、运距、中转车站、各车站的装卸能力、货物的性质及受运限制等业务规则和有关规定接受托运零担货物，办理托运手续。受理托运时，必须由托运人认真填写托运单，承运人审核无误后方可承运。

在受理托运时，可根据受理零担货物数量、运距，以及车站作业能力采用不同的受理制度。

（1）随时受理制。随时受理制对托运日期无具体规定，在营业时间内，发货人均可将货物送到托运站办理托运，为货主提供了很大的方便性。但是这种受理制不能事先组织货源，缺乏计划性。因此，货物在库时间长，设备利用率低。在实际操作中，随时受理制主要被作业量小的货运站、急运货物货运站，以及始发量小、中转量大的中转货运站采用。

（2）预先审批制。预先审批制要求发货人事先向货运站提出申请，车站再根据各个发货方向及站别的运量，结合站内设备和作业能力加以平衡，分别指定日期进货集结，组成零担班车。

（3）日历承运制。日历承运制是指货运站根据零担货物流量和流向规律，编写承运日期表，事先公布，发货人则按规定日期来站办理托运手续。

采用日历承运制可以有计划、有组织地进行零担货物运输，便于将去向和到站比较分散的零担货流合理集中，组织直达零担班车，可以均衡安排起运站每日承担零担货物的数量，合理使用货运设备，便于物资部门安排生产和物资调拨计划，提前做好货物托运准备工作。

2) 过磅起票

零担货物受理人员在收到托运单后，应及时验货过磅，认真点件交接，做好记录，按托运单编号填写标签及有关标志，填写"零担运输货票"收取运杂费。

3) 仓库保管

零担货物仓库应严格划分货位，一般可分为待运货位、急运货位、到达待交货位。零担仓库的货位配置方法根据与通车道位置，可分成一列式排列和双列式排列。货物进出仓库要照单入库或出货，做到以票对货，票票不漏，货票相符。

零担货物仓库要具备良好的通风能力、防潮能力、防火和灯光设备，以及安全保卫能力。为了使货物免受雨淋和提高装卸效率，仓库或货栅尽可能设置于站台上。货物装卸站台一般分成直线形和阶梯形，根据车辆进行作业时与站台的相互位置，直线形又可分成平行式和垂直式。

4) 配载装车

零担货物的配载需遵循以下原则。

（1）中转先运、急件先运、先托先运、合同先运。

（2）尽量采用直达式方式，必须中转的货物则应合理安排流向。

（3）充分利用车辆载货量和容积。

（4）严格执行货物混装限制规定。

（5）加强预报中途各站的待运量，并尽可能使同站装卸的货物在质量及体积上相适应。

装车准备需完成以下几项工作。

(1) 按车辆容载量和货物的形状、性质进行合理配载，填制配装单和货物交接单。填单时应按货物先远后近、先重后轻、先大后小、先方后圆的顺序填写，以便按单顺次装车，对不同到达站和中转的货物要分单填制。

(2) 将整理后各种随货单证分附于交接清单后面。

(3) 按单核对货物堆放位置，做好装车标记。

完成上述工作后，即可按交接清单的顺序和要求点件装车，装车时应注意以下事项。

(1) 将贵重物品放在防压、防撞的位置保证运输安全。

(2) 装车完毕后要复查货位，以免错装或漏装。

(3) 驾驶员（或随车理货员）清点随车单证并签章确认。

(4) 检查车辆关锁及遮盖捆扎情况。

5) 车辆运行

零担货运班车必须严格按期发车，按规定线路行驶，在中转站要由值班人员在行车路单上签证。

7.3 配送运输车辆调度

7.3.1 车辆运行调度

车辆运行调度是配送运输管理的一项重要职能，是指挥监控配送车辆正常运行、协调配送生产过程以实现车辆运行作业计划的重要手段。

1. 车辆运行调度工作的内容

(1) 编制配送车辆运行作业计划。包括编制配送方案、配送计划、车辆运行计划总表、分日配送计划表、单车运行作业计划等。

(2) 现场调度。根据货物分日配送计划、车辆运行作业计划和车辆动态分派配送任务，即按计划调派车辆，签发行车路单；勘察配载作业现场，做好装卸车准备；督促驾驶员按时出车；督促车辆按计划送修进保。

(3) 随时掌握车辆运行信息，进行有效监督。如发现问题，应采取积极措施，及时解决和消除，尽量减少配送生产中断时间，使车辆按计划正常运行。

(4) 检查计划执行情况。检查配送计划和车辆运行作业计划的执行情况。

2. 车辆运行调度工作的原则

车辆运行计划在组织执行过程中常会遇到一些难以预料的问题，如客户需求发生变化、装卸机械发生故障、车辆运行途中发生技术障碍、临时性路桥阻塞等。针对以上情况，需要调度部门要有针对性地加以分析和解决，随时掌握货物状况、车况、路况、气候变化、驾驶员状况、行车安全等，确保运行作业计划顺利进行。车辆运行调度工作应贯彻以下原则。

(1) 坚持从全局出发，局部服从全局的原则。在编制运行作业计划和实施运行作业计划过程中，要从全局出发，保证重点、统筹兼顾，运力安排应贯彻"先重点、后一般"的原则。

(2) 安全第一、质量第一原则。在配送运输生产过程中，要始终把安全工作和质量管理放在首要位置。

(3) 计划性原则。调度工作要根据客户订单要求认真编制车辆运行作业计划，并以运行计划为依据，监督和检查运行作业计划的执行情况，按计划配送货物，按计划送修送保车辆。

(4) 合理性原则。要根据货物性能、体积、重量、车辆技术状况、道路桥梁通行条件、气候变化、驾驶员技术水平等因素合理调派车辆。在编制运行作业计划时，应科学合理地安排车辆的运行路线，有效地降低运输成本。

3. 车辆调度的方法

车辆调度的方法有多种，可根据客户所需货物、配送中心站点及交通线路的布局不同而选用不同的方法。简单的运输可采用定向专车运行调度法、循环调度法、交叉调度法等。如果配送运输任务量大、交通网络复杂时，为合理调度车辆的运行，可运用运筹学中线性规划的方法，如最短路径法、表上作业法、图上作业法、经验调度法和运输定额比法等。以下主要介绍图上作业法、经验调度法和运输定额比法。

1) 图上作业法

图上作业法是将配送业务量反映在交通图上，通过对交通图初始调运方案的调整，求出最优配送车辆运行调度方法。运用这种方法时，要求交通图上没有货物对流现象，以运行路线最短、运费最低或行程利用率最高为优化目标。其基本包括以下几个步骤。

(1) 绘制交通图。根据客户所需货物汇总情况、交通线路、配送点与客户点的布局，绘制出交通示意图。

难点例释　例 7-1

设有 A_1、A_2、A_3 三个配送点分别有化肥 40t、30t、30t，需送往四个客户点 B_1、B_2、B_3、B_4，而且已知各配送点和客户点的地理位置及它们之间的道路通阻情况，可据此绘制相应的交通图，如图 7.2 所示。

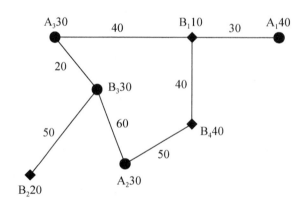

图 7.2　运距运量交通图

(2) 将初始调运方案反映在交通图上。任何一张交通图上的线路分布形态无非为成圈与不成圈两类。对于不成圈的，A_1、B_2 的运输，可按"就近调运"的原则即可，很容易得出调运方案。其中($A_1 \to B_4$ 70km)<($A_3 \to B_4$ 80km),($A_3 \to B_2$ 70km)<($A_2 \to B_2$ 110km),先假定($A_1 \to B_4$),($A_3 \to B_2$)运输。对于成圈的,A_2、A_3、B_1 所组成的圈,可采用破圈法处理,即先假定某两点(A_2 与 B_4)不通(即破圈,如图 7.3 所示),再对货物就近调运,($A_2 \to B_3$),($A_2 \to B_4$),数量不够的再从第二点调运,即可得出初始调运方案,如图 7.3 所示。在绘制初始方案交通图时,凡是按顺时针方向调运的货物调运线路(如 $A_3 \to B_1$、$B_1 \to B_4$、$A_2 \to B_3$),其调运箭头线都画在圈外,称为外圈;否则,其调运箭头线($A_3 \to B_3$)都画在圈内,称为内圈,或者两种箭头相反方向标注也可。

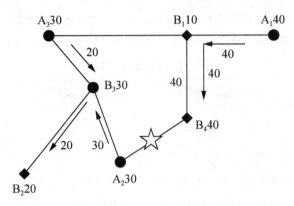

图 7.3　$A_2 \to B_4$ 破圈调运图

(3)检查与调整。面对交通图上的初始调运方案,首先分别计算线路的全圈长、内圈长和外圈长(圈长即指里程数),如果内圈长和外圈长都分别小于全圈长的一半,则该方案即为最优方案;否则,即为非最优方案,需要对其进行调整。如图 7.4 所示,全圈长($A_2 \to A_3 \to B_1 \to B_2$)为 210km,外圈($A_3 \to B_1$ 40km、$B_1 \to B_4$ 40km、$A_2 \to B_3$ 60km)长为 140km,大于全圈长的一半,显然,需要缩短外圈长度。调整的方法是在外圈(若内圈大于全圈长的一半,则在内圈)上先假定运量最小的线路两端点(A_3 与 B_1)之间不通,再对货物就近调运,可得到调整方案如图 7.4 所示。然后,再检查调整方案的内圈长与外圈长是否都分别小于全圈长的一半。如此反复至得出最优调运方案为止。计算可得内圈长为 70km,外圈长为 100km,均小于全圈长的小半,可见,该方案为最优方案。

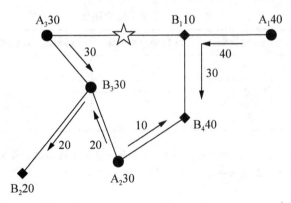

图 7.4　A_3 与 B_1 破圈调运图

4）经验调度法和运输定额比法

在有多种车辆时，车辆使用的经验原则为尽可能使用能满载运输的车辆进行运输。如运输5t的货物，则安排一辆5t载重量的车辆运输。在能够保证满载的情况下，优先使用大型车辆，且先载运大批量的货物。一般而言，大型车辆能够保证较高的运输效率和较低的运输成本。

 难点例释 例7-2

某建材配送中心，某日需运送水泥580t、盘条400t和不定量的平板玻璃。该中心有大型车20辆，中型车20辆，小型车30辆。各种车每日只运送一种货物，运输定额见表7-2。

表7-2 车辆运输定额表　　　　　　　　　　　　　　　　　　　单位：t/(日·辆)

车辆种类	运送水泥车辆数	运送盘条车辆数	运送玻璃车辆数
大型车	20	17	14
中型车	18	15	12
小型车	16	13	10

根据经验派车法确定，车辆安排的顺序为大型车、中型车、小型车。货载安排的顺序为：水泥、盘条、玻璃。得出派车方案见表7-3，共完成货运量1 080t。

表7-3 经验派车法派车方案　　　　　　　　　　　　　　　　　单位：t/(日·辆)

车辆种类	运送水泥车辆数	运送盘条车辆数	运送玻璃车辆数	车辆总数
大型车	20		14	34
中型车	10	10	12	32
小型车		20	10	30
货运量/t	580	400		

对于以上车辆的运送能力可以按表7-4计算每种车运送不同的定额比。

表7-4 车辆运输定额比　　　　　　　　　　　　　　　　　　　单位：t/(日·辆)

车辆种类	运水泥/运盘条	运盘条/运玻璃	运水泥/运玻璃	……
大型车	1∶18	1∶21	1∶43	
中型车	1∶2	1∶25	1∶5	
小型车	1∶23	1∶3	1∶6	

其他种类的定额比都小于1，不予考虑。在表7-4中小型车运送水泥的定额比最高，因而要先安排小型车运送水泥；其次由中型车运送盘条；剩余的由大型车完成。得到表7-5所示的派车方案，共完成货运量1 106t。

表7-5 定额比优化派车法　　　　　　　　　　　　　　单位：t/(日·辆)

车辆种类	运送水泥车辆数	运送盘条车辆数	运送玻璃车辆数	车辆总数
大型车	5	6	9	20
中型车		20		20
小型车	30			30
货运量/t	580	400	126	

7.3.2 影响配送运输合理化的因素

影响配送运输合理化的因素包括外部因素和内部因素。

1. 外部因素

影响配送运输合理化的外部因素主要来自以下两个方面。

(1) 交通运输网络布局及交通流状况。配送运输主要发生在城市内部及城市间经济里程半径 50～350km 范围内的运输活动，服务区域内的道路交通布局及交通流状况决定了配送运输的成本、速度及服务的一致性。

(2) 配送中心规划布点。配送中心在区域内的规划布点在一定程度上决定了配送运输的距离、时间、服务的客户服务范围，布点不合理可能产生迂回运输和过远运输等不合理运输，会影响配送运输的成本和服务水平。

2. 内部因素

影响配送运输合理化的内部因素包括以下5个方面。

(1) 运输距离。在配送过程中，运输时间、货损、运费、车辆或船舶周转等运输的若干技术经济指标，都与运输距离有一定的比例关系。因此，运距长短是配送运输是否合理的一个最基本因素，缩短运距既具有宏观的社会效益，也具有微观的企业效益。

(2) 运输环节。每增加一次运输环节，不但会增加起运的运费和总运费，而且必然要增加运输的附属活动，如装卸和包装等，各项技术经济指标也会因此下降。所以，减少运输环节，尤其是同类运输工具的环节，对合理运输有促进作用。

(3) 运输工具。各种运输工具都有其使用的优势领域，对运输工具进行优化选择，按运输工具特点进行装卸运输作业，最大限度地发挥所用运输工具的作用，是运输合理化的重要一环。

(4) 运输时间。在全部配送时间中，运输时间占较大部分，因而运输时间的缩短对整个流通时间的缩短有决定性作用。此外，运输时间短，有利于运输工具的加速周转，充分发挥运力的作用；有利于运输线路通过能力的提高，对运输合理化有很大贡献。

(5) 运输费用。运输费用在全部配送成本中占很大比例，运输费用的降低，无论对客户来讲还是对配送中心来讲，都是运输合理化的一个重要指标。运费的判断，也是各种合理化配送是否行之有效的最终判断依据之一。

7.3.3 配送运输合理化

1. 不合理配送运输的表现形式

1) 迂回运输

由于道路交通网络的纵横交错及车辆的机动性、灵活性,在配送中心与送货地点之间,往往有不同的运输路径可供选择。凡不经过最短路径的绕道运输,均称为迂回运输。

2) 过远运输

过远运输是一种舍近求远的配送运输,多发生在多点配送中。在配送作业规划时,当有多个配送据点时,不就地或就近获取某种物资,却舍近求远,拉长运输距离,造成运力浪费。造成过远运输这一不合理现象的原因可能很复杂,其中配送中心规划布点是影响因素之一。另外,配送中心对供应商的选择及商品采购计划的不合理也可能会造成过远运输。

3) 重复运输

同一批货物运抵目的地后没有经任何加工和必要的作业,又重新装运到别处的现象。多发生在配送过程中多余的中转、倒装、虚耗装卸费用,造成非生产性停留,增加了货物作业量,延缓了送货速度,增加了货损,也增加了费用。

4) 无效运输

无效运输是指被运输的货物没有进行合理的配送加工作业,造成货物杂质较多,或包装过度、物流容器等辅助工具的不合理,使运输能力浪费于不必要物资的运输,造成运能的浪费。

5) 运输方式及运输工具选择不当

未考虑各种运输工具的优缺点,而进行不适当的选择,所造成的不合理运输。常见的有以下几种形式。

(1) 违反水陆分工使用,弃水走陆的运输。弃水走陆是指从甲地到乙地的货物运输,有铁路、水路、公路等多种运输方式可供选择,但是将适合水路或水陆联运的货物改为用铁路或公路运输,从而使水运的优势得不到充分发挥。

(2) 铁路短途运输。不足铁路的经济运行里程却选择铁路进行运输。

(3) 水运的过近运输。不足船舶的经济运行里程却选择水运进行运输。

(4) 载运工具选择不当,实载率过低造成运力的浪费。

2. 合理配送运输措施

1) 推行一定综合程度的专业化配送

通过采用专业设备、设施和操作程序,取得较好的配送效果,并降低配送综合化的复杂程度及难度,从而追求配送合理化。

2) 推行加工配送

通过将加工与配送相结合,充分利用本来应有的中转,而不增加新的中转来求得配送合理化。同时,加工借助于配送,目的更明确,而且与客户的联系更紧密,避免了盲目性。这两者的有机结合,投入增加不太多,却可追求两个优势、两个效益,是配送合理化的重要经验。

3）推行共同配送

共同配送其实质就是在同一个地区，许多企业在物流运作中互相配合，联合运作，共同进行理货、送货等活动的一种组织形式。通过共同配送，可以最近的路程、最低的配送成本来完成配送，从而追求配送合理化。

4）实行送取结合

配送企业与用户建立稳定的协作关系。配送企业不仅是用户的供应代理人，而且还是用户的储存据点，甚至为其产品代销人。在配送时，将用户所需的物资送到，再将该用户生产的产品用同一车运回，这种产品也成了配送中心的配送产品之一，或者为生产企业代存代储，免去了其库存包袱。这种送取结合，使运力充分利用，也使配送企业功能有更大的发挥，从而追求配送合理化。

5）推行准时配送系统

准时配送是配送合理化的重要内容。配送做到了准时，用户才有资源把握，才可以放心地实施低库存或零库存，才可以有效地安排接货的人力、物力，以追求最高效率的工作。另外，保证供应能力，也取决于准时供应。

6）推行即时配送

即时配送是最终解决用户企业所担心的供应间断问题，大幅度提高供应保证能力的重要手段。即时配送是配送企业快速反应能力的具体化，是企业配送能力的体现。即时配送成本较高，但它是整个配送合理化的重要保证手段。此外，用户实现零库存，即时配送也是其重要的保证手段。

7）推行产地直接配送

配送产地直送化将有效缩短流通渠道，优化物流过程，大幅度降低物流成本。特别是对于大批量、需求量稳定的货物，产地直送的优势将更加明显。

8）实现区域配送

配送的区域扩大化趋势突破了一个城市的范围，发展为区间、省间，甚至是跨国的更大范围的配送，即配送范围向周边地区、全国乃至全世界辐射。配送区域扩大化趋势将进一步带动国际物流，使配送业务向国际化方向发展。

9）实现配送的信息化和自动化

配送信息化就是直接利用计算机网络技术重新构筑配送系统。信息化是其他先进物流技术在配送领域应用的基础。配送作业的自动化突破了体力劳动和手工劳动的传统模式，出现了大量自动化程度相当高的自动化立体仓库，大大提高了配送效率。

10）提倡多种配送方式最优组合

每一种配送方式都有其优点，多种配送方式和手段的最优化组合，将有效解决配送过程、配送对象、配送手段等复杂问题，以求得配送效益最大化。

 小故事

有一对农民工夫妻来到北京打工，他们逛街时发现了一条财路——给北京市的摩托车修理店配送零部件。他们先是和几家修理店谈了一下，然后再去联系了摩托车配件经销商（选择了离自己租的房子最近的一家，以便进货方便），回家后他们盘算了一下，由于资金不是很充裕，买不起现代化的交通工具，只能用自行车或三轮车组织配送，而且每个维修店相离不是很近，因此也不可能一下子就给太多的维修店配货。于是他们决定按照以下步骤开始配送工作。

(1) 划定离地铁车站相对较近的十多个修理店作为首批服务对象。
(2) 购买一部三轮车去配件经销商进货。
(3) 每天下午坐地铁去统计每个维修店所需的零部件,然后回家用三轮车去组织进货。
(4) 接着的第二天男农民工就用三轮车把所需配送的零部件拉到地铁站,放在车厢中。然后和妻子按照自己预计好的地铁站进行播种式的配货(按照地铁站站台的先后顺序把货物配送到离地铁站近的指定摩托车维修店)。

利用这种先圈定配送对象,再利用地铁进行配送的方式进行配送活动体现了配送组织的灵活性,也符合实际情况。后来,他们的业务越来越大,开始把以每个地铁站为中心的配送半径扩大,并增加了不少旧自行车以提高配送速度,最后他们终于注册了自己的物流公司,并在汽车、摩托车零部件配送领域站稳了脚跟。

故事折射出了配送合理化的高明手段。实际上,选择合理化的、适合实际的运输配送组织形式是降低单位运输配送成本、提高车辆利用率、缩短运输配送时间的关键。

11) 提高运输工具实载率

实载率有两个含义:一是单车实际载重与运距之乘积和核定载重与行驶里程之乘积的比率。这在安排单车、单船运输时,是作为判断装载合理与否的重要指标;二是车船的统计指标,即一定时期内车船实际完成的物品周转量(以吨公里计)占车船载重吨位与行驶公里乘积的百分比。在计算车船行驶的公里数时,不但包括载货行驶路程,也包括空驶行程。

提高实载率的意义在于:充分利用运输工具的额定能力,减少车船空驶和不满载行驶的时间,减少浪费,从而求得运输的合理化。配送的优势之一就是将多个客户需要的物品和一家需要的多种物品实行配装,以达到容积和载重的充分合理运用。与以往自家提货或一家送货车辆的回程空驶的状况相比,这是运输合理化的一个进展。在铁路运输中,采用整车运输、整车拼装、整车分卸及整车零卸等具体措施,都是提高实载率的有效途径。

12) 减少动力投入,增加运输能力

这种合理化的要点是少投入、多产出,走高效益之路。配送运输的投入主要是能耗和载运工具的初始投资,在现有的运输能力基础上,大力发展节能型车辆、使用低成本能源可以在一定程度上降低单位运输成本,达到配送运输合理化的目的。

13) 充分合理地利用社会运力,发展合作化配送运输

配送中心使用自有车辆,自我服务,其规模有限,难以形成规模经济效益,经常会出现空驶、亏载等浪费。以合同经营或合作经营方式充分合理地利用社会运输资源,可以在一定程度上降低配送中心设备投入,提高载运工具的利用率,从而达到降低配送运输成本的目的。

14) 合理规划配送运输线路,运用科学的方法进行运力调度

配送是在合理的区域内进行的短距离运输,配送线路规划是配送运输业务管理的重要内容,合理的线路规划可以减少空驶,缩短运输总里程,提高配送运输的送达速度,提高配送的服务水平。

7.4 配送车辆积载技术

7.4.1 影响配送车辆积载的因素

(1) 货物特性因素。如轻泡货物,由于车辆容积的限制和运行限制(主要是超高),而

无法满足吨位,造成吨位利用率降低。

(2) 货物包装情况。如车厢尺寸不与货物包装容器的尺寸成整倍数关系,则无法装满车厢。如货物宽度为 80cm,车厢宽度为 220cm,将会剩余 60cm。

(3) 不能拼装运输。应尽量选派核定吨位与所配送的货物数量接近的车辆进行运输,或按有关规定而必须减载运行,如有些危险品必须减载运送才能保证安全。

(4) 由于装载技术的原因,造成不能装足吨位。

7.4.2 车辆积载的原则

(1) 轻重搭配原则。车辆装货时,必须将重货置于底部,轻货置于上部,避免重货压坏轻货,并使货物重心下移,从而保证运输安全。

(2) 大小搭配原则。货物包装的尺寸有大有小,为了充分利用车厢的内容积,可在同一层或上下层合理搭配不同尺寸的货物,以减少箱内的空隙。

(3) 货物性质搭配原则。拼装在一个车厢内的货物,其化学性质、物理属性不能互相抵触。如不能将散发臭味的货物与具有吸臭性的食品混装;不能将散发粉尘的货物与清洁货物混装。

(4) 合理化原则

① 到达同一地点的适合配装的货物应尽可能一次积载。

② 确定合理的堆码层次及方法。可根据车厢的尺寸、容积,货物外包装的尺寸来确定。

③ 装载时不允许超过车辆所允许的最大载重量。

④ 装载易滚动的卷状、桶状货物,要垂直摆放。

⑤ 货与货之间,货与车辆之间应留有空隙并适当衬垫,防止货损。

⑥ 装货完毕,应在门端处采取适当的稳固措施,以防开门卸货时,货物倾倒造成货损。

⑦ 尽量做到"后送先装"。

7.4.3 提高车辆装载效率的具体办法

(1) 研究各类车厢的装载标准,根据不同货物和不同包装体积的要求,合理安排装载顺序,努力提高装载技术和操作水平,力求装足车辆核定吨位。

(2) 根据客户所需要的货物品种和数量,调派适宜的车型承运,这就要求配送中心根据经营商品的特性,配备合适的车型结构。

(3) 凡是可以拼装运输的,尽可能拼装运输,但要注意防止差错。

箱式货车有确定的车厢容积,车辆的载货容积为确定值。设车厢容积为 V,车辆载重量为 W。现要装载质量体积为 R_a、R_b 的两种货物,使得车辆的载重量和车厢容积均被充分利用。

设:两种货物的配装重量为 W_a 和 W_b,可得出的计算公式为

$$\begin{cases} W_a + W_b = w \\ W_a \times R_a + W_b \times R_b = V \end{cases}$$

$$W_a = \frac{V - W \times R_b}{R_a - R_b}$$

$$W_b = \frac{V - W \times R_a}{R_b - R_a}$$

难点例释　例 7-3

某仓库某次需运送水泥和比例两种货物，水泥质量体积为 $0.9\mathrm{m}^3/\mathrm{t}$，玻璃是 $1.6\mathrm{m}^3/\mathrm{t}$，计划使用车辆的载重量为 11t，车厢容积为 $15\mathrm{m}^3$。试问如何装载使车辆的载重量能力和车厢容积都被充分利用？

解：设水泥的装载量为 W_a，玻璃的装载量为 W_b。

其中：$V = 15\mathrm{m}^3$，$W = 11\mathrm{t}$，$R_a = 0.9\mathrm{m}^3/\mathrm{t}$，$R_b = 1.6\mathrm{m}^3/\mathrm{t}$

$$W_a = \frac{V - W \times R_b}{R_a - R_b} = \frac{15 - 11 \times 1.6}{0.9 - 1.6} = 3.71\mathrm{t}$$

$$W_b = \frac{V - W \times R_a}{R_b - R_a} = \frac{15 - 11 \times 0.9}{1.6 - 0.9} = 7.29\mathrm{t}$$

该车装载水泥 3.71t，玻璃 7.29t 时车辆到达满载。

通过以上计算可以得出两种货物的搭配使车辆的载重能力和车厢容积都得到充分的利用。但是其前提条件是：车厢的容积系数介于所要配载货物的容重比之间。如所需要装载的货物的重量、体积都大于或小于车厢容积系数，则只能是车厢容积不满或者不能满足载重量。当存在多种货物时，可以将货物比重与车辆容积系数相近的货物先配装，剩下两种最重和最轻的货物进行搭配配装。或者对需要保证数量的货物先足量配装，再对不定量配送的货物进行配装。

7.4.4　配送车辆装载与卸载

1. 装卸的基本要求

装载卸载总的要求是：省力、节能、减少损失、快速、低成本。

（1）装车前应对车厢进行检查和清扫。因货物性质不同，装车前需对车辆进行清洗、消毒，必须使其达到规定要求。

（2）确定最恰当的装卸方式。在装卸过程中，应尽量减少或根本不消耗装卸的动力，利用货物本身的重量进行装卸。如利用滑板、滑槽等；同时应考虑货物的性质及包装，选择最适当的装卸方法，以保证货物的完好。

（3）合理配置和使用装卸机具。根据工艺方案科学地选择并将装卸机具按一定的流程合理地布局，以达到搬运装卸的路径最短。

（4）力求减少装卸次数。物流过程中，发生货损货差的主要环节是装卸，而在整个物流过程中，装卸作业又是反复进行的，从发生的频数来看，超过其他环节。装卸作业环节不仅不增加货物的价值和使用价值，反而有可能增加货物破损的概率和延缓整个物流作业速度，从而增加物流成本。

（5）防止货物装卸时的混杂、散落、漏损、砸撞。特别要注意有毒货物不得与食用类货物混装，性质相抵触的货物不能混装。

（6）防止货损货差。装车的货物应数量准确，捆扎牢靠，做好防丢措施；卸货时应清点准确，码放、堆放整齐，标志向外，箭头向上。

（7）提高货物集装化或散装化作业水平。成件货物集装化，粉粒状货物散装化是提高作业效率的重要手段。所以，成件货物应尽可能集装成托盘系列、集装箱、货捆、货架、网袋等货物单元再进行装卸作业。各种粉粒状货物尽可能采用散装化作业，直接装入专用车、船、库；不宜大量化的粉粒状也可装入专用托盘、集装箱、集装袋内，提高货物活性指数，便于采用机械设备进行装卸作业。

(8) 做好装卸现场组织工作。装卸现场的作业场地、进出口通道、作业流程、人机配置等布局设计应合理，使现有和潜在的装卸能力充分发挥或发掘出来。避免由于组织管理工作不当造成装卸现场拥挤、紊乱现象，以确保装卸工作安全顺利完成。

2. 装卸的工作组织

货物配送运输工作的目的在于不断谋求提高装卸工作质量及效率、加速车辆周转、确保物流效率。因此，除了强化硬件之外，在装卸工作组织方面也要给予充分重视，做好装卸组织工作。

(1) 制定合理的装卸工艺方案。用"就近装卸"方法或用"作业量最小"法。在进行装卸工艺方案设计时应该综合考虑，尽量减少二次搬运和临时放置，使搬运装卸工作更合理。

(2) 提高装卸作业的连续性。装卸作业应按流水作业原则进行，工序间应合理衔接，必须进行换装作业的，应尽可能采用直接换装方式。

(3) 装卸地点相对集中或固定。装载、卸载地点相对集中，便于装卸作业的机械化、自动化，可以提高装卸效率。

(4) 力求装卸设施、工艺的标准化。为了促进物流各环节的协调，就要求装卸作业各工艺阶段间的工艺装备、设施与组织管理工作相互配合，尽可能减少因装卸环节造成的货损货差。

3. 装车堆积

装车堆积是在具体装车时，为充分利用车厢载重量、容积而采用的方法。一般是根据所配送货物的性质和包装来确定堆积的行、列、层数及码放的规律。

(1) 堆积的方式。堆积的方式有行列式堆码方式和直立式堆码方式。

(2) 堆积应注意的事项。

① 堆码方式要有规律、整齐。

② 堆码高度不能太高。车辆堆装高度一是受限于道路高度限制；二是道路运输法规规定，如大型货车的高度从地面起不得超过 4m；载重量 1 000kg 以上的小型货车不得超过 2.5m；载重量 1 000kg 以下的小型货车不得超过 2m。

③ 货物在横向不得超出车厢宽度，前端不得超出车身，后端不得超出车厢的长度为：大货车不超过 2m；载重量 1 000kg 以上的小型货车不得超过 1m；载重量 1 000kg 以下的小型货车不得超过 50cm。

④ 堆码时应重货在下，轻货在上；包装强度差的应放在包装强度好的上面。

⑤ 货物应大小搭配，以利于充分利用车厢的载货容积及核定载重量。

⑥ 按顺序堆码，先卸车的货物后码放。

4. 绑扎

绑扎是配送发车前的最后一个环节，也是非常重要的环节。它是在配送货物按客户订单全部装车完毕后,为了保证货物在配送运输过程中的完好,以及为避免车辆达到各客户点卸货时开箱时发生货物倾倒,而必须进行的一道工序。

(1) 绑扎时主要考虑以下几点。

① 绑扎端点要易于固定而且牢靠。

② 可根据具体情况选择绑扎形式。

③ 应注意绑扎的松紧度,避免货物或其外包装损坏。

(2) 绑扎的形式。

① 单件捆绑。

② 单元化、成组化捆绑。

③ 分层捆绑。

④ 分行捆绑。

⑤ 分列捆绑。

(3) 绑扎的方法。

① 平行绑扎。

② 垂直绑扎。

③ 相互交错绑扎。

7.5 配送车辆优化

7.5.1 配送线路设计

配送线路设计就是整合影响配送运输的各种因素,适时适当地利用现有的运输工具和道路状况,及时、安全、方便、经济地将客户所需的商品准确地送达客户手中。在配送运输线路设计中,需根据不同客户群的特点和要求,选择不同的线路设计方法,最终达到节省时间、运距和降低配送运输成本的目的。

7.5.2 直送式配送运输

直送式配送运输,是指由一个供应点对一个客户的专门送货。从物流优化的角度看,直送式配送运输的基本条件是其需求量接近于或大于可用车辆的额定重量,需专门派一辆或多辆车一次或多次送货。因此,直送情况下,货物的配送追求的是多装快跑,选择最短配送线路,以节约时间、费用,提高配送效率,即直送问题的物流优化,主要是寻找物流网络中的最短线路问题。

目前解决最短线路问题的方法有很多,现以位势法为例,介绍如何解决物流网络中的最短线路问题。已知物流网络如图7.5所示,各结点分别表示为A、B、C、D、E、F、G、H、I、J、K,各结点之间的距离如图所示,试确定各结点间的最短线路。

寻找最短线路的方法包括以下步骤。

(1) 选择货物供应点为初始结点,并取其位势值为"零",即 $V_1 = 0$。

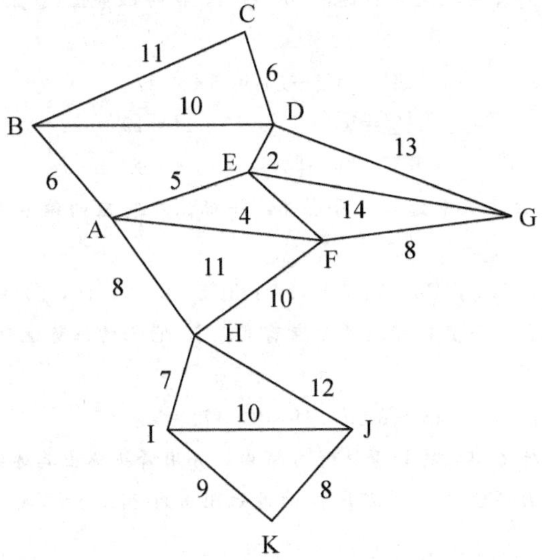

图 7.5 物流网络示意图

（2）考虑与 I 点直接相连的所有线路结点。设其初始结点的位势值为 V_I，则其终止结点 J 的位势值可按下式确定：

$$V_J = V_I + L_{IJ}$$

式中：L_{IJ}——I 点与 J 点之间的距离。

（3）从所得到的所有位势值中选出最小者，该值即为从初始结点到该结点的最短距离，将其标在该结点旁的方框内，并用箭头标出该连线 I—J，以此表示从 I 点到 J 点的最短线路走法。

（4）重复以上步骤，直到物流网络中所有的结点的位势值均达到最小为止。

最终，各结点的位势值表示从初始结点到该点的最短距离。带箭头的各条连线则组成了从初始结点到其余结点的最短线路。分别以各点为初始结点，重复以上步骤，即可得各结点之间的最短距离。

难点例释　例 7－4

在物流网络图 7.5 中，试寻找从供应点 A 到客户 K 的最短线路。

解：根据以上步骤，计算如下：

（1）取 $V_A = 0$；

（2）确定与 A 点直接相连的所有结点的位势值：

$$V_B = V_A + L_{AB} = 0 + 6 = 6$$
$$V_E = V_A + L_{AE} = 0 + 5 = 5$$
$$V_F = V_A + L_{AF} = 0 + 11 = 11$$
$$V_H = V_A + L_{AH} = 0 + 8 = 8$$

（3）从所得的所有位势值中选择最小值 $V_E = 5$，并标注在对应结点 E 旁边的方框内，并用箭头标出连线 AE。即

$$\min\{V_B, V_E, V_F, V_H\} = \min\{6, 5, 11, 8\} = V_B = 5$$

(4) 以 E 为初始结点,计算与之直接相连的 D、G、F 点的位势值(如果同一结点有多个位势值,则只保留最小者)。

$$V_D = V_E + L_{ED} = 5 + 2 = 7$$
$$V_G = V_E + L_{EG} = 5 + 14 = 19$$
$$V_F = V_E + L_{EF} = 5 + 4 = 9$$

(5) 从所得的所有剩余位势值中选出最小值 6,并标注在对应的结点 F 旁,同时用箭头标出连线 AB,即

$$\min\{V_B, V_H, V_D, V_G, V_F\} = \min\{6, 8, 7, 19, 9\} = V_B = 6$$

(6) 以 B 点为初始结点,与之直接相连的结点有 D、C,它们的位势值分别为 16 和 17。从所得的所有剩余位势值中取最小,即

$$\min\{8, 7, 19, 9, 17\} = V_D = 7$$

将最小位势值 7 标注在与之相应的 D 旁边的方框内,并用箭头标出其连线 ED。如此继续计算,可得最优线路,如图 7.6 所示,由供应点 A 到客户 K 的最短距离为 24。

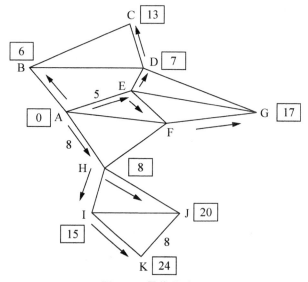

图 7.6 最优线路图

依照上述方法,将物流网络中的每一结点当作初始结点,并使其位势值等于"零",然后计算,可得所有结点之间的最短距离,如表 7-6 所示。

表 7-6 结点之间的最短距离

物流网结点	A	B	C	D	E	F	G	H	I	J	K
A	0	6	13	7	5	9	17	8	15	20	24
B	6	0	11	10	11	15	23	14	21	26	30
C	13	11	0	6	8	12	19	21	28	33	37
D	7	10	6	0	2	6	13	15	22	27	31
E	5	11	8	2	0	4	12	13	20	25	29

续表

物流网结点	A	B	C	D	E	F	G	H	I	J	K
F	9	15	12	6	4	0	8	10	17	22	26
G	17	23	19	13	12	8	0	15	22	27	31
H	8	14	21	15	13	10	15	0	7	12	16
I	15	21	28	22	20	17	22	7	0	10	9
J	20	26	33	27	25	22	27	12	10	0	8
K	24	30	37	31	29	26	31	16	9	8	0

7.5.3 分送式配送运输

分送式配送是指由一个供应点对多个客户的共同送货。其基本条件是同一条线路上所有客户的需求量总和不大于一辆车的额定载重量，送货时，由这一辆车装载所有客户的货物，沿着一条精心挑选的最佳路线依次将货物送到各个客户手中，这样既保证按时按量将用户需要的货物及时送到，又节约了车辆，节省了费用，缓解了交通紧张的压力，并减少了运输对环境造成的污染。

1. 节约法的基本规定

利用里程节约法确定配送路线的主要出发点是，根据配送方的运输能力及其到客户之间的距离以及各客户之间的相对距离，制定使配送车辆总的周转量达到或接近最小的配送方案。

假设具备以下条件。

（1）配送的是同一种或相类似的货物。
（2）各用户的位置及需求量已知。
（3）配送方有足够的运输能力。
（4）设状态参数为 t_{ij}，t_{ij} 是这样定义的：
$t_{ij}=\{1$，表示客户 I 和 J 在同一送货路线上；0，表示客户 I 和 J 不在同一送货线路上$\}$；
$t_{0j}=2$（表示由送货点 P_0 向客户 J 单独派车送货）。

且所有状态参数应满足下式：

$$\sum_{i=1}^{j-1}t_{ij}+\sum_{i=j+1}^{N}t_{ij}=2(j=1,2,\cdots,N) \tag{7-1}$$

式中：N——客户数。

利用节约法制定出的配送方案除了使总的周转量最小外，还应满足：
（1）方案能满足所有客户的到货时间要求；
（2）不使车辆超载；
（3）每辆车每天的总运行时间及里程满足规定的要求。

2. 节约法的基本思想

如图 7.7 所示，设 P_0 为配送中心，分别向用户 P_i 和 P_j 送货。P_0 到 P_i 和 P_j 的距

离分别为 d_{0i} 和 d_{0j}，两个用户 P_i 和 P_j 之间的距离为 d_{ij}，送货方案只有两种，即配送中心 P_0 向用户 P_i，P_j 分别送货和配送中心 P_0 向用户 P_i，P_j 同时送货，如图7.7(a)和(b)所示。比较以下两种配送方案：

方案(a)的配送路线为 $P_0 \rightarrow P_i \rightarrow P_0 \rightarrow P_j \rightarrow P_0$，配送距离为 $d_a = d_{0i} + d_{0j}$。

方案(b)配送路线 $P_0 \rightarrow P_i \rightarrow P_j \rightarrow P_0$，配送距离为 $d_b = d_{0i} + d_{0j} + d_{ij}$。

显然，d_a 不等于 d_b，用 s_{ij} 表示里程节约量，即方案(b)比方案(a)节约的配送里程：

$$s_{ij} = d_{0i} + d_{0j} - d_{ij} \tag{7-2}$$

根据节约法的基本思想，如果一个配送中心 P_0 分别向 N 个客户 P_j ($j=1, 2, \cdots, N$) 配送货物，在汽车载重能力允许的前提下，每辆汽车的配送线路上经过的客户个数越多，里程节约量越大，配送线路越合理。下面举例说明里程节约法的求解过程。

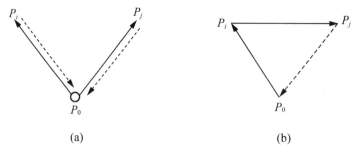

图7.7 节约法

难点例释 例7-5

某一配送中心 P_0 向10个客户 P_j ($j=1, 2, \cdots, 10$) 配送货物，其配送网络如图7.8所示。图中括号内的数字表示客户的需求量(T)，线路上的数字表示两节点之间的距离。配送中心有2t和4t两种车辆可供使用，试制定最优的配送方案。

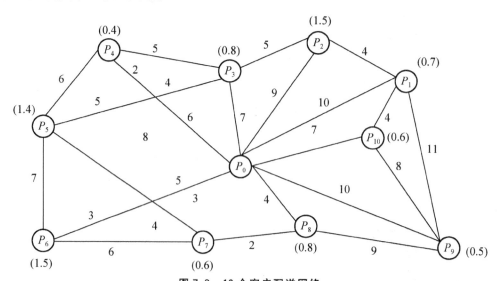

图7.8 10个客户配送网络

解：(1) 计算最短距离。根据配送网络中的已知条件，计算配送中心与客户及客户之间的最短距离，结果见表7-7。

表 7-7 计算最短距离

P_0										
10	P_1									
9	4	P_2								
7	9	5	P_3							
8	14	10	5	P_4						
8	18	14	9	6	P_5					
8	18	17	15	13	7	P_6				
3	13	12	10	11	10	6	P_7			
4	14	13	11	12	12	8	2	P_8		
10	11	15	17	18	18	17	11	9	P_9	
7	4	8	13	15	15	15	10	11	8	P_{10}

（2）根据最短距离结果，计算出各客户之间的节约行程，结果见表 7-8。

计算节约里程 s_{ij}，结果见表 7-8。

表 7-8 计算节约里程

P_1									
15	P_2								
8	11	P_3							
4	7	10	P_4						
0	3	6	10	P_5					
0	0	0	3	9	P_6				
0	0	0	0	1	5	P_7			
0	0	0	0	0	0	4	5	P_8	
9	4	0	0	0	1	2	5	P_9	
13	8	1	0	0	0	0	0	9	P_{10}

（3）将节约里程 s_{ij}，进行分类，按从大到小的顺序排列，得表 7-9。

表 7-9 节约里程项目分类表

序号	路线	节约里程	序号	路线	节约里程
1	P_1P_2	15	5	P_4P_5	10
2	P_1P_{10}	13	6	P_1P_9	9
3	P_2P_3	11	7	P_5P_6	9
4	P_3P_4	10	8	P_9P_{10}	9

续表

序　号	路　线	节约里程	序　号	路　线	节约里程
9	P_1P_3	8	17	P_2P_9	4
10	P_2P_{10}	8	18	P_6P_8	4
11	P_2P_4	7	19	P_2P_5	3
12	P_3P_6	6	20	P_4P_6	3
13	P_6P_7	5	21	P_7P_9	2
14	P_7P_8	5	22	P_3P_{10}	1
15	P_8P_9	5	23	P_5P_7	1
16	P_1P_4	4	24	P_6P_9	1

(4) 确定配送线路。从分类表中，按节约里程大小顺序，组成线路图。

① 初始方案：对每一客户分别单独派车送货，结果如图7.9所示。

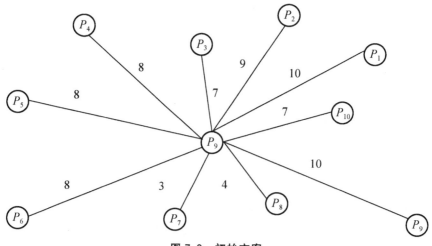

图7.9　初始方案

初始方案：配送线路10条

配送距离：$s_0=148$km

配送车辆：2t×10

② 修正方案1：按节约里程 s_{ij} 由大到小的顺序，连接 P_1 和 P_2，P_1 和 P_{10}，P_2 和 P_3，得修正方案1和修正方案1.1，如图7.10和图7.11所示。

修正方案1.1

配送线路：10条

配送距离：$s_1=109$km

配送车辆：2t×6+4t×1

③ 修正方案2：在剩余的 s_{ij} 中，最大的是 $s_{3,4}$ 和 $s_{4,5}$，此时 P_4 和 P_5 都有可能并入线路A中，但考虑到车辆的载重量及线路均衡问题，连接 P_4 和 P_5 形成一个新的线路B，得修正方案2，如图7.12所示。

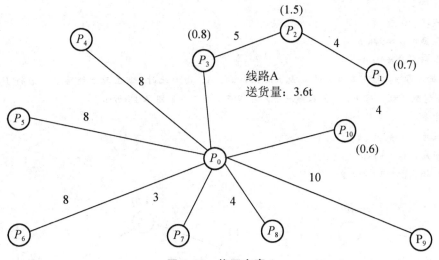

图 7.10 修正方案 1

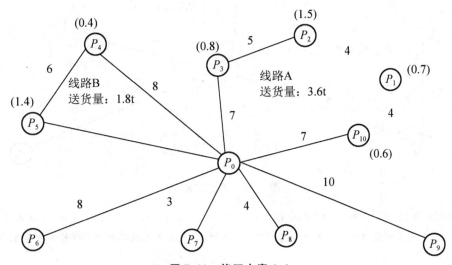

图 7.11 修正方案 1.1

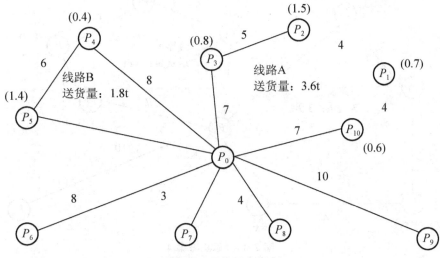

图 7.12 修正方案 2

修正方案 2

配送线路：6 条

配送距离：$s_2 = 99$ km

配送车辆：2t×5+4t×1

④ 修正方案 3：接下来最大的 s_{ij} 是 $s_1,9$ 和 $s_5,6$，由于此时 P_1 已属于线路 A，若将 P_9 并入线路 A，车辆会超载，故只将 P_6 点并入线路 B，得修正方案 3，如图 7.13 所示。

修正方案 3

配送线路：5 条

配送距离：$s_3 = 90$ km

配送车辆：2t×3+4t×2

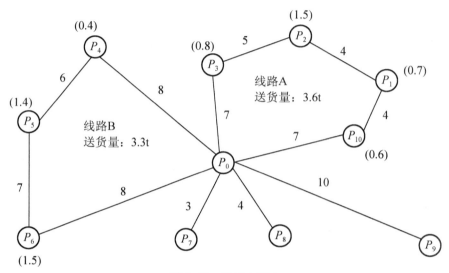

图 7.13 修正方案 3

⑤ 修正方案 4：再继续按 s_{ij} 由大到小排出 $s_9,10$、$s_1,3$、$s_2,10$、$s_2,4$、$s_3,6$，由于与其相应的用户均已包含在已完成的线路里，故不予考虑。把 $s_6,7$ 对应 P_7 点并入线路 B 中，得修正方案 4，如图 7.14 所示。

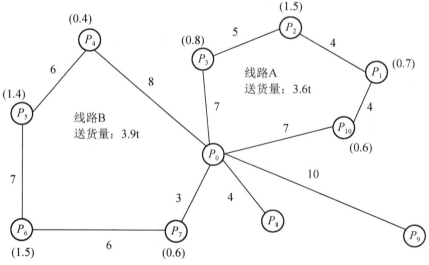

图 7.14 修正方案 4

修正方案 4

配送线路：4 条

配送距离：$s_4 = 85$ km

配送车辆：$2t×2 + 4t×2$

⑥ 最终方案：剩下的是 s_7，8，考虑到配送距离的平衡和载重量的限制，不将 P_8 点并入到线路 B 中，而是连接 P_8 和 P_9，组成新的线路 C，得到最终方案，如图 7.15 所示。这样配送方案已确定：共存在 3 条配送线路，总的配送距离为 80 km，需要的配送车辆为 2t 车一辆，4t 车 3 辆。3 条配送线路分别为

第一条配送线路 A：$P_0 \to P_3 \to P_2 \to P_1 \to P_{10} \to P_0$，使用一辆 4t 车。

第二条配送线路 B：$P_0 \to P_4 \to P_5 \to P_6 \to P_7 \to P_0$，使用一辆 4t 车。

第三条配送线路 C：$P_0 \to P_8 \to P_9 \to P_0$，使用一辆 2t 车。

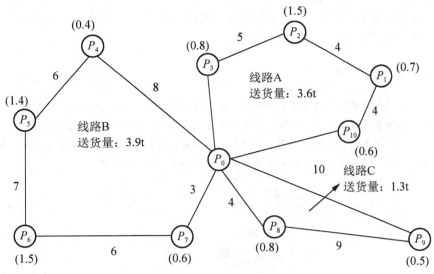

图 7.15 最终方案

最终方案：

配送线路：3 条

配送距离：$s_4 = 80$ km

配送车辆：$2t×1 + 4t×2$

7.5.4 扫描法配送运输

1. 基本原理

配送路线设计中的扫描法很简单，即使问题规模很大，也可以通过手工计算得出结果。如果利用计算机程序计算，能够很快求出结果，所需的计算机内存也不大。对于各类问题，该方法的平均误差率预计约为 10%。如果我们需要很快得出结果，且只要求结果是合理的（而不是最优的），那么该误差水平还是可以接受的。实际上，调度员常常要在接到有关站点和各站点货运量最新数据后一小时内设计出路线。该方法的缺陷与路线构成方式有关。求解过程分为两步：一是分派车辆服务的站点；二是决定行车路线。因为整个过程分成两步，所以对诸如在途总运行时间和时间窗口等时间问题处理得不好。

2. 基本步骤

（1）在地图或方格图中确定所在站点（含仓库）的位置。

（2）自仓库开始沿任一方向向外划一条直线。沿着顺时针或者逆时针方向旋转该直线到与某点相交。同时要考虑如果在某线路上再增加该站点，是否会超过车辆的载货能力？如果没有，则继续旋转该直线直到与下一个站点相交。再次计算累计货运量是否超过车辆的运载能力（先使用最大的车辆）。如果超过，就去掉最后的站点，并确定路线。最后，从不包含在上一条路线中的站点，继续旋转以寻找新路线。直到所有点都被安排在路线中。

（3）排定各路线上每个站点的顺序，使行车距离最短。排序时可以使用"水滴法"或求解"流动推销员"问题的任何算法。

如果：①每个经停点的货量只占车辆运力的很小比重；②所有车同样大；③路上没有时间限制，则"扫描"法可以得到很好的解。

难点例释　例 7-6

某公司从其所属仓库用货车到各客户点提货，然后将客户的货物运回仓库，以便集成大批量进行远程运输，全天的提货量见图 7.16(a)，给出了所有提货点和仓库。送货车每次可以运送 10 000 件货物。完成一次运行路线一般要一天时间。确定：需要多少条路线；每条路线上有哪几个客户点；送货车辆服务有关客户点的顺序，按上面介绍的扫描法确定路线图，如图 7.16(b) 所示。

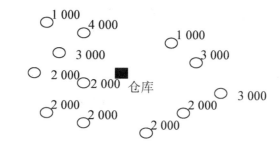

(a) 停留点提货量数据

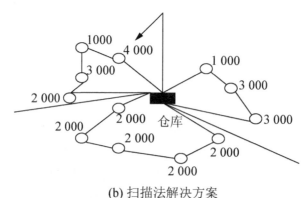

(b) 扫描法解决方案

图 7.16　扫描法确定路线图

利用上述行车路线方法指定路线时，假设对每条路线都只派出一部车，如果路线较短，那么在剩余的时间里这部车的利用率就很低。在实际生活中如果完成一条路线后开始另一条路线，那么就可以派一辆车负责两条路线。因此，可以将所有运输路线首尾相连顺序排列，使车辆的空闲时间最短，就可以决定车辆数，并排出配车计划。

假如某车有表 7-10 中的 10 条路线的发车时间和到达时间，表中给出了详细的时间。如果每条线路安排一辆车，则需要 10 辆车；但有些路线比较短，根本用不了 1 天，其实根本不用 10 辆车。那么，如何制订合理的运输计划，使车辆最少？

表 7-10 配车计划表

路线	发车时间	返回时间
1	8:00am	10:25am
2	9:30am	11:45am
3	2:00pm	4:53pm
4	11:31am	3:21pm
5	8:12am	9:52am
6	3:03pm	5:13pm
7	12:24pm	2:24pm
8	1:33pm	4:33pm
9	8:00am	10:34am
10	10:56am	2:56pm

按下面的步骤来进行，这样就可以节约大量成本。

(1) 将这些路线在一天内按时间进行排序：1、10、6 号线占了一天；9、4 号线占了一天；5、8 号线占了一天；2、7 号线占了一天；只有 3 号线占了半天。

(2) 然后采用表 7-11 的样子画出来，这样就可以分配车了，从表中可以看出只要 5 辆车就可以解决问题。最终就少用了 5 辆车，节约了一半的成本。

表 7-11 最优运输计划安排表

车号 \ 时间	上午					下午					
	8	9	10	11	12	1	2	3	4	5	6 pm
1 号车	1 号线			10 号线				6 号线			
2 号车		9 号线			4 号线						
3 号车	5 号线							8 号线			
4 号车					2 号线		7 号线				
5 号车								3 号线			

复 习 思 考

一、填空题

1. 配送运输通常是一种_____、_____、_____的运输形式。
2. 配送运输的特点是_____、_____、_____、_____、_____。
3. 配送运输一般是_____、_____、_____的一种运输形式，它可能是从_____直接到客户或其间再经过_____、_____，也可能是由配送中心送至客户。
4. 汽车_____运输是指同一收货人、一次性需要到达同一站点，且适合配送装运、_____以上的货物运输，或者货物重量在_____以下，但其性质、体积、形状需要一辆_____以上车辆一次或一批运输到目的地的运输。
5. 整车运输作业基本程序：按客户需求订单备货—验货—配车—配装—装车—发车—运送—_____—_____—_____。

二、判断题

1. 从配送活动的实施过程看，配送包括"配"和"送"两方面的活动。（   ）
2. 多点分运是在不能保证满足客户要求的前提下，集多个客户的配送货物进行搭配装载，以充分利用运能、运力，降低配送成本，提高配送效率。（   ）
3. 迂回行驶线路是指配送车辆在由若干物流结点间组成的封闭回路上，所作的连续单向运行的行驶路线。（   ）
4. 往复式指车辆沿运行线路上各物流结点依次进行卸货，直到卸完所有待卸货物返回出发点的行驶线路。（   ）
5. 环形行驶线路是指车辆以一个物流结点为中心，向其周围多个方向上的一个或多个结点行驶而形成的辐射状行驶线路。（   ）
6. 根据《道路货物运输管理办法》的有关规定，快件货运是指接受委托的当天20时起算，300km运距内，24h内送达；1 000km运距内，48h内送达；2 000km运距内，72h送达。（   ）
7. 零担快运是充分利用几种运输方式的网络优势进行优化配送运输，实现快捷性、经济性。（   ）
8. 零担货物运输的货物流量、货物数量、货物流向具有一定的不确定性，并且多为随机性发生，难以通过运输合同方式将其纳入计划管理范围。（   ）
9. 过远运输是由于道路交通网络的纵横交错及车辆的机动性、灵活性，在配送中心与送货地点之间，往往有不同的运输路径可供选择。凡不经过最短路径的绕道运输，均称为迂回运输。（   ）
10. 车辆装货时，必须将重货置于底部，轻货置于上部，避免重货压坏轻货，并使货物重心下移，从而保证运输安全。（   ）

三、选择题

1. 在货物运输的车辆装载中，一般货物容重大的货物往往达到车辆载重量时，（　　）。
   A. 容积空间剩余甚大　　B. 容积空间剩余甚小　　C. 没有空间剩余

2. 在供油异常紧张、油价非常高、意外事故引起人员减员，某些因素限制了配送司机人数的情况下，配送路线所要选择的目标是（　　）。
   A. 效益最高　　　　　　B. 成本最低　　　　　　C. 劳动消耗最低

3. "节约里程法"的计算中所确定的配送路线目标，是采用（　　）。
   A. 效益最高　　　　　　B. 成本最低　　　　　　C. 吨公里最小

4. 在配送路线的影响因素较多，难以用某种确定的数学关系表达时，或难以以某种单项依据评定时采用（　　）。
   A. 经验判断法　　　　　B. 综合评分法　　　　　C. 数学计算法

5. 能够拟订出多种配送路线方案，并且评价指标明确，只是部分指标难以量化，或对某一项指标有突出的强调与要求，而采用（　　）。
   A. 经验判断法　　　　　B. 综合评分法　　　　　C. 数学计算法

6. 里程节约法适用于以下（　　）情况。
   A. 配送货物由一配送中心直送某客户
   B. 配送货物由一配送据点配送多个客户
   C. 多个配送供应点向多个客户的送货

7. （　　）是指由一个供应点对多个客户的共同送货。
   A. 分送式配送　　　　　B. 集中配送　　　　　　C. 共同配送

8. 车辆积载的原则：轻重搭配的原则、大小搭配的原则、（　　）搭配的原则、合理化的原则。
   A. 货物性质　　　　　　B. 货物数量　　　　　　C. 货物包装

9. 在编制运行作业计划和实施运行作业计划过程中，要从全局出发，保证重点、统筹兼顾，运力安排应贯彻（　　）的原则。
   A. 不分先后　　　　　　B. 先一般、后重点　　　C. 先重点、后一般

10. 排定各路线上每个站点的顺序使行车距离最短。排序时可以使用（　　）法或求解"流动推销员"问题的任何算法。
    A. "水滴"　　　　　　　B. "破圈"　　　　　　　C. "重心"

四、简答题

1. 什么是配送运输？
2. 配送运输具有哪些特点？
3. 配送与运输有什么区别？
4. 配送运输基本作业程序包括哪些环节？
5. 车辆积载的原则是什么？
6. 如何提高车辆装载效率？

7. 车辆运行调度的原则是什么？
8. 简述表上作业法原理。
9. 简述节约里程法、扫描法基本原理。
10. 如图7.17所示是一张公路网络示意图，其中A是始发点，J是终点，B、C、D、E、F、G、H、I是网络中的节点，节点和节点之间以线路连接，线路上标明了两个节点之间的距离，以运行时间（min）表示。要求确定一条从起点A到终点J最短的运输路线。

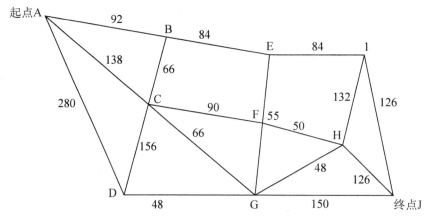

图7.17 公路网络示意图

五、项目练习题

有收费站的配送路线优化

一辆送货车从配送中心所在地 V_1 给 V_6、V_7 两地客户实现共同配送。已知车辆自身成本消耗为0.2元/千米。各站点间的距离（单位：千米）数如图7.18所示。在 V_6、V_7 两地的线路间有一收费站，每次每台车辆通过均收费15元。

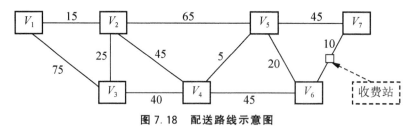

图7.18 配送路线示意图

问题：
（1）用标号法求出送货车的最优送货路线。
（2）此次送货，车辆总的花费是多少？

六、案例分析题

沃尔玛公司的配送管理

沃尔玛公司是全美零售业务年销售收入居第一的著名企业，素以精确掌握市场、快速传递商品和最好地满足客户需要著称。之所以能取得如此辉煌的业绩，其中一个极为重要的因素就是沃尔玛拥有自己庞大的物流配送系统，并实施了严格有效的物流配送管理制度。这确保了公司在效率和规模成本方面的最大竞争优势，也保证了公司顺利地扩张。

(1) 从建立沃尔玛公司之初，公司就意识到有效的商品配送能保证公司达到最大销售量和最低成本的存货周转及费用的降低，而唯一使公司获得可靠供货保证及提高效率的途径就是建立自己的配送组织，包括送货车队和仓库。在1969年，沃尔玛的第一个配送中心建成了，当时即可集中处理公司所销商品的40%，提高了公司大量采购商品的能力。

第二个配送中心，始建于1975年，它不承担仓储功能，只是一个转运站，统一接收供货方送来的大宗物品，经检测、编配后转换到公司的送货卡车上。之后，沃尔玛的配送中心不断增加，到20世纪90年代初达到20个，总面积约为160万平方米。

(2) 在配送运作时，大宗商品通常经由铁路送达自己的配送中心，再由公司卡车送达商店。每店一周约收到1~3卡车货物。60%的卡车在返回自己配送中心途中又捎带从沿途供应商处购买的商品。这样的集中配送为公司节约了大量金钱。

(3) 沃尔玛的配送中心运行完全实现了自动化。每个配送中心约10万平方米。中心的货物应有尽有。每种商品都有条码，由十几千米长的传送带传送商品，电脑追踪每件商品的储存位置及运送情况，每天能处理约20万箱的货物配送。

配送中心的一端是装货月台，可供30辆卡车同时装货；另一端是卸货月台，有135个车位，每个配送中心有600~800名员工24小时连续作业，每天有160辆货车开进来卸货，150辆车装好货物开出。配送中心每年处理数亿件商品，99%的订单正确无误。

(4) 沃尔玛公司为了更好地进行配送工作，非常注意从自己企业的配送组织上加以完善。其中一个重要的举措便是公司建立了自己的车队进行货物的配送，以保持灵活性和为一线商店提供最好的服务。

可以说，配送业务管理的成功保证了沃尔玛公司从一个区域性连锁公司发展为全国性连锁公司，而且一直保持着低成本效率，业绩不断增长，确保了公司的发展，是公司成功的一个重要"武器"。

资料来源：http://www.cflp.org.cn.

思考与讨论

(1) 沃尔玛公司通过哪些具体措施来提高配送经济效益？获得了怎样的效果？
(2) 简要说明物流配送工作对企业的作用。
(3) 沃尔玛公司加强配送业务管理对我国企业的启示。

第 8 章 配送成本管理

【学习目标】

通过本章的学习，掌握配送成本的概念、特点、构成的要素、配送成本核算方法，以及配送成本的分析与控制方法。掌握配送成本归集、计算与分析。了解配送服务与成本之间的二律背反原理；能够处理配送过程成本管理的问题；能够根据配送成本核算要求进行对象确定和账户设置；能够独立进行配送成本项目设置。

【本章要点】

本章主要介绍配送成本的概念、特点、构成的要素、配送成本核算方法，以及配送成本的分析与控制方法；配送成本归集、计算、分析、配送服务与成本之间的二律背反原理。

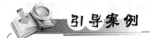

引导案例

加拿大大都市公司食品配送中心

加拿大大都市公司（METRO—RICHEUEU）的食品杂货配送中心是加拿大魁北克省最大的商品配送中心，M—R配送中心坐落在一幢庞大的单层建筑里，总面积达5.5万平方米，层高近9米。M—R配送中心的固定配货对象有320家零售商、18家区域批发商。配送服务供应半径为300公里，每日配送发货量超过10万箱，从街道客户要货指令，到配送发货，再到商品到达客户，一般不超过8个小时，实现"日配"。

（1）电脑管理。M—R配送中心对进货、存货、配送、发货进行全过程的电脑控制。进货、仓位、货架、配送运输线、发往何处、发多少货、库存等，都借助电脑有条不紊地进行。M—R配送中心还与部分零售商的POS系统联网，随时了解商店的销售动态，做到商店尚未提出要货，就已把缺货的商品主动送货上门。

（2）条形码。进出M—R配送中心的商品，除了商品条形码标记以外，商品的包装箱外还贴有区位码和物流码。有的区位码是由电脑处理信息后，由配送中心通知供应商贴上的，所以货物由供应商送到配送中心后，可以很快送到指定的仓位、货架存储。物流码则主要用于配送过程中，一般在配送发货前贴上，部分在进货时就已贴上。借助于物流码，自动分拣系统可以方便地进行分拣配送商品。

（3）自动分拣系统。自动分拣系统是M—R配送中心的关键设备，整个系统有控制室、现场监视器。操作员坐在控制室内，从监视器屏幕上，可以选择看到不同部位商品配送的情景。纵横交错的辊道输送线则将各个仓位、货架连成一体，便于进行自动配送。除了主运线外，M—R配送中心设有12条分支线，直接通往12个发货出口。发往同一供货对象的不同商品，或者发往不同供货对象的同一商品，在主运送线上移动时，激光扫描仪会自动"阅读"商品箱的物流码，将信息传送到"道口"，商品箱移动到"道口"时，便会被自动传入到指定的分支线，送达指定的出口处打包发货。

（4）自动打包机。M—R配送中心的12个出口处都装有一台大型自动打包机。发往同一供货对象的商品，由辊道输送线送到打包平台上，自动打包机便将小型分散的不同商品箱，组合打包成一个标准箱，送上卡车运往要货单位。

资料来源：李青．企业物流管理[M]．北京：电子工业出版社，2013．

思考：

加拿大大都市公司是怎样控制配送成本的？

8.1 配送成本概述

8.1.1 配送成本的含义、特征和分类

1. 配送成本的含义

配送活动需要资本和劳动的投入，这些资本和劳动的投入构成了配送产品的成本。

从物流角度来说，配送几乎包括了物流的所有功能要素，是物流的一个缩影或在较大范围中全部物流活动的体现。因此，配送成本（Distribution Costs）就是指配送活动中所消耗的物化劳动和活劳动的货币表现。具体来说，是指直接或间接用于收货、存储保管、拣

货配货、流通加工、客户服务、库存管理、运输、订货、信息处理和配送作业费用的总和。计算公式为

$$配送成本比率=\frac{自备车配送成本+外雇车配送成本}{配送总费用}$$

$$每单元货品配送成本=\frac{自备车配送成本+外雇车配送成本}{配送总货量}$$

2. 配送成本的一般特征

（1）配送成本与服务水平密切相关。提高配送服务水平会使配送成本大幅度增加。

（2）配送成本中有不少是配送部门不能控制的，受商品交易市场、交通运输条件的直接影响。

（3）配送成本中不同的功能成本之间存在二律背反现象，即一种功能成本的削减会使另一种功能成本增加，因此，配送管理的目标是追求总成本的最小化，而不是个别成本的优化。

（4）配送成本削减的乘法效应。如果配送成本占销售额的1%，那么当配送成本降低1元，相当于使销售额增加100元。可见，配送成本的下降对企业经营影响巨大。

（5）一些专业的配送需要特殊的专业设备，投入巨大，且没有通用性。

（6）配送往往单向进行。

配送是集货、分拣、配载、包装、组配及加工等一系列活动的集合。通过配送，物流活动才得以最终实现。但完成配送活动是需要付出代价的，即需配送成本。配送成本是配送过程中所支付费用总和。

根据配送流程及配送环节，配送成本实际上是含配送运输费用、分拣费用、配装及流通加工费用等的全过程。

 小贴士

在纺织批发商聚集的东京日本桥批发街地区，商品入货、出货的货车错综来往，交通堵塞非常严重。运输业者的货车等待时间要比装卸时间长，四吨的货车装货要花两个半小时，物流业务的非效率性和运费上升越来越严重。东京日本桥的37家纺织批发商以建设共同物流中心为目的，结成了"联合团体——东京湾市场"。该团体很快就在东京湾建立了一个服装大市场，大大降低了成本。

3. 配送成本的分类

1）配送成本根据成本的特性不同划分

（1）固定成本。固定成本是指短期内不发生变化，与经营量没有直接关系，只要开展配送经营，就必须支出的成本，如配送设施、设备，信息系统的设立和购置成本，管理人员工资，行政办公费用等。

固定成本是由企业规模、生产方式、资金成本所确定的。规模越大、生产的技术手段越先进、资本越密集，其固定成本也就越高。

（2）变动成本。变动成本是指随着配送量的变化而发生变化的成本，如商务交易费、设备运行费、租赁费、装卸搬运作业费、保险费等。在没有经营时，一般没有变动成本支出。每增加一单位配送量所增加的成本一般称为边际成本，在一定条件下，边际成本是指变动成本。

变动成本主要由劳动力成本、固定资产的运行成本和社会资源的使用成本构成。

变动成本和固定成本一般会因为经营方式的不同发生转化，如车辆费用，自购车辆配送时，购车成本为固定成本；而采用租车配送时，车辆的租金就成了变动成本。

2) 按配送作业流程不同划分

按配送作业流程不同划分，可以分成相应的费用项目，如表8-1所示。

表8-1 配送成本相应的费用

作业项目	费用项目
接受订单 (1) 从客户端接收订单； (2) 把订单输入计算机、输出拣货单	订单事务处理费
入库验收 (1) 检查供货商的送货单与配送中心的订货单是否一致； (2) 检查货品的品质、数量是否正确	入库验收费
入库作业 (1) 将验收好的货品移往库内； (2) 将货品放置在预先安排好的储存位置	入库作业费
库存管理 (1) 管理库存货品的存放位置、存放数量； (2) 根据库存量预测需求量，以形成订货单	保管管理费
拣货作业 (1) 根据拣货单，把货品从存放位置处取出规定的数量； (2) 把拣好的货品放入适当的容器	拣货作业费
出货检查、包装 (1) 对拣出的货品进行全数或抽样检查，以保证正确性； (2) 以拣出的货品根据需要进行重新包装； (3) 将包装好的货品贴上标签，以便于分货	出货检查费、包装费，设备折旧
分货、发货作业 (1) 为便于装车顺序，先进行分货； (2) 将货品按照排列顺序装入货车内	装车作业费
配送、交货作业 (1) 将货品运送至客户(门店或消费者)手中； (2) 交货并接受对方的验收	配送费
订货作业 根据库存管理的结果向供应商发出订单	订货作业费
流通加工 应客户的要求，进行诸如贴上零售价格标签、根据指定个数重新包装等加工作业	流通加工费
退货处理 将回收的退货分类，以进行报废、退给供应商或放回库存位置等操作	退货处理费

续表

作业项目	费用项目
补货作业 从保管位置移动到拣货位置，要控制补货时机与补货数量	补货作业费
其他物流作业 凭单的发行、回收的确认，以及派车管理等	其他物流管理费

8.1.2 配送成本的核算

配送成本费用的核算是多环节的核算，是各个配送环节或活动的集成，在实际核算时，涉及哪一个活动，应当对哪一个配送活动进行核算。配送各个环节的成本费用核算都具有各自的特点，如流通加工的费用核算与配送运输费用的核算具有明显的区别，其对成本计算的对象及计算单位都不同。

配送成本费用的计算由于涉及多环节的成本计算，对每个环节应当计算各个成本对象的总成本。总成本是指成本计算期内成本计算对象的成本总额，即各个成本项目金额之和。

需要指出的是，在进行配送成本费用核算时，要避免配送成本费用重复交叉，夸大或减小费用支出，使配送成本费用不真实，不利于配送成本费用计算。

知识拓展　基于考核指标的配送运输方式决策

某配送中心在一定时期内有一批货物需要运输到某地，已经确定选择公路运输方式，其备选的承运人信息如表 8-2 所示，确定该配送中心选择哪个配送承运人。

表 8-2　该地区承运人运输服务指标比较

承运人	运价/ (元/公里)	信誉(等级)	安全性(评分)	运输时间/小时	运输能力(评分)
A	0.25	AAA	8	3	9
B	0.20	AAB	7	4	10
C	0.3	ABB	9	2	8
D	0.35	BBB	10	2	10
权重/%	30	10	25	25	10

注：安全性指标以 10 分为最安全，运输能力指标以 10 分为运输设备最好和运输网络最发达。

确定承运人的分值：

信誉等级中 AAA 定为 10 分，AAB 定为 9 分，ABB 定为 8 分，BBB 定为 7 分。计算结果列在表 8-3 中。

$$A=0.25\times 30\% +10\times 10\% +8\times 25\% +3\times 25\% +9\times 10\% =4.725$$
$$B=0.20\times 30\% +9\times 10\% +7\times 25\% +4\times 25\% +10\times 10\% =4.71$$
$$C=0.30\times 30\% +8\times 10\% +9\times 25\% +2\times 25\% +8\times 10\% =4.44$$
$$D=0.35\times 30\% +7\times 10\% +10\times 25\% +2\times 25\% +10\times 10\% =4.805$$

表 8-3 该地区承运人运输服务指标评价

承运人	运价/(元/公里)	信誉(等级)	安全性(评分)	运输时间/小时	运输能力(评分)
A	0.25	10	8	3	9
B	0.20	9	7	4	10
C	0.3	8	9	2	8
D	0.35	7	10	2	10
权重/%	30	10	25	25	10

综合分值最高的是承运人 D。因此，D 是最适宜的方案。

问题：

(1) 分析上述解答的正误。

(2) 说明在选择配送承运人的过程中，还应考虑哪些事项。

解：

1. 上述分析的错误

(1) 所有的指标都必须换算成指数，不能将原表格中数据直接简单运算。（因运价和运输时间是实测值，而非评估值，故应换算成相对值。）

在本例中，由于各个指标的单位不同，不可以直接用来计算，需要把这种绝对指标换算成相对指标，常用的方法是归一法，即用各个备选方案的某一个指标的所有分值除以最大指标值，会得到一个小于等于 1 的相对指标值。

对信誉等级中 AAA 假定为 1 分，AAB 定为 0.9 分，ABB 定为 0.8 分，BBB 定为 0.7 分。

(2) 在数学计算上，将承运人的所有数据直接相乘是错误的。

应采用对每位承运人的各项指标加成法。

(3) 试算运价评分，信誉等级、安全性、运输时间和运输能力。

运价评分：

$$A = 0.25 \div (0.25 + 0.20 + 0.30 + 0.35) = 0.227$$
$$B = 0.2 \div (0.25 + 0.20 + 0.30 + 0.35) = 0.182$$
$$C = 0.3 \div (0.25 + 0.20 + 0.30 + 0.35) = 0.273$$
$$D = 0.35 \div (0.25 + 0.20 + 0.30 + 0.35) = 0.318$$

信誉等级评分：

$$A = 10 \div (10 + 9 + 8 + 7) = 0.294 \qquad B = 9 \div (10 + 9 + 8 + 7) = 0.265$$
$$C = 8 \div (10 + 9 + 8 + 7) = 0.235 \qquad D = 7 \div (10 + 9 + 8 + 7) = 0.206$$

安全性评分：

$$A = 8 \div (8 + 7 + 9 + 10) = 0.235 \qquad B = 7 \div (8 + 7 + 9 + 10) = 0.206$$
$$C = 9 \div (8 + 7 + 9 + 10) = 0.265 \qquad D = 10 \div (8 + 7 + 9 + 10) = 0.294$$

运输时间评分：

$$A = 3 \div (3 + 4 + 2 + 2) = 0.273 \qquad B = 4 \div (3 + 4 + 2 + 2) = 0.364$$
$$C = 2 \div (3 + 4 + 2 + 2) = 0.182 \qquad D = 2 \div (3 + 4 + 2 + 2) = 0.182$$

运输能力评分：

$$A = 9 \div (9 + 10 + 8 + 10) = 0.243 \qquad B = 10 \div (9 + 10 + 8 + 10) = 0.27$$
$$C = 8 \div (9 + 10 + 8 + 10) = 0.216 \qquad D = 10 \div (9 + 10 + 8 + 10) = 0.27$$

该地区承运人运输服务指标评价见表8-4。

表8-4 该地区承运人运输服务指标评价表

承运人	运价评分	信誉等级评分	安全性评分	运输时间评分	运输能力评分
A	0.227	0.294	0.235	0.273	0.243
B	0.182	0.265	0.206	0.364	0.27
C	0.273	0.235	0.265	0.182	0.216
D	0.318	0.206	0.294	0.182	0.27
权重/%	30	10	25	25	10

A=0.227×30%+0.294×10%+0.235×25%+0.273×25%+0.243×10%=0.2488
B=0.182×30%+0.265×10%+0.206×25%+0.364×25%+0.270×10%=0.2506
C=0.273×30%+0.235×10%+0.265×25%+0.182×25%+0.216×10%=0.2388
D=0.318×30%+0.206×10%+0.294×25%+0.182×25%+0.270×10%=0.262

通过比较得知，选择D承运人是最合适的。

2. 考虑的其他因素

选择配送承运人的过程中，除考虑运价、信誉等级、安全性、运输时间、运输能力还应考虑的因素有：①货物品种、形状；②货物的数量、重量；③货物对运费的负担能力；④运输速度；⑤配送距离；⑥配送频度；⑦时间的准确性；⑧货物的适应性；⑨伸缩性；⑩网络性；⑪和其他运输方式的衔接；⑫货物跟踪信息管理能力；⑬处理异型、重质、易碎、液态、易燃易爆易腐易污染货物的能力等。

8.2 配送运输成本的构成与核算

8.2.1 配送运输成本的构成

配送运输成本是指配送车辆在完成配送货物过程中，所发生的各种车辆费用和配送间接费用。配送成本费用总额是由各个环节的总成本组成的。即

配送成本＝配送运输成本＋分拣成本＋流通加工成本＋配装成本

1. 车辆费用

车辆费用指从事配送运输生产而发生的各项费用。具体包括驾驶员及助手等工资及福利费、燃料、轮胎、修理费、折旧费、养路费、车船使用税等项目。

运费＝基本运费＋附加费＝运费吨×基本运费×(1+基本费率)

2. 工资及职工福利费

根据工资分配表和职工福利费计算表中分配给各分类成本的金额计入成本。对于有固定车辆的司机及其随车人员的工资、行车津贴和津贴，应由有关车型的运输成本负担，将其实际发生数直接计入运输成本的工资项目。

按照工资负担对象和金额计算应计提的职工福利费，直接计入各分类运输成本的"职工福利费"项目。

没有固定车辆的后备司机的工资及津贴,应按营运车吨位或营运车日,分配计入有关车辆的分类运输成本。其分配计算公式为

$$每运营车吨日工资分配额(元/车吨日)=\frac{应分配的司机工资总额}{总运营车吨日}$$

某车型应分摊的司机工资额(元)=该车型实际总运营车吨日×每运营车吨日工资分配额

3. 燃料

营运车辆消耗的燃料,应根据行车路单或其他有关燃料消耗报告所列实际消耗量计算计入成本。燃料消耗计算的范围与期间,应与车辆运行情况相一致,以保证燃料实际消耗量与当月车辆行驶总车公里和所完成的运输周转量相对应。

实际满油箱制的运输企业,在月初、月末油箱加满的前提下,车辆当月加油的累计数,即为当月燃料实际消耗数。企业根据行车路单领油记录核实的燃料消耗统计表,即可计算当月燃料实耗数。

实行实地盘存制的企业,应在月底实地测量车辆油箱存油数,并根据行车路单加油记录,计算各车当月实际耗用的燃料数。其可按下列公式计算:

$$当月实耗数=月初车存数+本月领用数-月末车存数$$

营运车辆在本企业以外的油库加油,其领发数量不作为购入和发出处理的企业,应在发生时按照分类成本领用的数量和金额,直接计入各分类运输成本。

知识拓展 基于储运总费用最低的配送运输决策

某制造企业从工厂向外省某地区配送中心运货,如果用铁路运输则平均需要运输时间7天,汽车运输时间为4天(节省3天),每节省1天可降低3%的库存。每天平均在途运输库存占用资金为3%,平均仓储库存占用资金为2%,铁路每吨货物运价为0.2元,公路为0.3元。为满足需求必须保持库存500吨,年需求量为5 000吨,每吨货物价值为80元。若用铁路运输,为满足需求一年需运10次,而公路要运20次。

问题:确定采用哪种运输方式才能使总运费最低?

解:铁路和公路运输各项费用如表8-5所示。

表8-5 两种运输方式费用表   单位:元

费用项目	铁　路	公　路
运输费用	0.2×5 000=1 000	0.3×5 000=1 500
仓库的存储费用	2%×500×80=800	2%×250×80×0.91=364
运输过程中的存储费用	3%×5 000×80×7÷365=230	3%×5 000×80×4÷365=131.5
总费用	2 030	1 995.5

由表8-5可以看出选择汽车运输更节省运输费用。

4. 轮胎

营运车辆领用的内胎、垫胎,以及轮胎零星修补费用和轮胎翻新费用,按实际领用数和发生数计入各分类运输成本。外胎可以按领用轮胎实际成本计入当月运输成本,但在一

次领用轮胎较多时,可以在一年内分月摊入各月运输成本。

国有汽车运输企业,一般按每千胎公里摊销额和月度内实际行驶胎公里数计算列入成本。其计算公式为

$$千胎公里摊提额(元/千胎公里)=\frac{外胎计划价格-计划残值}{新胎到报废行驶里程定额/1\,000}$$

外胎的轮胎摊提费用,应按月计入运输成本。其计算公式为

某车型外胎应计摊提费用(元)=千胎公里摊提额×该车型外胎实际使用胎公里/1 000

报废的外胎,应按照新胎到报废的里程定额计算其超亏里程,并按月分车型别计算其超亏里程差异,调整运输成本。其计算公式为

某车型外胎亏里程应调整成本差异(元)=千胎公里摊提额
×该车型报废外胎超亏胎公里×1 000

5. 修理费

营运车辆因维护和修理而领用的各种材料、配件费,直接计入各分类成本的修理费项目;预提的车辆大修理费用,可根据"预提大修理费用计算表"计入本项目。

营运车辆的大修理费用,按实际行驶里程计算预提,特种车按使用年限计算预提。其计算公式为

1) 按使用年限计提

$$某车型运营车月大修理费用提存率(\%)=\frac{预计大修次数×每次大修理费用}{该车型平均原值×预计使用年限×12}×100\%$$

2) 按实际行驶里程计提

$$某车型运营车千公里大修理费用预提额(元/千车公里)=\frac{预计大修次数×每次大修理费用}{该车型新至报废行驶里程定额/1\,000}$$

$$某车型运营车月大修理费用提存额(元)=该车型营运车千公里大修费用预提额(元/千车公里)×该车型营运车当月实际行驶里程(车公里)/1\,000$$

实际大修间隔里程与大修间隔里程定额比较,所发生的超亏里程造成的多提或少提费用差异,以及大修后,实际大修费用与预提每次大修理费用的差额,应调增或调减本项目。

6. 车辆折旧

营运车辆的折旧,按实际行驶里程计算,特种车、大型车按年限法计算列入本项目。不采取预提大修费的企业,可不分大修和小修,所发生的修理费用,直接计入本项目。

1) 按使用年限法计提折旧的计算

$$某车型营运车月折旧率(\%)=\frac{1-残值率}{该车型预计使用年限×12}×100\%$$

某车型营运车月折旧率(%)=该营运车月初原值×该车型营运车月折旧率

2) 营运车辆按行驶车公里计提折旧的计算

$$某车型营运车千公里折旧额(元/千车公里)=\frac{车辆原值-(预计残值-清理费用)}{该车型折旧里程定额/1\,000}$$

某车型营运车折旧费用(元)=该车型营运车当月实际行驶里程(车公里)×该车型营运千车公里折旧额(元/千车公里)

月终，根据固定资产折旧计算表，将提取的营运车辆折旧额计入各分类运输成本的本项目内。

7. 养路费及运输管理费

按运输收入的一定比例计算交纳的企业，应按不同车型分别计算应交纳的养路费和运输管理费，计入各分类成本；按车辆吨位于月初或季初预先交纳养路费或运输管理费的企业，应根据实际交纳数分摊计入各分类运输成本的本项目内。

8. 车辆保险费

按实际支付的投保费用和投保期，并按月份分车型分摊计入各分类成本的本项目内。

9. 事故费

营运车辆在运营过程中因碰撞、翻车、碾压、落水、失火、机械故障等原因而造成的人员伤亡、牲畜死伤、车辆损失、物资毁损等行车事故所发生的修理费、救援费和赔偿费，以及支付给外单位人员的医药费、丧葬费、抚恤费、生活补助费等事故损失，在扣除向保险公司收回的赔偿收入，以及事故对方或过失人的赔偿金额后，计入有关分类成本的本项目内。在事故发生时，可预估事故损失。在预估事故费用时，通过预提费用账户进行核算。当年结案事故的实际损失与预提数的差额，调整本年度有关业务成本。因车站责任发生货损、货差等事故损失，应计入"营运间接费用"账户，不列入本项目。

10. 车队管理费

车队管理费应分配计入本车队各类车型的运营成本。为方便起见，其分配方法，通常先按车队发生的营运车辆的车辆费用和其他业务的直接费用比例，由运输业务和其他业务分摊，然后，再按各类车辆的直接费用比例或营运车日比例，由各类运输成本分摊。

车队管理费初次分配的计算公式为

$$车队费用分配率(\%)=\frac{当月车队费用总额}{运输业务直接费用+其他业务直接费用}\times 100\%$$

运输业务应分摊车队费用(元)＝当月运输业务直接费用总额×车队费用分配率

车队管理费按各种车辆的直接费用比例分配的计算公式为

$$车队费用按车型分摊的分配率(\%)=\frac{运输业务应分摊的车队费用}{该车队各车型营运车的直接费用}\times 100\%$$

某车型的营运车应分摊的车队费用(元)＝当月该车型营运车直接费用总额×车队费用按车型分摊的分配率(%)

11. 营运间接费用

指营运过程中发生的不能直接计入各成本计算对象的站、队经费，包括站、队人员的工资及福利费、办公费、水电费、折旧费等，但不包括管理费用。

 知识拓展　基于多种运输方式的配送决策

某配送中心需要配送运输一批生产用物料，现要进行运输模式的选择。已知各种运输模式的运输成本费用如表8-6所示。

表 8-6 各种运输模式的运输成本费用

成本项目/元	运输方式1	运输方式2	运输方式3
运输工具平均每月的折旧费用	75 000	1 500	1 000
每运送1吨货物的其他费用	120	200	220
每月的保险与保养费用	2 200	1 000	700
每运送1吨货物燃油费用	80	100	100
工人每月工资福利	7 000	1 700	1 800

问题：根据给定的资料，绘制运量与总费用的关系图（示意图）。并分析说明如何依据运输批量的大小选择合适的运输方式。

解：各运输方式的成本分析如下所述。

运输方式1：

每月的固定成本为$(75\,000+7\,000+2\,200)=84\,200$元

运送单位货物的变动成本为$(80+120)=200$元

运输方式2：

每月的固定成本为$(1\,500+1\,700+1\,000)=4\,200$元

运送单位货物的变动成本为$(100+200)=300$元

运输方式3：

每月的固定成本为$(1\,000+1\,800+700)=3\,500$元

运送单位货物的变动成本为$(100+220)=320$元

计算分析：

运输方式1的成本函数：$Y=84\,200+200X$

运输方式2的成本函数：$Y=4\,200+300X$

运输方式3的成本函数：$Y=3\,500+320X$

从图8.1可见，求联立方程组，得

$$X_1=35\text{ 吨}, \quad X_2=800\text{ 吨}$$

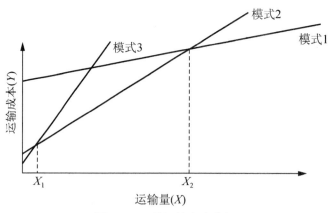

图 8.1 三种运输方式分析

从示意图可知，当运输量X小于35吨时，选择运输方式3比较合适；

当运输量为35～800吨时，选择运输方式2比较合适；

当运输量X大于800吨时，选择运输方式1比较合适。

8.2.2 配送分拣成本

1. 分拣人工费用

从事分拣工作的作业人员及有关人员的工资、奖金、补贴等费用的总和。

2. 分拣成本的核算

分拣成本是指分拣机械及人工在完成货物分拣过程中所发生的各种费用。拣货作业是配送中心最复杂的作业，其所耗费占成本的比例较大是管理的重点，拣货成本的计算公式为

$$每订单投入拣货成本 = \frac{拣货投入成本}{订单数量}$$

$$每件商品投入拣货成本 = \frac{拣货投入成本}{拣货单位累计件数}$$

$$拣误率 = \frac{拣取错误笔数}{订单总笔数}$$

3. 分拣成本项目和内容

(1) 分拣直接费用。

① 工资。指按规定支付给分拣作业工人的标准工资、奖金和津贴等。

② 职工福利费。指按规定的工资总额和提取标准计提的职工福利费。

③ 修理费。指分拣机械进行保养和修理所发生的工料费用。

④ 折旧。指分拣机械按规定计提的折旧费。

⑤ 其他。指不属于以上各项的费用。

(2) 分拣间接费用。

① 分拣间接费用。指配送分拣管理部门为管理和组织分拣生产，需要由分拣成本负担的各项管理费用和业务费用。

② 分拣设备费用。分拣机械设备的折旧费用及修理费用。

分拣直接费用和间接费用构成了配送环节的分拣成本。

4. 分拣成本的计算方法

配送环节分拣成本的计算方法，是指分拣过程所发生的费用，按照规定的成本计算对象和成本项目，计入分拣成本的方法。

(1) 工资及职工福利费。根据"工资分配汇总表"和"职工福利费计算表"中分配的金额计入分拣成本。

(2) 修理费。辅助生产部门对分拣机械进行保养和修理的费用，根据"辅助生产费用分配表"中分配的分拣成本金额计入成本。

(3) 折旧。根据"固定资产折旧计算表"中按照分拣机械提取的折旧金额计入成本。

(4) 其他。根据"低值易耗品发出凭证汇总表"中分拣成本领用的金额。

(5) 分拣间接费用。根据"配送管理费用分配表"计入分拣成本。

5. 分拣成本计算表

物流配送企业月末应编制配送分拣成本计算表，以反映配送分拣总成本。配送总成本是指成本计算期内成本计算对象的成本总额，即各个成本项目总和。分拣成本的计算可用表 8-7 进行计算。

表 8-7 分拣成本计算表

编制单位：　　　　　　　　　　　　　　　年　月份　　　　　　　　　　　　　　　单位：元

项目	计算依据	合计	分拣品种				
			货物甲	货物乙	货物丙	货物丁	……
一、分拣直接费用							
工资							
福利费							
修理费							
折旧							
其他							
二、分拣间接费用							
分拣总成本							

8.2.3　配送流通加工成本

1．配送流通加工成本概述

（1）配送流通加工设备费用。购置加工设备所支出的费用以流通加工费的形式转移到被加工的产品中去。

（2）配送流通加工材料费用。在流通加工过程中，投入到加工过程中的一些材料（如包装加工要投入包装材料，天然气的液化加工所需要的容器等）消耗所需要的费用，即流通加工材料费用。

（3）配送流通加工劳务费用。在流通加工过程中从事加工活动的管理人员、工人及有关人员工资、奖金等费用的总和。

2．配送流通加工成本计算表

物流配送企业月末应编制流通加工成本计算表，以反映配送总成本和单位成本。

配送环节的流通加工是指成本计算期内成本计算对象的成本总额，即各个成本项目金额之和。表 8-8 为流通加工成本计算表。

表 8-8 流通加工成本计算表

编制单位：　　　　　　　　　　　　　　　年　月份　　　　　　　　　　　　　　　单位：元

项目	计算依据	合计	流通加工品种				
			产品甲	产品乙	产品丙	产品丁	……
直接材料							
直接人工							
制造费用							
合计							

8.2.4 配送配装成本

1. 配送配装费用构成

配送配装成本是指在完成配送配装货物过程中所发生的各种费用,其包括以下几类。

(1) 配装材料费用。常见的配装材料有木材、纸、自然纤维、合成纤维和塑料等。这些包装材料功能不同,成本相差很大。

(2) 包装辅助费用。除上述费用外,还有一些辅助性费用,如包装标记、标记的印刷,拴挂物费用的支出等。

(3) 配装人工费用。从事包装工作的工人及有关人员的工资和奖金。

2. 配装成本项目和内容

(1) 配装直接费用。

① 工资。指按规定支付的配装作业工人的标准工资、奖金和津贴。

② 职工福利费。指按规定的工资总额和提取标准计提的职工福利费。

③ 材料。指配装过程中消耗的各种材料,如包装纸、箱和塑料等。

④ 辅助材料。指配装过程中耗用的辅助材料,如标志和标签等。

⑤ 其他。指不属于以上各项费用,如配装工人的劳保用品费等。

(2) 配装间接费用。指配送配装管理部门为管理和组织配装生产所发生的各项费用,由配装成本负担的各项管理费用和业务费用。

配装直接费用和配装间接费用构成了配装成本。

3. 配装成本的计算方法

配送环节的配装活动是配送的独特要求,其成本的计算方法,是指配装过程中所发生的费用,按照规定的成本计算对象和成本项目,进行计算的方法。

(1) 工资及福利费。根据"工资分配汇总表"和"职工福利费"中分配的配装成本的金额计入成本。计入产品成本中的直接人工费用的数额,是根据当期"工资结算汇总表"和"职工福利费计算表"来确定的。

① "工资结算汇总表"是进行工资结算和分配的原始依据。它是根据"工资结算单"按人员类别(工资用途)汇总编制的。"工资结算单"应当依据职工工作卡片、考勤记录、工作量记录等工资计算的原始记录编制。

② "职工福利费计算表"是依据"工资结算汇总表"确定的各类人员工资总额,按照规定提取比例,计算后编制的。

(2) 材料费用。根据"材料发出凭证汇总表"、"领料单"及"领料登记表"等原始凭证,配装成本耗用的金额计入成本。

在直接材料费用中,材料费用数额是根据全部领料凭证汇总编制"耗用材料汇总表"确定的;在归集直接材料费用时,凡能分清某一成本计算对象的费用,应单独列出,以便直接计入该配装对象的产品成本计算单中;属于几个配装成本对象共同耗用的直接材料费用,应当选择适当的方法,分配计入各配装成本计算对象的成本计算单中。

(3) 辅助材料费用。根据"材料发出凭证表"、"领料单"中的金额计入成本。

(4) 其他费用。根据"材料发出凭证汇总表"、"低值易耗品发出凭证"中配装成本领用的金额计入成本。

(5) 配装间接费用。根据"配送间接费用分配表"计入配装成本。

4. 配装成本计算表

物流配送企业月末应编制配装成本计算表,以反映配装总成本。配装作业是配送的独特要求,只有进行有效的配装,才能提高送货水平,降低送货成本。表8-9为配装成本计算表。

表8-9 配装成本计算表

编制单位:　　　　　　　　　　　　　年　月份　　　　　　　　　　　　　单位:元

项目	计算依据	合计	配装品种				
			货物甲	货物乙	货物丙	货物丁	……
一、配装直接费用							
工资							
职工福利费							
材料费							
辅助材料费							
其他							
二、配装间接费用							
配装总成本							

8.3 配送服务与成本关系

8.3.1 配送服务

配送是物流系统中一种特殊的、综合的活动形式。配送是物流的一个缩影或在较小范围内物流全部活动的体现。一般的配送集运输、仓储、包装和装卸搬运于一身,特殊的配送还包括流通加工。

正因为配送是一个"小物流"的概念,集若干物流功能于一身,所以配送成本包括在配送物流范围内的运输、仓储、包装、装卸搬运和流通加工成本中,具体的费用支付形态包括人工费、材料费、维护费和一般经费,就物流范围而言,配送成本存在于供应、企业内物流和销售物流阶段。这里配送成本不作为物流功能成本的构成内容,而将与配送成本有关的费用支出在其他物流功能成本中进行分配。

8.3.2 配送服务与成本之间的二律背反原理

1. 二律背反原理

二律背反,原出希腊文 Antinomi,指规律中的矛盾,在相互联系的两种力量运动规律之间存在的相互排斥现象。自然界存在的两种运动力量，它们之间呈此消彼长、此长彼消、相背相反的作用，物流服务与物流成本之间存在效益背反规律。

2. 配送服务与成本之间的二律背反原理

在物流功能之间，一种功能成本的削减会使另一种功能的成本增多。因为各种费用互相关联，必须考虑整体的最佳成本。

一般来说，高质量的商品一定是与较高的价格相关联，提高质量要求，价格随之上升；优质配送服务与配送成本相关联，提高配送服务水平，配送成本随之上升。配送服务质量是配送服务效果的集中反映，可以用配送时间、配送费用、配送效率来衡量，其变化突出表现在减少配送时间、降低配送成本、提高配送效率等方面。

3. 配送服务与成本之间的关系

配送服务的目标是以尽可能低的配送成本来实现较高的配送服务。一般来说，配送服务与成本的关系有以下 4 种形式。

（1）在配送服务不变的前提下，考虑降低成本，如图 8.2 所示。

它是通过改变配送系统的方法，在保持既定的服务水平前提下，来寻求降低成本的途径，即追求效益的提高。

（2）在成本不变的前提下提高服务水平，如图 8.3 所示。这是在现有的成本水平下，通过有效地利用所投入的成本来改善配送各功能，提高服务水平，体现的是一种追求成本绩效的做法。

（3）为了提高服务水平，不惜增加成本，如图 8.4 所示。这是大多数企业在提高服务水平时的状态，也是企业在特定顾客或商品面临竞争时所采取的战略措施，它主要是通过增值物流服务来实现。

（4）从企业成本角度出发，要保持一定的竞争力，只能降低成本，保持一定服务水平，如图 8.5 所示。

（5）用较低的成本来实现较高的配送服务水平，这是一种双赢的措施。通过对企业物流系统的流程再造，实现一种新的企业物流模式，达到降低成本、提高服务水平的目的，如图 8.6 所示。

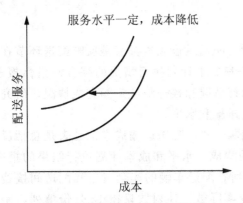

图 8.2　配送服务与成本的关系 1

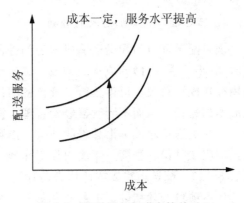

图 8.3　配送服务与成本的关系 2

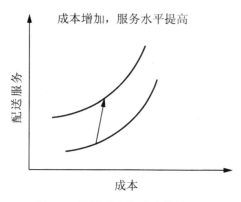

图 8.4 配送服务与成本的关系 3

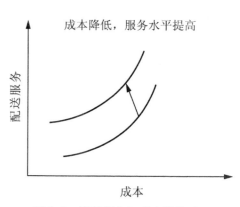

图 8.5 配送服务与成本的关系 4

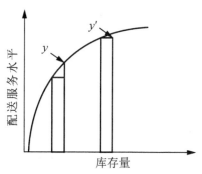

图 8.6 配送服务与成本的关系 5

一般来说，提高物流服务，物流成本即上升，成本与服务之间受"收获递减法则"的支配。物流服务如处于低水平阶段，追加成本 X，物流服务即可上升为 Y；如处于高水平阶段，同样追加 X，则服务水平只能上升至 Y'。

在处于高水平的物流服务时，与处于竞争状态的其他企业相比，成本增加而物流服务水平不能按比例地相应提高，想要超过竞争对手，提出并维持更高的服务标准就需要有更多的投入，所以一个企业在作出这种决定时必须慎重。

8.3.3 配送成本的分析

配送成本分析的方法多种多样，具体选用哪种方法，取决于企业成本分析的目的、费用和成本形成的特点、成本分析所依据的资料性质等。配送成本是由多环节的成本组成的，因此，对配送成本的分析也应当按照各环节成本进行分项分析，通过分析能够真正揭示配送费用预算和成本计划的完成情况，查明影响计划或预算完成的各种因素变化的影响程度，寻求降低成本、节约费用途径的方法。

1. 配送运输成本汇总表的分析

现以配送环节的配送运输成本为例进行分析。配送运输成本报表是反映配送环节在一定时期（年、季、月）的成本的构成、成本的水平和成本计划执行情况的综合性指标报表。利用配送成汇总表，可以分析、考核各项计划执行情况和各种消耗定额完成情况，研究降低成本的途径，从而不断改善经营管理，提高配送赢利水平。

（1）配送运输成本汇总表的结构、内容和编制方法。配送运输成本汇总表是总括反映配送部门在月份、季度、年度内配送车辆成本的构成、水平和成本计划执行结果的报表，见表 8-10。配送运输成本计算表是月报，表内列有配送车辆的车辆费用和配送间接费用及各成本项目的计划数、本期实际数和本年累计实际数。计划数只在 12 月份填列，实际数根据"配送支出"账户明细账月终余额填列。周转量根据统计部门提供的资料填列。成本降低额和成本降低率的计算公式为

配送运输成本降低额＝配送车辆上年实际单位成本×本年配送实际周转量
－本年配送实际总成本

配送运输成本降低率＝配送成本降低额/配送车辆上年实际单位成本
×本年实际配送周转量

表 8-10 配送运输成本汇总表

编制单位：　　　　　　　　　　　年　月份　　　　　　　　　　　单位：元

项　目	行次	计划数	本期实际数	本年累计实际数
一、车辆费用	1	5 217 100		5 139 188
1. 工资	2	258 700		258 265
1. 职工福利基金	3	28 700		28 696
3. 燃料	4	1 683 400		1 670 141
4. 轮胎	5	462 000		455 372
5. 保修	6	851 200		835 996
6. 大修	7	487 000		477 960
7. 折旧	8	394 500		380 938
8. 养路费	9	904 600		883 645
9. 公路运输养路费	10	85 000		88 985
10. 行车事故损失	11	32 000		34 240
11. 其他	12	30 000		29 950
二、配送运输管理费用	13	967 000		933 254
三、配送总成本	14	6 184 100		6 072 442
四、周转量/千吨公里	15	43 452		43 395 134
五、单位成本/(元/千吨公里)	16	142.32		139.93
六、成本降低额	17	65 601		168 684
七、成本降低率/(%)	18	1.05		2.73
补充资料(年表填列)	19			
上年周转量	20			42 689 642
上年单位成本/(元/千吨公里)	21			143.83
总行程/千车公里	22	115		10999
燃料消耗汽油柴油：/(升/百吨)	23	7.3		7.36
历史最好水平：单位成本	24			

(2) 配送运输成本汇总表的分析。配送运输成本汇总表的一般分析，主要是根据表中所列数值，采用比较分析法，计算比较本年计划、本年实际与上年实际成本升降情况，结合有关统计、业务、会计核算资料和其他调查研究资料，查明成本水平变动原因从而提出进一步降低成本的意见。

现以表 8-11 所列数值为例进行分析。

① 本年度计划配送成本要求比上年实际降低 1.05%，成本降低额 65 601 元。实际成本降低 168 684 元，成本降低率 2.73%。成本降低额大幅度超过计划要求，配送单位成本的降低是主要原因。

② 车辆费用和配送间接费用的实际数均低于计划数，表明企业在节约开支方面是有成效的。

③ 养路费计划为 904 600 元，实际为 883 645 元。实际数低于计划数，应进一步分析其中的原因。

④ 行车事故损失，计划数是 32 000 元，实际数为 34 240 元。虽然实际数比计划数相差不大，但应引起重视，仔细分析其中的原因。

配送运输成本的这种一般分析，只能了解成本水平升降的大致情况，为了进一步揭示成本变动的具体原因，需要从以下几个方面作比较深入的分析：①各种燃料、材料价格和一些费用比率（如折旧率、大修理基金提存率、养路费率等）变动对成本水平的影响；②各项消耗定额和费用开支标准变动对成本水平的影响；③配送车辆数及其载重量变动和车辆运用效率高低对成本水平的影响等。

2. 配送中心物流成本的全面分析

配送中心物流成本的全面分析一般是在计算出配送中心物流成本之后，通过计算以下各种比率，再用这些比率与以往年份数据的比较，与同行业其他企业相比较，与其他行业比较来进行的。

一般用于配送中心物流成本的全面分析有以下几种比率。

(1) 单位销售额物流成本率＝物流成本/销售额×100%。

该比率越高则其对价格的弹性越低，另外，通过该比率与同行业和行业外进行比较，可以进一步了解配送中心的物流成本水平现状。但该比率受价格变动和交易条件变化的影响较大，作为考核指标存在一定的缺陷。

(2) 单位成本物流成本率＝物流成本/销售额×100%。

这是考察物流成本占总成本率的一个指标，一般作为配送中心内部的物流合理化目标或检查配送中心是否达到合理化目标的指标来使用。

(3) 单位营业费用物流成本率＝物流成本/(销售额＋一般管理费)×100%。

通过物流成本占营业费用(销售费＋一般管理费)的比率，可以判断配送中心物流成本的比重。该比率不受进货成本变动的影响，得出的数值比较稳定，因此，适合于作为配送中心物流合理化的指标。

(4) 物流职能成本率＝物流职能成本/物流总成本×100%。

该指标可以明确包装费、运输费、保管费、装卸费、流通加工费、信息流通费、物流管理费等各物流职能成本占配送中心物流总成本的比率。

3. 配送中心物流成本的详细分析

全面分析，可以了解物流成本的变化情况及变化趋势，但是对引起物流成本变化的原因，一般还需进一步按照职能分类，对物流成本进行详细分析，然后提出相关的成本管理对策。

配送中心物流成本的详细分析所用的指标有以下 4 类，通过这 4 类指标的序时分析或按配送中心内的部门、设施分类比较以及与同行业其他企业进行比较，可以掌握物流成本的发展趋势及其差异。

(1) 与运输、配送相关的指标。

$$装载率=实际载质量/标准载质量\times 100\%$$
$$车辆开动率=月总开动次数/拥有台数\times 100\%$$
$$运行周转率=月总运行次数/拥有台数\times 100\%$$
$$单位车辆月行驶里程=月总行驶里程/拥有台数$$
$$单位里程行驶费=月实际行驶三费/月总行驶里程$$
$$(行驶三费=修理费+内外胎费+油料费)$$
$$单位运量运费=运输费/运输总量$$

(2) 有关保管活动指标。

$$仓库利用率=存货面积/总面积\times 100\%$$
$$库存周转次数=年出库金额(数量)/平均库存金额(数量)$$
$$=年出库金额(数量)\times 2/(年初库存金额+年末库存金额)$$

(3) 有关装卸活动指标。

$$单位人时工作量=总工作量/装卸作业人时数$$
$$(装卸作业人时数=作业人数\times 作业时间)$$
$$装卸效率=标准装卸作业人时数/实际装卸作业人时数$$
$$装卸设备开工率=装卸设备实际开动时间/装卸设备标准开动时间$$
$$单位工作量修理费=装卸设备修理费/总工作量$$
$$单位工作量卸装费=装卸费/总工作量$$

(4) 有关物流信息活动指标。

$$物流信息处理率=物流信息处理数量(传票张数等)/标准物流信息处理数(传票张数等)$$
$$单位产品物流信息流通费=物流信息流通费/总产量$$

8.4 配送定价与收费

8.4.1 影响配送成本的因素

1. 时间

配送持续的时间直接影响的后果是对配送中心的占用，耗用仓储中心的固定成本。而这种成本往往表现为机会成本，使得配送中心不能提供其他配送服务获得收入或者在其他配送服务上增加成本。

2. 距离

距离是构成配送运输成本的主要内容。距离越远，也就意味着运输成本增高；同时造成运输设备需要增加，送货员工需要增加。

3. 配送物的数量和重量

数量和重量增加虽然会使配送作业量增大,但大批量的作业往往使得配送效率能够提高。配送的数量和重量是委托人获得折扣的理由。

4. 货物种类及作业过程

不同的货物种类可能造成配送作业的要求不同、难度不同,承担的责任也不一样,因而对成本会产生较大幅度的影响。采用原包装配送显然成本支出要比配装配送低,因而不同的配送作业过程直接影响到成本。

5. 外部成本

配送经营时或许要使用到配送企业以外的资源,如当地的起吊设备租赁市场具有垄断性,则配送企业就需要对租用起吊设备增加成本支出;当地的路桥收费普遍且无管制,则必然使配送成本剧增。此外,还有定价方式和收费等影响因素。

8.4.2 配送定价

1. 单一价格

在一个配送区域内不论配送到哪儿,对同一计费单位采用同一个价格。单一价格相当于采用配送货量平均成本定价方式,有些客户如运输距离远、少货量地获得超值服务,而另一些客户则多支付了费用。采用单一价格一般需要有对配送品的规格限定来配合,如每件不超过 5kg 或者 $1m^3$。

2. 分区价格

将配送覆盖区划分成若干个价格区间,对运送到不同区间的配送采用不同的价格。一般来说,区间的划分以距离为原则,或者该区间的交通条件不利、经常塞车或者需要通过收费路口等制定不同价格。

3. 分线价格

将配送区按照配送运输线路进行划分,对每一条线路进行定价。只要属于该线路的配送,就使用该线路价格,而无论是否达到该设计线路的基点。

8.4.3 价格制定方法

1. 成本定价法

根据配送经营的成本确定价格。价格由成本、利润和税收三部分组成。其中:

$$成本 = 直接成本 + 间接成本$$
$$利润 = 成本 \times 成本利润率$$

税收则根据国家税收政策确定。配送经营的税收包括营业税和企业所得税。营业税直接计入成本;企业所得税则包含在成本利润率之中。

$$营业税 = (配送收入 - 外包的运输费支出) \times 营业税率$$

没有外包运输时，则

营业税＝配送收入×营业税率＝价格×计费量×营业税率

根据总收入等于总支出加利润，则

总收入＝成本＋利润＋税收

而：总收入＝价格×计费数量

价格×计费量＝(直接成本＋间接成本)×(1＋成本利润率)＋价格×计费量×营业税率价格
　　　　　＝(直接成本＋间接成本)×(1＋成本利润率)/计费量×(1－营业税率)

2. 边际成本定价法

在达到规模经济时，获得利润最大化的条件是边际成本等于边际收益，这是经济学的基本原理。该原理利用在配送定价上，则在配送达到规模经济时，利用边际成本作为价格的定价方法。利用边际成本定价法的条件在于，已达到了规模经济，配送规模再继续增加时就会使不经济的固定成本大幅增加，就会造成所定的价格不能弥补固定成本的支出。

3. 市场价格定价法

在配送市场上，存在由众多的配送经营人组成的配送供给者，和众多对配送产品的需求者，形成配送供给和配送产品需要两方。对于需求者而言，当配送产品价格极高时，不愿意消费，需求量较小；随着配送产品价格的降低，消费能力增大，需求量则增大，需求量与价格呈逆向变化。同样，当配送产品价格很低时，配送商不愿意经营，供给量很少；当配送产品价格增高，配送商的配送经营量就会增加，配送供给量与配送价格同向变化。在某个价格上，双方的数量与价格关系相同，达到平衡，这时的价格就是供需双方供需平衡的价格，此时的数量就是市场的供给和消费的平衡容量。此时的价格就是整个市场的价格，也就是配送供应商所能定的最高价格。

对于众多中小规模的配送经营者，只能是配送市场价格的接受者，需要采用市场价格确定配送价格，并按照该价格管理和控制成本支出。

4. 综合定价法

产品定价是企业与客户、与竞争对手的博弈行为，既要保证产品尽可能被广泛接受，经营规模扩大，又要实现最高的获益。定价要根据成本、市场需求、市场竞争的需要，合理确定。总地来说，正常定价不能低于成本，但也不能高于市场均衡价格。

8.4.4 配送收费计费方式

配送收费可以是独立提供配送服务而收费，或者作为其他服务的一个环节，合并在其他服务收费之中。但总地来说，配送是一项独立的计费项目，需要依据配送的成本确定收费。配送经营人收费可以采用以下几种方式。

1. 按配送量计收费用

以每单位的配送量为计费单位。如采用重量单位，总收费即为总配送量与费率的乘积。但是由于配送不同商品的作业有一定的差别，所投入的劳动不同，如重大货物与轻巧货物作业不同，可以按商品类别进行分类、分等级。按配送量收费还有采用按所配送的货物的体积计费、按件数收费等方式。

2. 按配送次数收费

以提供的配送次数为收费单位,不计具体的配送量。该种收费方式相当于包车配送,一般有每次配送最大量的限制,如每次不超过一整车。

3. 按期收费

以一定时期为计费单位。对于配送稳定的客户,定量、定次的配送,则仅仅是计费形式的不同;否则,则是对于基本客户的优惠,或者是对极小量的协同配送收费。

8.5 配送成本管理与控制

8.5.1 配送成本管理与控制概述

配送中心实施物流成本的管理与控制,须按照承担管理责任的各个部门或个人编制成本预算,明确责任,同时配合进行业绩分析与评定。在配送中心物流成本管理中,要注意协调总体成本最低同个别物流费用降低之间的关系,坚持总体成本最低的思想。

1. 配送成本控制的概念

配送成本控制是指在配送经营过程中,按照规定的标准调节影响成本的各种因素,使配送各环节生产耗费控制在预定的范围内。

2. 配送成本控制的方法

配送成本控制方法,包括绝对成本控制和相对成本控制。

(1) 绝对成本控制。绝对成本控制是把成本支出控制在一个绝对金额以内。绝对成本控制从节约各种费用支出、杜绝浪费方面进行物流成本控制,要求把营运过程发生的一切费用划入成本控制范围。

(2) 相对成本控制。相对成本控制是通过成本与产量、利润、质量和服务等对比分析,寻求在一定制约因素下取得最优经济效益。相对成本控制扩大了物流成本控制领域,要求在降低物流成本的同时,注意与成本关系密切的因素,如产品结构、服务质量和管理水平等方面的工作,目的在于提高控制成本支出的效益,即减少单位产品成本投入,提高整体经济效益。

3. 配送成本管理的内容

(1) 加强配送的计划性。在配送活动中,临时配送、紧急配送或无计划的随时配送都会大幅度增加配送成本,因为这些配送会使车辆空载率高,浪费里程。为了加强配送的计划性,需要建立零售商的配送申报制度。实行定期申请,零售商只要预测订货周期内的需求量,这样既有利于降低经营风险,也有利于配送中心加强配送计划的管理。

(2) 确定合理的配送路线。采用科学的方法确定合理的配送路线,是配送活动中的一项重要工作。通过拟定多种方案,以使用的车辆数、驾驶员数、油量、行车的难易度、装卸车的难易度及送货的准时性等作为评价指标进行比较,从中选出最佳方案;还可以采用数学模型进行定量分析。

(3) 进行合理的车辆配载。各零售商的销售情况不同，订货也就不大一致，一次配送的货物可能有多个品种。这些商品不仅包装形态、储运性质不一，而且密度差别较大。密度大的商品往往达到了车辆的载质量，但体积空余很大，密度小的商品虽达到车辆的最大体积，但达不到载质量。实行轻重配装，既能使车辆满载，又能充分利用车辆的有效体积，会大大降低运输费用。

4. 量力而行建立计算机管理系统

在物流作业中，分拣、配货要占全部劳动的60%，比较容易发生差错。在拣货配货中运用计算机管理系统，并应用条码识别技术就可使拣货变得快速、准确，配货过程更简单、高效，从而提高生产效率，节省劳动力，降低物流成本。

 知识拓展　基于成本的配送运输决策

甲公司要从位于S市的工厂直接装运500台电视机送往位于T市的一个商业批发中心。这票货物价值为150万元。T市的商业批发中心确定这批货物的标准运输时间为2.5天，如果超出标准时间，每台电视机每天的机会成本是30元。

问题：

甲公司的物流配送经理设计了以下3个配送运输方案，根据以下资料选择成本最低的配送运输方案。

方案一：A公司是一家长途货物运输企业，可以按照优惠费率每公里0.05元/台来运送这批电视机，装卸费为每台0.10元。已知S市到T市的公路运输里程为1 100公里，估计需要3天的时间才可以运到（因为货物装卸也需要时间）。

方案二：B公司是一家水运企业，可以提供水陆联运服务，即先用汽车从甲公司的仓库将货物运至S市的码头(20公里)，再用船运至T市的码头(1 200公里)，然后再用汽车从码头运至批发中心(17公里)。由于中转过程中需要多次装卸，因此整个运输时间大约为5天。询价后得知，陆运运费为每公里0.06元/台，装卸费为每台0.10元；水运运费为每百台0.6元。

方案三：C公司是一家物流企业，可以提供全方位的物流服务，报价为22 800元。它承诺在标准时间内运到，但是准点率为80%。

解：

方案一：

成本=(0.05×1 100+0.1×2)×500+30×500×0.5—27 600+7 500=35 100元

方案二：

成本=(0.06×37+0.1×6+0.006×1200+30×2.5)×500=42 510元

方案三：

成本=22 800元，可能追加成本=(2.5÷0.8—2.5)×30×500=9 375元

选择最佳配送运输方案为方案三，因为该方案的成本最低。

8.5.2　配送成本控制的途径

1. 利用标准成本法

(1) 制定控制标准。成本控制标准是控制成本费用的重要依据，物流配送的成本标准的制定，应按实际的配送环节分项制定。

物流配送流通加工等环节的标准成本的制定，应按配送的实际环节进行制定。

在进行标准成本制定过程中要充分考虑各环节的实际情况。流通加工各环节的标准成

本和业务数量标准通常由技术部门研究确定。配送作业的成本控制标准和业务数量标准通常由技术部门研究确定；费用标准由财务部门和有关责任部门研究确定，同时尽可能吸收负责执行标准的职工参加各项标准的制定，从而使所制定的标准符合实际配送活动的要求。

(2) 揭示成本差异。成本的控制标准制定后要与实际费用比较，及时揭示成本差异。差异的计算与分析也要与所制定的成本项目进行比较。

(3) 成本信息反馈。成本控制中，成本差异的情况要及时反馈到有关部门，以便及时控制与纠正。

2. 推广使用现代化信息技术，提高作业效率

(1) 加强自动识别技术的开发与应用，提高入货和发货时商品检验的效率。配送企业可以通过加强自动识别技术的开发与应用来提高入货和发货时商品检验的效率，从而控制配送成本。

(2) 使用自动化智能设备提高保管、装卸、备货和拣货作业的效率。实行自动化备货作业后，各个货架或货棚顶部装有液晶显示的装置，该装置标示有商品的分类号和店铺号，作业员可以很迅速地查找到所需商品。提高保管、装卸、备货和拣货作业的效率，以控制配送成本。

(3) 采用先进的计算机分析软件，优化配送运输作业，降低配送运输成本。可以采用解析法、线性规划法或静态仿真法对配送中心选址进行合理布局，使用车辆安排程序，合理安排配送运输的路线、顺序、积载等来降低成本。

3. 实行责任中心管理

把配送中心作为一个责任中心来对待，并划分若干责任区域，指派下属经理——配送经理进行管理。

企业实施责任中心管理的关键是制定一个业绩计量标准，包括制定决策规则、标准和奖励制度；利用该标准，可以表达各中心应该如何做，并判断和评价其业绩，从而达到控制配送成本的目的。

配送中心既要提高服务水平，又要降低配送运营的总成本，这是一个难题，所以配送企业可以在整个物流企业的总成本目标和服务水平总体要求的指导下，对配送成本进行合理的控制。

8.5.3 配送成本控制的策略

1. 混合策略

混合策略是指配送业务一部分由企业自身完成。该策略的基本思想是，尽管采用单一策略（即配送活动要么全部由企业自身完成，要么完全外包给第三方物流完成）易形成一定的规模经济，并简化管理，但由于产品品种多变、规格不一、销量不等等情况，采用单一策略的配送方式超出一定程度不仅不能取得规模效益，反而还会造成规模不经济；而采用混合策略，合理安排由企业自身完成的配送和外包给第三方物流完成的配送，能使配送成本最低。

2. 差异化策略

差异化策略的指导思想是：产品特征不同，顾客服务水平也不同。当企业拥有多种产品线时，不能对所有产品都按同一标准的顾客服务水平来配送，而应按产品的特点、销售水平来设置不同的库存、不同的运输方式和不同的储存地点，忽视产品的差异性会增加不必要的配送成本。

3. 合并策略

合并策略包含两个层次：一个是配送方法上的合并；另一个则是共同配送。

1）配送方法上的合并

企业在安排车辆完成配送任务时，充分利用车辆的容积和载重量，做到满载满装，这是降低成本的重要途径。由于产品品种繁多，不仅包装形态、储运性能不一，在容量上相差甚远。实行合理的轻重配装、容积大小不同的货物搭配装车，不仅在载重方面达到满载，而且也充分利用车辆的有效容积，取得最优效果。最好是借助计算机计算货物配车的最优解。

2）共同配送（也称集中协作配送）

共同配送是几个企业联合集小量为大量共同利用同一配送设施的配送方式，其标准运作形式是：在中心机构的统一指挥和调度下，各配送主体以经营活动（或以资产为纽带）联合行动，在较大的地域内协调运作，共同对某一个或某几个客户提供系列化的配送服务。

4. 延迟策略

传统的配送计划安排中，大多数库存是按照对未来市场需求的预测量设置的，这样就存在着预测风险，当预测量与实际需求量不符时，就出现库存过多或过少的情况，从而增加配送成本。延迟策略的基本思想就是对产品的外观、形状及其生产、组装、配送应尽可能推迟到接到顾客订单后再确定。一旦接到订单就要快速反应，因此采用延迟策略的一个基本前提是信息传递要非常快。一般来说，实施延迟策略的企业应具备以下几个基本条件。

（1）产品特征。生产技术非常成熟，模块化程度高，产品价值密度大，有特定的外形，产品特征易于表述，定制后可改变产品的容积或重量。

（2）生产技术特征。模块化产品设计、设备智能化程度高、定制工艺与基本工艺差别不大。

（3）市场特征。产品生命周期短、销售波动性大、价格竞争激烈、市场变化大、产品的提前期短。实施延迟策略常采用两种方式：生产延迟（或称形成延迟）和物流延迟（或称时间延迟），而配送中往往存在加工活动，所以实施配送延迟策略既可采用形成延迟方式，也可采用时间延迟方式。具体操作时，常常发生在诸如贴标签（形成延迟）、包装（形成延迟）、装配（形成延迟）和发送（时间延迟）等领域。

5. 标准化策略

标准化策略就是尽量减少因品种多变而导致的附加配送成本，尽可能多地采用标准零部件、模块化产品，如服装制造商按统一规格生产服装，直到顾客购买时才按顾客的身材调整尺寸大小。采用标准化策略要求厂家从产品设计开始就要站在消费者的立场去考虑怎样节省配送成本，而不要等到产品定型生产出来了才考虑采用什么技巧降低配送成本。

物流配送流通加工等环节的标准成本的制定，应按配送的实际环节进行制定，在进行标准成本制定过程中要充分考虑各环节的实际情况。流通加工各环节的标准成本、业务数量标准，通常由技术部门研究确定；费用标准由财务部门和有关责任部门研究确定，同时尽可能吸收负责执行标准的职工参加各项标准的制定，从而使所制定的标准符合实际配送活动的要求。

配送各环节标准成本可按直接材料、直接工资、制造费用等项目制定，用"标准消耗量×标准价格"的公式来确定。之所以要这样做，有以下两个原因：数量和价格区分开来便于分析"量差"和"价差"对成本的影响，以便分清责任。例如，材料用量差异，通常是作业部门的责任。数量和价格分离开来便于修订标准成本，只要用标准消耗量乘以新的单位标准价格的简便方法即可求得。

1) 直接材料的标准成本的制定

配送成本构成中的直接材料标准成本的制定，一方面，应从技术部门取得各作业过程的技术文件，提供各作业过程所需各种材料的消耗量（如配送流通加工成本中的加工材料的消耗量）；另一方面，应从供应部门取得每种材料的标准单价，主要包括运杂费和购价等。把各种材料的标准消耗量乘以其标准单价，就可以求得配送各环节直接材料的标准成本。

直接材料标准成本计算公式为

配送各环节直接材料标准成本＝直接材料标准数量×直接材料标准价格

2) 直接人工标准成本的制定

计算各环节直接人工的标准成本，其中标准工作时间，一般是通过"时间和动作研究"，按产品的加工工序、搬运装卸工序、拣选及配装工序等来制定。这个标准时间，除了包括直接作业时间外，还要考虑工人必要的间歇和停工时间。"标准价格"是确定作业工人工资标准成本的另一个因素，它一般是采用预算工资率，即每一标准工时应分配的工资，乘以职工工时标准为基础来确定。各工序消耗的标准时间，由各作业部门和工程技术部门来提供，预算工资率一般由人力资源部门来提供。

直接人工标准成本计算公式为

配送某环节直接人工标准成本＝直接人工标准数量×直接人工标准价格

3) 制造费用标准成本的制定

制造费用标准成本的制定，需考虑数量标准与费用率标准两个因素。制造费用的数量标准是指正常生产条件下生产单位产品所需的标准工作时间；制造费用的费用率标准，是指每标准工时所负担的制造费用。制造费用分为固定性制造费用预算和变动性制造费用预算两部分。费用率标准的计算公式为

$$固定性制造费用标准分配率=\frac{固定性制造费用预算}{标准总工时}$$

$$变动性制造费用标准分配率=\frac{变动性制造费用预算}{标准总工时}$$

根据制造费用用量和费用分配率标准，制造费用标准成本计算公式为

固定性制造费用标准成本＝固定性制造费用分配率×标准工时

变动性制造费用标准成本＝变动性制造费用分配率×标准工时

复习思考

一、填空题

1. 配送成本实际上是含配送_____、_____、_____、_____等的全过程。
2. _____是指随着配送量的变化而发生变化的成本。
3. 变动成本主要由_____、_____的运行成本和社会资源的使用成本构成。
4. _____是指配送车辆在完成配送货物过程中,所发生的各种车辆费用和配送间接费用。配送成本费用总额是由各个环节的总成本组成的。
5. 运费＝基本运费＋附加费＝_____×基本运费×(1＋基本费率)。

二、判断题

1. 配送成本中不同的功能成本之间存在二律背反现象,即一种功能成本的削减会使另一种功能成本增加,因此,配送管理的目标是追求总成本的最小化,而不是个别成本的优化。( )
2. 配送成本削减的乘法效应。如果配送成本占销售额的1%,那么当配送成本降低1元,相当于使销售额增加200元。可见,配送成本的下降对企业经营影响巨大。( )
3. 实际满油箱制的运输企业,在月初、月末油箱加满的前提下,车辆当月加油的累计数,即为当月燃料实际消耗数。( )
4. 上月实耗数＝月初车存数＋本月领用数－月末车存数。( )
5. 配送环节所有成本的计算方法,是指分拣过程所发生的费用,按照规定的成本计算对象和成本项目,计入分拣成本的方法。( )
6. 二律背反,原出美国,指规律中的矛盾,在相互联系的两种力量运动规律之间存在的相互排斥现象。( )
7. 在物流功能之间,一种功能成本的削减不会使另一种功能的成本增多。所有计算各种费用时无须考虑整体的最佳成本。( )
8. 配送持续的时间直接影响的后果是对配送中心的占用,耗用仓储中心的固定成本。( )
9. 根据配送经营的成本确定价格。价格由成本、利润、收入三部分组成。( )
10. 成本控制标准是控制成本费用的重要依据,物流配送成本标准的制定,应按实际的配送环节分项制定,不同的配送环节,其成本项目是不同的。( )

三、选择题

1. 配送成本是指在配送活动的备货、储存、分拣及配货、配装、送货、送达服务及配送加工等环节所发生的各项费用的总和,是配送过程中(   )。

A. 所消耗的各种活劳动的货币表现

B. 所消耗的各种物化劳动的货币表现

C. 所消耗的各种活劳动和物化劳动的货币表现

2. 不改变配送服务水平,通过改变配送系统来降低配送成本,这是一种追求效益的办法。其策略含义表示为( )。

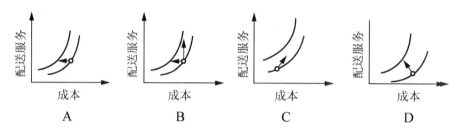

3. 在企业配送服务策略中,当企业在特定顾客或其特定商品面临竞争时,应采取的具有战略意义的做法是( )。

A. 配送服务一定,成本降低

B. 配送服务提高,成本一定

C. 成本增加,配送服务提高

4. 下列( )办法是一种追求效益的办法,也是一种有效地利用配送成本特性的办法。

A. 配送服务一定,成本降低

B. 配送服务提高,成本一定

C. 成本增加,配送服务提高

5. 配送活动要么一部分由企业自身完成,一部分外包给第三方物流完成,这种配送策略是( )。

A. 混合策略　　　　　B. 差异化策略　　　　　C. 合并策略

6. 产品特征不同,配送顾客服务水平也不同,这种配送策略是( )

A. 混合策略　　　　　B. 差异化策略　　　　　C. 合并策略

7. 采用 ABC 分类法区分产品重要性来分别进行配送管理,( )连地区分销中心都不设库存,仅在工厂的仓库才设有存货。

A. 销售量占总销售量的 70% 以上的 A 类产品

B. 销售量占总销售量的 20% 左右的 B 类产品

C. 销售量占总销售量的 10% 左右的 C 类产品

8. 采用 ABC 分类法区分产品重要性来分别进行配送管理,( )只在地区分销中心备有库存而在各销售网点不备有库存。

A. 销售量占总销售量的 70% 以上的 A 类产品

B. 销售量占总销售量的 20% 左右的 B 类产品

C. 销售量占总销售量的 10% 左右的 C 类产品

9. 采用 ABC 分类法区分产品重要性来分别进行配送管理,( )在各销售网点都应备有库存。

A. 销售量占总销售量的 70% 以上的 A 类产品

B. 销售量占总销售量的20%左右的B类产品
C. 销售量占总销售量的10%左右的C类产品

10. 借助计算机计算货物配车的最优解是（　　）。
A. 合并策略中配送方法上的合并
B. 合并策略中的共同配送
C. 分散策略中的共同配送

四、简答题

1. 什么是配送成本？
2. 简述配送成本的构成。
3. 配送成本的构成要素及类别有哪些方面？
4. 配送成本的核算由哪几个方面组成？
5. 流通加工成本有哪些项目和内容？
6. 物流企业应如何控制配送成本的增加？
7. 论述配送服务与成本之间的关系。
8. 影响配送成本的因素是什么？
9. 配送定价有哪些？配送收费计费方式有哪些？
10. 假设鲜花店的位置为图中小黑方块，客户人次需要的鲜花数量代表单独一天的送货量。如果公司有六辆车，每部车可以送20个客户订购的鲜花，利用扫描法确定行车路线，从节约成本角度出发，将设计画在图中，需要几辆车？

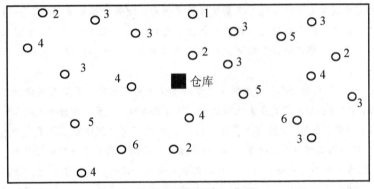

鲜花店位置及相应订货量

五、项目练习题

配送中心仓储成本计算

某配送中心于2008年12月兴建一仓库，建筑物投资200万元，计划使用年限50年，仓储设备投资40万元，计划使用年限10年，该配送中心固定资产均采用平均(直线)折旧法。到2008年年底由于配送中心迁址，将仓库整体出售，得价款160万元。该配送中心仓库在2008年内发生了以下有关费用：仓库货物发生的损毁费用为2万元，仓库货物支付的保险费为4万元，存货占用资金利息支出为3万元，仓库管理人员工资及福利费为4万元。

问题:
(1) 2008年仓库发生的全部费用(储存费用)。
(2) 2008年仓储发生的固定费用。
(3) 2008年仓储发生的变动费用。
(4) 配送中心将仓库整体出售的沉没成本。
(5) 现已知, 2008—2013年, 配送中心该仓库的年平均库存货物为10 000个标准托盘, 每标准托盘的单位储存费用是多少? 若配送中心该仓库人员工资及福利费水平也一直没有改变, 试问配送中心该仓库5年期间共发生了多少储存费用?

六、案例分析题

曾维的低价策略

"有思路就有出路,一切创业在于经营设计。"广州益泉纯净水有限公司董事长曾维正是基于此理念,从1998年6月杀入水战,在短短三年时间内,公司用户增加到10多万人,成为广州市桶装水市场的"大哥大",其成功发人深省!

(1) 低价扩张才能后来居上。1998年,正是中国水战如火如荼的时刻,曾维不满足其在服装业上的成就(曾获中国服装协会授予的"中国十大设计师"称号),对水战跃跃欲试,特别是从《羊城晚报》上看到有关柯木长寿村老人长寿的秘密是因为长饮地下水的报道后,他果断地在柯木的七八家水厂中强行突入。由于几家水厂相互间在水质上并无太大的差别,所以曾维一开始就确定了"低价策略",靠着雄厚的资金实力和先进的管理体制与对手死拼价格,他说:"上帝永远爱低价!价格是企业综合实力最集中的体现,价格战对企业是最残酷的,但对消费者则是最幸福的,只有质量与服务最过硬的企业才能活得最好!"曾维的低价策略受到了不少同行的指责,但他给记者算了一笔账:"除了设备等一次性投入的固定成本外,每桶水的变动成本又有多少呢?只要销售量足够大,就可以将成本摊薄,一桶水怎么可能卖到十几元呢?"他认为18.9升的大号桶装水的成本也就5元多,而且规模越大成本就越低。因此,他确定了"低成本扩张、快速抢占市场份额"的路线,他的"市场第一"战略取得了成功,三年时间一跃而为广州桶装水的第一位。

(2) 3年建成1万人的配送大军。曾维的低价策略不仅是为了水战,更是为了组建广州最大的民间物流中心。他对记者说:"现在物流配送是最大的战场,没有租金和水电费,管理费又极低,有配送体系才是战胜超级商场的唯一法宝。曾维1 000多人的送水大军与10余万客户网络就是其最大的物流本钱,他"一网多用",其配送网络不仅送桶装水,也帮别的公司送饼干、牛奶、各种饮料和化妆品等,每个送水工都有一本送货宣传册,送水时就向用户推荐其他产品。由于不少大公司都看好直接配送,所以曾维的送货价有时比超级商场低,初步具备了物流中心的雏形,有家著名的大集团愿意出1个亿来买断他的物流网络,但遭到了拒绝,曾维说:"配送网络与客户网络不是有钱就能在短期内买到的,物流中心将来会很值钱!"

曾维认为未来的商业零售模式会发生质的变化,完善的配送网络将结束店铺与商场的黄金时代,将来人们只要拨个电话或发电子邮件就有人送货上门,所以拥有强大的配送网络,就能掌握未来流通企业的命脉。所以,他要将桶装水的配送中心完全独立出来,并将1 000多人的送水大军发展成2 000多人的物流大军,并推行电话购物、电视购物和电子购物,成为广州市的物流大王。

曾维正在选址组建"网络超市"的大货仓,所谓"网络超市"就是与物流配送相适应的电子购物,即给每个用户配一个载有用户身份密码、联系电话、银行账号、家庭地址或送货地址的电子购物卡,然后将所有的产品都编订成册并配以编号,用户只要将产品编号、购物数量、送货时间等输入电子购物卡就行;具体操作很简单,用户只需将电子购物卡对着商品编号一划就行,如果在货仓就对操作员说明要求,如果在家里就打个电话,非常方便快捷。曾维认为超市里的购物手推车会成为历史的回忆,别人帮你免费送回家总比你自己拿回去更有吸引力。为什么总是能想到别人前面？对此，曾维含蓄地说："我有高参，更重要的是我总在看报学习，广州所有的报纸我都订了，干企业就要多看书多看报，关于水战和物流，报纸上不都说得清清楚楚吗？"

资料来源：谢翠梅．仓储与配送管理实务[M]．北京：北京交通大学出版社，2013．

思考与讨论

（1）益泉公司用什么方法降低物流成本？

（2）通过案例你得到什么启发？

第9章 配送中心管理信息系统

【学习目标】

通过本章的学习，了解管理信息对现代物流配送中心的影响和必要性；掌握配送中心管理信息系统的模型设计和功能结构；重点掌握采购入库管理系统、销售出库管理系统各环节业务流程和各业务模块的主要功能；熟悉财务会计管理系统和经营绩效管理系统的主要功能；理解建立配送中心管理信息系统的原则。

【本章要点】

本章主要介绍配送中心管理信息系统的模型设计和功能结构、采购入库管理系统、销售出库管理系统各环节业务流程和各业务模块的主要功能、财务会计管理系统和经营绩效管理系统的主要功能。

配送中心管理信息系统　第9章

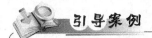

沃尔玛的信息化管理

沃尔玛是世界零售业的巨头。它之所以能取得骄人的业绩，是与其信息管理系统的建设密切相连的。

1969年沃尔玛最早使用计算机跟踪存货；1974年全面实现S.K.U单品级库存控制；1980年最早使用条码；1984年最早使用CM品类管理软件；1985年最早采用电子数据交换系统；1988年最早使用无线扫描枪；1989年最早与一些大供应商实现产销合作；同时，在20世纪70年代率先使用了卫星通信系统；并在21世纪初投资90亿美元开始实施"互联网统一标准平台"的建设。

沃尔玛在信息技术的支持下，它能够以最低成本、最优服务、最快反应进行全球运作。在公司总部，他们建立了庞大的数据中心，通过卫星通信和主干网与每家店铺的终端相连，及时地收集所有店铺、配送中心经营的所有商品及一切与经营有关的购、销、调、存等详细信息，向管理人员提供所需信息，以协助完成日常运营管理、企业战略的分析和决策。配送中心的调度、采购、库存、流通和销售管理等作业流程都采用信息化管理。供应商将商品送到配送中心后，经过核对采购计划、进行商品检验等程序，分别送到货架的不同位置存放；店铺提出要货计划后，计算机系统通过数据库将所需商品的存放位置查出，并打印有店铺代号的标签；商品从货架上取出后送往传送带进行集中；调度运输工具和作业人员进行配送。

沃尔玛通过信息流对物流和资金流进行整合、优化和及时处理，有效地实现了物流成本的控制，提高了资本利用率和劳动生产率，从而形成了沃尔玛的核心竞争力。

思考：

沃尔玛采用信息化管理获得了哪些益处？

9.1 配送中心管理信息系统概述

9.1.1 配送中心管理信息系统的含义、特点与基本功能

1. 管理信息系统的含义

管理信息系统（Management Information System，MIS），是用系统的观点、思路和方法，以计算机和通信技术为基础，为各级管理人员决策提供信息服务的人机系统。

2. 管理信息系统的特点

1）系统化

系统化主要体现在以下3个方面。

（1）信息集成：物流业务活动信息具有分割、分散、流动等特点，企业物流管理系统按照系统设计要求，通过数据库技术的应用，如通过关系型数据库建立数据之间的关联，实现物流信息的综合集成。

（2）系统结构：系统结构是指系统各组成部分间的相互联系，结构不同，系统功能也不同。企业物流管理系统的整体系统与子系统之间、子系统相互之间、系统与环境之间具

有相互关联及结构优化能。

(3) 整体功能：配送中心信息管理系统不是各要素的简单集合，否则它就不会具有作为整体的特定功能。为了保证系统的整体性，必须注意系统的各个层次和各个组成部分的协调与连接，并按照系统体目标，提高系统的有序性，尽量避免系统的"内耗"，提高系统整体运行的效果。

2) 模块化

配送中心信息管理系统一般采用模块化的结构设计方法，即把一个系统分解成若干个彼此具有一定独立性，同时又具有一定联系，能完成某项特定任务的组成部分，这些组成部分称为模块。每个模块都具有以下3种基本属性。

(1) 功能。说明该模块的具体功能。

(2) 处理逻辑。描述模块内部如何实现其功能。

(3) 模块所处的位置。描述模块所处环境、条件及模块间的相互关系。

3) 实时化

实时化借助于编码技术、自动识别技术、GPS技术、GIS技术等现代化物流技术，对物流配送活动进行准确实时的信息采集，并采用计算机网络与通信技术，实时地处理数据和传送物流信息，通过Internet/Intranet的应用将供应商、分销商和客户按业务关系联系起来，使整个企业物流管理系统能够即时掌握和分享属于供应商、分销商或客户的信息。

4) 网络化

通过企业内部网、互联网将物流企业、供应商、客户等联系起来，在企业物流管理系统的管理下完成物流运作。

5) 现代化

企业物流管理系统体现了物流管理理念的现代化及物流信息技术手段的现代化。如全面质量管理、准时制工作法、业务流程重组、企业资源计划、供应链管理、客户关系管理等现代管理理念与数据库技术、网络技术、电子数据交换技术等信息技术手段相结合，形成了材料需求计划(MRP、MRPⅡ)和企业资源规划(ERP)等系统。

3. 配送管理信息系统的基本功能

(1) 信息处理功能。配送管理信息系统能对各种形式的信息进行收集、加工整理、存储和传输，以便向管理人员及时、准确、完整地提供各种信息服务。

(2) 事故处理功能。配送管理信息系统能够从事部分日常性事务管理工作，如账务处理、统计报表处理等。

(3) 预测功能。运用多维数据库技术开发决策支持系统，对历史及现实销售数据进行深层挖掘，账目按不同管理角度汇总。纵向分析会计期间运行趋势，与历史数据比较，运用适当的数学方法和科学预测模型，预测企业的未来。

(4) 计划功能。运用各年度销售量变化趋势分析、销售同比分析、销售利润与费用率分析，为计划部门编制商品计划，为财务部门下达财务指标提供依据。

(5) 控制功能。企业在计算机系统内，针对每个使用者的工作职责，分别定义不同的权限和口令，在商品进货、结算价格等方面严格权限管理，超权限则不能进入业务流程。

（6）辅助决策和决策优化功能。管理信息系统不仅能为管理人员提供相关的决策信息，从而达到辅助决策的目的，还可以利用各种半结构化或非结构化的决策模型及相关技术进行决策优化，为各级管理层提供各种最优解、次优解或满意解、可靠解，提高决策的科学性，合理利用企业的各项资源，提高企业的经济效益。

9.1.2 配送中心涉及的作业

配送中心是一种多功能、集约化的物流据点。作为现代物流方式和优化销售体制手段的配送中心，它把收验货、储存保管、装卸搬运、拣选、分拣、流通加工、配送、结算和信息处理，甚至包括订货等作业有机地结合起来，形成多功能、集约化和全方位服务的供货枢纽。配送制中心作业活动如图9.1所示。

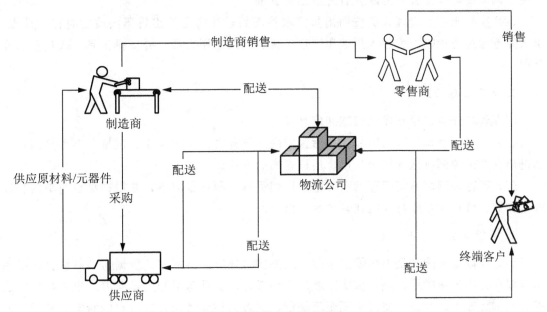

图 9.1 配送中心作业活动

根据物流作业流程的需要，配送中心应具备相应的物流信息管理系统，形成现代化的物流作业。

1. 订单处理作业

配送中心的交易始于客户的询价、业务部门的报价，然后接受订单，业务部门需查询出货日的库存状况、装卸能力、流通加工负荷、包装能力、配送负荷等来满足客户需求。当订单无法按客户要求的日期和数量交货时，业务部门需进行协调。由于配送中心不随货收款，因此在订单处理时，需根据公司对客户的授信状况查核。此外，还需统计该时段的订货数量，确定调货、分配、出货程序及数量。若用户对订货不满意时，退货数据也在该阶段处理。

2. 采购作业

接受订单后，配送中心需向供货厂商或制造厂商订购商品，组织货源。采购作业包括商品数量需求统计、对供货厂商查询交易条件，然后根据所需数量及供货厂商提供的经济订购批量提出采购单。

3. 进货入库作业

采购部门开出采购单后,入库进货管理员即可根据采购单上预定入库日期进行入库作业调度、入库站台调度。在商品入库当日,进行入库资料查核、入库质检,当质量或数量不符时应进行适当修正或处理,并输入入库数据。入库管理员可按一定方式指定卸货及托盘堆叠。对于退回商品的入库还需经过质检、分类处理,然后登记入库。

商品入库后有以下两种作业方式。

(1) 商品先入库上架,等候出库需求时再出货。商品入库上架要按照仓库区域规划管理原则、商品生命周期等因素来指定储放位置并登记,可由计算机自动完成,也可由管理人员手动实施,以便日后的库存管理或出货查询。

(2) 直接出库。管理人员按照出货需求将商品送往指定的出货码头或暂时存放地点。出入库搬运过程中需由管理人员选用搬运工具、调派工作人员,并安排工具、人员的工作日程。

4. 库存管理作业

库存管理作业包括仓库区管理和库存控制。

(1) 仓库区管理。包括商品在仓库区域内摆放方式、区域大小、区域分布等规划;商品进出仓库的控制可选择先进先出、后进先出的方式。

(2) 库存控制。制定库存盘点方法,定期负责打印盘点清单,并根据盘点清单内容清查库存数、修正库存账目并制作盘盈盘亏报表。

5. 补货及拣货作业

当库存数量不能满足出货需求量时,就要实时补货。出货时,根据需求数量打印出库拣货单和各项拣货指示,进行拣货区域的规划布置、工具选用和人员调派。出货拣取后还需补充拣货架上时商品,使拣货不至于缺货,这包括补货量和补货时点的制定、补货作业人员调派等工作。

6. 流通加工作业

在配送中心的各项作业中,流通加工作业是最能提高商品附加价值的环节。流通加工作业包括商品的分类、过磅、拆箱重新包装、贴标签及商品组合包装。因此需要对包装材料及包装容器进行管理,组合包装规划的制定、流通加工包装工具的选用、流通加工作业的调度、作业人员的调派等。

7. 出货作业

出货作业包括根据客户订单,为客户打印出货单据、制定出货调度、打印出货批次报表;在出货商品上贴地址标签,并对出货数量和品种进行核对,制作检查表;由出货调度人员决定出货方式、选用出货工具、调派出货作业人员,并决定运输车辆大小规格与数量。

8. 配送作业

配送作业是商品的装车和完成运输。首先对配送区域的划分和配送线路作出安排,选择商品装车顺序，并在商品配送途中进行商品跟踪、控制，以及对配送途中意外状况进行处理。

9. 会计作业

商品入库后，则由收货部门制作入库清单，作为供货厂商催款稽核之用；商品出库后，销售部门可根据出货数据和价格等相关信息制作应收账单，并将账单传送到会计部门作为收款依据。同时，会计部门制作各项财务报表，作为经营政策制定和经营管理的参考。

10. 经营管理及绩效管理作业

除上述作业外，还需高层管理人员通过各种考核评估来实现配送中心的绩效管理，并制定经营决策及方针。工作人员或中层管理人员向上级领导提供各种信息与报表，作为经营管理和绩效管理的依据，这些信息或报表包括出货销售统计数据、客户对配送服务的反馈信息、配送商品次数及所需时间报告、配送商品的失误率、仓库缺货率分析、库存损失率报告、机具设备损坏及维修报告、燃料耗材等使用量分析、外雇人员、机具设备成本分析、退货商品统计报表、人力使用率分析等。

9.1.3 配送中心管理信息系统的作用

为了发挥配送中心的功能，配送中心管理信息系统应具备以下作用。

（1）业务处理。包括入库、出库、退货、残损商品处理，以及商品的入库、出库信息录入和输出。

（2）查询统计。对相关商品的数量等信息进行查询和统计，统计过程中还可以根据商品种类、供应商、客户等信息进行分类统计。

（3）盘点管理。包括盘点数据输入、盘点清单制成和输出、盘点利润统计和盘点商品查询功能。

（4）库存分析。统计分析库存商品的入库、出库、退货、残损数量及各种商品的库存量和品类结构等。

（5）库存商品管理。包括商品库存量异常提示、商品停滞异常时间指示、商品缺货提示、商品保质期提示及查询等。

（6）货位查询。对库存商品按货位号进行查询与统计。

（7）账目管理。按照商品种类，统计某一时间段的某种商品的明细账。

（8）条码打印制作。包括商品自编条码打印、商品原有条码打印及收银台打印等。

9.1.4 建立现代配送中心管理信息系统的原则

1. 可用性

信息系统所储存的信息，必须具有可用性（Availability），也就是信息系统应能够在第一时间内向其供应商和客户提供最新的电子信息数据，应能向信息需求方提供简易、快捷获取信息的方式，而不受时空的限制。

2. 精确性

信息系统提供的信息是否精确，能否反映配送中心当前所处理货物的真实状况，是衡量配送中心整体业务运作水平的标准之一。精确性（Accuracy）可以解释为信息系统的报告与配送中心的实际业务运作状况的吻合程度。

3. 及时性

信息系统必须提供及时、快速的反馈信息。及时性（Timeliness）是指一种活动发生时与该活动在信息系统内体现时的时间差，实时更新或立即更新更具及时性。

4. 处理异常情况的能动性和主动性

信息系统应能帮助配送中心的管理者识别需要引起注意的决策，使得管理人员能够把精力集中在最需要引起注意的情况，或者能提供最佳机会来改善配送服务或降低运营成本的情况。

5. 灵活性

信息系统必须有能力提供迎合特定客户需要的数据。例如，有的客户想要把订货发货票跨越地理或部门界限进行汇总，有的客户想要每一种商品的发票，而有的客户却可能需要所有商品的总发票。

6. 易操作性

信息系统必须容易操作，系统界面要求有正确的结构和顺序，方便快捷并有效地向管理人员和客户提供相关的信息。

9.1.5 现代配送中心管理信息系统设计

目前，我国物流服务企业提供的服务水平较低、附加价值小，大多数企业在单一运输、仓储等基本环节进行低层次的竞争，整个行业没有形成强势企业或企业联盟。因此，物流服务企业需要提高整体竞争力，需要相互协调，在信息方面需要顺畅的、高度的共享，在充分沟通的基础之上，构建功能齐全的物流信息系统，这是物流企业走向成功的关键。

1. 配送中心信息化建设的总体目标

通过配送中心信息系统的建立，达到盘活库存商品资金，减少商品库存量，加快商品周转速度，减少滞销商品率，提高销售额的目的。

（1）服务目标。配送中心是集销售、仓储、运输为一体的服务性组织，它联结着生产与再生产、生产与消费，因此要求有很强的服务性。近年来出现的准时供货方式、柔性供货方式等，都是其服务性的具体表现。

（2）快速、及时目标。配送中心要求能够快速、及时地处理有关配送方面的业务并加快产品的周转率，更好地做好客户的服务工作。

（3）减少销售损失目标。配送中心通过对商品进行合理储存和配送，从而减少销售损失。

(4) 减少物流总成本目标。对于配送中心而言，物流总成本包括运输成本和库存持有成本，而库存持有成本包括投资于存货资金的机会成本，存货的损失风险和仓储费用等。

2. 配送中心管理信息系统的两大部分

配送中心管理信息系统设计时需要综合考虑硬件和软件因素。在进行配送中心投资建设方面，应尽量采用机械化和自动化程度较高的作业设备系统，如分拣系统，扫描系统，高效率的货物传送、储存及包装等系统，以提高配送中心的自动化水平。相应地，配送中心管理信息系统方面，可分为业务主系统和业务支持系统两大部分组成。

1) 业务主系统

依据配送业务流程，可以将业务主系统划分为订货管理、入库管理、配货管理、在库管理、出库管理和配送管理等信息处理及作业指示等模块，这是信息系统的核心部分。

(1) 订货管理。订货管理主要包含客户订单接受与处理、客户订货确认两个功能模块部分。

① 客户订单接受与处理。配送中心应逐步要求客户采取网上订货和在线进行实时信息传递，克服订货成本高、信息传递不及时、信息传递失误多等弊端。在设计客户订单接受与处理功能模块时，配送中心要把握住两个关键点：一是客户信息要全面充分，应当包含客户名称、客户代码、客户资信等级、订货时间、订货商品名称、数量、客户期望的到货时间、地点、商品属性、包装形态等多种信息；二是重点关注战略客户和重点客户，确保对重要客户进行特殊化服务，如优先配送、提供增值服务等。对重要客户的确认可通过对客户资信等级、分析客户的历史记录得出。

② 客户订货确认。配送中心可通过采用 GPS、GIS 等信息监控技术，更好地掌握客户订货商品的物流运动状态，尽量使客户的订货商品在入库时就处于随时待发的准备状态。

(2) 入库管理。入库管理的主要功能应当包括接受货物入库、货物储存计划及储存确认、数据库系统的数据更新、入库确认、生成相应的财务数据信息等。配送中心应通过采用条码技术、RFID技术、智能卡等现代物流实用技术，提高员工入库操作的准确度和工作效率。

(3) 配货管理。配货作业是员工根据客户订单的有关信息进行配货时，或进行与配货有关的业务处理时，配送中心作出相关的作业指示。为提高配货的效率并减少差错的出现，在每一个货位上可以设置一个配货提示器，在提示器亮灯并显示数量时，员工可以准确、快速地完成商品查找作业。

(4) 在库管理。在库管理的核心工作是确定货物的保管货位、数量和入库日期，使在库数据与实际货物保持一致。在库管理包括接受货物、入库保管和货物盘点等业务。

(5) 出库管理。出库管理包含出库计划、出库指示和未能出库等内容。其中，出库计划包括出库日的指示、每个客户的订货数据汇总、分批发货和完成发货等内容；出库指示包括出库部门输出各种出库用的票据；未能出库是掌握出库的实态，对预订出库但还未出库情况进行管理。

(6) 配送管理。配送管理中，配送路线选择和配送车辆安排是主要工作。在运用计算机系统进行货物配送路线的大量模拟基础上，选择适宜的配送路线。配送路线的选择要避免迂回运输、相向运输、空车往返等不经济的现象。配送车辆安排可利用一些车辆配送安排的软件模型作为决策的参考依据，立足于对车辆实行单车经济核算，提高配送车辆的装载使用效率。

2) 业务支持系统

配送中心的业务支持系统属于信息系统后台支持和保证系统，它主要由自动技术系统、互联网络系统和数据库系统三部分组成。

（1）自动技术系统。主要包括自动扫描系统、条码系统、RFID系统、计算机辅助分拣系统、全程控制系统、GPS卫星定位系统、GIS地理信息系统等。

（2）互联网络系统。配送中心应充分利用低廉快捷的互联网络技术，以自己为系统枢纽，上至供应商，下至零售商，整个供应链全面实行计算机联网，以便进行实时、快捷的信息交流和传递。

（3）数据库系统。主要包括数据文件管理、订单输出管理、入出库管理的输入输出、货物在库的输入输出、货物配送的输入输出。

9.1.6 配送中心管理信息系统的结构

1. 配送中心管理信息系统的层次结构

由于配送中心管理信息系统是为物流管理决策服务的，因此，按照配送中心的管理层次可以纵向地分为战略计划、战术管理和作业处理三层子系统。

（1）战略计划层的目标是根据配送中心的日常运作情况和分析，结合外部环境分析，通过应用模型模拟分析，对配送中心的业务进行全面评价，制定综合资源配置方案，同时进行科学合理的预测，明确业务发展的目标和经营战略，以辅助高层管理人员制定长期的策略。其信息管理的内容包括：环境信息、预测信息、模型信息，以及仿真结果分析与战略计划。

（2）战术管理层的目标是通过对日常运作信息的概括、集中、比较和统计分析，对各项活动进行绩效考评，以供中层管理人员根据实际情况编制或修订作业计划。其信息管理内容包括：成本的审核与结算、客户关系信息的管理与分析、运输调度计划与管理、库存计划与分析等。

（3）作业处理层是供基层管理人员使用的系统，它支持日常的业务处理。其目标是进行日常作业组织，合理地规划和利用配送中心的资源，向上层提供必要的管理数据。其信息管理内容包括：单证信息的传输处理与监控，价格的确定，设备信息的维护与利用，包装及流通加工规划，出入库信息管理，货物状态信息追踪与查询，财务信息及其他信息的管理。

2. 配送中心管理信息系统的功能结构

配送中心管理信息系统的结构主要包括采购入库管理系统、销售出库管理系统、经营业绩管理系统、财务管理系统等。

（1）采购入库管理系统。该系统主要功能是面对供货商的作业，包括向生产厂商发出订购信息或接收生产厂商的出货信息、入库验收、供货商管理、采购决策、存货控制、采购价格管理、应付账款管理等信息管理子系统。

（2）销货出库管理系统。该系统主要功能是收集客户需求信息、记录客户购买信息、进行销售分析和预测、管理销售价格、处理应收货款及退款等，通过对客户资料的全方位、多层次的管理，使物流企业之间实现流通机能的整合，物流企业与客户之间实现信息分享和收益及风险共享，从而在供应链管理模式下实现跨企业界限的整合。

（3）库存储位管理系统。该系统包括储存管理、进出货管理、机械设备管理、分拣处理、流通加工等功能子系统，并负责相关信息的处理。该系统可以对所有的包括不同地域、不同属性、不同规格、不同成本的仓库资源实现集中管理；可以采用条码、射频等先进的物流技术设备对出入仓库货物实现联机登录、存量检索、容积计算、仓位分配、损毁登记、状态报告等进行自动处理，并向系统提交图形化的仓储状态。

（4）财务管理和结算系统。该系统主要功能是对销售管理系统和采购系统所形成的应付、应收账款进行会计操作，同时对配送中心的整个业务与资金进行平衡、测算和分析，编制各业务经营财务报表，并与银行金融系统联网进行转账。结算系统主要功能是充分利用现有的业务信息管理系统和计算机处理能力，以达到自动为客户提供各类业务费用信息，大幅度降低结算业务工作量，提高结算业务的准确性和及时性，从而为广大物流企业的自动结算提供一套完整的解决方案。

（5）运输配送管理系统。该系统包括出货配送管理、货物追踪管理、运输调度计划、分配计划等功能子系统。

（6）物流分析系统。该系统主要功能是应用 GIS 技术与运筹决策模型，完善物流分析技术。它通过建立各种物流运筹分析模型来实现对物流业务的互动分析，提供配送中心运作的合理解决方案，以实现与网络伙伴的协同资源规划（CRP）。

（7）物流决策支持系统。该系统的功能除了获取内部各系统业务信息外，关键在于取得外部信息，并结合内部和外部信息编制各种分析报告及建议报告，提供分析图表与仿真结果报表作为配送中心的高层管理人员进行决策的依据。通过建立决策支持系统，及时地掌握商流、物流、资金流和信息流所产生的信息并加以科学地利用，并对数据进行多角度、立体的分析，实现对配送中心的人力、物力、财力、客户、市场信息等各种资源的综合管理，为企业管理、客户管理、市场管理、资金管理等提供科学决策的依据，从而提高管理层决策的准确性和合理性。

在整个完善、庞大的配送中心管理信息系统中，采购入库管理系统、销售出库管理系统、经营绩效管理系统和财务会计系统是必不可少的，它们是数据形成最基础的、也是最主要的系统，其内容与结构如图 9.2 所示。

 小贴士　XML

XML（Extensible Markup Language，可扩展标记语言）是 Web 上表示结构化信息的一种标准文本格式，是一种用来定义其他语言的源语言，它没有复杂的语法和包罗万象的数据定义。虽然目前 HTML 语言仍然是建立网页最常用的程序语言，但是它储存信息的能力却有很大的限制。相比而言，XML 具有比较大的弹性，它允许程序员使用任何虚拟形态的信息，从简单的单笔数据直到复杂的数据库。

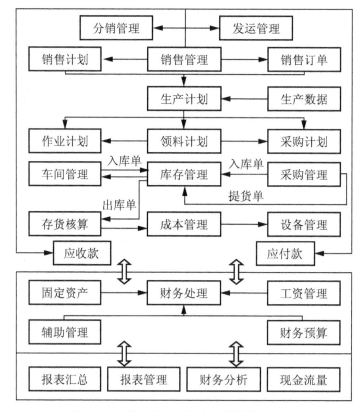

图 9.2　配送中心管理信息系统的基本结构

9.2　采购入库管理信息系统

9.2.1　采购入库管理信息系统概述

1. 概念

采购入库管理系统是用来处理与供应商（生产厂商）有关的各类作业的信息系统。它主要进行采购订单处理，动态掌握配送中心的订单执行情况；处理采购入库单、采购发票，并根据采购发票确认采购入库成本。同时也管理应付账款，掌握采购业务的付款情况；在库存管理中随时掌握物品的当前库存量信息，从而减少盲目采购，避免库存积压、占用资金。采购入库管理信息系统模型如图 9.3 所示。

2. 作用

在整个采购入库管理业务活动过程当中，它不仅根据销售出库管理系统得出的需求进入采购作业，并向销售出库管理系统提供入库数据外，它还为财务会计系统提供应收账款数据，以完成收账业务。同时，采购入库管理系统所形成的数据信息，也为经营绩效管理系统提供评估、管理的依据。

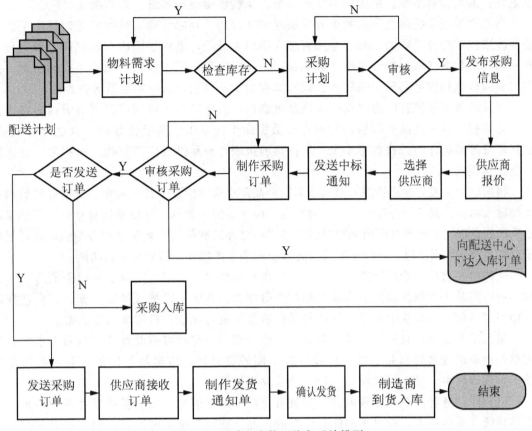

图 9.3 采购入库管理信息系统模型

9.2.2 采购入库管理信息系统的结构

采购入库管理系统通过采购订单的录入、下达以及入库单、采购发票、采购结算和处理，完成各类账的自动登记。操作员可以随时查询采购订单执行情况；可以随时进行物品价格分析、供应商价格对比分析、采购资金比重分析、采购类型的比重分析和采购货龄分析等一系列相关信息的查询。

采购入库管理是指商品到货后，操作人员通过条码输入设备将商品基本信息输入计算机。计算机系统根据预先确定的入库原则、商品库存数量，确定该种商品的存放位置。然后发出条码标签，这种条码标签包含该种商品的存放位置信息，在货箱上贴上标签，将其放到输送机上。输送机识别货箱上的条码后，货箱放在指定的库位区。

采购入库管理系统的工作内容包括：原料采购管理→原料进库管理→库存控制→原材料管理→产品销售管理→销售配送管理→应付账款管理。

1. 原料采购管理

生产企业的操作人员需采购原材料时，先对该材料产生的产品库存进行查看，当该产品的状态是需要补货的时候，操作人员就需要对该产品的原材料进行补充。采购管理子系统是为采购人员提供一套快速而准确的工具，以便其对供货厂商适时适量地开立采购单，使商品能在出货前准时入库并无库存不足，或避免库存太多等情况发生。该系统包括四个子系统：采购预警系统、供应厂商管理系统、采购单据打印系统、采购跟催系统。

当库存控制系统建立采购批量和采购时间文件后，仓库管理人员即可随时调用采购预警系统来核对需要采购的商品。仓库管理人员输入日期，系统访问库存数据库、采购批量和采购时间数据库来对比现有库存数据是否低于采购量，低于时就将此商品打印出来，打印报表内容包括商品名称、采购量、现有库存量、已订购待入库商品数等数据。

当采购预警系统打印出建议采购商品报表后，仓库管理人员即可根据报表内容查询供应厂商数据，输入商品名称后，从供应商数据库中检索供应商报价数据、以往交货记录、交货质量等数据作为采购参考系统。所提供的报表有商品供货厂商报价分析报表、各供货厂商交货报表。

根据以上报表，仓库管理人员可按采购商品需求向供应商下达采购单，此时仓库管理人员需输入商品数据、供应商名称、采购数量、商品等级等数据，并由系统自动获取日期来建立采购数据库。系统可打印出采购单供配送中心对外采购使用。当配送中心与供应商通过电子订货系统采购商品时，系统还需具备计算机网络数据接收、转换与传送功能。

采购单发出后，仓库管理人员可用采购跟催系统打印预定入库报表和已采购未入库报表，进行商品入库跟催或商品入库日期核准等作业。系统不需输入特殊数据，只需选择欲打印报表名称，由系统根据当日日期与采购数据库进行比较，打印未入库数据。

采购子系统最好具备材料结构数据，在组合商品采购时可据此计算各商品需求量。采购单可由单笔或多笔商品组成，且允许有不同进货日期。该模块的功能主要包括库存查看、采购原材料、采购付款单、收货、采购单查询等。

（1）库存查看。企业在采购之前先查看自己的库存信息，如果发现库存基数不足，可以早日确认采购任务，确保采购的是急需的产品。在该系统中可以根据预先设置的产品基数，自动报警。

（2）采购原材料。生产企业向供应商采购原材料，物流部门查看供应商发布的原材料信息，并且选购下单，订单发送到供应商之后，系统自动产生该订单的付款单，进入下一步操作。

（3）采购付款单。生产企业下完订单后，根据付款的方式来付款。如果是有合同的供应商，则按合同中所规定的付款方式进行付款；否则进入"采购付款单"功能中去确认需要支付的款项。该付款过程通过银行转账，如果没有银行账号；则要先申请银行账号；否则该功能不能继续，转账确认成功后，产生收货单。

（4）收货。如果是有合同的供应商，则不需支付货款后才发货，有订单就进行发货；如果是没有合同的供应商，则需支付货款后，等待供应商确认处理订单后，生产企业收到货物后需确认收货单，标记该货物已收到，然后将此收货单转到下一步入库处理。

（5）采购单查询。查看物流的采购记录，可以根据供应商、时间等查询具体的采购单。企业可以查看自己在所有供应商处购买产品的信息，包括产品名称、购买厂家和购买时间，并可以根据购买厂家、购买时间等相关条件进行查询。

2. 原料进库管理

物流配送管理信息系统提供从采购订单开始的进货流程的科学高效的管理，从而轻松管理和掌握每种商品的订单和仓单。该模块的功能主要包括验收收货单、收货确认、退货、处理入库单、仓单管理、入库作业管理等，如图9.4所示。

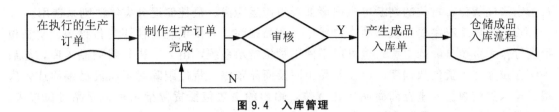

图 9.4　入库管理

（1）验收收货单。根据采购模块产生的收货单，验收该单的产品是否已到位，确认后，该产品资料产生入库单。

（2）收货确认。供应商将订购的原料送达到企业，企业要对送达的产品进行验收，验收合格的则确认收货，验收不合格的则进行退货处理。

（3）退货。企业要对送达的产品进行验收，如发现所送的物品不对或者是物品已破损等情况，则进行退货处理（由采购部门进行退货处理），如图 9.5 所示。

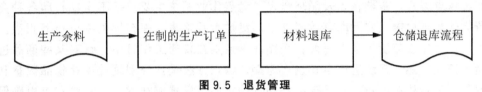

图 9.5　退货管理

（4）处理入库单。根据产生的入库单，查看入库单的产品是否已到位，如果已到位，就单击"入库"，该产品进入库存，分配库位，产生仓单。

（5）库单管理。一个订单产生一个仓单，查看库存中所有物品的仓单，仓单包括物品名称、数量、单价、总价、入库时间、卖方等。可以根据物品名称、入库时间、卖方等进行查询。

（6）入库作业管理。根据采购订单和实际到货数量，填制入库单，或根据采购发票填制入库单，支持暂估入库、退货负入库和冲单负入库。入库作业管理系统包括预订入库数据处理和实际入库作业两个部分。

① 预订入库数据处理。预订入库信息主要是入库站台、人力安排和机器分配。入库数据来源于采购单上的预订入库期、入库商品、入库数量，或供应商预先通告的进货日期、商品及入库数量。入库数据为入库站台调度、入库人力资源及机具设备等资源的安排和分配提供参考，并可以通过该过程打印定期入库数据报表。

② 实际入库作业。实际入库作业发生在厂商交货之时，输入数据包括采购单号、厂商名称、商品名称、商品数量等，可通过输入采购单号来查询商品名称、内容及数量是否符合采购内容，并用以确定入库站台。然后，由仓库管理人员指定入货地点及摆放方式，并将商品按要求码于托盘上，仓库管理人员检验后将修正入库数据输入，包括修正采购单，并转入库存入库数据库，同时调整库存数据库，退货入库的商品也需检验，确定为正品后方可入库。

对于立即出库的状况，入库系统需具备待出库数据查询，并连接派车计划及出货配送系统。当入库数据输入后即访问订单数据库，取出该商品待出货数据，将此数据转入出货配送数据库，并修正库存可调用量。当采购上架入库后再出库时，入库系统需具备货位指定功能或货位管理功能。货位指定功能是指当入库数据输入时即启动货位指定系统，由货位数据库、产品明细数据库来计算入库商品所需货位大小，根据商品特性及货位储存现状来指定最佳货位,货位的判断可根据诸如最短搬运距离、最佳储运分类等法则来选用。

货位管理系统主要完成商品货位登记、商品跟踪,并提供现行使用货位报表、空货位报表等作为货位分配的参考;也可以不使用货位指示系统,由人工先行将商品入库,然后将储存位置登入货位数据库,以便商品出库及商品跟踪。货位跟踪时可将商品编码或入库编码输入货位数据库来查询商品所在货位,输出的报表包括货位指示单、商品货位报表、可用货位报表、各时间段入库一览表、入库统计数据等。

3. 库存控制

配送中心管理信息系统提供的库存信息、库存管理与控制等功能可随时了解企业现有库存的详细情况。库存盘点等功能可使企业的库存管理工作更加严谨高效。该模块的功能包括盘点、补货、库存信息、库位管理、修改产品库位和报废处理等。

(1) 盘点。盘点作业是为库存管理和控制等作业提供正确的库存数据和货位数据。一般有两种盘点方式:定期盘点及循环盘点。盘点作业系统主要包括不定期打印各种商品报表,待实际盘点后输入实际库存数据并打印盘盈盘亏报表、库存损失率分析等报表。定期盘点以季、半年或年度为盘点时段;而循环盘点则在普通工作日中,针对某些商品进行盘点。运行该项功能,系统进行自动盘点库存。盘点方法是:分别统计库存物品数量和仓单记录数量,进行核对比较,并且选出需补货的物品,设置成补货。经常盘点可以确保库存数量的正确性。盘点流程如图 9.6 所示。

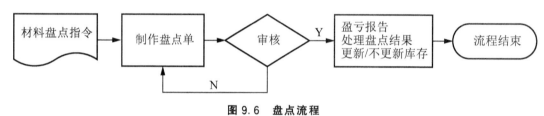

图 9.6 盘点流程

(2) 补货。根据盘点结果所设置的补货物品和实际情况进行补货处理。这里的补货是指库存的基数数量不够,需增加库存。

(3) 库存信息。查看和修改产品的详细资料,库存物品分"成品"和"原材料",原材料可以设置"生产",原材料会转化成成品进行销售,生产过程可以重新命名产品名称,设置保质期,设置卖出价格,如图 9.7 所示。

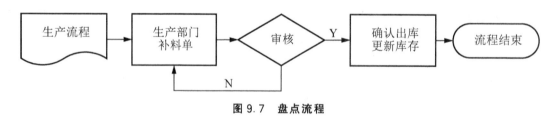

图 9.7 盘点流程

(4) 库位管理。库位管理是根据不同物品的需要,将现有仓库分类,分类规则可以自订,如:采购库存、销售库存、物品库存、资料库存、上海库存、北京库存等;设定每个库位的大小(体积)。

(5) 修改产品库位。根据所划分的库位,手动地将各种物品转库。主要修改的是库位与库位中商品或原材料的调换或搬移。

(6) 报废处理。比较库存物品的保质期和当前日期，如果大于当前日期则报废处理，然后修改库存、库位，按定价确定成本支出。

库存控制系统主要完成库存数量控制和库存量规划，以减少因库存积压过多造成的利润损失。它包括商品分类分级、订购批量及订购时点确定、库存跟踪管理和库存盘点作业。

分类分级就是按商品类别统计其库存量并按库存量排序和分类，作为仓库区域规划布置、商品采购、人力资源及机器设备选用的参考。由于采购时间和采购数量会影响资金的调度及库存成本，因此采购前就需要制定商品经济采购批量及采购时间。库存跟踪管理系统是从数据库中调出相关数据，生成商品库存管理查询报表、商品货位查询报表、积压货存量或货位报表等多种报表。

库存控制系统必须具备按商品名称、货位、仓库、批号等数据分类查询的功能，并设有定期盘点或循环盘点时点的设定功能，使系统在设定时间自动启动盘点系统，打印各种表单，协助盘点作业。当同一种商品有不同储存单位时，系统应具备储存单位自动转换功能。在仓库整顿或库存调整作业时，系统需具备大量货位及库存数据批量处理功能。

库存管理系统还应具备安全库存报警、超储商品查询、短缺商品查询、呆滞积压商品查询、库龄分析等库存分析的功能。

4. 原材料管理

原材料管理提供库存信息、库存查询等功能以便随时了解企业的现有库存、库存盘点等的详细情况，从而使库存管理工作更加严谨高效。该模块的功能包括盘点、补货、库存信息、库位管理、修改产品库位、报废处理等。

5. 产品销售管理

在该项功能中，可以与厂家之间签订合同，对客户的订单进行相应的处理，并可以对客户的退货单进行确认。该模块的功能包括运费单管理、退货单管理、销售单管理、合同管理和销售统计等。

(1) 运费单管理。查看运输费用报价。物流可以对运输的费用设定一个价格，进行报价。

(2) 退货单处理。处理客户的退货单，重新将该物品入库。处理的步骤是先对客户退货要求进行审核，审核通过后，由仓库验收入库。验收不通过就需要进行报废处理；审核不通过则返回给客户。退货单处理流程如图 9.8 所示。

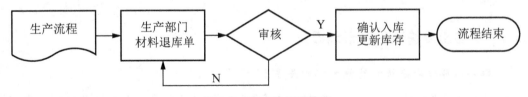

图 9.8　退货单处理流程

(3) 销售单管理。查看客户订购的订单信息，查看该销售单的货款是否已到账，如果已到账，就进行订单处理，将该订单转化成已处理订单，同时产生统一配货单。

(4) 合同管理。建立和厂家之间的合同，以确定付款方式（日结、月结、年结）和其他事项。对所有的合同进行管理，并可以根据付款方式、签订时间等进行查询。

(5) 销售统计。按客户和产品不同，分类统计销售情况。方便物流公司进行成本和利润核算。

6. 销售配送管理

销售配送管理是指企业销售完成从客户申配受理、配送作业生成，一直到实际配送出库的一系列管理功能，满足配送业务的需要，保障配送业务有序、高效地进行。配送管理包括分类拣货打包、分配运输、产生出库单等几个模块。

(1) 分类拣货打包。为降低运输成本，提高运输利润，并且在保证运输质量的前提下，对运送路线相同的物品分类打包、装车、运送。装车也受到重量的限制，设置这些被装配的物品状态为运送中，并从库存中排除。

(2) 分配运输。分别对车次、打包好的物品和驾驶员进行配对，找到最合理的方式进行运输分配。

(3) 产生出库单。对已分配好车辆的物品，设置出库时间，系统自动产生出库单及相关信息。

7. 应付账款管理

采购商品入库后，采购数据即由采购数据库转入应付账款数据库，会计管理人员为供货厂商开立发票或催款单时就可以调用此系统，供货厂商以此作为应付账款统计表，也可作为金额校准之用。账款支付后可由会计人员将付款数据登录，更改应付账款文件内容。高层财务主管人员可由此系统制作应付账款一览表、应付账款、已付账款、统计报表等。

小贴士　有特色的运输管理系统（TMS）

我国目前从事物流管理软件开发的厂商不少于500家，大多都涉及运输管理系统，所以TMS的种类繁多、形式各异，有专门、独立的TMS系统，也有融入企业ERP或财务管理软件之中的系统。有特色的运输管理系统有：博科资讯TMS运输管理系统（系统功能有：基本信息管理、操作权限管理、车辆状态管理、配送管理、状态跟踪管理），络捷斯特科技L-TMS运输管理系统（系统功能有：接单、任务生成、库内作业、调度、执行跟踪与反馈、成本核算、台账/报表、电子商务、作业优化），东方纪元运输管理系统软件（系统功能有：运营管理、车辆管理、配载管理、收付款管理、其他管理、运输成本管理、运费结算、绩效考核）。

9.3　销售出库管理信息系统

9.3.1　销售出库管理信息系统概述

1. 销售出库管理系统与其他系统的关系

销售出库管理系统所涉及的作业主要包括自客户处取得订单、进行订单处理、仓库管理、出货准备、商品运送至客户手中，这些作业主要是以对客户服务为主。对内的作业内容则是进行订单需求统计，传送到采购入库管理系统作为库存管理的参考，并从采购入库管理系统处取得入库数据，在商品发货后将应收账款单转入会计部门做转账之用，最后将各项内部数据提供给经营绩效管理系统作为考核参考，并由经营绩效管理系统处取得各项经营指标。销售出库管理系统与其他系统的关系如图9.9所示。

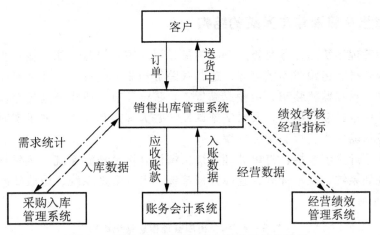

图 9.9 销售出库管理系统与其他系统的关系

2. 销售流程

配送中心接到客户订单后,进入销售环节,系统在定义销售流程时考虑从最终用户开始,终端客户→网上订购→发送订货单→零售商接收订货单→检查零售商库存→如果零售商库存满足,则零售商直接向终端客户发货→终端客户签收,如果零售商库存不满足→产生订购计划单→产生订货单→向制造商发送订货单订货→制造商接收零售商订货单→制造商销售订单→检查制造商产品库存→如果库存满足→制造商安排发货→零售商收货→零售商销售发货→终端客户签收;如果库存不满足→进入生产流程,如图 9.10 所示。

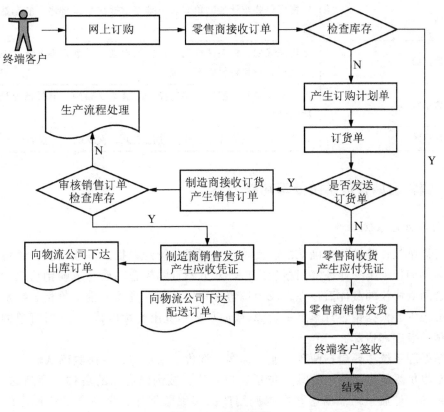

图 9.10 销售流程

9.3.2 销售出库管理信息系统的结构

销售出库管理系统的任务是重点解决物流过程的核心问题，如运输过程的监控与信息反馈、运输的安排、运输成本核算等。通过跟踪货物流通全过程，即从接受客户订单到收货人接收货物，重点监控装车、运输、卸货三个重要环节，使物流运输企业能够全面掌握货物、车辆和单据的动态信息，及时实施调控，并为客户和收货人提供实时的运输状况查询，综合核算运输成本，提高运营效率。

销售出库管理系统包括：订单处理系统、销售分析及预测系统、拣货规划系统、包装与流通加工规划系统、派车计划、仓库管理系统、出货配送系统、应收账款系统，其系统结构如表 9-1 所示。

表 9-1　销售出库管理信息系统结构

功能模块	组　成
订单处理系统	订单接收、自动报价、库存查询 出货能力查询、数据录入、退货数据处理
销售分析及预测系统	销售分析、销售预测、商品管理
拣货规划系统	拣货订单批次规划、拣货单打印、批次拣货安排、补货计划与安排、数据录入、与自动拣货机间数据转换及传输
包装与流通加工规划系统	包装与流通加工订单批次规划、打印包装与流通加工安排、数据录入、与自动拣货机间数据转换及传输
派车计划	出货订单装车计划、单车装车排序、批次装车排序、装车数据输入及维护
仓库管理系统	拣货区规划、包装区规划、存货区规划、托盘管理系统、托盘装卸方式规划、燃料耗材管理系统
出货配送系统	出货文件制作、配送线路选择、配送货品跟踪、意外情况处理、配送数据维护
应收账款系统	账单开立、发票开立、收支登记维护、收款统计、报表生成及打印

9.3.3 销售出库管理系统处理功能

1. 订单处理系统

销售订单是经购销双方确认的、反映客户所需货物的单据。一般而言，销售业务的过程是经客户询价、销售业务部门报价之后，双方签订购销合同或达成购销协议的过程。订单作为合同或协议的载体而存在，成为销售发货的日期、货物明细、价格、数量等事项的依据。配送中心根据销售订单组织货源（或向总公司提出要货申请），并对订单的执行情况进行管理、控制和追踪。

订单处理系统主要包括两种作业，即客户询价、报价与订单接收确认输入。

自动报价系统需要输入的数据包括客户名称、被询问商品的名称、商品的详细规格、商品等级等，然后系统根据这些数据调用产品明细数据库、客户交易该商品的历史数据库、对此客户报价的历史数据库、客户数据库、厂商采购报价等相关的数据资料,以取得该类商品的报价历史资料、数量折扣、客户以往交易记录及客户折扣、商品供应价等数据,再由配送中心按其所需净利与运送成本、保管成本等来制定估价公式并计算销售价格,然后,由报价单制作系统打印报价单,经销售主管核准后即可送予客户,报价单经客户确认和回签后即可成为正式订单。

订单传送的方式有多种,包括邮寄、销售人员取回、电话订购、传真订购及通过计算机网络订购等。订单的接收需考虑订购数据的识别及法律效力等问题。若订单是由报价单确认而来,则可由系统将报价数据转换为订购数据;若订单由计算机网络传送,则根据电子数据交换标准格式将数据转换成内部订单文件格式。在该子系统可进行下列查询:客户信用调查、报价系统查询、库存数量查询、拣货产能查询、包装产能查询、配送设备产能查询、配送人力查询等。当销售部门无法对货物如期配送时,可由销售人员与客户协调,是否分批交货或延迟交货,然后按协调结果修改订单数据文件。销售人员还需检查客户付款状况或应收账款数是否超出公司所定的信用额度,超出额度时则需由销售主管核准后再输入订购数据。当商品退回时,可按订单号码找出原始订购数据及配送数据,修改其内容并标示退货记号,以备退货数据处理。

2. 销售分析及预测系统

(1) 销售分析。销售分析的作用是让销售主管和高层管理者全面了解配送中心的销售状况,包括销售增长分析、货物流向分析、应收账龄分析、欠款分析、应收综合分析、销售结构分析、销售毛利分析、市场分析和货龄分析等。销售分析的结果包括:商品销售量统计表、年度商品销售统计表、季度商品销售统计表、商品成本利润百分比分析表、作业人员业绩统计表,并可查询作业员销售业绩和各仓库经营业绩等数据。

(2) 销售预测。销售预测的作用是根据现有销售资料预测未来库存需求量、生产能力需求及投资成本的需求,预估配送中心的发展趋势,包括配送中心的类型和规模等。

销售预测的方法有最小二乘法、移动平均法、指数平滑法、线性回归分析法、数据仓库联机分析等方法。销售预测的结果包括商品销售预测报表、机器设备需求报表、人力资源需求报表、成本需求分析报表等。

(3) 商品管理。商品管理的作用是分析消费者对商品的偏好趋势,以便于销售主管更好地进行销售预测。一般情况下,只需按要求输入查询即可,系统会自动根据用户的要求进行查询,最后得到商品管理报表,包括商品销售排行表、畅销品及滞销品分析表、商品周转率分析表、商品获利率分析表等。

3. 拣货与包装加工规划系统

拣货与包装加工规划系统都是根据客户订购内容做出货前的准备工作,通常是由仓库管理员或生产工作规划人员来使用。

根据客户订购内容,仓库管理人员调用该系统,输入配送日期、包装、流通加工日期等信息后,由计算机自动检索相关数据库,计算工作需求、人力需求和库存需求,以便制作拣货规划表和其他相关报表,作为分配工作和工作进度的管理与控制的依据。

在实际操作中,由拣货人员和包装流通加工人员分别领取工作单或拣货单,然后根据工作单要求完成作业。作业完成后,将进度录入各相关数据库,相应地减去拣货流通加工数据库、包装流通加工数据库和订单数据库中需要拣货和包装流通加工的数据，然后打印工作报表。

4. 派车及配送运输系统

该作业阶段主要包括商品集中、分类、指定运输车辆及实际装车、配送及配送途中的跟踪管理等作业。

出货配送管理部门执行派车计划系统，是由管理人员调用订单数据库，将当日预定出货订单汇总，查询车辆数据库、车辆调用数据库、客户数据库和地图数据库等，先将客户按其配送地址划分区域，然后统计该区出货商品的体积与重量，以体积最大者或重量最重者为条件来分配配送车辆的种类和派车数量。然后，访问外车调用数据库顺序、公司自有车调用数据库、设备调用数据库、工具调用数据库、人力资源调用数据库来制定出车批次、装车及配送调度，并打印配送批次规划报告和配送调度报表等。批次调度报表包括站台、机具设备、车辆、装车搬运人力、配送驾驶员和随车人员的分配报表。自动规划的派车计划可由人工修改，修改后的数据即转入出货配送数据库，并作为车辆、站台、机具设备、人力调派等分派工作打印的基础数据，以及设备调用数据库、工具调用数据库、人力资源调用数据库、车辆调用数据库的加项。

确定配送装车批次后，由出货配送系统按客户打印出货单，集货人员持出货单和批次调度报表将商品由拣取区取出，并核定商品的相关内容，然后分类、分拣并集中准备装车，此时，出货配送系统可提供装车计划，或由配送路线选择系统来决定每辆车接订单的装车程序。配送路线选择系统可访问出货配送数据库，设定各种参数后求得最短配送路径、最短配送时间，或最低配送成本等最佳解决方案，以决定配送顺序。

商品装车后即由送货驾驶员持出货单予以运送，出货单通常是多联的，用来做客户和配送驾驶员的签收核定之用。商品到达客户处并经签收之后，出货单由送货驾驶员缴回并输入数据，作为订单数据库、出货配送数据库的减项，并转入会计系统作为应收账款的加项。出货单还可以通过计算机网络直接传送至客户计算机系统中，由对方在收到商品后回传经确认后的收货凭证，因此就要求系统具备对外的数据传输、接收和转换功能。

配送系统还应具备配送途中数据传输和控制的功能，来跟踪商品运动方向、控制车辆和车上设备；在配送途中如有意外状况发生时，还可通过通信系统重新设定配送模式所需的参数，取得新的配送途径并告之配送人员，使配送工作能顺利完成。配送系统主要的输出报表包括出货配送报表、出货配送差异分析报表和客户反应报表等。

根据派车单上的信息，如起始城市、终点城市、运输方式，并结合地理信息系统提供的建议路线，拟定监控计划，调度员可以对系统推荐的监控计划经过修改，确认最终的监控计划。监控计划的拟定方式主要有两种形式，即按地点监控和按时间点监控。派车计划系统也可以实现对车辆货物监控，并且可以对运输方案作及时调整。

5. 仓库管理系统

为支持和协助更好地完成商品的销售与配送作业，除上述各项作业活动外，还须有效地使用仓库内部空间和机具设备的搬运装卸，以提高配送中心的作业效率，降低作业成本。仓库管理系统能够提高仓库内部空间的利用率并合理安排机具设备的使用，它的内容主要包括以下两部分。

(1) 有效利用现有储存空间的区域布置规划，包括仓库布置规划、拣货区规划、包装和流通加工区规划和存货区规划等。

① 仓库规划布置系统。根据销售统计和预测数据分析商品数量及流动状况，并根据商品明细数据来计算储存、拣货、包装流通加工所需空间，然后进行模拟分布，以达到合理布局，形成最佳空间利用规划方案。

② 拣货区规划系统。当商品拣取方式为人工拣取时，每人负责拣取线上的一定区域的拣取工作，因而各区域内应平均分配商品的品种、数量和拣取数，以免因拣取人员工作不增值而产生拣取线的瓶颈；若使用自动拣取设备进行作业时，则需考虑自动拣取机的摆放和机器间的衔接问题。

③ 包装和流通加工区规划系统。与拣货区规划系统类似，但偏重机具摆放的规划，需注意各项包装、流通加工工作流程与机具设备摆布位置的对应性，以保证流畅的作业程序。

④ 存货区规划系统。仓库空间按商品的流动速率、商品存取货位来划分，可由计算机系统根据商品周转率，以及商品储存单位来计算排序，并打印报表以作为商品分类的参考。

(2) 机具设备的应用规划、使用管理和机具本身的保养维护，其中包括站台使用计划和调度、仓储区管理、托盘管理系统、托盘装卸方式规划、车辆保养维修、燃料耗材管理系统等。

商品进出配送中心时均需通过装卸货站台进行作业，因而仓库建设时就要考虑站台所能容纳的车数、站台商品暂存区是否满足装卸商品数量需求，以及站台建造的高度是否方便各类作业车辆的装卸货操作。在仓库启用后，货物进出货站台区时，通过站台使用计划和调度系统来管理与控制车辆摆放方式、车辆行驶路线规划，以及进出车辆数量的调度。

仓储区管理系统是仓库存货区的规划、应用与管理，包括商品的分类、商品在存货区所需容量的比率分析、现有货位货架的分配和摆设计划、一般货位的转换调用等实际作业。当仓储区使用自动仓储、升降梯、输送带等自动化设备时，系统还需具备与自动仓库、设备间的数据转换功能，并实现由计算机管理系统指挥这些设备运行的功能。

在对商品进行装卸、搬运和储存操作时，需要大量使用各种不同包装容器来承装商品，包括托盘、纸箱等。这些包装容器作为商品的载体，是否对外流通、对外流通后是否回收、包装容器所需数量和空包装容器的保管、利用等问题会对配送中心的投资成本、商品配送的便利性及与客户的合作产生重大影响，需要科学地加以规划与管理。包装容器管理系统就是针对这些问题，根据成本和装卸配送绩效等进行分析，并制作各种报表供管理人员作为管理政策制定的依据。

最为常见的包装载体就是托盘。托盘装卸方式的规划、堆叠托盘方式设计系统是针对托盘的有效应用而开发的模拟和设计系统，系统可从商品明细数据库内读取商品体积、重量、商品形状特性等数据，并据此以各种不同堆叠方式来计算某种托盘可堆叠的商品数量，求得最大堆叠量为推荐堆叠方式，并可制作报表。

配送作业中车辆是必备运输工具，车辆的保养维修是一项很重要的工作。车辆保养维修系统主要是收集车辆基本数据，如车辆数、行车里程、行车最高时速、车辆使用时间等，然后与每辆车所需保养资料进行对比，当行车里程数达到一定数量时即由系统发出维修通告、送厂保养或更换零部件耗材等，以便作为车辆维修的预警系统。

燃料耗材是车辆的能量来源，燃料耗材管理系统主要对车辆用量加以管理、分配和成本计算，使燃料耗材的使用更具成效并节省成本。

6. 出货配送系统

根据存货仓库的出库单，生成货物装车明细清单并进行货物运输保险。出货管理主要包括货物装车和运输投保两大部分。

（1）货物装车。派车单和拟定的监控计划下达后，承运人就要根据客户的要求和具体情况安排货物的出库。运输人根据派车单的要求，到指定的一个或多个仓库进行货物装车，在出库单上记录货物装车的明细信息。同时，记录实际装车数量，作为到达卸货点交割的依据，记录提送费、装卸费、盘倒费、运输费、保险费及其他费用，作为与客户结算的依据。

（2）运输投保。根据实际装货量和单价填写投保明细单，为客户货物代投保。对于运输人所投的保险，如果由运输人支付保险费，在系统中只作备注。投保单的内容主要包括投保人、保险人、投保项目、投保货物信息、投保金额、保险费率、保单状态、经办人、投保日期、回复日期等信息。

7. 应收账款系统

当商品配送出库后，订购数据即由订单数据库转入应收账款数据库，会计管理人员于结账日调用该系统，将应收账款按客户进行统计并打印催款单及发票。发票的打印比较灵活，将统计账款总数开成一张发票，或以订单为基础开立多张发票都可。收到账款后由会计人员确认并登录，作为应收账款的销项并转为收支会计系统的进项，系统还可打印应收账款统计表、应收账款收入状况一览表等。

9.4 订单处理信息系统

9.4.1 订单业务处理概述

1. 订单业务处理的概念

客户订单是引发配送过程运转的信息，订单处理系统是配送系统的中枢。信息流的速度与质量直接影响整个运作过程的成本与效率。低速、缺乏稳定性的信息传输不但会导致失去客户，而且还会增加运输、库存和仓储成本。订单处理系统能够为提高物流绩效水平提供巨大潜力。

订单活动是物流活动的起点，在该环节，客户与企业双方通过离线（人员洽谈）或在线（电子商务）等多种方式完成物流服务委托，是企业各客户提供配货、运输、货代等服务前提。

订单处理的效率，直接影响客户服务水平，同时，牵动物流作业的合理性和有效性。

订单处理是指从接到客户订单开始一直到着手准备拣选货品之间的工作，通常包括有关用户和订单的资料、单据处理等内容。

订单处理有人工处理和计算机处理两种形式，目前主要采用计算机处理。虽然人工处理弹性较大,但只适合少量的订单处理,一旦订单数量较多,处理将变得缓慢且容易出错;而计算机处理则速度快、效率高,且成本较低,适合大量的订单处理。

2. 订单处理的内容和步骤

订单管理要求为企业提供一个展示服务项目的平台,以供客户浏览和选择。客户对感兴趣的服务项目进一步查看服务类别、价格等详细信息,确定委托后,向企业下订单。企业要求确定了的订单迅速、准确地传输到销售部门,同时传输给存货部门、运输部门、流通加工部门、财务部门等;将订单的需求分解到具体物流服务活动,如存货核对、运输、流通加工等,同时需要生成相应的一系列物流服务单据,如拣货单、订车单、加工单等,供相关人员共享,进入相应的工作流程,及时提供物流服务。订单管理的业务流程如图9.11所示。

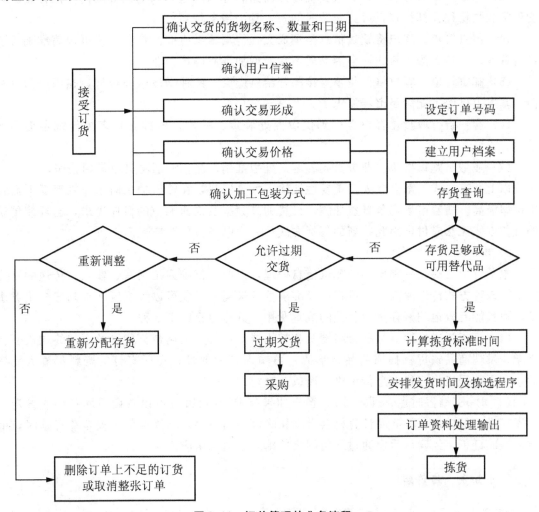

图9.11 订单管理的业务流程

现代化的订单管理,订单处理作业都是通过计算机网络来实现的。在订单处理作业中,最重要的是通过网络将企业本部与物流配送中心和各个客户连接起来,从而使订货信息通过信息系统传输到物流中心,在准备发货的同时同期进行自动制作发货票、账单等业务。

3. 接受订货

接受订货的方式，由传统的人工下单、接单，已经演变为计算机直接或间接接送订货资料的电子订货方式。

1）传统订货方式

（1）厂商补货。供应商直接将商品装车，依次给各个订货方送货，缺多少补多少。该种方法适合周转快的商品，或新上市的商品。

（2）厂商巡货、隔天送货。供应商派巡货人员前一天先到各客户处查询需要补充的商品，次日再补货。供应商采用该种方式可利用巡货人员为商店整理货架、贴标签或提供经营管理意见、市场信息等，也可利用机会促销产品。

（3）电话或口头订货。订货人员确定好商品名称和数量，以电话方式向厂商订货。订货种类和数量往往都很多，因此花费时间长，且出错率较高。

（4）传真订货。客户将缺货信息整理成文，传真给供应商。该种方式可快速准确传递订货资料，但传真的资料或许会因品质不良而增加事后确认作业。

（5）邮寄订单。客户将订货单直接邮寄给供应商。该种做法效率极低，在当今信息社会，基本上已经不能满足市场需求了。

（6）客户自行取货。客户自行到供应商处看货、补货，该种方式多为传统杂货店所采用。

（7）业务员跑单接单。业务员到各客户处去推销产品，而后将订单带回公司。

以上所有方式，都需要人工重复性地输入大量资料，在输入输出时工作效率低下而且出错率极高。随着市场竞争日益加剧，订货的高频率及快速响应的供应需求，已经使传统的订货方式无法应付，因此，新的订货方式——"电子订货"应运而生。

2）电子订货方式

电子订货方式是一种借助计算机信息处理，以取代传统人工书写、输入、传送的订货方式。该种方式传送速度快、可靠性及准确性都较高，不仅可以大幅度地提高客户服务水平，而且能有效地缩减存货及相关的成本费用。具体包括以下3种。

（1）订货簿或货架标签配合终端机和扫描器。订货人员携带订货簿及手持终端机巡视货架，发现商品缺货就扫描商品条形码，再输入订货数量，在所有订货资料都输入完毕后，利用数据机将订货信息传给供应商或总公司。

（2）POS（销售时点管理系统）。客户如果有POS收银机可以在商品库存档内设定安全库存量。每销售一笔商品计算机会自动扣除该商品库存。当库存低于安全库存量时，即自动生成订单，经确认后便通过通信网络传给总公司或供应商。

 小知识 提前期

提前期（Lead Time）是指某一工作的工作时间周期，即从工作开始到工作结束的时间。提前期的概念主要是针对"需求"而提出的。例如，要采购部门在某日向生产部门提供某种物料，则采购部门应该在需要的日期之前就下达采购订单；否则，不可能即时提供给生产部门，这个提前的时间段就是提前期。

（3）订货应用系统。客户的计算机信息系统里如果有订单处理系统，就可将应用系统产生的订货信息转化成与供应商约定的共同格式，在约定的时间将订货信息传送出去。

9.4.2 订单作业

仓管员在接受客户订单时，需要在短时间内处理大量的信息，主要包括两个方面：一是对客户订单进行确认；二是进行配送中心内部的能力核查。订单处理涉及的信息如图 9.12 所示。

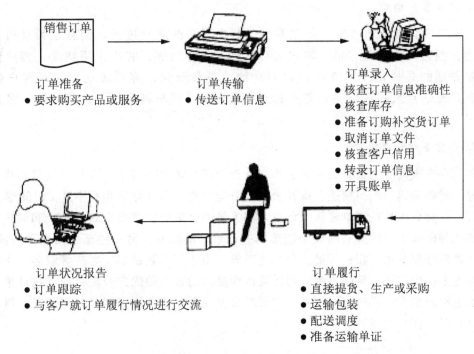

图 9.12 订单处理涉及的信息

订单处理包括以下信息。

1. **货物数量及日期的确认**

这是对订货资料项目的基本检查，包括品名、数量、送货日期等是否正确，并准确核实运送时间。

2. **客户信用的确认**

是否接受该客户的订单，首先应检查该客户的财务状况、信用状况和信用额度，以确定该客户是否有能力支付此订单的账款。

3. **订单价格确认**

不同客户由于订购批量不同，可能对应有不同的售价，因此输入价格时系统应进行检查。

4. **加工包装确认**

客户订购的商品如果有特殊包装、分装或贴标签等要求时，系统都应加以专门的确认。

5. 设定订单号码

通常,通过电子订货方式接受订单,信息系统会自动生成流水号订单号码。如果是传统人工订货方式,一定要做好订单号码的设定工作,保证后续作业及日后的统计查询工作的顺利完成。

6. 建立客户档案

将客户的详细资料备案,不仅有益于此次交易的顺利进行,而且也为日后合作增加机会。档案内容一般包括:客户名称、代号、等级等;客户信用额度;客户销售付款及折扣率的条件;开发或负责此客户的业务员资料;客户配送区域;客户收账地址;客户配送点与配送路径;客户配送点适合的送货车辆形态、卸货特性;客户配送要求等。

7. 存货查询和存货分配

(1) 存货查询的主要目的是确认库存是否能满足客户的需求。存货资料包括货物的品项名称、货物编码、产品描述、库存量、已分配存货、有效存货和期望进货时间等。

(2) 存货分配是在订单确认无误后,将大量的订货资料做最有效的分类和调拨。存货分配有两种模式:一种是采用摘果法按单一订单分配存货;另一种是采用播种法按订单、按批次处理分配存货。在进行批次分配的时候,由于订单数量多、客户等级多,所以在优先权问题上,应按客户等级取舍,对重要性程度高的客户做优先分配;或者按订单交易量或交易金额来取舍,将对公司贡献大的订单优先处理;或者依据客户信用状况,将信用较好的客户订单优先处理。

8. 订单资料处理输出

订货信息经处理后即可输出或打印出货单据,以展开后续的物流作业。

(1) 拣货单。拣货单为商品出库提供指示资料,是拣货的依据。拣货单的输出应考虑商品的储存位置,依据储位前后相关顺序排列,以减少拣货人员重复往返取货,时间或数量、单位都需要详细准确地标明。

(2) 送货单。物品交货配送时,通常附上送货单据以供客户清点签收。由于送货单要给客户签收、确认出货资料,故应该准确和清晰。

(3) 缺货信息。配货完毕后,对于缺货的商品或缺货的订单资料,系统应提供查询界面或报表,以便采购人员紧急采购。

9.4.3 订单处理作业信息流

订单处理过程中,一方面产生一系列作业信息;另一方面也需要调用仓库中的相关信息。

1. 订单处理作业中需要的信息

(1) 客户信息,包括客户基本信息和客户信用信息。

(2) 货物储量信息,包括在库货物、进货在途货物和待出库货物等。

(3) 作业能力信息,包括分拣能力和运输能力。

2. 订单处理作业中产生的信息

（1）客户及订货信息。
（2）订单处理结果信息。
（3）分拣作业计划信息。
（4）送货作业计划信息。

在不同类型和不同规模的仓库，订单处理作业的工作人员往往有些差异。在较大规模的配送中心，一般有专门的计划调度员负责进行订单处理工作；而更多的小型仓库，是由客户服务部门，或者业务部门来完成订单的接收、审核，以及订单的处理工作。但是，不论哪种企业，订单处理过程中所需的信息及所产生的信息流特征都是一样的。

当客户发出订单，配送中心在收到时，首先对订单进行审查。审查包括两方面：一是对客户的审查，对新客户，要进行客户资料的登记；对老客户，则对客户信用进行核查。二是对订单内容的审查，包括订货的种类、数量，要求交货期、交货地点，付款结算方式等，确保订单信息清晰准确。接着，订单接收人员要对配送中心的内部能力进行核查，也包括两方面：一是对客户所订货品的库存量进行核查，若库存不足，要与客户商议延期交货或者其他解决办法；二是对配送中心的作业能力进行核查，包括分拣能力、装卸搬运能力、所需的流通加工能力、送货能力等。在配送中心作业高峰期，生产能力不足时，也要向客户说明，协商交货时间。

当与客户协商确定交货种类、数量、时间等信息后，订单处理中心需要做的就是进行后续作业的初步规划，包括制订分拣作业计划、送货作业计划。该环节需要应用优化技术方法，合理有效，低成本高服务水平地对后续作业进行一个合理的规划，这样就产生了分拣作业计划信息和送货作业计划信息。

分拣作业虽然在时间上先于送货作业，但是在制订计划的时候，要先根据订单要求制订送货计划，根据送货计划的时间节拍、送货量、送货路线返回来安排库内的分拣作业节拍。二者必须很好地协调，以保证后续作业的顺利流转。

3. 主要数据

订单作业过程涉及的主要数据如表 9-2 所示。

表 9-2 订单信息系统主要数据

数 据 类	数 据 项
服务项目	服务名称，业务范围，从业资格，服务优势，服务价格，……
服务记录	服务名称，浏览日期，是否下单，访问者 IP，停留时间，……
订单档案	订单编号，客户名称，下单时间，服务名称，金额，备注，……
交易合同	合同编号，签约客户，签约日期，合同条款，合同状态，……
子任务说明	任务编号，所属合同，所属类别，任务要求，完成时间，……
流程实例	流程编号，流程路径，流程状态，……

4. 主要的控制点

订单业务流程主要控制点，如图 9.13 所示。

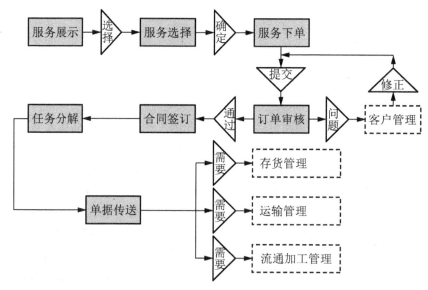

图 9.13 订单业务流程主要控制点

5. 协同数据

在业务管理子系统中,订单管理的主要协同数据如表 9-3 所示。

表 9-3 订单管理的主要协同数据

数据类	所属功能	协同说明
订单档案	订单管理	提供给其他功能共享
客户档案	客户管理	共享客户信息
货物档案	存货管理	共享存货信息
拣货单	存货管理	共享订单中的存货要求,触发货物核对服务同步进行
订车单	运输管理	共享订单中的运输要求,触发运输服务同步进行
加工单	流通加工管理	共享订单中的流通加工要求,触发流通加工服务同步进行

资料 萨姆森-帕卡德公司的订单处理

萨姆森-帕卡德公司生产各种规格的工业用软管接头、阀门及高强度软管。公司每天平均要处理 50 份订单,订单总周期为 15~25 天,而订单处理时间占其中的 4~8 天。因为要根据客户的特定要求来安排生产,所以总的订单周转时间较长。除订单履行活动外,订单处理周期主要包括以下活动。

(1) 以两种方式将客户要求输入订单处理系统。第一种方式,销售人员从现场收集订单,然后通过邮寄或电话告知公司总部;第二种方式,客户主动邮寄订单,或者打电话把订货要求直接告知公司总部。

(2) 接到电话订单后,客户服务部的接待人员将订单转录成另一份缩略格式的订单,这些简式订单连同那些邮寄到的订单累计一定天数后,被传至高级客户服务代表那里,他来汇总信息,呈报给销售经理。

(3) 销售经理批阅这些订货信息以便了解销售活动的情况,偶尔也在某份订单上做出特别批示,说明某位客户的特别要求。

(4) 接下来,订单被送至订单准备人员手中,他们负责把订货信息连同特别批示一同转录在萨姆森-帕卡德公司的标准订单上。

(5) 该阶段订单被送至财务部门以便对客户进行信用核查，然后交销售部门核实价格。

(6) 数据处理部门将订单信息输入计算机，随后可以传到工厂，一旦进入该程序信息处理便会更为便捷，订单跟踪也更加简单。

(7) 最后，高级客户服务代表对最终形式的订单进行全面审核，并通过电子传输方式将订单信息传至适当的工厂。同时，准备向客户发出接受订货的通知。

9.5 配货与运输管理子系统

9.5.1 配货管理子系统

1. 数据

1) 主要数据

配货管理子系统涉及的主要数据见表9-4。

表9-4 配货管理子系统的主要数据

数 据 类	数 据 项
选货单	选货单号、所属订单、货物名称、数量、存入货址、送达目的地、货箱编号
分店信息	分店名称、分店地址，……
货箱清单	货箱编号、所属分店、分店地址、货物数量
拣货标签	所属拣货单号、送达目的地、所属分店，……
货箱标签	货箱编号、所属分店、分店地址、货物数量，……

2) 协同数据

配货管理子系统中的主要协同数据见表9-5。

表9-5 配货管理子系统的主要协同数据

数 据 类	所属功能	协同说明
货箱清单	配货管理	提供给其他功能共享
进货单	配货管理	提供其他功能触发本功能服务同步进行
货物档案	存货管理	共享存货信息
仓库档案	存货管理	共享仓库信息
分店信息	分店管理	共享分店信息

2. 配货子系统的功能

配货子系统具有以下功能。

(1) 拣货预处理。操作员对照选货单，操作系统，生成包含货址、发送地等条形码信息的拣货标签，打印出来供操作员进行作业；同时，选货单流转到仓储管理，形成出仓请求。

(2) 拣货核对。拣货出仓结束后，系统首先根据拣货条形码查询出需求的相应货物，再与自动分类机扫描获得的货物信息进行核对，检查货物拣货是否正确，并将核对结果传输到自动分类机进行相应的操作。拣选正确的货物，直接进入分店装箱；拣货错误的货物，形成拣货错误通知单，流转到拣货差错处理模块。

(3) 拣货差错处理。系统查询错误货物的货址和所需货物的货址，重新生成拣货标签并打印出来，流转到仓储管理功能模块，形成出仓请求和选错货物重新入仓要求。

(4) 分店装箱跟踪。系统为货物对应的选货单记录货箱编号，为装好的货箱生成包含分店地址、货物件数等条码信息的货箱标签，打印出来供操作员进行作业；同时生成货箱清单和订车单传送到运输管理功能模块，形成运输请求。

(5) 送发货区跟踪。系统扫描进入相应发货区的货箱标签，关联出相关的选货单记录并进行核对。对配货各环节发生的费用，分摊到各客户，并形成报账单传送到结算管理功能模块。

(6) 配货查询。对配货查询，客户和企业可根据合同—子任务—工作流程的层次关系定位到需要查看的配货流程，也可以选择按执行时间、货物名称、流程状态、交易金额、分店查询配货流程。所得的查询结果是关于工作流程的进展报告，包括工作流程的路径全貌，各环节的名称、状态、操作时间和关键结论。

 广角镜　"明日会来"公司的数字化配货系统

从事文具邮购的"明日会来"公司，接受订单后，最快当天就会将货送达。该公司为提高物流现场配货的速度，广泛采用DPS系统。另外，为防止出货数量的差错，用计算机记录每种商品的重量，使配货后商品的数量可以用重量来检查。"明日会来"公司是配货高速化和精确化的成功典型。

9.5.2　配送运输管理子系统

1. 配送运输的业务流程

配送运输是指将被订购的货物使用汽车或其他快捷的运输工具从供应点送达顾客手中的活动。配送运输的经济里程半径一般为30km以内。配送运输具有时效性、安全性、沟通性、方便性、经济性等特点。配送运输基本作业流程如图9.14所示。

(1) 划分基本配送区域。根据客户所在地的具体位置或交通条件等，将所有的客户划分为几个配送区域，将每一客户囊括在不同的基本配送区域之中，为下一步决策提供依据。

(2) 车辆配载。在接到订单后，将货物按特性不同分类，以分别采取不同的配送方式和运输工具。如按冷冻食品、速冻食品、散装货物、箱装货物等分类配载。其次，配送货物也有轻重缓急之分，必须初步确定哪些货物可配于同一辆车，哪些货物不能配于同一辆车，以做好车辆的初步配装工作。

(3) 确定配送先后顺序。先按客户订单要求的送货时间，将配送的先后作业次序作一概括的预计，为后面车辆积载做好准备工作，以便有效地保证送货时间，尽可能提高运作效率。

(4) 车辆安排。车辆安排要解决的问题是安排什么类型、吨位的配送车辆进行最后的送货。一般企业拥有的车型有限，车辆数量亦有限，当本公司车辆无法满足要求时，可使用外雇车辆。其次，安排车辆之前，还必须分析订单上货物的信息，如体积、质量、数量等，对于装卸的特别要求等，综合考虑各方面因素的影响，作出最合适的车辆安排。

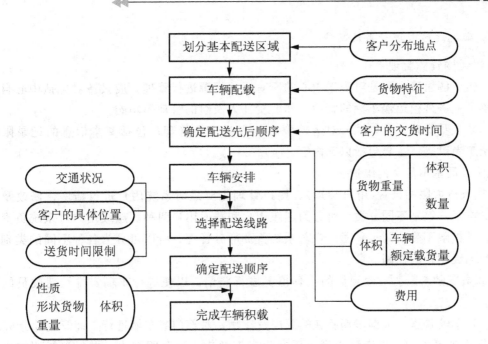

图 9.14 配送运输基本作业流程

（5）选择配送线路。知道每辆车负责配送的具体客户后，根据客户的具体位置、沿途的交通情况、客户要求的送货时间等要求来选择配送距离短、配送时间短、配送成本低的线路。

（6）确定配送先后顺序。做好车辆安排及选择好最佳的配送线路后，依据各车负责配送的具体客户的先后顺序，即可将客户的最终配送顺序加以明确的确定。

（7）完成车辆积载。根据客户的配送顺序先后，将货物依"后送先装"的顺序进行货物的装车作业。装车时，还要考虑货物的性质（怕震、怕压、怕撞、怕湿）、形状、体积及质量等，将货物装车的位置进行弹性调整，并同时兼顾货物的装卸方法。

2. 配送运输管理子系统数据分析

配送运输流程分析虽然反映了配送运输业务环节之间的信息流，但是不能反映配送信息系统数据加工处理的细节，因此，有必要对系统调查中收集的数据及统计和处理数据的过程进行分析和整理。其目的主要是发现和解决数据流通中的问题。下面对配送运输管理子系统的主要数据流程进行分析，见表 9-6。

表 9-6 配送运输业务数据

数据类	数据项
合同管理	检查合同、登记新单位信息、登记业务信息、检查发票、登记发票、更新信息、编制分析表，……
集货管理	物质号、物质数量、包装形式、运输方式、交货期、入库单据、入库验收、组织接运、现场审验、登记入库单，……
配载管理	物质调度、建立附属文件、配送加工、出库、分拣、物质包装、配送撞车，……
运输调度	运输调度、路线方案选择、路线优化、统计运输费用、运输单证，……

3. 配送运输管理子系统功能

1) 运输资源管理

运输资源管理主要是对配送中心的所有运输资源进行管理，应具备对包括中心自有运输车辆及业务外包运输车辆的管理、作业责任人及组的管理等功能。

(1) 人员管理。可以统一对运输中心的人员进行管理，包括基本信息的记录限的设置、员工考勤等。主要包括以下内容。

① 人员基本信息的维护。

② 人员权限的设置（用户管理）。用户管理主要是对系统用户进行新增、修改及删除处理。按用户级别不同分类，可分为超级用户和普通用户两种。超级用户对系统负责全面管理，其权限不受限制；普通用户对系统负责部分管理，所以可分为各种不同的类别。其权限受超级用户的控制。

③ 员工的考勤。对驾驶员的出勤情况进行登记，以便进行车辆安排及驾驶员的考勤考核。

(2) 车辆管理。根据车辆所在的部门及车辆，对部门或车辆进行查询及统计分析。

① 生产量查询。生产量查询主要有生产汇总表、运费明细表、燃料消耗明细表、轮胎消耗明细表、材料及配件消耗明细表及行车杂费明细表等。如生产汇总表有车辆、营运车日、完好车日、工作车日、车班、车次、货运量、周转量、全行程、重车行程、运费、燃料消耗（升）、燃料消耗（元）、轮胎消耗、材料消耗、行车杂费、完好率、出车率、百吨公里油耗、里程利用率、吨位利用率等。

② 车辆业绩统计。车辆业绩统计主要有车辆台账、车辆月度统计、车辆生产年度表、车辆收支平衡表、车辆经费汇总表、车辆经费明细表等。

③ 车辆档案管理。对车辆的技术档案进行维护。

④ 车辆保养。根据车辆的码表数及时间对车辆进行大修、对保养过的车辆进行保养登记及相关数据处理。

⑤ 车辆消耗。对在保养作业中的消耗费用（按大类分）、材料费用与人工费用进行核算。

⑥ 路线管理。根据固定路线，设定路桥费的限额。

⑦ 车辆修理。该功能是记录车辆大修、保养或事故处理等情况的传票，输入车辆的修理材料、修理费用及人工费用等信息。

企业还可以进一步检索和查看订车单、货箱清单等内部信息，对其进行跟踪、监督、管理和控制；同时，也可以帮助企业了解配货业务的频度、自有资源的使用率和效率，便于进行资源管理和调配，以及为运营决策提供辅助信息。

2) 配送过程控制管理

该功能是记录车辆的载货情况、行车情况及考核车辆等，主要包括以下几方面的工作。

(1) 行车单打印。可以单辆或成批地打印出车辆的行车单。

(2) 在途标志。行车单打印后，该辆车就表示已经出车了，系统做出正在途中的标志。

(3) 行车单撤销。行车单打印后,由于某种原因,该辆车当天不能出车,则要做行车单撤销处理。

(4) 出车情况分析表。显示出当天已预订车辆的出车情况。

难点例释 例 9-1

某家电制造公司在湖南境内设立了两个地区配销中心,负责湖南地区的分销配送业务。公司物流管理人员通过对分销物流系统总成本的计算,确定 A 配销中心,其年配送量为 10 000 台,每次向工厂补货费用为 90 元,年储存单位成本为 20 元,每次向工厂补货提前期为 1 周,配送货提前期为 1 周;确定 B 配销中心,其年配送量为 12 500 台,每次向工厂补货费用为 80 元,年储存单位成本为 50 元,向工厂补货提前期为 2 周,配送货提前期为 1 周;A、B 配销中心计划编制周期,公司规定统一为 8 周,公司为防止销售短档设定 A 配销中心安全库存为 150 台,B 配销中心安全库存为 200 台。现通过订单分析与销售预测得知 A、B 配销中心某计划期各客户需求情况如表 9-7 和表 9-8 所示,同时计划期初库存与工厂补货在途如表 9-9 和表 9-10 所示。

表 9-7 配送中心 A

	前一个 DRP 计划期	DRPI 计划周期 周次							
		1	2	3	4	5	6	7	8
客户需求计划		150	200	120	100	150	140	80	180
工厂补货在途		200							
计划期末库存	200								
计划应到补货									
计划向工厂补货									
配送货计划									

问题:(1) 试编制该计划期各配销中心的配送计划与补货计划。

(2) 在此基础上汇总编制该家电制造公司针对满足湖南地区销售需求的产品生产计划。

表 9-8 配送中心 B

	前一个 DRP 计划期	DRPI 计划周期 周次							
		1	2	3	4	5	6	7	8
客户需求计划		140	120	90	120	150	100	80	120
工厂补货在途			300						
计划期末库存	300								
计划应到补货									
计划向工厂补货									
配送货计划									

解：(1) 计算补货经济批量。

A 配销中心：
$$Q_A = (2DS/H)^{1/2} = (2\times 10\,000 \times 90 \div 20)^{1/2} = 300(台)$$

B 配销中心：
$$Q_B = (2DS/H)^{1/2} = (2\times 12\,500 \times 80 \div 50)^{1/2} = 200(台)$$

(2) 计划编制。

表 9-9 配送中心 A

配送中心 A：补货批量 300；送货提前期 1 周；补货提前期 1 周；安全库存 150	前一个 DRP 计划期	DRPI 计划周期 周次							
		1	2	3	4	5	6	7	8
客户需求计划		150	200	120	100	150	140	80	180
工厂补货在途	200								
计划期末库存	200	250	350	230	430	280	440	360	180
计划应到补货			300		300		300		
计划向工厂补货		300		300		300			
配送货计划		200	120	100	150	140	80	180	

表 9-10 配送中心 B

配送中心 B：补货批量 200；送货提前期 1 周；补货提前期 8 周；安全库存 200	前一个 DRP 计划期	DRPI 计划周期 周次							
		1	2	3	4	5	6	7	8
客户需求计划		150	200	120	100	150	140	80	
工厂补货在途	200	300							
计划期末库存	300	160	340	250	330	380	280	200	280
计划应到补货					200	200			200
计划向工厂补货			200	200			200		
配送货计划		120	90	120	150	100	80	120	

送货计划	周次							
	1	2	3	4	5	6	7	8
A 配送中心送货计划	120	90	120	150	100	80	120	
B 配送中心送货计划	200	120	100	150	140	80	180	

补货计划	周次							
	1	2	3	4	5	6	7	8
A 配送中心补货计划	300	200	300		300			
B 配送中心补货计划		200	200			200		
工厂生产计划合并	300	400	500		300	200		

复 习 思 考

一、填空题

1. 系统化主要体现在以下 3 个方面：_____、_____、_____。
2. 配送中心信息管理系统一般采用_____的结构设计方法，即把一个系统分解成若干个彼此具有一定独立性，同时又具有一定联系，能完成某项特定任务的组成部分，这些组成部分称_____。
3. 配送管理信息系统能对各种形式的信息进行_____、_____、_____，以便向管理人员及时、准确、完整地提供各种信息服务。
4. 依据配送业务流程，可以将业务主系统划分为_____、_____、_____、_____、出库管理和配送管理等信息处理和作业指示等模块，这是信息系统的核心部分。
5. 一个订单产生一个仓单，查看库存中所有物品的仓单，仓单包括物品_____、_____、_____、总价、入库时间、卖方等。

二、判断题

1. 每一种货物都可以有一种以上的代码表示。（   ）
2. 编码结构应尽量复杂，长度尽量长，这可减少代码处理中的差错，提高信息处理准确度。（   ）
3. 运输资源管理主要包括配送中心自有运输车辆及业务外包运输车辆的管理、作业责任人与工作组的管理。（   ）
4. 货物跟踪是利用现代信息技术，及时获取有关运输货物品种、数量、在途位置、交货期、发货地和到达地、货主、送货责任车辆和人员等货物运输状态的信息，以提高物流运输服务水平。（   ）
5. 配送中心经营绩效管理子系统从各子系统取得数据，制定各种经营政策，然后将政策内容及执行方针告知各部门，并向社会提供配送中心的有关数据。（   ）
6. 接受订单前，配送中心需向供货厂商或制造厂商订购商品，组织货源。（   ）
7. 发生在厂商交货之时，输入数据包括采购单号、厂商名称、商品名称、商品数量等，可通过输入采购单号来查询商品名称、内容及数量是否符合采购内容，并用以确定入库站台。（   ）
8. 配送中心管理信息系统只能提供库存管理控制，很难了解企业现有库存的详细情况。（   ）
9. 客户订单是引发配送过程运转的信息，订单处理系统是配送系统的中枢。（   ）
10. 所谓订单处理是指从接到客户订单开始一直到着手准备拣选货品之间的工作，订单不包括有关用户和订单的资料、单据处理等内容。（   ）

三、选择题

1. 客户若有 POS 收银机可以在商品库存档内设定安全库存量。每销售一笔商品计算机会自动扣除该商品库存。当库存低于安全库存量时,便自动生成( ),经确认后便通过通信网络传给总公司或供应商。

  A. 订单   B. 入库单   C. 出库单

  2. 订货管理主要包含客户订单接受与处理、( )两个功能模块部分。

  A. 采购单确认 B. 客户订货确认 C. 入库单确认

  3. ( )是在订单确认无误后,将大量的订货资料做最有效的分类和调拨。

  A. 出库拣货   B. 订单分拣   C. 存货分配

  4. 在处理日常业务的基础上,运用现代化管理方法,进一步加工计算,为管理人员或领导者提供决策方案或定量的依据。通常称这类系统为( )。

  A. 单功能系统 B. 多功能系统 C. 决策型系统 D. 操作型系统

  5. 系统的业务流程调查、系统环境调查、信息调查和实现计算机管理信息系统的条件调查是( )阶段的工作内容。

  A. 系统分析   B. 系统设计   C. 系统实施   D. 系统评价

  6. 在系统调查的基础上,逐步明确系统的任务和目标,并初步进行功能分析,划分子系统和模块,绘制信息流程图等系统分析资料,是在系统开发的( )阶段要完成的工作目标。

  A. 系统分析   B. 系统设计   C. 系统实施   D. 系统评价

  7. 程序设计、程序和系统的调试、新旧系统的切换等工作是系统开发的( )阶段要完成的工作目标。

  A. 系统分析   B. 系统设计   C. 系统实施   D. 系统评价

  8. 在业务管理子系统中,订单管理的主要协同数据有订单档案、客户档案、货物档案、拣货单、订车单、( )。

  A. 出库单   B. 入库单   C. 加工单   D. 运输单

  9. ( )是在配送中心有多个运作单位时,规划各种资源及经营方向、经营内容。

  A. 配送资源计划 B. 销售资源计划 C. 采购资源计划

  10. ( )可将销售管理系统、采购入库管理系统的数据转入该系统,并制作成会计总账、分类账、各种财务报表等。

  A. 决策系统   B. 财务系统   C. 管理系统

四、简答题

  1. 配送中心管理信息系统需要具备哪些基本作业内容?

  2. 配送中心涉及的作业有哪些?

  3. 配送中心管理信息系统的结构包括哪几部分?

  4. 简述采购入库管理信息系统的结构与功能。

  5. 简述销售出库管理信息系统的结构与功能。

  6. 简述销售出库管理系统处理的功能。

  7. 简述订单处理的内容和步骤。

  8. 简述订单处理作业中产生的信息。

  9. 简述财务会计系统与其他系统的关系。

  10. 简述经营绩效管理系统与其他系统的关系。

五、项目练习题

某配送中心的配送资源计划

假设某配送中心有 A 商品，安全库存 200 件，订货批量 250 件，送货提前期 1 周，进货提前期 2 周。配送需求计划编制周期规定统一为 8 周，在上计划期期末库存 300 件，本计划期需求主文件显示 8 周的需求分别为 80、100、130、90、130、90、120、110（单位：件），每件货物 100 千克。上个计划周期的某次订货 100 件在本计划期内第一周到货，非订货计划的供应商自行送货 50 件在第 3 周到货。

问题：

如何确定本周期的送货计划和订货进货计划？计划编制见表 9-11。

表 9-11　某配送中心

A 商品：订货批量 250 件；送货提前期 1 周；进货提前期 2 周；安全库存 200 件	前一个 DRP 计划期	DRPI 计划周期							
		周次							
		1	2	3	4	5	6	7	8
需求主计划									
非订货计划的供应商自行送货在途到货									
计划期末库存									
进货在途到货									
订货计划到货									
订货进货计划									
配送货计划									

六、案例分析题

联想物流：信息化带来高效益

在中国 IT 业，联想是当之无愧的龙头企业。自 1996 年以来，联想一直位居国内市场销量第一。联想以信息流带动物流。高效的物流系统不仅为联想带来实际效益，而且使其成为同类企业学习效仿的典范。

1. 高效率的供应链管理

联想的客户，包括代理商、分销商、专卖店、大客户及散户，通过电子商务网站下订单，联想将订单交由综合计划系统处理。该系统首先把整机拆散成零件，计算出完成此订单所需的零件总数，然后再到 ERP 系统中去查找数据，看使用库存零件能否生产出客户需要的产品。如果能，综合计划系统就向制造系统下单生产，并把交货日期反馈给客户；如果找不到生产所需要的全部原材料，综合计划系统就会生成采购订单，通过采购协同网站向联想的供应商要货。采购协同网站根据供应商反馈回来的送货时间，算出交货时间（可能会比希望交货时间有所延长），并将该时间通过综合计划系统反馈到电子商务网站。供应商按订单备好货后直接将货送到工厂，此前综合计划系统会向工厂发出通知，哪个供应商将在什么时间送来什么货。工厂接货后，按排单生产出产品，再交由运输供应商完成运输配送任务。运输供应商也有网站与联想的电子商务网站连通，给哪个客户发了什么货、装在哪辆车上、何时出发、何时送达等信息，客户都可以在电子商务网站上查到。客户接到货后，这笔订单业务才算完成。从上述介绍中可以了解到,在原材料采购生产制造产品配送的整个物流过程中,信息流贯穿始终,带动物流运作,物流系统构建在信息系统之上,物流的每个环节都在信息系统的掌控之下。信息流与物流紧密结合是联想物流系统的最大特点,也是物流系统高效运作的前提条件。

经过多年努力,联想企业信息化建设不断趋于完善,目前已用信息技术手段实现了全面企业管理。联想率先实现了办公自动化,之后成功实施了ERP系统,使整个公司所有不同地点的产、供、销的财务信息在同一个数据平台上统一和集成。2002年5月,联想开始实施SCM系统,并与ERP系统进行集成。基础网络设施将联想所有的办事处,包括海外的发货仓库、配送中心等,都连接在一起,物流系统就构建在这一网络之上。与物流相关的是ERP与SCM这两部分,而ERP与SCM系统又与后端的研发系统(PLM)和前端的客户关系管理系统(CRM)连通。例如,研发的每种产品都会生成物料需求清单,它是SCM与CRM系统运行的前提之一;客户订单来了,ERP系统根据物料需求清单进行拆分备货,SCM系统同时将信息传递给CRM系统,告诉它哪个订户何时订了什么货、数量多少、按什么折扣交货、交货是早了还是晚了等。系统集成运作的核心是,用科学的手段把企业内部各方面资源和流程集中起来,让其发挥出最高效率。这是联想信息化建设的成功之处。

2. 信息流带动下的物流系统

借助联想的ERP系统与高效率的供应链管理系统,利用自动化仓储设备、柔性自动化生产线等设施,联想在采购、生产、成品配送等环节实现了物流与信息流实时互动与无缝对接。

联想北京生产厂自动化立体库电脑零部件自动入库系统:供应商按联想综合计划系统提出的要货计划备好货后,送到联想生产厂自动化立体库,立体库自动收货、入库、上架。

联想集团北京生产厂生产线管理控制室:控制室的控制系统对联想电脑生产线的流程进行控制,并根据生产情况及时向供货商或生产厂的自动化立体库发布物料需求计划。

联想集团北京生产厂自动化立体库物料出货区:自动化立体库控制系统与联想电脑生产线系统集成并共享信息,当自动化立体库接收到生产计划要货指令后,即发布出货分拣作业指令,立体库按照要求进行分拣出货作业。

资料来源:http://www.tc267.org.cn/news/view.aspx?id=136,引用的资料经过整理。

思考与讨论

(1) 信息化给联想带来哪些好处?

(2) 企业实施信息系统管理有什么意义?

第10章 配送绩效管理

【学习目标】

通过本章学习能够正确理解配送绩效管理的概念、地位与作用；熟悉配送评价指标体系，掌握配送绩效管理流程（计划、实施和反馈）；能够正确使用配送绩效评价方法。

【本章要点】

本章从绩效管理的概念、绩效管理的意义着手，系统介绍了配送绩效管理目标、原则和内容；配送绩效评价方法和评估指标。

引导案例

方正电脑公司的绩效管理

1999年,方正电脑公司的第一套全面考核体系正式实施,至今已经发展到第三版了。第一套体系的贡献在于建立起绩效考核的观念;第二套考核体系则提高了绩效指标与工作的相关性,进一步提高了考核的有效性;在公司规模扩大与业务细分的情况下,单一的绩效评估已不能满足公司的发展需要,绩效管理作为连接企业战略和成果的一个重要环节,随着公司的发展,第三套版本开始建立起来。

方正电脑公司的绩效管理目的明确,首先,客观评价员工工作绩效,帮助员工提升自身工作水平,从而提升公司整体绩效;其次,加强员工与管理人员就工作职责、工作期望、工作表现和未来发展方面持续的双向沟通;最后,给员工与其贡献相应的激励。

在该体系中,公司全体成员都扮演着重要的角色:高层管理者是倡导者和核心;人力资源部是体系构架者、宣传者与维护者;部门经理是设计者和执行者;员工则是参与者与反馈者。

(1) 在该体系中,工作表现考核表列出了公司的核心价值观的五个指标,即严格认真、主动高效、客户意识、团队协作、学习总结。这张表是员工的行动纲要,它体现的主要是引导职能。公司希望每个员工将价值观融入血液中,落实到行动中。

(2) 绩效计划考核表列出了季度主要工作项目、考核标准、权重及资源支持承诺。每个季度之初,员工依据本岗的《岗位说明书》、部门的工作目标,按照SMART的原则制定本季度个人的绩效计划。

(3) 季度末以部门为单位将员工的考核结果进行排序,按照一定的比例分布归入7个等级。绩效评估结果直接影响员工的绩效工资。为了加强激励作用,不同性质的岗位,绩效工资比例大小不同,而且加大了不同的等级的业绩表现奖惩间的力度。

资料来源:汪晓霞.城市物流配送管理[M].北京:北京交通大学出版社,2012.

思考:

绩效管理在企业管理中有哪些作用?

10.1 配送绩效

10.1.1 配送绩效管理概述

1. 配送绩效的概念

配送绩效是指从数量上和质量上来评估配送的职能部门和那里的工作人员达到规定目标和具体目标的程度。

2. 配送绩效管理

配送绩效管理是指通过对配送活动的有效管理,使配送成本最小化、组织利润最大化和顾客服务水平最高三者达到最优平衡状态所进行的计划、组织和控制的过程及对获得的结果进行衡量的一项管理活动。

小贴士

绩效管理，顾名思义是解决让无形资产有效地创造价值的问题，它针对的是知识、技能和人的管理。绩效管理既是企业典型的人力资源管理问题，又是企业战略管理（Strategic Management）的一个非常重要的有机组成部分。

3．配送绩效管理的特征

绩效管理强调的是对过程的监控，通过对行动过程中各项指标的观察与评估，保证战略目标的实现。它不是基于目标的管理，而是基于事实的绩效管理，使企业战略不再是企业决策层少数几个人的任务，成为从 CEO 到每一位员工所有人的事。

配送绩效管理作为绩效管理的一个具体运用，不仅具有绩效管理的一般特点，同时具有其自身不同于其他绩效管理的特点，绩效管理首先是管理，它的职能涵盖计划、组织、领导、协调、控制，因此，绩效管理本身就是管理者日常管理的一部分。

4．配送绩效管理与绩效评价的区别

首先，绩效管理关注过程，而绩效评价关注结果。绩效管理是一个复杂的系统，它强调事先的预见和过程中的引领与指导，它的根本目的在于组织与个人全面绩效的提升；然而，绩效评价只是绩效管理中的一个环节，更加关注最后的结果，并不重视对过程的控制，其着眼点是对过去绩效的总结。其次，绩效管理是一个紧密耦合的循环控制系统，为了从不同层次管理系统的绩效，通过部署战略和策略来获得回馈；而绩效评价是一个决定怎么使组织或个人获得实现他们目标和战略的过程。绩效评价系统是一个信息系统，是绩效管理过程的核心，是绩效管理系统最关键的子集。具体地说，绩效评价只负责建立绩效评价体系，选择评价指标集、评价模型、评价方法，最后得出评价报告；而绩效管理不仅包括所有的绩效评价的内容，还包括根据绩效评价的结果进行调整、优化业务流程，制订新的激励措施等内容，与供应链决策支持过程有功能交叉。

配送绩效管理与配送绩效评价的区别在于以下几个方面。

（1）配送绩效管理是一个完整的系统；配送绩效评价只是这个系统中的一部分。

（2）配送绩效管理是一个过程，其注重配送过程的管理；配送绩效评价是一个对配送活动阶段性的总结。

（3）配送绩效管理具有前瞻性，有效规划各项配送活动；配送绩效评价则是对过去配送活动的回顾，是一个阶段的成果，配送绩效评价不具备前瞻性。

（4）配送绩效管理有完善的计划、监督和控制的手段和方法；配送绩效评价只是提取配送绩效信息的一个手段。

5．配送绩效管理的目标

（1）达成企业的战略规划和远景目标。绩效管理是为企业战略规划和远景目标的实现服务的，这是企业管理的大局，也是绩效管理所努力的方向。

（2）提高员工的绩效水平。与达成企业的战略规划和远景目标一致，提高员工的绩效水平也是绩效管理的努力方向。

（3）提高员工的自我管理意识和能力。在不断地绩效管理沟通中，员工的绩效意识不断提高，管理自我绩效的能力也随之增长。

(4) 提高管理者的素质。绩效管理规范了管理者的行为，使管理趋于科学化、规范化。

(5) 规范管理行为，提升整体管理水平。

(6) 为职务变动、薪酬管理、培训发展等管理活动提供依据。

通过绩效考核，员工的绩效目标达成的如何，绩效水平的高低，一目了然，关于职务变动、薪酬变动、培训发展等的管理决策顺理成章。

6. 绩效管理的必要性

企业若需要的不仅仅是生存，而是蓬勃发展，是实现其远大目标，是要成为成功长寿的企业，那么绩效管理必不可少。绩效管理对于企业的重要意义主要体现在以下几个方面。

(1) 绩效管理报告能完整清楚地反映公司的重要经营活动，部门和职责的关系、部门与绩效的关系变得清晰，计划与预测子程序从而得到加强。这样公司的管理重点就放到了重要问题上，公司的绩效水平和业绩将得到大幅度提高。

(2) 绩效管理把外部竞争环境和每个员工个人工作表现连接起来，每个在具体工作岗位上的员工看到了个人的付出对企业成功与失败的因果关系，这有助于提升员工工作成就感，发挥员工潜能。

(3) 绩效管理体系可以起到沟通公司战略、指引员工奋斗方向、层层落实推进公司战略实现组织目标的作用，这是有效的管理手段。

(4) 绩效管理可以发挥警报系统的作用，绩效管理可以发现公司潜在问题，通过及时的纠正改进，公司避免了矛盾的发生及由此可能带来的一系列不利后果。

(5) 绩效管理是个人竞争能力和企业竞争能力提高的过程，绩效管理通过规范化的工作目标设定、沟通、绩效审查与反馈工作，改善及提高管理人员的管理能力和成效，促进被考核者工作方法和绩效的提升，最终实现组织整体工作方法和工作绩效的提升。

(6) 绩效管理可以作为物质激励(工资调整和奖金分配)、人员调整(人员晋升和降职调职)的依据及日常精神激励的依据与评判标准。

通过绩效考核，员工的绩效目标达成的如何，绩效水平的高低，则一目了然。

10.1.2 配送绩效管理的原则

在进行绩效管理时，应遵循以下原则。

1. 将过程管理与结果管理有机结合

绩效管理更加深刻的内涵在于过程，在于对行为的管理，而绩效评价的含义则相当局限，侧重于对结果的评价。在绩效管理工作中，如果仅仅实施和关注绩效评价这一个环节的工作，特别是仅关注结果，而不注重对过程的管理和评估，就容易使我们的关注点出现偏差。绩效管理不仅强调结果导向，而且重视达成目标的过程。

2. 将短期目标与长远发展有机结合

从绩效管理实践来看，仅关注和追求短期财务指标、追求短期产出的行为，会带来对组织战略的长远发展和核心能力建设关注的不足，如品牌建设、客户服务、人才培养等各个方面。同样，仅强调管理过程中的某一个方面或矛盾的某个侧面，如客户、质量或流程等，都可能会在整体上妨碍组织实现更为远大的目标。因此，绩效管理强调用一种全面的、长远的、平衡的管理观点来代替任何具体的、短期的、单一的衡量尺度。

3．将个体绩效与组织绩效有机结合

绩效包括个体绩效与组织绩效。通常人们将个体绩效理解为职务绩效，即限定在岗位说明书规定的范围之内的活动的绩效；但对组织绩效而言，对团队合作和创新作出巨大贡献的除了个体绩效，还应包括涉及职责范围外自愿从事的有利于组织和他人的活动的绩效，即周边绩效。绩效评价容易使员工过于单纯地关注个体绩效，使员工对考核范围外的工作不够关注，而对组织绩效漠不关心。绩效管理就是要突破绩效评价的误区，将个体绩效与组织绩效有机结合起来，实现个体与组织的双赢。

 小贴士　配送效果

配送效果是指通过特定的活动，实现预先确定的目标和标准额的程度。承认效果必然涉及人类活动的预期目标和实际效果之间的关系。

10.1.3　绩效管理的内容与步骤

1．绩效管理的内容

配送绩效的提升需要通过一系列有效的配送管理活动来实现，具体包括以下内容。
（1）人的管理。包括对配送从业人员的选拔和考核等。
（2）物的管理。对实体物品的管理。
（3）财务管理。降低成本，提高经济效益。
（4）设备管理。优化设备配置，合理使用设备并制订合理的更新计划。
（5）信息管理。对信息及时处理和更新，提高信息系统的运作效率。
（6）方法管理。选择适当的企业管理方式和评价系统，及时对配送活动作出最佳调整。

2．绩效管理的步骤

管理者和被管理者共同的投入和参与是进行绩效管理的基础。绩效管理是一项协作性的活动，由工作执行者和管理者共同承担，并且绩效管理的过程是连续的过程，而不是在一年内只进行一两次的活动。

绩效管理的过程通常被看做一个循环。该循环的周期通常分为四个步骤，即绩效计划、绩效实施与管理、绩效考评及绩效反馈。

1）绩效计划

绩效计划是绩效管理流程中的第一个环节，发生在新的绩效周期开始时。制订绩效计划的主要依据是工作目标和工作职责。在绩效计划阶段，管理者和被管理者之间需要在对被管理者绩效的期望问题上达成共识。在共识的基础上，被管理者对自己的工作目标作出承诺。在该环节中，管理者有一项至关重要的工作就是要设定关键绩效指标，这是在未来进行绩效考核的重要依据。

2）绩效实施与管理

制订了绩效计划之后，被评估者就要开始按照绩效计划开展工作。在工作的过程中，管理者要对被评估者的工作进行指导和监督，对发现的问题及时予以解决，并对绩效计划进行调整。绩效计划并不是在制订了之后就一成不变，而是随着工作的开展根据实际情况不断调整。在整个绩效管理周期内，都需要管理者不断地对员工进行指导和反馈。

3）绩效考评

在绩效管理周期结束时，依据预先制订好的计划，主管人员对下属的绩效目标完成情况进行考评。绩效评价的依据，就是在绩效管理周期开始时双方达成一致意见的关键绩效指标。同时，在绩效实施与管理过程中，所收集到的能够说明被考评者绩效表现的数据和事实，可以作为判断被考评者是否达到关键绩效指标要求的证据。

4）绩效反馈

绩效管理的过程并不是到绩效考评时就打出一个分数，给出一个结论就结束了，主管人员还需要向下属反馈。通过反馈，使下属了解主管对自己的期望，了解自己的绩效，认识自己有待改进的方面；并且下属也可以提出自己在完成绩效目标中遇到的困难，请求主管人员给予指导。

10.1.4 配送绩效管理的地位与作用

1. 配送绩效管理的地位

（1）配送绩效管理在配送企业管理中居于中心环节。配送相关活动的开展与其最终获得的结果都是通过配送绩效管理进行规划和控制的。

（2）配送绩效管理起到了协调整体的作用。诸多分散的配送环节通过配送绩效管理进行宏观地安排与协调，以达到整体最优。

（3）配送绩效管理是配送企业战略的具体化。将抽象的目标转化为具有可操作性、可控性和可测评的具体任务，提高了配送企业战略的可实现性。

（4）配送绩效管理可起到标杆作用。企业通过配送绩效管理可找到与竞争对手的差距或与利益相关方的要求所存在的差距，从而改进配送管理。

2. 配送绩效管理的作用

（1）配送绩效管理能帮助组织实现快速反应。快速反应是关系到一个配送企业能否及时满足客户服务需求的能力，配送绩效管理通过对配送运作系统的整体把握，及时解决配送活动中出现的各种问题，为企业或组织在最短的时间内完成配送作业创造有利条件。

（2）配送绩效管理能帮助组织降低配送成本。配送系统总成本与各作业环节成本间具有相互影响的关系，通过配送绩效管理，有助于发现不合理的配送成本与变动趋势，并通过协调配送各作业环节的运作，引入新的配送管理技术，选用更有效率的配送方式，从而控制和降低系统的总成本。

（3）配送绩效管理实现配送质量管理水平的提高。配送质量管理要求企业或组织无论对产品质量还是配送服务质量都做到最好，配送绩效管理就是基于配送质量管理，监督与管理配送活动，达到配送本身所需履行的质量标准，避免产品的缺陷或服务承诺未履行而导致企业或组织蒙受损失的管理行为。

10.1.5 配送经营绩效管理系统

配送经营绩效管理系统从各系统和流通企业取得信息，制定各种经营政策，并将政策内容和执行方针告知各经营部门，并将配送中心的数据提供给流通企业。经营绩效管理系统与其他系统的关系如图 10.1 所示。

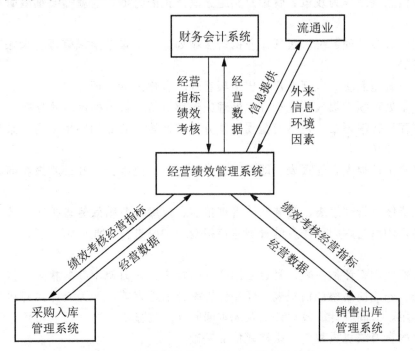

图 10.1 经营绩效管理系统与其他系统的关系

1. 经营管理系统

经营管理系统是供配送中心高层管理人员使用，用来制定各类管理政策，如车辆设备租用采购计划、销售策略计划、配送成本分析系统、运费制定系统、外车管理系统等，偏向于投资分析与预算预测。

配送中心可通过自有车或采用外车来配送。该系统利用现有系统数据，如配送需求统计、车辆的调派现状、人力资源的利用率等作为车辆采购或采用外车的分析基础；决定采用外车后还可进行多种外车管理方案的选用分析，如采用租车公司专车配送或雇用货运公司仅作单程单批货的配送，是否雇用个人货车、运费计算、各车行或个人之间如何协调与管理；若决定自购货车，则可用各种成本回收方法，如回收年限预估、净现值法、决策树分析法等来选择最有效益的资金投资与回收方法。

销售策略计划主要是根据销售额、业务员销售实绩、商品销售能力、销售区域分配状况等数据来制定配送中心的销售规划政策，它包括进销商品内容、客户分布区域规划、业务员销售额及区域划分、市场营销对策制定和促销计划等。

配送成本分析系统是以会计数据为基础分析配送中心各项费用，来反映赢利或资金投资与回收的状况，同时也可作为运费制定系统中运费制定的基准。配送成本分析与运费制定系统是非常重要的系统，配送中心需要确定运费能否赢得客户并合理地覆盖成本。对外车管理系统是管理外雇车辆的系统,包括外车雇用管理方法的选用分析、配送车辆的调度及调度计划等。

2. 绩效管理系统

配送中心的赢利除需要正确制定各项经营策略外,还需制订一个切实可行的计划,也需有良好的信息反馈作为政策、管理及实施方法修正的论据,这就需要绩效管理系统,它包括以下内容。

(1) 作业人员管理系统。包括作业销售区域划分、销售总金额管理、呆账率分析、票据期限分析等。

(2) 客户管理系统。包括客户销售金额管理、客户投诉管理等。

(3) 订单处理绩效报表。包括订单处理失误率分析、订单处理时效分析。

(4) 库存周转率评估。包括资金周转率分析与计算、商品周转率分析、某类商品平均周转率分析与比较。

(5) 缺货金额损失管理报表。即库存盘点时比较盘盈盘亏,并计算报废商品的金额及数量。

(6) 拣货绩效管理报表、包装绩效管理报表、入库作业绩效管理报表、装车作业绩效管理报表等,均属仓库内部作业的管理考核报表。主要进行作业处理量统计、作业失误率分析等。

(7) 车辆使用率评估报表、月台使用率评估报表、人力使用绩效报表、机器设备使用率评估报表、仓库使用率评估报表、商品保管率评估报表等,均为仓库内部机具设备及人力资源的作用,时间统计、效率评估及成本回收状况的显示。这些报表可用于机器设备使用政策制定的参考或机具租用、采购评估的基础。

在绩效管理过程中,每个作业环节都会有各自的目标及评价标准,而在这些标准制定过程及指标的选择过程中一定要遵守整体效能最大化原则,即系统的整体性原理,不能因为局部利益而造成总体的福利损失。

把握系统相关性,从配送整体绩效着眼,配送绩效系统的各个要素都与具他要素相互作用、相互关联。进行配送绩效管理就是要促进它们的正相关,减少负相关,以增强物流、商流、信息流的协同效应,使配送活动相互协调配合,达到整体效益最大化。

10.2 配送作业绩效评价

10.2.1 配送作业绩效评价指标体系的确立

1. 配送作业绩效评价概述

配送作业的绩效评价作为配送绩效管理的主要环节,是总结配送作业成果,发现配送作业中的问题,并根据评价结果进行配送作业改进的重要工作。

配送作业涉及配送计划的设计、配送作业过程的执行和配送效果的反馈等方面。对不同时期配送过程的效果进行评价,将有助于企业分析实际经营水平,提高经营能力,进而增加企业以及整个供应链的整体效益。以往的配送只注重对配送活动某一个过程的评价,这就很难从整体上去审视整个配送活动的综合效果，而配送作业绩效评价可从配送作业计划设计、过程执行和效果反馈三个阶段出发，分别建立不同的绩效评价指标，以建立完善合理的配送评价指标体系。

2. 配送绩效评价指标体系的构建原则

配送绩效评价指标体系的设计是进行配送绩效评价的基本前提，全面合理的指标体系是保证评价结果全面性和客观性的关键所在。根据业务性质和行业领域的不同，不同企业会使用不同的指标体系。配送绩效评价指标体系的建立一般应遵循以下原则。

（1）系统全面性原则。配送绩效受到内外部各种因素及其组合效果的影响。对配送绩效的评价不能只考虑某一单项因素，必须遵循系统设计、系统评价的原则，才能全面、客观地作出评价。

（2）可操作性原则。坚持可操作性原则应注意以下三个方面。①指标设计应尽可能实现与现有统计资料、财务报表的兼容。②考虑指标的清晰度，应避免产生误解和歧义。③考虑指标数量得当性，指标间不应出现交叉重复。

（3）经济性原则。经济性原则是指评价体系的构建应考虑到操作时的成本收益，不能以过高的操作成本来提高评价体系的全面性。因此，在建立指标时，体系大小应该适宜，指标数量应当适当。指标体系过小，则评价体系不够系统全面；若过大，则需要收集过多的数据，进行复杂的数据处理，这样容易造成评价成本的增加和操作的复杂性。因此，评价主体应根据自身特征和评价目标选择适当的评价体系规模。

（4）定量和定性结合的原则。由于配送绩效涉及物流风险、企业形象和信誉等诸多问题，很多方面难以量化，所以评价指标体系的建立除了要对配送管理的绩效进行量化外，有时还需要使用一些定性指标对定量指标进行修正和补充。

（5）时效性原则。配送绩效评价指标应该是动态的，可以随时跟踪，以便掌握实时的绩效状态。绩效评价体系应该有预警和反馈的功能，若时效性差，则不能对出现的问题进行及时处理。

（6）可比性原则。可比性原则指构成评价指标体系的各指标之间能够相互比较。从客观评价出发，可比性原则还要求合理确定指标体系的规模。指标少，虽然处理简单，但缺乏全面性和综合性；指标多，则使建模复杂，而且可能掩盖对象间的差异性。

3. 配送作业绩效指标体系的量化

1）配送计划的全局性指标

全局性是指配送计划必须符合配送整个业务流程的需要，而不是单一地满足某一方面的需要。为了便于评价，可利用功效系数法进行评价，将其指标分数化成 100 分制，计算公式为

$$全局性评价指标分数 = 60 + \frac{指标实际值 - 指标不允许值}{指标满意值 - 指标不允许值} \times 40$$

指标不允许值和指标满意值均可由决策者经过长期的实际运作分析而定。对于某一时期的配送计划绩效的评价，指标实际值由决策者根据这段时间内的计划进行分析而定。配送计划全局性指标的值越大越好。

2）计划的应变性指标

应变性是指当外界条件发生变化时，其计划能够较快地作出调整以适应变化的要求。

为此，可以采用功效系数法和比较尺度法进行评价，其指标值越大越好。配送计划应变性的比较尺度表见表 10-1。

表 10-1 配送计划应变性的比较尺度表

应变性难易程度	很不容易	较不容易	不容易	稍不容易	一般	稍微容易	容易	较容易	十分容易
分数	1/9	1/7	1/5	1/3	1	3	5	7	9

当认为计划的应变性为容易时，对其进行打分，取值为 1~9：

$$应变性评价指标分数 = 60 + (指标值/9) \times 40$$

当认为计划的应变性为不容易时，对其进行打分，取值为 $\frac{1}{9} \sim 1$：

$$应变性评价指标分数 = 60 + (指标值/1) \times 40$$

3) 配送计划的效益性指标

效益性是配送绩效评价的主要内容之一，配送的主要目的在于体现其效益性。可以采用盈亏平衡分析法对一个配送计划进行评价，具体计算公式为

$$效益性评价指标分数 = 60 + (\varepsilon_i - 1) \times 40$$

$$\eta_i = \frac{P_{利}}{C}, \quad \varepsilon = \frac{\eta_1}{\eta_0}$$

式中：η_1——该计划的单位成本获利数；

η_0——企业长期统计的标准单位成本获利数；

$P_{利}$——该计划能够获得的利润；

C——该计划的总成本；

ε_i——该计划单位成本获利数与标准单位成本获利数的比值。

4. 配送作业流程的执行

1) 配送作业的速度性指标

可以采用配送系统对客户服务需求的平均响应时间来衡量。设配送系统共有 N 种服务内容，对于第 i 类客户服务，从配送中心在接到第 j 个客户订单，到送到客户手中这一整体活动中所需的时间为 t_{ij}，那么第 i 类客户服务的速度性指标可以利用该种服务需要的平均时间 $\bar{t}_i$ 来衡量：

$$\bar{t}_i = \frac{\sum_{j=1}^{n_i} t_{ij}}{N_i}$$

式中：N_i——第 i 类客户的总数。

2) 配送作业能力的综合利用率指标

作业能力是指某项作业在规定时间内（每小时、每天），员工进行正常作业程序时所能够完成的作业量。配送作业能力综合利用率是指配送企业进行配送活动时，其作业能力（包括运输能力、配货能力等）综合利用率情况。设企业进行配送活动包括 N 项作业内容，对于第 i 项作业，假定经过长期的观测，其作业能力为 G_i，某一时期内该作业工序的配送作业平均能力为 $\bar{G}_i$，则该作业工序的配送作业能力的利用率为

$$\theta_i = \frac{\overline{G_i}}{G_i} \quad (i=1, 2, \cdots, N)$$

综合Ⅳ项作业内容，配送作业能力综合利用率 θ 取所有工序能力利用率最小值，即

$$\theta = \min(\theta_1, \theta_2, \cdots, \theta_N)$$

3) 配送作业的一致性指标

配送作业的一致性指标，体现在配送活动在一定时期内准时交货并保证质量的次数占总交货次数的百分比。设在一个时段 t 内，准时保质交货的次数为 N_d，总交货次数为 N_t，作业一致性指标 P_d 的计算公式为

$$P_d = \frac{N_d}{N_t}$$

4) 配送作业的灵活性指标

配送作业的灵活性指标主要体现在处理异常的客户服务要求的能力，以及当发生故障时恢复的可行性两个方面。其中，处理异常的客户服务要求的能力可以利用异常要求处理完毕数与异常要求需要处理数之比来衡量；故障处理能力可以用发生故障的标准恢复时间和实际恢复时间之间的关系来计算。配送作业的灵活性指标的计算公式为

$$k = \alpha k_1 + (1-a) k_2$$

式中：k——作业灵活性指标值；

k_1——处理异常客户服务要求的能力指标值；

k_2——故障恢复的能力指标值；

a——处理异常客户服务要求与故障恢复的能力相比的重要程度，若 $\alpha = 0.6$，表示异常客户服务要求在两者中占总的 60%，而故障恢复的能力则为 40%，α 的取值由决策者确定。

$$k_1 = \frac{异常情况处理完毕数目}{异常情况总需要处理数}$$

$$k_3 = \frac{\sum_{i=1}^{n} t_{i标} - \sum t_{i实}}{\sum_{i=1}^{n} t_{i标}}$$

$$k_2 = 0.6 + k_3 \times 0.4$$

式中：$t_{i标}$——第 i 类故障标准恢复时间（由企业决策者确定）；

$t_{i实}$——第 i 类故障实际恢复时间；

n——故障总类数。

10.2.2 配送效果的反馈

1. 反馈的含义

反馈是系统论和控制论中的一个重要概念，是任何控制过程的重要组成部分。起初，反馈主要应用于理工学科，如信号的反馈等，后来逐渐发展到管理学当中，成为控制理论中的重要组成部分。控制是管理的主要职能之一，包括事前控制、事中控制和事后控制。其中，事前控制又称为前馈，事后控制即为反馈。反馈中所出现的偏差，是指实际情况和预期之间的差距，结果和目标之间的差距等。

2. 配送绩效反馈

配送绩效反馈是将配送作业的绩效结果反馈回系统，以便改进。配送作业的绩效结果是繁杂的，通过配送绩效评价体系可以得到清晰的绩效评价报告。将实际配送绩效和绩效目标之间的偏差反馈回绩效系统，不仅可以使系统成员了解绩效结果，同时还是管理者作出下一阶段改进的重要决策信息。绩效反馈可以分为四个环节：接收反馈、对反馈信息进行加工、使用反馈和最终改变行为以提高绩效。

配送绩效反馈给那些需要相应信息的主体（企业、管理者、员工），而这些主体往往并不是被动地等待和接收，在一个有绩效管理氛围的环境中，被反馈者会主动寻求反馈。被反馈者接收到反馈信息，需要对信息进行正确加工，正确理解信息，并对反馈信息选择信任或者不信任。这就对反馈过程提出要求，即反馈者必须能够让被反馈者理解并且相信反馈信息，这样的反馈才是有效的，后续的改进才可能发生。根据绩效反馈信息，配送作业可能需要重新设定目标或者修改已有的目标，调整执行措施，追踪进展，以期绩效的改进。有效的绩效反馈的结果将使得行为得以改变和绩效得以改善。

3. 客户满意度

满意度计算一般通过回访调查而得到，即满意数与总调查数之比。为了使满意度的计算更加合理，把很满意数、满意数、基本满意数等统一折算成满意数。在实际中，可以采用的计算公式为

$$客户满意度 = \frac{很满意数 \times 1.1 + 满意数 \times 1 + 基本满意数 \times 0.6}{样本总数} \times 100\%$$

4. 客户的市场份额递增率

客户的市场份额递增率用来评价物流企业客户的市场份额递增的情况，通常采用的计算公式为

$$\lambda_{12} = \frac{\beta_2 - \beta_1}{\beta_1}$$

式中：β_1，β_2——相同时间段 T 内的前期市场份额和本期市场份额；

λ_{12}——市场份额增长率。

5. 从客户处获得利润的综合值

从客户处获得利润的综合值的配送效果反馈中，要重视客户的交易利润。应当注意，有些客户尽管无利可图，但是他有很大的增长潜力，故不可忽视。如果同公司交易多年的客户仍然无利可图，应尽快摆脱这些客户。因此，将客户分为三类，分别是稳定的长期客户、有较大发展潜力的客户和无利可图的客户。从客户处获得利润的综合值的计算公式为

$$A = \left(\sum_{i=1}^{n_1} A_{1i}\right) \times 1 + \left(\sum_{j=1}^{n_2} A_{2j}\right) \times f_1 + \left(\sum_{k=1}^{n_3} A_{3k}\right) \times f_2$$

式中：A——从客户处获得利润的综合值；

A_{1i}，A_{2j}，A_{3k}——分别表示稳定的长期客户中第 i 位客户的总利润值，有较大发展潜力的客户中第 j 位客户的总利润值，无利可图的客户中第 k 位客户的总利润值；

n_1，n_2，n_3——分别表示稳定的长期的客户总数，有较大发展潜力的客户总数，无利可图的客户总数；

f_1——有较大发展潜力的客户的利润折算系数,由决策人确定,$f_1>1$;

f_2——无利可图的客户的利润折算系数,由决策人确定,$0<f_2<1$。

6. 配送绩效反馈的实施

在企业内部,由管理者向执行者(员工)进行配送绩效反馈,反馈的主要途径和方式是面谈和实时的信息交换,因为绩效反馈要求管理者与部门/员工进行双向交流,而不是简单地通过文件形式进行通知。

(1) 绩效反馈前让每个部门/员工个人对自身的绩效进行自我评价,认真思考自己在本次绩效周期内所达到的绩效,并鼓励他们寻找自己的不足。

(2) 鼓励部门和员工积极参与绩效反馈过程。在绩效反馈的过程中,当各部门和员工参与到绩效反馈过程之中时,员工通常都会对这一过程感到满意。参与的形式有很多种,包括发表对于绩效评价的看法及参与制定绩效目标的讨论等。

(3) 绩效反馈的重点在于解决问题。绩效反馈并不追究责任和进行批评教育,这样会强化抵触情绪,不利于配送绩效改善。为了改善不良的绩效,管理者首先必须努力找出造成不良绩效的原因,这包括共同寻找导致不良绩效的实际原因,然后就如何解决这些问题达成共识。

(4) 反馈应尽可能具体。管理者应针对配送活动的具体过程或事实进行反馈,避免空泛陈述。模棱两可的反馈不仅起不到激励的作用,还有可能产生抑制效果。

(5) 制定具体的绩效改善目标,确定检查改善进度日期。制定目标的重要性不能被过于夸大,它只是绩效最为有效的激励因素之一。研究表明,目标的制定有利于提高员工满意度,激发改善绩效的动力。但是,除了确定目标以外,管理者还应当确定对实现目标绩效要求的进展情况进行审查的具体时间。

10.3 配送服务绩效评价

10.3.1 配送服务概述

1. 配送服务的概念

配送服务作为配送产品的表现形式,是指配送企业为了满足配送服务需求者的各种需要而投入的人力、物力和财力的产出表现,配送服务的最终目的是要为服务需求者提供一种需求可得性的保证。

2. 配送服务的特征

配送企业所提供的配送服务,具有以下几个方面特征。

(1) 附属性。在整个配送活动的过程中,配送服务是附属于商流而产生的,商流是指商品的所有权转移,而要想真正实现这种转移,利用配送服务是必需的,商流的存在是发生配送服务的基本前提。配送服务需求者提出的服务需求是以商流为基础,是伴随着商流的发生而发生。

(2) 非物质性。配送服务不同于其他产业产品的一个最大特征是其产品属于非物质形态。配送活动生产出来的产品不是有形的产品,而是一种同时产生于生产、销售、消费三个环节中的即时服务。一般来说,有形的商品要经过生产、储存、销售才能完成服务的提供，而配送业务本身决定了其生产就是流通，就是配送服务。

（3）动态性。配送服务所面临的客户是不固定的，配送服务具有附属于商流的特性，使得提供配送服务的配送企业在运营过程中往往会处于一种被动的地位，如提供服务的时间、方式等，都要根据需求者的要求进行安排、调整，以满足客户的需求，这就决定配送服务的动态性。

（4）专业性。配送企业提供的配送服务，无论是在配送设计、配送作业过程、配送技术工具、配送设施还是配送管理，都要体现专业化的水准，这既是消费者的需要，也是配送企业自身发展的基本要求。

（5）增值性。通过配送服务一般可以使货物的价值或使用价值得以增加，而这种增值性主要通过独特的或特别的活动加以体现，主要活动是为服务需求者提供定制化的配送服务，以帮助特定的顾客实现他们的期望。

10.3.2 配送服务方式的选择

1. 确定合适的配送服务水平

1）了解客户的需求

配送服务的内容很多，从规章的制定、货物的交付，到售后服务，涉及多个环节，可能的衡量指标有平均订货周期、订货周期偏差、发货准确率、订单信息的提供能力、投诉情况、产品回收政策，以及紧急订单的处理能力等许多种。不同的客户对这些内容的要求有很大的差异。改进配送服务的努力应该首先从了解客户需求开始，要得到客户需求的具体、准确的信息，必须对客户群体进行市场调查，只有经过充分的市场调查，才能针对客户的具体要求因地制宜地确定合适的配送服务。

2）了解企业自身的表现

要确定合适的配送改进方案，仅仅了解客户的需求还不够，还要同时了解在客户的心目中，企业自身表现如何，两者结合，才能制定出有效的配送改进方案。企业只有通过市场调查才能得到客户对企业服务内容的认可程度和对企业服务状况的评价。调查中要求客户对每一指标的重要性和企业的表现打分，其中重要性分为不重要、重要和非常重要；企业表现分为差、中等和好三个档次。

3）平衡成本与收益，选择最优服务水平

配送服务水平的提高有利于创造需求、扩大市场，但要达到一定的配送服务水平，一定的投入又是必不可少的，服务水平的提高必然推动经营成本的提升。配送企业要平衡销售收入、配送成本和配送利润三者之间的关系，在此基础上，找到使得利润最大化的最优服务水平。

2. 配送服务方式选择的准则

（1）以市场需求为导向。一般来说，以产品为导向的配送服务难以真正满足顾客的需求，容易出现配送服务水准设定失误，也无法根据市场环境的变化和竞争格局及时加以调整；而以市场需求为导向的配送服务是根据企业经营信息和竞争服务水准相应制定的，与顾客面谈、顾客需求调查等寻求顾客最强烈的需求愿望的方法是决定配送服务水准的基本办法。

(2) 制定配送服务多元组合。随着商品业种和业态多样化的发展，顾客的需求不可能千篇一律，因此，制定配送服务多元组合十分必要。配送服务也要考虑有限经营资源的合理配置，应根据顾客的不同类型采取相应的配送服务。

(3) 发展特色配送服务。企业在制定配送服务要素和配送服务水准的同时，应当保证配送服务的差别化，形成配送服务的鲜明特色，这是保证高质量配送服务的基础，也是配送服务战略的重要特征。

(4) 注重配送服务灵活性。配送服务的变化往往会产生新的配送服务需求，在配送服务管理中，应当充分重视研究配送服务的发展方向和趋势，根据发展变化的配送需求提供高效的配送服务。要在规范化、标准化配送服务基础上注重配送服务的灵活性，以满足配送服务经营竞争的需要。

(5) 建立能把握市场环境变化的配送服务管理体制。配送服务水准是根据市场形势、竞争企业的状况、商品特性，以及季节的变化而变化的，配送要收集配送服务信息、把握市场环境变化，提出更优质的服务措施，满足消费者需求。

(6) 强化配送服务绩效评价。配送服务绩效评价，其实质是对配送服务能力、竞争能力、发展能力的评价。应从提高配送服务水平的角度对配送作业活动的总体绩效作出评价，在配送基本业务分析的基础之上，对整个配送系统进行投入产出分析，从而可以确认配送系统总体的能力、水平和有效性。

10.3.3 配送服务绩效管理

1. 配送客户服务理念

配送客户服务是指配送企业为促进其产品或服务的销售，发生在客户与配送企业之间的相互活动。可以从以下3个方面理解配送服务。

(1) 配送客户服务是为了满足客户需求所进行的一项特殊工作，并且是典型的专业性的客户服务活动，其内容包括订单处理、送货、处理客户投诉及服务咨询。

(2) 配送客户服务是一整套业绩评价，它包含配送服务可得性评价、订货周期和可靠性评价、最低订货数量等。

(3) 配送客户服务是一种理念，是配送企业对客户的一种承诺，不能仅仅把它狭义地理解为一种活动或一套业绩评价，而应该将客户服务思想渗透到整个企业。配送客户服务已经越来越成为配送企业成功运作的关键因素，是增强服务差异、提高服务竞争优势的重要因素。配送客户服务的作用主要表现在三个方面：提高销售收入、提高客户满意度和留住客户。

2. 配送服务绩效分析

配送的顾客服务绩效主要受到产品质量、服务质量、产品价格、柔性、交货可靠性和信息沟通等因素的影响。但是从供应链的角度来看，产品质量和价格并不是由零售商决定的，它们从根本上取决于供应商的质量控制水平和成本控制水平。因此，构成顾客服务绩效的评价指标应当包括交货可靠性、柔性和服务质量这3个方面。

1) 交货可靠性

反映了配送企业交货的准时性、正确性和有效性，配送企业要在正确的时间把正确的产品送达正确地点的顾客手中；因此，可靠性可以从交货时间、交货数量和交货质量这3个方面来衡量。

（1）交货时间。交货时间反映了配送企业能否在正确的时间把产品送交顾客，因此可以用准时交货比率，即准时交货次数（或者数量）占总交货次数（或者数量）的比率来表示用次数来评价交货准时性具有操作简便、对数据采集的要求低、易处理等优点，用数量来评价则可以估计因未准时交货而增加的成本。

（2）交货数量。交货数量反映了配送企业是否能够把正确数量的产品送交顾客，因而可以用正确交货比率，即正确数量的交货次数（正确的交货数量）占总交货次数（总交货数量）的比率来表示。这里的正确交货数量，是指实际交货数量大于等于顾客订货数量的产品量，之所以包括大于的情况，是因为配送企业可以把超过顾客需求数量的产品自己带回去。

（3）交货质量。交货质量反映了配送企业能否把产品送交正确地点的正确顾客，因而可以采用准确交货比率，即满足正确地点、正确顾客的交货次数占总交货次数的百分比来表示。

2）柔性

柔性反映了配送企业对顾客需求数量的变化、时间的变化和产品种类变化的适应能力，具体可以划分为数量柔性、时间柔性和产品柔性。

（1）数量柔性。数量柔性主要是由顾客需求变动引起的，配送企业要想满足不同数量的需求，就必须保持充分的柔性。数量柔性反映了由配送企业满足顾客需求占总需求的比率。

（2）时间柔性。时间柔性主要是由交货时间的变化引起的。顾客在发出订单后，有时会提出缩短交货时间的请求，配送企业要想满足这种要求，必须拥有足够的时间柔性，即应有充足的松弛时间来调整交货速度。因此，时间柔性可以采用能够缩短交货期的松弛时间占总的松弛时间的百分比来表示。

（3）产品柔性。产品柔性反映了配送企业引进新产品的能力。尽管配送企业本身并不直接参与新产品的开发和生产，但是由于其往往处于不同的供应链中，因此可以从不同的渠道引进新产品，新产品的频繁引入会不断提升配送企业形象，留住老顾客的同时吸引新顾客的加盟，从而进一步带动配送企业产品的销售。产品柔性可以通过一段时间内新产品的数量占产品总数量的百分比来表示。

3）服务质量

服务质量反映配送服务水平。对配送中心来说，顾客服务贯穿于从接受订单开始到将商品送到客户手中的全部配送过程。服务质量好不仅可以留住老客户，保持和发展顾客的忠诚与满意，还可以通过良好的企业形象，赢得大量的新客户。

进行顾客服务质量绩效管理，主要是通过建立顾客服务绩效评价指标，制定顾客服务标准，提高顾客服务绩效。

（1）顾客服务绩效评价指标。顾客服务绩效评价指标主要包括价格、质量、作用、形象、关系和信誉，建立绩效评价体系时应以顾客的需要为目标，通过深入访谈、电话访问、邮寄调查等方法进行定性、定量相结合的研究，设计出一套满足配送中心考核服务需要的绩效指标。配送中心通常使用以下服务评价指标。

① 顾客服务的一般评价指标。包括市场份额、顾客的忠诚度、顾客的满意度、获得顾客、从顾客处获取利润等。

② 对顾客价值重视程度的评价指标。包括产品和服务的特征、顾客关系、企业的形象和声誉。

③ 满足顾客需求的评价指标。包括提供商品的时间、商品的质量和价格等。

(2) 服务质量标准。客户对配送中心的服务满意度主要来自配送中心的交易环节，包括在交易前、交易中和交易后所发生的各种具体交易行为。配送中心可依据这些具体的交易行为制定各环节的服务标准，以此作为考核服务的具体内容。顾客服务质量评价标准如图 10.2 所示。

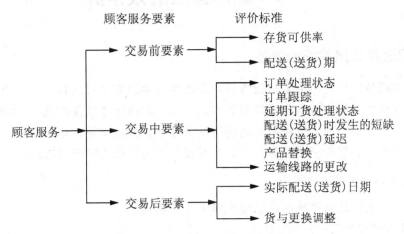

图 10.2 顾客服务质量评价标准

提高服务质量，必须立足于掌握顾客需求。通过对市场的调查研究和企业服务现状的分析，明确客户对服务的需求，制定合适的顾客服务战略，以实现企业长期赢利和收回投资的目标。

3. 配送服务绩效改进

成本的快速增长给配送企业带来了巨大的压力，要求他们必须提高服务生产率，也就是加强服务管理。该项管理的具体措施有以下 3 种。

1) 提高服务人员的素质

服务人员的素质问题，对配送企业所能提供的服务质量和服务水平起到至关重要的作用，而且服务人员的水平和态度，更是影响客户满意程度的重要因素。因此，对于配送企业来说，拥有一支素质过硬、态度良好、工作敬业的服务人员队伍，是极其重要的。

2) 节约服务成本

加强配送服务管理，应该重视的另一个方面就是节约服务成本。据统计，国内配送企业在提供同样的服务内容时，所付出的成本要远远高于国外同行，因此节约成本的潜力十分巨大。而对于节约服务成本的方式，则可以采取服务标准化、增加设备减少人员、引进新技术新方法这 3 种方式。服务标准化就是尽量将个性化的服务实现标准化，从而实现规模效应，节约成本；减少服务人员，则是使所提供的服务在时间和空间上尽量做到均衡，减少冗余的人员。这样一方面能够降低人员成本，另一方面由于服务人员减少，服务质量的差异性也会随之降低，从而避免服务质量出现大幅变化。

3) 引进新技术

新技术可以帮助配送企业节约时间和资金,而且可以使服务人员的效率和积极性更高,从而提高服务效益。例如通过自动查询系统,客户可以自己将问题输入电脑,系统自动将答案输出。一方面可以使该项服务标准化,另一方面可以减轻服务人员的工作压力,但是配送企业必须防止过分强调生产率而降低了服务质量。一些提高生产率的方法能使服务质量标准化,从而增加客户对服务的满意度,但是另一些方法却会导致过度的标准化,从而减少客户化、人性化的服务。

10.4 配送员工绩效评价

10.4.1 配送员工绩效评价概述

配送员工绩效评价,即员工绩效考核,是指用科学的方法对集体或个人在某一段时期内的工作进行检验、评价并与标准核对的工作。员工的绩效考核是配送人力资源管理的一项重要工作。配送部门的主管应及时地进行绩效考核,并将结果加以公布,让员工知道他们的工作做得如何、怎样做才是对的,这是规范员工岗位行为的必要方法。

1. 配送员工绩效考核的原则

配送部门在进行绩效考核时,应遵循以下几项原则。

1) 绩效考核应有统一标准

绩效考核必须公正才能有效,而公正的重要因素就是考核必须有正式规定的统一标准,不能以考核者的印象、好恶为考核依据。考核者必须预先制定出各岗位统一的考核标准,这种标准应通过对每一工作岗位的工作方法进行深入研究后制定而成,要尽可能量化、文字化,并通告所有将被考核的员工。同一岗位员工的工作成绩都由同一套标准来判定,这样,考核才会令人信服。

2) 考核标准应体现不同岗位的特点

配送部门各岗位员工的工作内容和工作方法是不相同的。因此,制定考核标准的第一步就是科学地划分配送部门内存在的不同岗位,根据它们各自的特点分别制定不同的考核标准。

3) 要有确定的考核机制

对配送员工的考核不能随意进行。如果配送管理人员有时间则组织考核,没时间则长期疏于考核,这样考核工作就无法起到鞭策、激励员工的作用。因此,考核工作必须确定考核的机制,它包括以下内容。

(1) 考核工作多长时间进行一次。如果考核时间间隔太长,则容易着重于员工的最近表现,而忽略他们的整体表现;如果考核时间间隔太短,则容易使烦琐的考核工作成为例行公事。因此,应根据员工在企业工作时间的长短及不同的工作性质和不同的考核内容来确定考核时间。一般来说,配送员工的日常考核每月进行一次比较适宜,再配合进行半年考核、年考核,就会得到比较好的效果。

(2) 谁来进行考核。对配送员工的考核不能仅由配送主管一个人来进行,而应该出具有各种代表性的一组人来进行,这样能够保证考核的公正性。通常,这一组人中应包括被考核者的直接上级、主管、配送经理和员工代表等。

(3)考核方法的确定。首先,确定考核的信息来源。如对员工工作表现的评价是来源于员工个人的总结,还是同事的评语,抑或来自外界的反映。其次,考核是由全体员工讨论评定还是制订表格计分,或是累计员工平日业绩,这些都必须事先确定,并让每一位员工明了。

(4)考核必须与奖惩相结合。考核的目的是使好的工作态度、工作方法得到宣传和效法,使不好的工作态度、不合乎要求的工作方法得到批评和纠正。考核只是达到这一目的的手段之一,必须附以相应的奖励和惩罚措施才能产生效果。

2.配送员工工作考核的基本内容

在配送员工工作考核中,主要应围绕员工所担当的工作结果及工作表现来进行,即员工工作能力、工作态度、所担当工作的效果是否符合企业要求来进行考核,不合乎要求的工作方法得到批评和纠正。

10.4.2 配送员工工作考核的主要方法

1.自我评定考核法

配送管理人员及负责考核的人员应将绩效考核的内容以问题的形式向员工提出来,让员工自己作出报告。该种方法为员工反思、总结自己过去所做的工作提供了机会。员工在经过系统地思考以后,可以比较容易地发现自己的成绩和存在的不足,甚至可以发现企业配送管理中存在的问题。所以,该种方法在绩效考核工作中应用比较广泛,并经常和为企业提合理化建议的工作一起进行。

自我评价法的局限性也是显而易见的。个人对自己的评价有时不够客观、全面,有时故意回避某些情况或问题,所以自我评价的结果并不能作为绩效考核的唯一标准。

2.考绩面谈考核法

"自我评定"的方法虽然有一定的缺点,但它可以使配送管理人员能事先研究员工对他自己的工作成绩的看法,可以使考绩面谈取得最佳的效果。由于员工在"自我评定报告"中已反映出其最敏感的问题是什么,也鉴定出了自己存在的弱点,因此负责考核的配送管理人员可以在面谈中把精力集中在其他方面,而不需再重复缺点。

为了使面谈能顺利进行,不出现离题、跑题等现象,配送管理人员应准备一份设计完善的考核表。表格的设计应取决于评定的目的,至少应包括以下内容。

(1)员工基本情况。包括姓名、工作时间、担任的工作等。

(2)考评报告。包括知识、技能、知识应用能力、计划与组织能力、与他人共事的能力、指导他人的能力。

(3)在本职岗位上的培训需求。

(4)潜能。

(5)培训发展需求。

(6)参考性工资推荐意见。

在进行面谈时,管理人员应注意不要发生以下情况。

(1) 谈话仓促进行。让人感到此事毫不重要,只不过是为了完成工作程序的一环而应付差事。

(2) 事先预定谈话结果。面谈之前就把表格填好,谈话时以"印证自己的主观印象"为目的提问题,迫使接受面谈人"就范"。

(3) 照表宣读,不用自己的语言解释评语。

(4) 夸夸其谈或随意聊天。

10.5 配送绩效评价方法

10.5.1 配送绩效评价指标体系的构建方法

1. 平衡计分卡方法

平衡计分卡(Balanced Score Card,BSC)方法,又称 BSC 模型,最早于 1992 年由美国哈佛大学教授 Robert Kaplan 与诺顿研究所最高行政长官 David Norton 共同提出,并在随后的文献中得到进一步的丰富和发展。BSC 模型使用一套财务及非财务指标来描述整个组织的绩效。该想法的初衷是将组织的战略与策略行动具体化,以创造组织竞争优势,将组织的战略和策略转换成绩效目标与绩效指标,作为战略衡量与管理体系的架构,重点考虑从不同的角度进行平衡测量与评价。BSC 模型的一个重要特征集中于组织战略业务单元,而且这些战略业务单元是以获得顾客满意度和体现股东价值为目标的。平衡计分卡在企业绩效评价中的研究与应用已经非常普遍。

BSC 模型从财务、客户、内部业务流程及革新与增长 4 个角度来评价组织的绩效。

(1) 财务角度。财务角度的评价发展较成熟,常见的指标包括:①反映赢利能力的指标,包括销售利润率、净资产收益率、总资产报酬率;②反映营运能力的指标,包括存货周转率、流动资产效用比率、固定资产效用比率;③反映偿债能力的指标,包括资产负债率、流动比率、速动比率;④反映企业发展能力的指标,包括销售收入增产率、总资产增长率。

(2) 客户角度(客户是如何看待我们的?)。降低运营成本、提高顾客满意度成为企业能否生存、发展的关键问题。客户角度的主要指标有:①反映客户满意的指标,包括客户满意度、客户忠诚度、客户投诉率、客户获得率;②反映柔性的指标,包括配送响应速度、交货柔性等;③反映可靠性的指标,包括失去销售百分比、准时交货率、订单配送完成率;④反映配送质量的指标,包括货损率、顾客抱怨解决时间。

(3) 内部业务流程角度(在哪些方面可以做得更杰出?)。对配送流程进行评价,可以对整个配送过程进行改进,通过以下指标进行评价:①反映配送成本的指标,包括配送成本、仓储成本、管理成本、信息成本;②反映配送满足客户需求能力的指标,包括交货期提前、准时配送率、平均满意率;③反映配送业务流程的指标,包括服务循环期等。

(4) 革新与增长角度。革新与增长角度的指标包括:①反映成长能力的指标,包括总资产增长率、净资产增长率、营业利润增长率、税后利润增长率;②反映学习能力的指标,包括员工建议增长率、员工培训增长率、人力资本比率;③反映创新能力的指标,包括新服务产品收益比率。

平衡计分卡不仅提供过去成果的财务性指标，同时兼顾以客户的角度、内部业务流程的角度及革新与增长的角度为基础的非财务性绩效指标，来弥补财务性绩效指标的不足，以提升未来的财务绩效。

通过平衡计分卡的设计，使管理者澄清组织战略远景与策略，沟通联结策略目标与衡量的基准，规划与设定绩效指标，并在目标展开的同时，通过绩效面谈、双向沟通而调整行动方案，以及加强策略性的反馈与持续的教育训练，从而达到组织绩效发展的目标。

2. 平衡计分卡的实施流程

(1) 转化组织战略远景。让组织所有成员在组织的战略愿景及策略上建立共识，以一套集成的目标和相应的绩效指标来推动组织的长期发展。

(2) 沟通与联结。让组织中的所有成员向上及向下沟通战略愿景与策略，并将策略与部门和个人的目标联结起来。平衡计分卡让组织内各阶层都了解组织长期的战略和策略，也让部门、个人的目标与组织长期战略保持一致。

(3) 规划与设计指标。集成组织的业务与财务计划，通过平衡计分卡设定指标，来决定资源分配及设定优先级以实现组织的长期战略目标。

(4) 反馈与学习。使组织有能力将绩效评估的结果与组织相应战略目标进行比较，以期组织管理层、部门及个人识别改进。

10.5.2 供应链运作参考模型

1. 供应链运作参考模型概述

供应链运作参考模型（Supply-Chain Operations Reference-model，SCOR）是一个标准供应链流程参考模型，也是一种供应链的诊断工具，它为全面准确地优化各种不同规模和复杂程度的供应链提供了通用的方法，因此适用于不同的产业领域。

2. SCOR流程定义

SCOR是第一个标准的供应链流程参考模型，它是供应链的诊断工具，涵盖了所有行业。SCOR使企业之间能够准确地交流供应链问题，客观地评测其绩效，确定绩效改进的目标，并希望影响今后供应链管理软件的开发。流程参考模型通常包括一整套流程定义、测量指标和比较基准，以帮助企业开发流程改进的策略。SCOR不是第一个流程参考模型，但却是第一个标准的供应链参考模型。SCOR模型主要由四个部分组成：供应链管理流程的一般定义、对应于流程绩效的指标基准、供应链"最佳实践"（Best Practices）的描述及选择供应链软件产品的信息，如图10.3所示。

3. SCOR模型的范围

SCOR模型体现了"从供应商的供应商到客户的客户"的供应链管理思想，具体包括以下范围。

(1) 所有与客户之间的交互环节，从订单输入到支付发票。

(2) 所有产品（实物和服务）的传送，从供应商的供应商到客户的客户，包括设备、原材料、配件、产品和软件等。

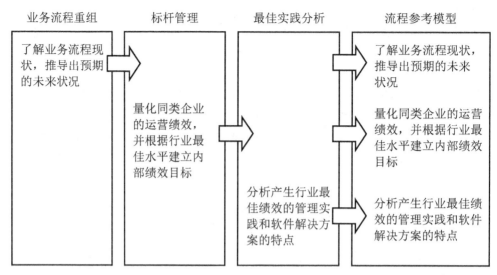

图 10.3 流程参考模型框架

（3）所有与市场之间的交互环节，从对总体需求的理解到每个订单的执行。

SCOR 模型不试图描述销售和市场流程、研究和技术开发流程、产品与工艺设计和开发流程，以及交货后的客户支持流程。

10.5.3 SCOR 模型的层次结构

SCOR 模型按流程定义的详细程度可分为三个等级：顶级、配置级、流程单元级。每一级都可用于分析集成供应链的运作。在第三级以下还可以有第四、五、六级等更详细的属于各企业所特有的流程描述层次，这些层次中的流程定义不包括在 SCOR 模型中。SCOR 模型的层次结构如图 10.4 所示。

1. SCOR 模型顶级分析

SCOR 模型将供应链管理视为一门结合艺术与科学的学问，在模型顶级列出五项供应链管理的基本流程：计划（Plan）、采购（Source）、制造（Make）、分销（Deliver）和退货（Return）。它定义了供应链运作参考模型的范围和内容，并确定了竞争绩效目标的基础。

（1）计划。这是供应链管理的战略部分。企业需要通过研究确定一套战略来管理所有的资源，以使产品或服务能满足客户的需求。计划的重点主要是发展一套能监控供应链，使其更有效率、更节省成本，并能反映客户要求的绩效指标。

（2）采购。选择能够提供企业生产所需的产品或服务的供应商。企业与供应商共同发展一套定价、运送及付款过程的机制，并建立能监控及改善彼此关系的标杆。此外，还必须能够整体性地管理上游供应商运送来的货物的库存，包括收受货物、清点货物，搬动货物到适当的制造场所，然后批准支付供货商的款项。

（3）制造。这是指在制造阶段中详细列出生产、测试、包装与运送等活动的时间表。这是整个供应链运作过程中最能够用量化指标来衡量绩效的部分，应该针对产品质量、生产产出及员工生产力加以衡量评价。

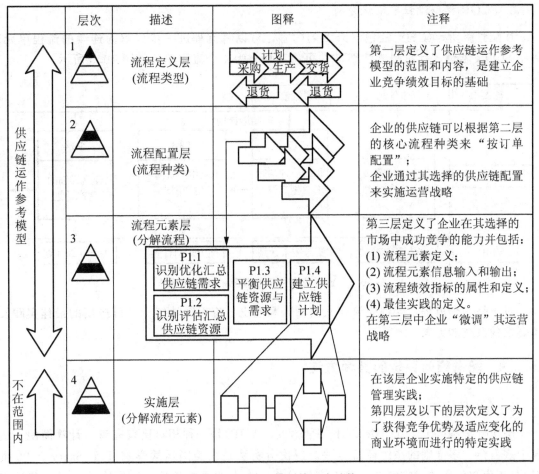

图 10.4　SCOR 模型的层次结构

（4）分销。这里的分销是指"物流"。协调来自客户的订单接收和履行、决策、部署物流网络，挑选物流商发送产品到客户手中，建立与发货系统相应的收款渠道。

（5）退货。企业除了考虑如何有效地将产品或服务递送至客户手中之外，还应该建立一套能完善地从客户手中回收不合格产品及从下游供应链伙伴手中回收过剩产品的机制。

此外，在采购、生产和交货流程中设定了一个基本的内部结构，即模型集中考虑三种情况：按库存生产（Make-to-Stock）、按订单生产（Make-to-Order）和按订单定制（Engineer-to-Order）。而退货流程中，共包括三种类型的退货，即不合格产品的退货，维护、维修及待检产品等非直接生产物料的退货和过剩产品的退货。

2. SCOR 模型配置级分析

SCOR 模型第二级配置级主要用来定义标准的供应链核心流程，以指导企业在实施供应链时对流程进行标准划分。企业没有必要完全定义所有的标准核心流程，而是应该选用符合企业实际情况的标准核心流程来配置自己的供应链。这些流程通常都是通过职能管理来实现的。职能管理包括：规则的建立和管理、绩效评估、数据管理、库存管理、资产管理、运输管理、供应链配置管理、供应商管理等。

3. SCOR 模型流程单元级分析

在配置级所定义的流程包含众多的内容，可以将流程进一步分解为连续的流程单元。利用 SCOR 思想，针对制造计划(P3)可将其划分为 4 个流程单元如图 10.5 所示。

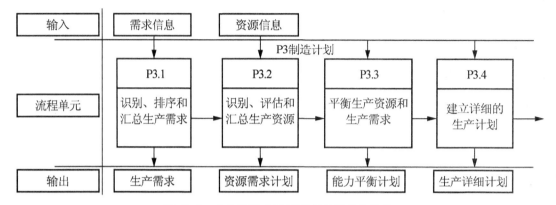

图 10.5 业务流程中流程单元的连接和运作

对于每一个流程单元都应该定义其输入和输出、流程绩效指标、可应用的最佳实践及其要求的系统能力等。

10.5.4 配送绩效评价的数学方法

1. 层次分析法

层次分析法(Analytic Hierarchy Process，AHP)是一种相对比较完善、计算简便，适合于多目标、多准则的系统评价方法。层次分析法是由美国运筹学家 T. L Saaty 在 20 世纪 80 年代初创立的。它综合定量与定性分析，将人的思维条理化、层次化，对各备选方案按优劣进行排序，具有实用性、系统性、简洁性的特点。

层次分析法解决问题的基本思路是：首先将需要分析的问题层次化，根据问题的性质和要达到的总目标将问题分解为不同的组成因素，按因素间的相互关联影响及隶属关系将因素按不同层次聚集组合，形成一个多层次的分析结构模型，并最终把系统分析归结为最低层相对于最高层(总目标)的相对重要性权值的确定或相对优劣次序的排序问题。它体现了决策思维的基本特征：分解、判断、综合，具有系统性、综合性与简便性的特点。AHP 的关键环节是建立判断矩阵。判断矩阵是否科学、合理直接影响到 AHP 的效果。

完整的 AHP 方法包括三个步骤，即根据研究对象和研究目标建立层次结构模型；构造判断矩阵并计算指标权数；对评价指标进行无量纲处理，计算各评价对象的综合评价结果。详细的步骤这里不再赘述。

使用 AHP 方法对配送进行评价，其可以包括以下评价指标体系。

(1) 配送安全指标。主要是指所配送货物在流通过程中的安全，即保证其完整、无破损、无消耗。它包括货物损坏率、客户满意度等指标。

(2) 配送效率指标。主要是指配送时间及配送车辆满载率。其中，配送时间包括在途时间、仓储时间、装卸搬运时间、检验检疫时间。

(3) 配送成本指标。主要是指由于配送及相关活动而产生的配送费用，包括单位货物的平均配送成本和吨公里成本两个方面。

（4）配送柔性指标。主要体现在配送系统处理异常配送需求的能力及当发生故障时恢复的可行性两个方面。其中，处理异常配送需求的能力可以利用异常要求处理完毕数与异常要求需要处理数之比来衡量。

2. 数据包络分析法

数据包络分析（Data Envelopment Analysis，DEA）是数学、运筹学、数理经济学和管理科学的一个新的交叉领域。它是由 A. Charnes 和 W. W. Cooper 等人以相对效率概念为基础于 1978 年研究出来的一种效率评价方法。DEA 使用数学规划（包括线性规划、多目标规划、具有锥结构的广义最优化、半无限规划、随机规划等）模型进行评价具有多个输入、特别是多个输出的"部门"或"单"，也称为决策单元（Decision Making Unit，DMU）间的相对有效性（称为 DEA 有效）。使用 DEA 对 DMU 进行横向效率评价，不仅可以获知 DMU 的有效性（是否达到最大输出或资源充分利用），还可以利用 DEA "投影原理"进一步分析各个决策单元非 DEA 有效的原因（即优化方向），从而为管理者提供更多的管理决策信息和绩效改进的依据。

DEA 将一个经济系统或一个生产过程看做一个实体（一个单元），在一定可能的范围内，通过投入一定数量的生产要素并产出一定数量的"产品"的活动，再由众多 DMU 构成被评价群体，通过对投入或产出比率的分析，以 DMU 的各个投入或产出指标的权重为变量进行评价运算，并根据各 DMU 与有效生产前沿面的距离状况，确定各 DMU 是否 DEA 有效，同时还可用投影方法指出非 DEA 有效或弱 DEA 有效 DMU 的原因及应改进的方向和程度。

DEA 特别适用于评价具有多个输入与输出的复杂系统。因为 DEA 方法具有以下特点。

（1）各输入、输出向量对应的权重是通过效率指数进行优化来决定的，从最有利于决策单元的角度进行评价，从而避免了确定各指标在优先意义下的权重。

（2）假定每个输入都关联一个或多个输出，而且输入输出之间确实存在某种关系。DEA 方法不需要确定这种关系的明确表达式。这有利于处理输入输出权重信息不清楚的问题，同时也排除了很多主观因素，因而具有很强的客观性。

（3）DEA 方法强调在被评价单元群体条件下的有效生产前沿的分析，而不是像传统的统计模型着眼于平均状态的描述，从而使研究结果更理想。

（4）DEA 方法致力于每个 DMU 的优化。

（5）DEA 方法可直接采用统计数据进行计算，简明易操作。

3. 模糊综合评价

模糊数学方法是 20 世纪 60 年代由 L. A. Zadeh 首先提出来的。模糊数学理论可采用精确的数学方法来描述模糊性现象。目前，模糊集合论在各个领域的应用已经十分广泛，如设计方案的模糊综合评价，用模糊综合评定方法评定企业的经济效益等。

模糊综合评价是以模糊数学为基础，将边界不清、不易定量的因素定量化，进行综合评价的一种方法。在配送绩效评价问题中，其评价指标有些可以通过统计法统计，有些则只能用专家评价法。既存在定量指标，也存在定性指标。模糊综合评价法有单因素的模糊评价和多层次的模糊评价。对于供应链管理环境下的配送绩效评价，应采用多层次的模糊评价。

在复杂的系统中，对某一事物进行评判，需要考虑的因素很多。因素间有不同的层次，这样，对诸因素的权重分配将会出现困难。这时，可以使用多层次的模糊综合评判。

其步骤一般包括：构造绩效评价指标体系，建立模糊综合评价因素集，计算评价指标的特征值矩阵，确定隶属关系，建立模糊评价矩阵，给定各级指标层权重，建立评价等级集，进行模糊矩阵的运算，得到模糊综合评价结果。

4．BP 神经网络

学者 Rumelhart 和 McCelland 及他们的同事洞察到神经元网络在信息处理方面的重要性，尽管 Minsky 和 Papert 指出单层感知器的局限性，但他们仍坚持不懈地研究，于 1982 年成立了 PDP 小组，研究并行分布式信息方法，探索人类认知的微结构。1986 年，Rumelhart、Hinton 和 Williams 完整而简明地提出一种 ANN 的误差反向传播训练算法（简称 BP 算法），系统地解决了多层网络中隐含单元连接权等学术问题，并对其能力和潜力进行了探讨。Parker 在 1982 年也提出过同样的算法。后来才发现 Werbos 早在 1974 年的博士论文中曾提出过有关 BP 算法及其几种变形，但未引起注意。

误差反向传播算法的主要思想是把学习过程分为两个阶段：第一阶段（正向传播过程），给出输入信息通过输入层经隐含层逐层处理并计算每个单元的实际输出值；第二阶段（反向过程），若在输出层未能得到期望的输出值，则逐层递归地计算实际输出与期望输出之差（即误差），以便根据此误差调节权重，建立评价等级，得到综合评价结果。

复 习 思 考

一、填空题

1．绩效管理强调的是对_____，通过对行动过程中各项指标的观察与评估，保证战略目标的实现。

2．绩效管理把_____和_____连接起来，每个在具体工作岗位上的员工看到了个人的付出对企业成功与失败的因果关系，这有助于提升员工工作成就感，发挥员工潜能。

3．绩效管理更加深刻的内涵在于_____，在于对_____的管理，而绩效评价的含义则相当局限，侧重于对结果的评价。

4．配送绩效管理是一个多环节的系统，通过一个_____。相对于结果来说，绩效管理强调的是实现目标的过程，而不仅仅是期末的绩效评价。

5．_____是指当外界条件发生变化时，其计划能够较快地作出调整以适应变化的要求。

二、判断题

1．应变性是指配送计划必须符合配送整个业务流程的需要，而不是单一地满足某一方面的需要。　　　　　　　　　　　　　　　　　　　　　　　　　　　　（　　）

2. 全局性是配送绩效评价的主要内容之一，配送的主要目的在于体现其效益性。
(　　)

3. 效益性是指某项作业在规定时间内（每小时、每天），员工进行正常作业程序时所能够完成的作业量。(　　)

4. 配送作业的一致性指标，体现在配送活动在一定时期内准时交货并保证质量的次数占总交货次数的百分比。(　　)

5. 配送作业的速度性指标主要体现在处理异常的客户服务要求的能力，以及当发生故障时恢复的可行性两个方面。(　　)

6. 满意度计算一般通过回访调查而得到，即满意数与总调查数之比。(　　)

7. 柔性反映了配送企业对顾客需求数量的变化、时间的变化和产品种类变化的适应能力，具体可以划分为数量柔性、时间柔性和产品柔性。(　　)

8. 时间柔性反映了配送企业引进新产品的能力。(　　)

9. 配送员工绩效评价，即员工绩效考核，是指用科学的方法对集体或个人在某一段时期内的工作进行检验、评价并与标准核对的工作。(　　)

10. "自我评定"的方法虽然有一定的缺点，但它可以使配送管理人员能事先研究员工对他自己的工作成绩的看法，可以使考绩面谈取得最佳的效果。(　　)

三、选择题

1. 配送绩效的提升需要通过一系列有效的配送管理活动来实现，具体包括以下几个方面：人的管理、物的管理、财务管理、设备管理、信息管理、(　　)。
   A. 方法管理　　　　B. 战略管理　　　　C. 组织管理

2. 绩效(　　)是绩效管理流程中的第一个环节，发生在新的绩效周期开始时。
   A. 战略　　　　　　B. 计划　　　　　　C. 实施

3. 在绩效管理周期(　　)时，依据预先制订好的计划，主管人员对下属的绩效目标完成情况进行考评。
   A. 开始　　　　　　B. 中期　　　　　　C. 结束

4. 绩效管理的过程并不是到绩效考评打出一个分数，给出一个结论就结束了，主管人员还需要向下属进行(　　)。
   A. 汇报　　　　　　B. 公布　　　　　　C. 反馈

5. 配送绩效管理在配送企业管理中居于(　　)。配送相关活动的开展与其最终获得的结果都是通过配送绩效管理进行规划和控制的。
   A. 中心环节　　　　B. 前端环节　　　　C. 末端环节

6. 配送作业涉及配送计划的设计、配送作业过程的执行和配送(　　)等方面。
   A. 战略制定　　　　B. 过程控制　　　　C. 效果的反馈

7. 坚持可操作性原则应注意以下(　　)方面。
   A. 一个　　　　　　B. 二个　　　　　　C. 三个

8. 配送绩效评价指标应该是(　　)的，可以随时跟踪，以便于掌握实时的绩效状态。
   A. 静态　　　　　　B. 动态　　　　　　C. 变通

9. （　　）原则指构成评价指标体系的各指标之间能够相互比较。
   A. 可比性　　　　B. 效益性　　　　C. 系统性
10. 指标（　　）和指标满意值均可由决策者经过长期的实际运作分析而定。
    A. 允许值　　　　B. 不允许值　　　C. 经济值

四、简答题

1. 简述绩效、绩效评价和绩效管理的基本含义。
2. 绩效评价和绩效管理的含义有什么区别？
3. 配送绩效管理的基本步骤有哪些？
4. 简述配送作业绩效评价的指标体系及指标的量化。
5. 配送员工工作考核的基本原则是什么？
6. 配送员工工作考核的基本内容有哪些？
7. 配送员工工作考核的主要方法有哪些？
8. 平衡计分卡的基本原理是什么？
9. SCOR 模型的基本原理是什么？
10. 如何应用层次分析法进行绩效评价？

五、项目练习题

基于考核指标的配送运输方式决策

某配送中心在一定时期内有一批货物需要运输到某地，已经确定选择公路运输方式，其备选的承运人信息见表 10-2，试确定选择哪个配送承运人。

表 10-2　该地区承运人运输服务指标比较

承运人	运价 /(元/公里)	信誉 (等级)	安全性 (评分)	运输时间 /小时	运输能力 (评分)
A	0.25	AAB	8	2	9
B	0.20	AAB	7	3	10
C	0.3	ABA	9	4	8
D	0.35	BBB	10	2	10
权重/%	30	10	25	25	10

注：安全性指标以 10 分为最安全，运输能力指标以 10 分为运输设备最好和运输网络最发达。

六、案例分析题

××公司企业绩效管理

企业背景：

××公司是一家名列全国连锁企业 20 强的大型商业企业，年销售收入接近 100 亿元。2012 年开始，××公司全面介入资本市场，成功在 A 股上市。

××公司在致力于外部发展的过程中，也在不断提升内部管理水平，苦练内功。

项目介绍：
1. 原××公司绩效的特色
1）优点
（1）企业拥有 ERP 系统，能够适时得到相关数据。
（2）绩效管理的概念已经深入人心。
（3）企业中有些部门的绩效管理水平比较好，已经有一套比较完善的绩效管理指标。
（4）企业高层对绩效管理的重视。
2）缺点
（1）只罚不奖，对员工的激励作用体现不足。
（2）从整个公司来看，指标体系不系统，评价方式有待改善。
（3）不重视绩效沟通，员工对自己的绩效常常不清楚。
（4）员工的发展和调动比较频繁和随意，与绩效联系少。
（5）由于企业发展快，各层管理者的管理水平与管理层级不符，绩效管理水平较差，意识不足。
2. 咨询公司的建议
针对××公司的以上特点，提出了以下改进建议。
（1）按照价值链重新梳理公司级、部门级，以及个人的绩效管理内容，建立分层、分类的指标体系。
① 从商品采购、配送、销售（包括卖场零售、网上销售、分销业务）、售后服务，××公司作为一个典型的连锁家电经营企业，有完整的价值链。其不同的业务形态，发展阶段也不相同，其直营店、连锁店的终端销售，作为现阶段的核心业务，对于××公司的业绩贡献最大，是其销售额和利润的支柱；而其分销业务正在做大规模，处于上规模的时期，属于企业发展中的业务；其物流、网上商城及售后服务的市场化尚处于探索阶段，是在探索未来的发展机会。对于不同的业务，我们为其设计了不同的指标及其权重。
② 借用平衡计分卡的思想，将部门绩效指标分为财务指标、客户指标、内部运作指标三种类别。为了保证各个部门的指标都是服务于公司的总体战略，部门绩效指标的设计从两个方面进行汇合：一是从上往下的过程，公司的财务效果进行分解，得出其价值驱动因素、影响能力，最终落实到衡量指标及承担这些指标的部门；二是从下往上的过程，由于公司战略的落实并不能涵盖公司平时基本经营活动，所以需要从价值链的角度考虑各部门关键的业务活动。将以上两个方面进行综合，最后得出各部门的绩效指标。
③ 针对个人的绩效内容，考虑到管理成本的问题，根据其工作性质的可量化程度、在价值链中的位置（是属于直接增值环节还是间接增值环节），建议：选取不一样的考核和评价方式，有些职位如营业员、保管员、采购员等可以采用：KPI＋行为表现的方式；对于职能人员采用工作计划＋行为表现的方式；对于研发人员，建议采用项目制的方式。
（2）为××公司设计员工发展通路，引入"H型通道"。
一方面使员工能够看到自己未来的发展阶梯，各种类型的员工可以选择技术或管理两种路线；同时使各层员工能够明了自己在这个职位上的优势与不足，并进行改进。能够起到增强激励与改进绩效的目的。
（3）增强绩效过程管理，为××公司引入一套比较科学的绩效管理模式。
绩效管理的核心是沟通和过程管理，而往往企业绩效管理失败的原因也在于此。我们在以下几个方面给予企业建议。
① 绩效管理方案设计的过程也是我们和公司各层管理者、员工沟通的过程。在该过程中，需不断地向他们强调沟通和过程控制的重要性。
② 将绩效指标分为考核类和监控类指标两类。对于考核类指标，一般按照季度进行，为保证过程管理实施到位，也建议其有适当的监控频率，如周、旬、月。并在每次的办公会议中作为一项议题。

③ 高层管理人员需要定期完成述职报告。

经过以上几个方面的努力，绩效指标、绩效管理的各种表格将不再是一套死程序，而将成为管理者手中的工具，员工的发展也将和绩效紧密挂钩。

（4）提供培训，增强各层管理者的绩效意识和绩效管理水平。

好的工具一定要有合适的人来使用。为了增加各层管理者的绩效意识和绩效技巧，我们为各层管理者提供了相应的培训，包括方案介绍、绩效管理技巧培训和面谈技巧等方面。

思考与讨论

（1）试分析绩效管理在人力资源管理中具备哪些作用？

（2）绩效管理在企业管理中的作用有哪些？

（3）企业为什么要实施绩效管理？

参考文献

[1] 刘彦平. 仓储和配送管理[M]. 北京：电子工业出版社，2011.
[2] 王效利. 物流运输与配送管理[M]. 北京：清华大学出版社，2012.
[3] 付平德. 供应链管理[M]. 北京：机械工业出版社，2009.
[4] 邵作仁. 国际物流[M]. 2版. 大连：东北财经大学出版社，2010.
[5] 刘廷新. 物流设施与设备[M]. 北京：高等教育出版社，2009.
[6] 李蔚田. 物流管理基础[M]. 北京：北京大学出版社，2010.
[7] 张旭辉，杨勇攀. 第三方物流[M]. 北京：北京大学出版社，2010.
[8] 李联卫. 物流案例与实训[M]. 北京：化学工业出版社，2009.
[9] 汝宜红. 配送管理[M]. 2版. 北京：机械工业出版社，2010.
[10] 惠献波. 企业物流管理[M]. 上海：上海交通大学出版社，2009.
[11] 齐二石. 物流工程与管理概论[M]. 北京：清华大学出版社，2009.
[12] 汪晓霞. 城市物流配送管理[M]. 北京：北京交通大学出版社，2012.
[13] 朱国俊. 仓储与配送管理[M]. 北京：清华大学出版社，2011.
[14] 刘阳威. 物流仓储与配送管理实务[M]. 北京：清华大学出版社，2013.
[15] 王忠伟，庞燕. 供应链管理教程[M]. 北京：中国物资出版社，2009.
[16] 谢翠梅. 仓储与配送管理实务[M]. 北京：北京交通大学出版社，2013.
[17] 宋殿辉. 配送管理实务[M]. 北京：科学出版社，2013.
[18] 李岩. 运输与配送管理[M]. 北京：科学出版社，2012.
[19] 秦龙有. 仓储与配送管理[M]. 2版. 北京：机械工业出版社，2010.
[20] 李怀湘. 运输与配送管理[M]. 大连：大连理工大学出版社，2010.
[21] 赵启兰. 企业物流管理[M]. 2版. 北京：机械工业出版社，2011.
[22] 杨振科，冯国苓. 现代物流与配送[M]. 北京：对外经济贸易大学出版社，2007.
[23] 刘亚峰. 电子商务概论[M]. 北京：机械工业出版社，2005.
[24] 黄中鼎. 现代物流管理[M]. 北京：人民交通出版社，2007.
[25] [美]迈克尔·波特. 竞争优势[M]. 陈小悦，译. 北京：华夏出版社，2005.
[26] 沈默. 现代物流管理[M]. 北京：北京大学出版社，2007.
[27] 谢雪梅. 物流仓储与配送[M]. 北京：北京理工大学出版社，2010.
[28] 李洪奎. 仓储管理[M]. 北京：机械工业出版社，2007.
[29] 李英. 仓储管理实务[M]. 南京：东南大学出版社，2010.
[30] 赵阳. 仓储管理实务[M]. 北京：北京理工大学出版社，2010.
[31] 孙秋高. 仓储管理实务[M]. 北京：电子工业出版社，2010.
[32] 田源，张文杰. 仓储规划与管理[M]. 北京：清华大学出版社，2009.
[33] 王冬. 仓储管理技术[M]. 北京：北京大学出版社，2010.
[34] 李青. 企业物流管理[M]. 北京：电子工业出版社，2013.
[35] 孔继利. 企业物流管理[M]. 北京：北京大学出版社，2012.
[36] 黄由衡. 企业物流管理[M]. 北京：电子工业大学出版社，2012.
[37] [英]哈里森，[荷]范佩克. 物流管理[M]. 4版. 北京：机械工业出版社，2013.
[38] 田宇. 物流管理[M]. 广州：中山大学出版社，2013.
[39] 刘联辉. 配送实务[M]. 2版. 北京：中国财富出版社，2009.
[40] 马丽娟. 供应链绩效评价与平衡计分卡[J]. 商场现代化，2007（13）.

[41] 仓储中心三种地坪的选择方法. 中国大物流网. http://www.a1156.com/www/52/2010-06/41146.html.

[42] 商业仓库管理办法. 中国物流与采购网. http://www.chinawuliu.com.on//law/content/200312/20031045.html.

[43] 重力式货架. 中国仓储物流设备网. http://www.cnstorage.com/storage/huojia.

高等院校物流专业创新规划教材

序号	书名	书号	编著者	定价	序号	书名	书号	编著者	定价
1	物流工程	7-301-15045-0	林丽华	30.00	41	物流系统优化建模与求解	7-301-22115-0	李向文	32.00
2	物流管理信息系统	7-301-16564-5	杜彦华	33.00	42	物流管理	7-301-22161-7	张佺举	49.00
3	现代物流学	7-301-16662-8	吴 健	42.00	43	运输组织学	7-301-22744-2	王小霞	30.00
4	物流英语	7-301-16807-3	阚功俭	28.00	44	物流金融	7-301-22699-5	李蔚田	39.00
5	采购管理与库存控制	7-301-16921-6	张 浩	30.00	45	物流系统集成技术	7-301-22800-5	杜彦华	40.00
6	物料学	7-301-17476-0	肖生苓	44.00	46	商品学	7-301-23067-1	王海刚	30.00
7	物流项目招投标管理	7-301-17615-3	孟祥茹	30.00	47	项目采购管理	7-301-23100-5	杨 丽	38.00
8	物流运筹学实用教程	7-301-17610-8	赵丽君	33.00	48	电子商务与现代物流	7-301-23356-6	吴 健	48.00
9	现代物流基础	7-301-17611-5	王 侃	37.00	49	国际海上运输	7-301-23486-0	张良卫	45.00
10	现代物流管理学	7-301-17672-6	丁小龙	42.00	50	物流配送中心规划与设计	7-301-23847-9	孔继利	49.00
11	供应链库存管理与控制	7-301-17929-1	王道平	28.00	51	运输组织学	7-301-23885-1	孟祥茹	48.00
12	物流信息系统	7-301-18500-1	修桂华	32.00	52	物流案例分析	7-301-24757-0	吴 群	29.00
13	城市物流	7-301-18523-0	张 潜	24.00	53	现代物流管理	7-301-24627-6	王道平	36.00
14	营销物流管理	7-301-18658-9	李学工	45.00	54	配送管理	7-301-24848-5	傅莉萍	48.00
15	物流信息技术概论	7-301-18670-1	张 磊	28.00	55	物流管理信息系统	7-301-24940-6	傅莉萍	40.00
16	物流配送中心运作管理	7-301-18671-8	陈 虎	40.00	56	采购管理	7-301-25207-9	傅莉萍	46.00
17	物流工程与管理	7-301-18960-3	高举红	39.00	57	现代物流管理概论	7-301-25364-9	赵跃华	43.00
18	商品检验与质量认证	7-301-10563-4	陈红丽	32.00	58	物联网基础与应用	7-301-25395-3	杨 扬	36.00
19	供应链管理	7-301-19734-9	刘永胜	49.00	59	仓储管理	7-301-25760-9	赵小柠	40.00
20	逆向物流	7-301-19809-4	甘卫华	33.00	60	采购供应管理	7-301-26924-4	沈小静	35.00
21	集装箱运输实务	7-301-16644-4	孙家庆	34.00	61	供应链管理	7-301-27144-5	陈建岭	45.00
22	供应链设计理论与方法	7-301-20018-6	王道平	32.00	62	物流质量管理	7-301-27068-4	钮建伟	42.00
23	物流管理概论	7-301-20095-7	李传荣	44.00	63	物流成本管理	7-301-28606-7	张 远	36.00
24	供应链管理	7-301-20094-0	高举红	38.00	64	供应链管理(第2版)	7-301-27313-5	曹翠珍	49.00
25	企业物流管理	7-301-20818-2	孔继利	45.00	65	现代物流信息技术(第2版)	7-301-23848-6	王道平	35.00
26	物流项目管理	7-301-20851-9	王道平	30.00	66	物流信息管理(第2版)	7-301-25632-9	王汉新	49.00
27	供应链管理	7-301-20901-1	王道平	35.00	67	物流项目管理(第2版)	7-301-26219-1	周晓晔	40.00
28	物流学概论	7-301-21098-7	李 创	44.00	68	物流运作管理(第2版)	7-301-26271-9	董千里	38.00
29	航空物流管理	7-301-21118-2	刘元洪	32.00	69	物流技术装备(第2版)	7-301-27423-1	于 英	49.00
30	物流管理实验教程	7-301-21094-9	李晓龙	25.00	70	物流运筹学(第2版)	7-301-28110-9	郝 海	45.00
31	物流系统仿真案例	7-301-21072-7	赵 宁	25.00	71	交通运输工程学(第2版)	7-301-28602-9	于 英	48.00
32	物流与供应链金融	7-301-21135-9	李向文	30.00	72	第三方物流(第2版)	7-301-28811-5	张旭辉	38.00
33	物流信息系统	7-301-20989-9	王道平	28.00	73	国际物流管理(第2版)	7-301-28927-3	柴庆春	49.00
34	现代企业物流管理实用教程	7-301-17612-2	乔志强	40.00	74	现代仓储管理与实务(第2版)	7-301-28709-5	周兴建	48.00
35	出入境商品质量检验与管理	7-301-28653-1	陈 静	32.00	75	物流配送路径优化与物流跟踪实训	7-301-28763-7	周晓光	42.00
36	物流项目管理	7-301-21676-7	张旭辉	38.00	76	智能快递柜管理系统实训	7-301-28815-3	杨萌柯	39.00
37	智能物流	7-301-22036-8	李蔚田	45.00	77	物流信息技术实训	7-301-28807-8	周晓光	38.00
38	物流决策技术	7-301-21965-2	王道平	38.00	78	电子商务网站实训	7-301-28831-3	邢 颖	45.00
39	新物流概论	7-301-22114-3	李向文	34.00	79	电子商务与快递物流	7-301-28980-8	杨萌柯	49.00
40	库存管理	7-301-22389-5	张旭凤	25.00					

如您需要浏览更多专业教材,请扫下面的二维码,关注北京大学出版社第六事业部官方微信(微信号:pup6book),随时查询专业教材、浏览教材目录、内容简介等信息,并可在线申请纸质样书用于教学。

感谢您使用我们的教材,欢迎您随时与我们联系,我们将及时做好全方位的服务。联系方式:010-62750667,63940984@qq.com,pup_6@163.com,lihu80@163.com,欢迎来电来信。客户服务QQ号:1292552107,欢迎随时咨询。